KB070413

잉글랜드의 확장

나남
nanam

한국연구재단 학술명저번역총서
서양편 411

잉글랜드의 확장

2020년 7월 20일 발행
2020년 7월 20일 1쇄

지은이   존 로버트 실리
옮긴이   이영석
발행자   趙相浩
발행처   (주) 나남
주소   10881 경기도 파주시 회동길 193
전화   (031) 955-4601 (代)
FAX   (031) 955-4555
등록   제 1-71호 (1979. 5. 12)
홈페이지 http://www.nanam.net
전자우편 post@nanam.net
인쇄인   유성근 (삼화인쇄주식회사)

ISBN 978-89-300-4045-7
ISBN 978-89-300-8215-0 (세트)

책값은 뒤표지에 있습니다.

'한국연구재단 학술명저번역총서'는 우리 시대 기초학문의 부흥을 위해
한국연구재단과 (주)나남이 공동으로 펼치는 서양명저 번역간행사업입니다.

한국연구재단
학술명저번역총서
411

잉글랜드의 확장

존 로버트 실리 지음

이영석 옮김

The Expansion of England

by

John Robert Seeley

옮긴이 머리말

케임브리지대학 사학과 건물에 자리 잡은 도서관 이름은 '실리'도서관
이다. 역사가 존 실리를 기념해 붙인 것이다. 실리는 1869년 이래 케
임브리지대학 사학과 근대사 흠정교수(*regius professor*)로 재직하면서
학생들을 가르쳤다. 그 당시만 하더라도 대학에서 사학과는 뚜렷한
정체성이 없었다. 그는 사학과의 학부교육과 교과과정 등 여러 분야
에서 역사교육 및 연구의 학문적 정체성을 확립하는 데 크게 기여했
다고 알려져 있다.

실리의 여러 논저 가운데 특히 당대 영국 독서층 사이에 큰 반향을
불러일으킨 책이 《잉글랜드의 확장》이다. 이 책은 1881~1882년 사
학과 학생들을 대상으로 행한 일련의 강의 내용을 묶은 것이다. 원래
출판 계획은 없었는데 주위의 권유로 세상에 내놓게 되었다고 한다.
맨 앞에 저자 서문을 쓰지 않은 것도 이 때문인 것 같다. 그러나 이 책
은 출판 이후 베스트셀러의 반열에 올랐다. 발간 후 2년간 8만 부 이

상이 팔렸을 만큼 호응이 높았다. 그 이유는 무엇인가.

19세기 말 영국은 독일, 러시아, 미국과 같은 새로운 경쟁국의 도전에 직면했다. 각계각층에서 이런 국제정세의 변화를 우려하는 목소리가 높았다. 실리의 저술은 바로 이 위기의식을 반영함과 동시에, 다른 한편으로는 그 위기를 헤쳐 나갈 방향을 제시한 것이다. 그는 영국을 오직 브리튼섬으로만 국한하고 제국을 일종의 식민지나 속령으로 바라보는 기존의 일반적인 시각을 비판한다. '영국'이란 브리튼섬뿐만 아니라 영국인들이 주도해 개척한 해외의 모든 백인 정착지를 포함하는 광의의 개념으로 생각해야 한다고 주장했다. 여기에서 브리튼섬과 해외 정착지를 잇는 연결고리는 영어나 왕실과 같은 '영국적 문화와 전통'이다.

그는 18세기 이래 영국의 해외 팽창이 영국사의 가장 중요한 흐름임을 강조하면서 이와 아울러 18세기 유럽에서 여러 차례 진행된 대륙 전쟁도, 그리고 이 전쟁들에서 영국이 승리한 것도 그 이면에 다른 대륙으로 영역을 확장하려 했던 유럽 강대국들의 경쟁에서 비롯되었다고 주장한다.

19세기 말 20세기 초에 영국과 여러 백인 정착지에서 '제국연방' 운동이 전개되었다. 한 세대에 걸쳐 지속된 이 운동은 1차 세계대전 즈음에 수그러들었고 전후에는 사실상 사람들의 기억에서 사라졌다. 그러나 그 운동의 이념은 전후 '영연방' 등장까지 연결된다. 실리의 책은 제국연방운동에 이념적 근거를 제공한 셈이다. 물론 20세기 영제국이 해체된 이후 실리의 책은 더 이상 독서층의 관심을 끌지 못했다. 1956년 시카고대학 출판부에서 영국 역사서 고전 시리즈의 하나로 재출판된 것이 오히려 예외적이라 할 정도다. 그러나 이 책은 19세기 후반 영국이 직면한 세계가 어떠했는지를 상세하게 알려준다. 더 나아가 18세기 일련의 유럽 전쟁을 유럽 자체의 맥락이 아니라, 특히 아메리카 대륙이라고 하는 제국적 맥락에서 이해할 필요성을 제기하고 있는 것이다. 이 책은 18세기 이후 영국을 포함한 유럽 국민국가들의 국제질서, 제국 확장, 식민주의의 상호관계를 좀더 깊이 있게 이해하는 데 도움을 준다.

역자는 20세기 영제국의 해체를 다루는 저술을 준비하는 도중에 이 책을 완독한 적이 있다. 그러다 이 책을 번역할 기회까지 갖게 된 것이다. 그런 기회를 제공한 한국연구재단, 그리고 정성스럽게 세상에 펴내 준 나남출판사 편집진에게 감사의 인사를 드린다.

2020년 7월 수유동 우거에서
역자 씀

차례

옮긴이 머리말   5

제 1 부

제 1강   영국사의 경향   13

제 2강   18세기 영국   35

제 3강   제 국   67

제 4강   구 식민체제   89

제 5강   구세계에 대한 신세계의 영향   113

제 6강   상업과 전쟁   139

제 7강   확장의 국면들   163

제 8강   대영국의 분열   191

제 2 부

제 1강	역사와 정치	217
제 2강	인도제국	237
제 3강	영국은 어떻게 인도를 정복했는가	259
제 4강	영국은 어떻게 인도를 통치했는가	283
제 5강	영국과 인도의 상호 영향	305
제 6강	인도 정복의 단계들	329
제 7강	국제적인 외부 위험들	351
제 8강	다시 정리하기	375

옮긴이 해제　존 실리와 제국 – '대영국'에 관한 담론	395
찾아보기	421
지은이 · 옮긴이 소개	427

일러두기

1. 저자 주와 역자 주는 함께 일련번호를 매기되 저자 주는 〔저자 주〕로 구분했다.
2. 본문의 〔…〕는 역자가 이해를 돕기 위해 덧붙인 말이다.
3. 문장의 직역(直譯)을 원칙으로 하되, 우리말 번역문의 가독성을 고려해 의역(意譯)을 택한 경우도 있다.
4. 저자가 사용하는 'England'의 경우 1707년 이전은 '잉글랜드', 그 이후는 '영국'으로, Great Britain은 '영국', Greater Britain은 '대영국'으로 표기했다.

제 1 부

영국사의 경향

역사학은 방법 면에서는 과학적이면서도 실천적인 목표를 추구해야 한다는 말이야말로 내가 가장 좋아하는 구절(句節)이다. 즉, 역사학은 과거에 대한 독자의 호기심을 채워 줘야 할 뿐만 아니라, 그의 현재 인식과 미래에 대한 예견까지를 교정해야 하는 것이다. 자, 이 격언이 적절하다면 영국의 역사는 도덕적이라 할 만한 그 무엇인가를 지닌 채 완결돼야 한다. 영국사에서 어느 정도 대강의 결론을 이끌어 내고, 그 결론이 우리 미래를 생각하고 우리가 맞이할 운명을 예견할 수 있는 그런 방식으로 영국사 제반 문제의 일반 경향을 보여주어야 하는 것이다. 이 세계에서 우리나라가 수행한 역할은 확실히 역사의 진보에 뒤지지 않을 만큼 커지고 있기 때문에 더욱더 그렇다. 네덜란드나 스웨덴 같은 나라들은 자기 나라의 역사를 불가피하게 나선형의 경로로 바라볼지도 모른다. 이들 나라는 한때 강성했지만 그 부강함을 낳은 조건들은 사라졌고 이제 이류 국가가 됐다.

그러므로 과거에 대한 이들 나라 사람들의 관심은 감상적이거나 아니면 정확한(*scientific*) 것이다. 그들의 과거에서 얻을 수 있는 유일한 교훈은 체념이다. 그러나 영국은 반드시 이전에 비례해 나아지진 않았겠지만, 전반적으로 보면 갈수록 강력해졌다. 영국은 18세기 당시보다 지금이 훨씬 더 부강하다. 18세기 영국은 17세기의 잉글랜드보다 훨씬 더 강성하게 됐으며 17세기의 잉글랜드 또한 그 이전 세기보다 그러했다. 영국이 성취한 이 막강한 국력으로 인해 그 미래의 문제가 아주 중요함과 동시에 참으로 불안하게 여겨지는 것이다. 광대한 식민지 확장으로 우리나라가 새로운 위험에 노출됐기 때문이다. 사실 옛날 작은 섬나라로 있을 때는 그런 위험이 없었다.

　　그러므로 영국사에 대한 관심은 점진적으로, 끝까지 심화돼야 한다. 그리고 미래는 과거로부터 자라나기 때문에 영국의 과거 역사는 그 미래에 대한 예견을 낳아야 한다. 아리스토텔레스가 말하지 않았던가? 극은 막을 내리지만, 서사시는 단지 그만 멈출 뿐이라고. 영국사는 뚜렷한 목적도 없을뿐더러 점진적으로 멈춰 서서 그 종국(終局)을 향해 나아가는 것이다. 우리 생각에, 그 종국이란 점차 강력해지는 것이라기보다는 한두 세기 이내에 노인이 점차 죽어가는 것으로 연상될지도 모르겠다. 이것이 올바른 것일까? 냇물은 사막 한가운데서 사라져 증발해 버려야 하는가? 이 문제를 생각하면 윌리엄 워즈워스[1]의 다음 시구가 떠오른다.

1　윌리엄 워즈워스(William Wordsworth, 1770~1850): 잉글랜드 북부 코커머스에서 태어나 소년시절에 호수지방에서 자랐다. 1787~1791년에 케임브리지 대학

이것은 생각할 수 없는 일 ―

아득한 태고 적부터

맞설 것 없는 끝없는 바다에 장엄한 기개 떨치며

세계의 찬양 들끓는 대해로 흘러간

영국의 자유 그 큰 물결.

때로는 흥분하여

유익한 무리의 충고를 묵살하기도 했지만,

이름 날리며 도도히 흐르던 이 큰 물결이

습지와 모래밭 속으로 스며들어

선이든 악이든 영원히 사라져 버린다는 것.

― 이를 어찌 생각할 수 있으리.

― 〈생각할 수 없는 일〉(*It is not to be Thought of*) 중에서

글쎄, 이 슬픈 운명, '생각할 수 없는' 그런 운명이 바야흐로 지금 일어나고 있다. 영국인의 자유, 그 흐름 자체는 아니더라도 우리 민

에서 수학한 후 프랑스로 건너가 프랑스 혁명의 실상을 보면서 혁명이상에 공감한다. 《저녁의 산책》(1793)과 《소묘풍경》(1793)이 첫 시집에 해당한다. 1793년 시인 콜리지(Samuel T. Coleridge)와 함께 《서정가요집》을 펴내 명성을 얻었다. 이후 그는 여러 권의 시집을 출판해 영국 낭만주의 문학을 대표하는 시인으로 자리 잡았다. 《서곡》(1805), 《두 시집》(1807)을 펴냈으며, 특히 둘째 시집에 널리 알려진 그의 서정시들, 〈홀로 추수하는 아가씨〉, 〈무지개〉, 〈나 홀로 구름처럼 헤맸네〉 등이 수록됐다. 1813년 그는 라이덜마운트로 거처를 옮겨 죽을 때까지 그곳에서 살았다. 1824년 로버트 사우디(Robert Southey)에 이어 계관시인이 됐다.

중의 역사들에서 그 운명을 성찰하려는 것이다.

이 불행에서 벗어나려면 어떻게 해야 하는가. 여기 처음으로 학부 사학과 첫째 학년을 시작하는 학생들에게 해가 되지 않을 질문이 있다. 나는 학생들에게 이렇게 권한다. 영국사에서 어떤 의미나 방법을 발견할 수 없고 또 그것과 연결되는 어떤 결론을 말할 수 없다면, 영국사를 전체로서 곰곰이 훑어보고 사유하라. 지금까지 학생들은 사람 이름과 연대, 국왕의 계보, 전쟁과 전투의 목록 등을 배웠을 것이다.

이제는 학생들 스스로 질문할 때가 됐다. 도대체 무슨 목적이 있는가? 어떤 실제적인 목적 때문에 이 사실들을 수집해 기억에 담아야 했는가? 학생들이 과학적 일반성과 함께 매우 실제적인 함의를 지닌 중요한 진실에 이르지 못한다면, 그 경우에 역사란 단순한 기호품에 지나지 않을 것이고 연구과정에서 자기 지위를 유지하지 못할 것이다.

발전이나 진보의 개념을 갖지 않고서는 아무도 역사를 오래 연구할 수 없다. 우리는 각자 또는 모두가 함께 나아간다. 영국은 이제 튜더 왕조나 스튜어트 왕조2하의 나라가 아니다. 적어도 최근 몇 세기에

---

2   튜더 왕조(Tudor Dynasty) · 스튜어트 왕조(Stewart Dynasty): 튜더 왕조를 연 헨리 튜더(Henry Tudor, 1457~1509)는 장미 전쟁기 랭카스터 가문의 사위였다. 리처드 3세(재위 1483~1485) 치세시 그의 폭정에 대항, 랭카스터 가문의 군대를 지휘해 승리를 거두고 왕위에 올랐다. 헨리 7세(재위 1485~1509) 이후 튜더 왕조는 헨리 8세(재위 1509~1547), 에드워드 6세(재위 1547~1553), 메리 1세(재위 1553~1558), 엘리자베스 1세(재위 1558~1603) 순으로 왕위가 이어졌다. 엘리자베스 사후 여왕의 6촌에 해당하는 스코틀랜드의 제임스 스튜어트(James Stewart)가 영국 왕 제임스 1세(재위 1603~1625)로 왕위를 계승했다. 원래 헨리 7세의 누이 마가렛 튜더는 스코틀랜드의 국왕 제임스 4세와 결혼했다.

걸쳐 영국의 움직임이 진보적이고 더 나은 방향으로 나아가고 있다는 생각에 빠지기 쉽다. 그러나 이 움직임을 어떻게 규정하고 또 어떻게 측정할 것인가? 합리적 정신으로 내가 권유한 바 있는 그런 명확한 목적을 세워 역사를 연구한다면, 우리는 이 질문에 정신을 집중해 어떤 해답을 얻을 수 있다. 내가 보기에 단순한 서사에 집착해 헤매는 구식 역사가들이 결말을 맺기 전에 덧붙였던, 그런 애매한 미사여구에 만족해서는 안 된다.

이 모호한 미사여구는 이른바 문명의 진보(advance)를 다룬 문헌에 주로 나타났다. 이들 문헌에서는 문명에 관한 어떤 정의도 없다. 그저 빛, 황혼을 향해 나가는 한낮, 또는 정오로 향하는 여명 등의 은유적 언어로만 표현되는 것이다. 이제 문명은 '암흑시대'3라고 나쁘게 규정된 시대와 대비된다. 문명이 언제나 계속해서 밝은 것인지, 이 세계의 하루처럼 다시 오후와 저녁으로 다가서는지, 또는 고대세계

둘 사이에서 태어난 메리가 스코틀랜드 왕위를 차지했다가 축출됐고 영국에 와서는 반란죄로 처형당했다. 메리의 아들이 제임스 스튜어트다. 스튜어트 왕조는 제임스 1세 이후 찰스 1세(재위 1625~1649)로 이어졌다가 내란으로 국왕 처형과 크롬웰 공화정 시기를 거쳐 1660년 다시 왕조가 복위됐다. 찰스 2세(재위 1660~1685), 제임스 2세(재위 1685~1688)로 계승됐으나 1688년 명예혁명으로 단절됐다. 혁명 이후 영국 의회는 네덜란드 귀족 오란예 공 윌리엄과 그의 아내 메리(제임스 2세의 장녀)를 공동 왕으로 추대했다. 이들이 윌리엄 3세(재위 1689~1702)와 메리 2세(1689~1694)다.

3 암흑시대(Dark Age) : 고전문화와 르네상스문화는 서로 다른 이질적 문화라는 시각에서 중세 문화를 부정적으로 바라보는 표현이다. 특히 18세기 볼테르 같은 계몽주의자들이 중세 교회를 비판하며 수사적으로 이런 용어를 썼다. 그러나 중세 문화의 개성과 독자성을 부정하는 이런 표현은 오늘날 거의 사용되지 않는다.

의 문명의 빛이 겪었듯이 갑작스러운 일식으로 종국을 맞이하는 것인지, 이 모두가 불분명하게 방치됐다. 이런 불분명성(*obscurity*)은 진지하지도 않고 오직 수사적 장식을 위해서만 존속하는 데 딱 걸맞은 것이다.

이 문명론이야말로 잘못된 철학적 사유의 좋은 사례다. 여러분은 수많은 현상들, 그것들이 서로 동일한 종류이지만 동시에 갑자기 출현했다는 점조차 알지 못하는 그런 수많은 현상들을 설명해야 한다. 자, 그 많은 현상들 전체에 대해 그물망처럼 모두를 함께 다루는 한 마디 언어를 붙이는 것 외에 달리 무엇을 할 수 있을까? 여러분은 세심하게 이 단어를 정의내리는 일을 피하고 단지 은유(*metaphor*)를 사용해서 그 단어에 관해 언급할 뿐이다. 이 은유는 미지의 무한한 속성을 지닌 활력을 나타낼 뿐이며, 그럼으로써 그 언어에 대한 언급은 단지 가장 경이로우며 완전히 다른 결과에 대해서나 겨우 설명한다. 은유의 언어는 역사에서 갑자기 함께 나타났다는 점 외에는 서로 분명한 관련도 없는 여러 현상을 설명하는 데 이용된다. 이를테면 때로는 예절의 완화, 기술혁신, 종교적 관용, 위대한 시인과 예술가의 출현, 과학적 발견, 헌정(憲政)상 자유 등이 동시에 나타날 수 있다. 비록 입증되지는 않았지만, 이들 모두가 한 부류이자 감춰진 원인을 가지고 있으며 이리하여 문명의 정신을 작동시킨다고 추측했던 것이다.

우리는 이런 문명론을 서슴없이 취해서 좀더 일관된 체계로 바꿀 수도 있다. 우리는 사상의 자유 원리로 시작해서 그로부터 뒤이어 나타나는 온갖 결과를 추적한다. 과학적 발견과 기술 발명도 특정한 다른 조건이 있는 한 그 원리로부터 유래된 것이라고 본다. 이들 발견과 발명을 일반적으로 사용하게 되면서 인류생활의 면모가 변한다. 이제 사상의 자유 원리에 복잡하고 근대적인 성격을 부여한다. 이렇게 해서 우리는 이 변화를 문명의 진보라고 부를 수도 있다. 그러나 정치적 자유는 이 모두와 전혀 관계가 없다. 플라톤과 아리스토텔레스 이전 아테네에 자유가 있었지만, 그 후에 그 자유는 시들어갔다. 〔자유에 대한〕 사유가 조야하고 무지했던 시대의 로마에 자유가 있었지만 로마가 계몽된 이후에는 예종4으로 바뀌었다. 천재 시인은 이를 두고 무엇도 할 수 없다. 아테네에서 철학이 시작됐던 무렵에 시는 쇠락했기 때문이다. 르네상스 이전에 이탈리아에는 단테 같은 시인이 있었다. 그러나 그 후에 그와 같은 시인은 없었다.

우리가 문명이라 부르는 이 모호한 표현(sumotal)을 분석하면, 그 내용의 대부분은 그 이름, 즉 시민사회나 시민국가에 사는 인간집단의 결과에서 예견할 수 있는 것이고, 다른 일부는 이 표현과 간접적으로 관련되며 다른 요인들로부터 더 직접적으로 비롯된다는 것을 알게 된다. 예를 들어, 과학의 진보는 문명의 중요한 요인이라고들 한다. 그러나 내가 이미 지적했듯이, 그것이 대부분 시민사회 번영의 어떤 고전(modicum)을 필요로 하더라도 결코 정규적으로 시민사회의 번영에 맞춰 변하지는 않는다는 것이다. 인간집단 가운데 '법률이나 국왕

4　예종(servitude): 공화정 로마의 근간이 자유로운 시민을 근간으로 하는 데 비해, 제정 로마시대에는 시민권이 속주민까지 확대되었지만, 오히려 그들의 경제적 지위는 이전과 달리 대토지 소유자의 토지를 경작하는 예속적 상태로 떨어졌다. 이를 '콜로누스 제도'라고 부른다. "로마가 계몽된 이후에는 예종으로 바뀌었다"는 저자의 표현은 제정 로마시대 콜로누스 제도를 가리키는 것 같다.

이 그 원인이 되고 치유하는' 부분은 엄격하게 제한돼 있다. 이제 역사학은 더 크거나 또는 더 협소한 기능을 하는 것으로 간주될지도 모르겠다. 역사학은 인간사회의 번영을 가져오는 온갖 요인들을 모두 탐사하고, 다른 한편으로는 시민사회와 그 사회에 의존하는 인류 번영을 중시할 것이다. 이제 일종의 무의식적인 전통에 따라 일반적으로 후자의 과정에 더 관심을 기울여왔다. 그동안 서술된 유명한 역사서(歷史書)들을 훑어보라. 여러분은 그 저자들이 다소간 의식적으로 국가, 정부, 내적 발전, 상호접촉 등을 항상 고려해 왔다는 것을 알게 된다. 이런 종류의 일들이 인간사(人間事) 가운데 항상 가장 중요했던 것은 사실이다. 투키디데스5가 저술을 남긴 그 시대에 영구적으로 가장 중요한 사건은 소크라테스의 철학적 이력이나 피디아스(Phidias)의 예술적 경력이었을 수도 있다. 그렇지만 투키디데스는 두 사람에 관해 어떤 언급도 하지 않았다. 그 대신에 그는 전쟁과 그리고 지금은 하찮게 여기는 음모들을 상세하게 기술했다. 자신이 서술하는 그 도시의 특이한 영광에 대해서는 아주 민감하다. 달리 어떻게 이런 글을 쓸 수 있었을까? "우리는 사치 없이도 아름다움을 사랑하고 유약함 없이도 지혜를 사랑한다"(φιλοκαλοῦμε μετ εὐτελείας καί φιλοσοφοῦμεν …). 아니, 그 영광이 정치적 요인의 결과인 한, 투키디

---

5 투키디데스(Thucydides, BC 460?~400?) : 기원전 5세기에 활동한 그리스의 역사가이다. 아테네 출생으로 장군으로 활동하다가 추방당해 20년간 망명생활을 했다. 추방기간에 《펠로폰네소스 전쟁사》를 저술했다. 그의 책은 엄밀한 사료 비판, 사실 중시, 인간 심리에 대한 통찰로 역사서술의 고전으로 평가받는다. 투키디데스의 역사서술을 흔히 '교훈적 역사'라 부르기도 한다.

데스는 위의 글귀가 보여주듯이 곧바로 논의한다. 그는 목적과 의도를 가지고 스스로를 제약하는 것이다. 사실, 그 분야를 분할하고 재분할함으로써 그의 탐사가 진보를 만들어 나가는 것이다. 만일 여러분이 모든 것을 단번에 거론한다면, 그 주제의 찬란한 다양성을 이용할 수 있지만 진보를 생성해내지는 못한다. 만일 진보를 만들어 내려면 여러분은 동시적인 현상들 가운데 한 가지에만 관심을 집중해야 한다. 내가 권유하고 싶은 말은 역사를 전통적인 것들 내에 계속 위치지우고 그 체계에서 생략한 중요한 주제들은 별도로 취급하라는 것이다. 그러므로 나는 역사학이란 국가를 다루는 것이어야 한다고 생각한다. 역사학은 특정한 지역사회(*corporate society*)의 성장과 변화를 탐사한다. 이 사회는 특정한 관료와 의회를 통해 움직인다. 국가의 본질에 의해 어떤 지역에 살고 있는 사람은 누구나 일반적으로 그 국가의 국민이다. 그러나 역사학은 개개인이 한 국가의 국민이 될 수 있는 경우가 아니고서는 개인에 관심을 기울이지 않는다. 영국에 사는 한 사람이 과학적 발견을 하고 그림을 그린다는 사실, 그 자체는 영국사의 사건이 아니다. 개인은 역사의 비중 면에서 중요하지만 그 개인의 본래적 가치 때문이 아니라 국가와 관련성 때문에 그렇다. 소크라테스는 클레온보다 훨씬 더 위대한 인물이었지만, 클레온은 투키디데스보다도 훨씬 더 넓은 활동영역을 가졌다. 뉴턴은 로버트 할리6보

---

6   로버트 할리(Robert Harley, 1661~1724): 영국 토리파 정치가이다. 1710~1711년 앤 여왕 밑에서 재무장관을 지냈고, 1714년 위트레흐트 조약 체결 당시 중요한 역할을 맡았으나, 하노버 왕조의 조지 1세 즉위 후에 투옥돼 정치적으로 몰락한다.

다 위대한 사람이지만 앤 여왕7 치세기를 연구하는 역사가들이 관심을 두는 사람은 뉴턴이 아니라 할리다.

이런 설명을 들은 후에 여러분은 내가 제기한 질문 "영국사의 일반적인 방향 또는 목적은 무엇인가?"라는 물음이 처음 보았을 때 나타났던 것보다는 훨씬 더 명확해졌음을 알게 될 것이다. 나는 인류가 어디서나 똑같이, 그러니까 영국에서도 마찬가지로 이뤄나갈 기회가 있다는 식의 일반적 진보나, 또 영국에만 특별한 어떤 진보를 생각하지는 않는다. 영국에 대해 내가 의미하는 것은 오직 그 땅에 자리잡아온 국가 또는 정치체다. 엄격하게 제한한다면, 그 질문은 여러분에게 덜 흥미롭지만 적절한 것으로 여겨질지도 모르겠다. 그렇다하더라도 그것은 중요하게 다룰 만하다.

그렇다면 영국은 어떤 방향으로 그리고 어떤 목적을 향해 나아가고 있는가? 우리 입술에서 그 대답으로 튀어나오는 말은 자유(liberty), 민주주의(democracy)다! 이 말들은 정의내릴 때 아주 잘 다뤄야 할 단어다. 자유란 물론 대륙 다른 나라에 비해 영국의 중요한 특징이었다. 그러나 대체로 자유는 우리가 이바지해 온 목적이 아니라 오랫동안 향유해 온 소유물(possession)이다. 비록 그때 처음으로 자유를 획득한 것은 아니었지만 17세기〔내란기〕의 투쟁8으로 우리는 자유를 확

---

7 앤 여왕(Queen Anne, 재위 1702~1714) : 제임스 2세의 차녀로 윌리엄 3세 뒤를 이어 왕위를 계승했다. 후사를 남기지 않았기 때문에 사후에 독일계 하노버 선제후 상속자 조지 1세가 왕위를 계승, 하노버 왕조가 성립됐다.

8 1642~1649년에 일어난 영국 내란을 가리킨다. 왕당파와 의회파의 분열과 내란, 이후 크롬웰 공화정이 성립된다.

보했다. 그 이후 이른바 자유라는 것을 향한 움직임이 계속됐지만, 반드시 정확한 방향으로만 나간 것은 아니었다. 만일 이름 붙이고 싶다면 그것을 민주주의라고 부를 수 있겠다. 나는 오늘날의 여론, 즉 영국사의 최근 시기에 식별할 만한 강력한 경향이 있다면 그것은 바로 이 민주주의로의 경향이라는 근래의 여론을 생각해 본다. 이 움직임에서 처음에는 중간계급, 그리고 다음에는 점차로 하층계급들이 공적인 일〔국가사〕에 일정한 몫의 영향력을 갖게 된 것이다.

이 경향은 19세기에는 적어도 의심할 바 없이 충분히 식별할 수 있지만, 18세기만 하더라도 오직 그 최초의 시작만을 감지할 수 있다. 민주주의는 오랫동안 우리의 과거를 정치적 언사와 논쟁의 원재료로 만들어왔기 때문에 유난히 우리의 관심을 끈다. 그러나 역사학은 대상을 좀더 떨어진 거리에서, 그리고 좀더 포괄적으로 응시해야 한다. 조금 떨어져서 영국, 즉 영국인들이 하나로 통치되는 사회의 진보를 우리 눈길로 뒤쫓아 가보자. 부분적으로는 민주주의보다 더 점진적으로 진행됐고 또 한편으로는 민주주의보다 반대가 덜 심했기 때문에 항상 덜 논의돼 왔지만, 그 민주주의보다 더 중요하고 더 돋보이는 또 다른 변화에 더욱 충격을 받을 것이다. 내가 말하는 것은, 영어식 지명이 '대영국'(Greater Britain)의 토대인, 지구상의 다른 나라들에 확산됐다는 이 단순하고도 명백한 사실을 의미한다.

우리 인종의 확산과 우리 국가의 확장이라고 하는 이 엄청난 현상을 우리는 무관심으로 대하는 특징이 있다. 말하자면 우리는 무심결(*absence of mind*)에9 세계의 절반을 정복해 거주하게 된 것 같다. 18세기에 이런 일을 벌이는 동안 우리는 이러한 확장이 우리의 상상력에 영향을 주거나 또는 어느 정도 우리의 사고방식에 변화를 주도록 허용하지 않았던 것이다. 심지어 지금도 우리는 스스로를 유럽 대륙의 북부 해안에서 떨어져 있는 하나의 섬에 거주하는 인종이라고 여기는 것을 결코 멈추지 않는다. 식민지를 우리에게 속한 것으로 여기지 않는 그런 어투를 끊임없이 무심코 내뱉는다. 그리하여 영국인은 무엇인가라는 질문을 받더라도, 캐나다와 오스트레일리아 인구를 포함하는 경우는 나타나지 않는다. 이 고정된 사고방식은 역사가들에게도 영향을 미쳐왔다. 내가 보기에, 그런 고정관념 때문에 역사가들은 18세기를 서술할 때에 진짜 중요한 요점을 놓치게 되는 것이다.

역사가들은 단지 자유를 둘러싼 의회의 언쟁과 소요만 너무 중시한다. 18세기 영국에 중요했던 것은 모두가 17세기 잉글랜드의 희미한 반영일 뿐이라는 것이다. 그들은 18세기 영국사가 영국만이 아니라 아메리카와 아시아까지 걸쳐 있다는 것을 인정하지 않는다. 현재의 국가사 또는 미래의 일을 바라볼 때 우리는 영국 혼자만을 조심스럽게 전면에 내세우고 이른바 영국령은 그림의 배경에 놓아 우리의 시야에서 벗어나도록 만드는 것이다.

지금까지 일어난 변화를 정확하게 묘사해 보자. 엘리자베스 여왕 치세 말년에 영국은 유럽 외부에 어떤 속령(屬領)도 갖지 않았다. 헨리 8세 시대에 리처드 호어10로부터 험프리 길버트11와 월터 롤리12에

---

9   저자 실리가 사용한 이 표현이 후일 영국 역사가들에게 차용된다. 영국 제국주의는 원래 의도하고 계획된 것이 아니라, 그때그때 임시방편의 대응을 거쳐 확산됐다는 견해다. 흔히 '의도치 않은 제국주의'(absent minded imperialism)라 한다.
10 리처드 호어(Richard Hore, ?~1536): 선장, 탐험가. 뉴펀들랜드 해안 근처까

이르기까지 그들의 모든 정착계획이 실패로 돌아갔기 때문이다. 영제국은 그때까지는 아직 존재하지 않았다. 스코틀랜드는 별개의 왕국이었고 아일랜드에서도 영국인은 아직 부족적 단계의 거주민에 속하는 이주자 집단이었을 뿐이다. 스튜어트 왕가(王家)의 왕위계승과 함께 두 과정이 동시에 진행됐다. 하나는 스튜어트 왕가의 마지막 왕인 앤 여왕 치세기에 완성된 것이고, 그 반면에 다른 하나는 그 이후에도 중단 없이 계속됐다.

그 가운데 첫 번째 과정은 세 왕국의 내적 통합이다. 물론 기술적으로는 훨씬 후에도 완결되지 않았지만, 어쨌든 기본적으로는 17세기와 스튜어트 왕조의 결과였다고 할 수 있다. 두 번째 과정은 해외의 광대한 속령을 포함하는 더 넓은 브리튼의 창출이었다. 이 과정은 1606년 버지니아에 최초의 특허장(charter)을 부여하면서 시작됐다. 17세기에 이 과정은 대단한 진척을 보았다. 그러나 18세기까지만 하더라도 대영국은 그 거대한 규모와, 그리고 그 광대한 정치라는 측면에서 아직 세계 앞에 분명하게 등장하지 않았다. 현재 이 대영국이 어떠한지 생각해 보자.

주로 해군이나 육군기지 용도의 일부 작은 속령들을 제외하고도,

지 항해한 것으로 알려졌다.

11　험프리 길버트(Humphrey Gilbert, 1539~1583) : 엘리자베스 시대의 군인, 탐험가로 아일랜드 플랜테이션 조성 및 북미 진출 등 영국 식민활동의 개척자이다.

12　월터 롤리(Walter Raleigh, 1554~1618) : 엘리자베스 시대의 군인 탐험가이다. 북미 버지니아 정착지를 개척하고, 남미 엘도라도를 탐험했으며, 영국에 담배를 유행시킨 인물로 알려졌다.

대영국은 연합왕국 외에 4개 그룹의 영토로 구성된다. 여기에는 영국인이 주로 또는 상당한 비율로 거주하며 왕실에 속해 있고, 왕실에 속한 다섯 번째 대륙도 있으며, 또는 영국인 관리가 통치하지만 완전히 다른 인종이 거주하는 곳도 있다. 4개 그룹 가운데 첫째 것은 캐나다 자치령과 서인도제도다. 이 그룹에 나는 중남미 대륙의 몇 개 속령을 포함시킨다. 다음은 케이프 식민지가 가장 두드러진 아프리카 속령, 셋째는 오스트레일리아 그룹, 편의상 여기에 뉴질랜드도 넣는다. 마지막으로 보호령 인도다.

자, 이들 속령의 면적과 가치는 어떤가? 우선 그 인구를 보자. 새롭게 정착한 영토이기 때문에 인구는 많지 않다. 캐나다 자치령과 뉴펀들랜드[13]는 1881년 현재 450만 명을 상회하는 인구였다. 즉, 스웨덴 인구와 같다. 서인도제도는 150만 명 이상으로 대략 그리스와 같다. 남아프리카는 175만 명, 이들 가운데 절반은 다른 유럽 대륙 출신이다. 오스트레일리아는 300만 명, 스위스 인구보다 약간 많다. 총계 1,075만 명. 결국 유럽과 영국 혈통을 가진 1천만 명의 사람들이 브리튼섬 외부에 거주하는 것이다.

광대한 보호령 인도의 인구는 거의 1억 9,800만 명에 달한다. 영국의 최고통치권을 존중하는 인도 내의 원주민국가 인구도 추가로 5,700만 명에 이른다. 총인구는 대략 러시아를 제외한 유럽 전체 인

---

13 뉴펀들랜드(Newfoundland) : 캐나다 동부 해안에 자리한 섬이다. 면적은 약 10만 평방킬로미터. 험프리 길버트가 영국 식민지로 개척했으며 19세기 말 이후 독립된 자치령으로 존속하다가 1930년대 캐나다연방에 흡수된다.

구와 맞먹는다.

물론 인도의 이 엄청난 인구는 브리튼 군도 외부에 살고 있는 1천만 영국계 이주민과 동일한 의미에서 대영국의 일부를 이루지는 않는 다는 점에 유념한다. 해외의 영국계 이민은 우리 자신의 혈통에 속한다. 그러므로 우리와 가장 강한 결합을 하고 있는 것이다. 인도인은 이방 인종이고 다른 종교를 갖고 있으며 오직 정복에 의해 우리에게 종속됐다. 인도의 소유가 과연 우리의 힘을 증대시키고 안전에 도움이 될 수 있는지는 상당히 의문시된다. 반면에, 인도가 우리의 위험과 책임을 광범위하게 증대시키리라는 것은 의문의 여지가 없다. 우리 식민제국은 [인도와] 아주 다른 발판 위에 서 있는 것이다. 식민제국은 안전을 위한 몇몇 기본 조건들을 갖추고 있다. 일반적으로 국가들을 함께 묶는 세 가지 결합이 있다. 인종공동체, 종교공동체, 이해 공동체가 그것이다. 인종과 종교, 처음 두 가지를 보면 우리 식민지는 분명히 우리와 연결되며, 바로 이 사실 자체가 강력한 결합을 만들어준다. 만일 공동의 이해가 그 관계를 지속시킬 수 있다는 점을 인식하고 그 확신이 더 강화된다면, 결합은 점차 더 확고해질 것이다. 우리가 미래의 대영국을 살펴볼 때, 우리 인도제국보다는 식민제국을 더 많이 고려해야 한다.

우리가 제국을 인구가 아닌 영토 면적으로 평가하게 될 때 이것은 중요한 발상이다. 해외의 1천만 영국계 주민이 산다는 것, 이 사실이 중요하다. 그러나 지금 곧바로 보이는 것이 아닌, 미래에 궁극적으로 보게 될 것과 비교할 만한 것은 전혀 없다. 이들 수백만 영국계 주민들은 광대한 지역에 흩어져 있다. 이 지역은 영국의 인구 증가와 달리 상당히 급속하게 증가하는 인구로 채워지고 있다. 여러분이 이러한 발상의 중요성을 가늠할 수도 있다. 나는 여러분에게 한 가지 사실을 제시하려고 한다. 영국의 인구밀도는 1평방마일당 291명이다. 캐나다의 경우 평방마일당 1명을 상회한다. 잠깐, 캐나다 자치령이 영국만큼 인구가 가득하다고 생각해 보라. 그 인구는 실제로 1억 명 이상이될 것이다. 그 상태가 되는 것은 아주 먼 미래의 일이 분명하지만, 급격한 인구 증가는 먼 훗날의 일이 아니다. 제국이 함께 결합돼 있다고 가정하면, 반세기 안에 해외 영국계 주민은 본국의 영국인 수에 필적하게 될 것이다. 그 총인구는 거의 1억 명 이상이 될 것이다.

이 수치는 아마 흥미를 넘어서 오히려 굉장한 충격을 줄 것이다. 우리가 같은 인종의 이 엄청난 증가를 기뻐해야 할 것인지, 단순히 인구와 속령보다는 도덕적으로나 지적으로 우리가 앞서나가는 것이 더좋은 일인지, 대부분의 경우 위대한 일들은 작은 국가들에 의해 이뤄진 것이 아닌지, 여러분은 이런 의문을 가질 수 있다. 그러나 나는 우리의 국가적 자긍심을 고양하려고 이들 수치를 인용하지는 않는다. 나는 이런 증가가 과연 환호 또는 후회의 문제가 될 것인지 공개적인 질문을 던진다. 아직 이 문제를 생각할 때는 아니다. 여기서 유의해야 할 것은 이 증가가 갖는 엄청난 중요성이다. 좋든 나쁘든, 이것이야말로 영국 근대사의 가장 중요한 사실인 것이다. 그러니까 이것〔확장과 증가〕을 단지 자료상의 사실로 보거나 또는 도덕적·지적 결과를 수반하지 않는다고 여긴다면 최악의 실수를 저지르는 셈이다. 하나의 섬에서 한 대륙으로, 북위 50도의 장소에서 열대나 남반구로, 오랜 전통의 사회에서 새로운 식민지로, 거창한 공업도시에서 설탕 재배지 또는 원시 야만종족이 아직도 어슬렁거리는 나라의 고적한 목양지로, 사람들은 자신의 주소지를 바꿀 수 없다. 그들의 관념, 습관, 사고방식을 바꾸지 않고서는 아니 몇 세대의 과정을 거쳐 그들의 신체 형태를 변형시키지 않고서는 말이다. 우리는 이미 캐나다인과 빅토리아 거주민이 영국인과 아주 똑같지 않다는 것을 알고 있다. 그러면 다음 세기에 어떨지 상상해 보자. 식민지 인구가 모국 인구만큼 많아지고 그 결합이 지속되고 더 밀접하게 된다고 가정하면, 영국 자체가 상당히 변형되고 바뀌지 않겠는가? 좋든 나쁘든 간에, 그때 가서는 대영국의 성장이 엄청난 중요성을 지닌 사건이 된다.

그 미래에 관해서 말하자면, 분명히 이것은 가장 중요한 사건이다. 그러나 하나의 사건이 아주 중요하더라도 아직은 너무 단순하기 때문에 그 사건을 많이 거론하지 않고 그 자체가 어떤 역사도 지니지 않는다. 그래서 이 대대적인 영국 엑소더스(exodus)는 마치 가장 단순하고 불가피한 방식으로 전개된 것으로, 또 가장 많은 과잉인구를 거느리고 가장 강력한 해상지배력을 갖춘 국가가 인구가 많지 않은 나라들을 별 반대 없이 점령한 것으로 여길 뿐이다. 내가 보기에, 이것이야말로 중대한 실수다. 나는 이 엑소더스야말로 영국사에서 가장 풍요롭고 충만하며 흥미로운 장(章)이라고 본다. 나는 감히 다음과 같이 주장하고자 한다. 즉, 이 식민 이주야말로 18세기 내내 국가사의 전 과정을 결정지었다는 것, 루이 14세 시대부터 나폴레옹 시기까지 영국의 주된 투쟁이 신대륙의 소유를 둘러싸고 벌어졌다는 것, 그렇기에 우리들 대다수가 영국사에서 18세기를 재미없게 여긴다는 점을 올바로 인식할 필요가 있음을 말하려는 것이다.

영국사의 이 국면에서 가장 핵심적인 사실은 우리가 다른 시기에 두 개의 제국을 가졌다는 점이다. 신대륙 점유로 나아가는 우리의 운명 같은 것이 너무 결정적이어서 우리가 한 제국을 수립하자마자 곧바로 상실한 후에, 우리 자신이 관심을 두지 않는 사이에 두 번째 제국이 자라났다. 내가 여러분에게 제시했던 수치는 오로지 두 번째 제국에만 관련된다. 해외에 살고 있는 1천만 영국계 이주민에 관해 말하면서, 나는 우리가 300만 주민이 살던 또 다른 일련의 식민지들[미국]을 지배했다는 점을 언급했다. 이 식민지들이 우리로부터 떨어져 나가 하나의 연방 국가를 수립했으며 그 인구는 한 세기 만에 16배 이상 증가해 이제는 그 모국과 북미 식민지를 합한 인구에 필적하기에 이르렀다. 우리는 이 제국[미국]을 상실했다. 그뿐만 아니라, 인종과 기질 면에서 영국적인 이 새로운 국가가 출현해 불과 한 세기 만에 러시아를 제외하고는 유럽 대륙의 어떤 국가보다도 더 많은 인구를 가진 나라로 성장했다는 것은 놀라울 만큼 엄청난 사건이다. 그러나 북미 식민지들의 이탈과정에서 우리가 겪은 손실이 영국인들의 마음에 일종의 의심과 불안감을 남겨놓았고 이런 감정이 영국의 미래를 예견하는 데 나쁜 영향을 미쳤다.

영국인의 엑소더스가 18, 19세기 영국인이 겪은 가장 중대한 사건이었다고 한다면, 이제 자신의 미래에 대한 영국인의 질문 가운데 가장 중요한 것은 다음과 같은 질문이다. 영국의 두 번째 제국은 무엇이 돼야 하는가, 그리고 두 번째 제국도 첫 번째 제국이 갔던 길을 답습할 것인가 또는 그렇지 않은가? 내가 말했듯이, 영국사 연구에서 얻어내야 할 교훈이 이 질문의 대답 가운데 있다.

미국 독립선언보다 25년 전에 튀르고[14]가 언급한 경구가 있다. "식민지들은 익을 때까지만 나무에 달려 있는 과일과 같다." 그는 또 이렇게 첨언한다. "아메리카가 스스로를 돌볼 수 있게 되면, 곧바로 카르타고가 했던 일을 할 것이다." 이 예견이 명백하고도 두드러지게 들어맞으면서 그 예견을 낳은 명제가 영국인의 마음속에서 입증된 원리의 대열에 끼게 되었다는 것은 얼마나 놀라운 일인가! 분명히 이것이야말로 우리가 두 번째 제국의 성장에 대해 거의 관심 없이, 또는 만족 없이 바라보게 된 이유였던 것이다. 우리는 이렇게 말해 왔다. "식민지의 광대함이나 급속한 성장은 무엇이 문제인가? 그것은 우리를 위해 자라나지 않는다." 광대한 식민지를 유지할 수 없다는 개념에, 식민지 유지를 필요로 하지 않거나 또는 원하지 않는다는 개념을 덧붙이기도 했다. 그들이 빠지기 쉬운 일종의 낙관적인 체념과 함께 미국 독립전쟁을 다룬 역사가들은 일반적으로 식민지 상실이 불가피했을 뿐만 아니라, 심지어 우리에게 다행한 일이었음을 밝혀야 한다고 생각했다.

이들 견해가 타당한지 여부에 대해서 지금은 살피지 않겠다. 나는 단지 두 가지 대안이 우리 앞에 놓여 있다는 점과, 그리고 우리가 논의할 수 있는 참으로 중대한 문제가 이 두 대안 가운데 어느 하나를

---

14 튀르고(Anne-Robert J. Turgot, 1727~1781): 프랑스의 정치가이자 경제학자이다. 소르본 대학에서 수학한 후 정부관료의 길을 걸었다. 루이 16세 치세시에 재정총감을 지내면서 재정개혁을 위해 노력했지만 특권층의 반대로 실패했다. 그의 저술 《부의 형성과 분배에 관한 고찰》은 애덤 스미스의 《국부론》과 함께 근대 경제학의 초석을 닦은 저술로 꼽힌다.

선택하는 일과 관련된다는 점만 지적하려고 한다. 4개 그룹의 식민지들이 4개 독립된 국가군으로 될 수도 있다. 그리고 이런 경우 캐나다 자치령과 서인도제도 그룹은 미국으로 편입되는 것이 독립보다 그들에게 더 나을지 여부를 생각하게 될지도 모른다. 어느 경우든지 영어식 이름과 영국식 제도들이 신세계에 널리 퍼질 것이다. 분리 독립이 이뤄질 경우 모국에 대해서는 여전히 친밀한 감정을 가지고 바라볼 것이다. 그렇게 분리되면 영국은 대륙에서 인구가 가장 비슷한 나라들과 동일한 수준을 유지할 것이다. 사실 영국 인구는 독일보다 조금 적고 프랑스와 비슷하다. 그러나 러시아와 미국은 두 나라 모두 훨씬 압도적인 규모의 인구를 가지고 있다. 러시아는 지금 현재, 그리고 미국은 오래전부터 영국 인구의 두 배이다. 우리의 무역도 역시 전반적으로 새로운 위험에 노출될 수 있다.

또 다른 대안은 미국이 수월하게 취할 수 있었던 일을 하는 것이다. 즉, 서로 멀리 떨어진 나라들끼리 연방으로 통합을 이루는 것이다. 이 경우에 영국은 인구와 영토 면에서 러시아, 미국과 함께 일류국가의 반열에 들어서고 유럽 대륙의 다른 국가들보다 더 높은 대열에 올라선다. 우리는 결코 이 대안이 바람직하다고 당연하게 생각해서는 안 된다. 거대하다는 것이 반드시 위대함을 뜻하지는 않는다. 크기면에서 2급에 속하더라도 도덕적으로나 지적으로 일류의 위치에 머물 수 있다면, 단순히 물질적인 크기에 매달릴 필요는 없다. 그러나 제국을 유지해야 하는지 여부의 문제를 예단해서는 안 되며, 적절한 심사숙고 후에 판단하는 것이 바람직하다고 본다.

그런 판단에 도움이 되는 관점을 지니고, 나는 이 강의에서 영국이 오랫동안 보여준 확장에의 경향을 역사적으로 검토하고자 한다. 잉글랜드의 확장이 의미심장하고 항구적이며 국민생활에 필요하다는 것을 깨닫게 된다면, 그리고 더 바라기는, 우리 스스로 첫 번째 식민지 상실이 거품이 터지는 것처럼 단지 확장의 정상적인 결과가 아니라, 제거할 수 있고 계속 제거되어온 일시적인 조건들의 결과라고 납득한다면, 이 문제를 좀더 진지하게 생각하는 법을 배울 것이다.

제2장

18세기 영국

영국의 확장이 급속도로 이뤄진 것은 18세기였다. 그러므로 그 확장의 본질을 이해하고 그것이 영국 국민의 에너지와 활력을 얼마나 많이 흡수했는지 판단하려면, 18세기의 기록들을 참조하는 것이 지름길이다. 실수만 하지 않는다면 그 기록들은 이런 관점에서 보이는 것으로부터 새로운 흥미를 불러올 수 있으리라.

우리 대중 역사서술과 18세기에 대한 피상적인 언급들을 통해서 나는 그 시대가 얼마나 허위의 혼란스러운 인상을 국민의 기억에 남겨놓았는지를 계속 말하고 있다. 18세기 대부분에 걸쳐 우리는 오직 침체만을 볼 뿐이다. 전쟁으로 어느 것도 얻지 못한 듯하고, 우리는 어떤 새로운 정치 이념의 작용을 감지하지 못한다. 그 시대는 우리가 번영하리라고 여길 만한 그 무엇도 창출하지 못했던 것 같다. 기억할 만한 것도 없다. 조지 1세와 조지 2세 같은 흐릿한 인물들,1 로버트 월폴2과 헨리 펠럼3이 이끈, 오래 길들여진 내각, 에스파냐와 상업전쟁, 4 데팅겐과 퐁트누아 전투, 5 어리석은 총리 뉴캐슬 공작, 6 윌크스 파 소동의 시대, 저 불행한 미국 독립전쟁 등. 어디서나 똑같이 우리 는 사람들과 국가사(國家事)에서 위대성의 결핍, 일반적인 비참, 경

1　조지 1세(George Ⅰ, 재위 1714~1727)·조지 2세(George Ⅱ, 재위 1727~ 1760): 18세기 하노버 왕조 시기의 국왕들이다. 1701년 왕위계승법에 의해 앤 여 왕 사후 독일 하노버 백작 후계자가 조지 1세로 왕위를 계승했다. 이후 같은 이름 (독일식으로는 게오르크)을 가진 후계자들이 왕위를 계승해 18세기 영국은 조지 라는 호칭을 가진 국왕들의 치세기에 해당한다. 흔히 18세기는 '조지 왕들의 세기' 라고도 불린다. 하노버 왕조가 성립될 수 있었던 이유는 이렇다. 스튜어트 왕조 제임스 1세의 손녀 소피아(Sophia)가 독일의 하노버 선제후와 결혼했는데, 왕위 계승법에 따라 그녀의 아들 게오르크가 앤 여왕의 왕위를 계승한 것이다.

2　로버트 월폴(Robert Walpole, 1676~1745): 월폴은 케임브리지대학에서 수학한 후 1701년 이후 하원의원으로 활동했다. 특히 1721~1727년 사이에 조지 1세의 신임을 받아 수석장관, 국왕을 대신해 총리 역할을 맡기도 했다. 영국 최초의 총 리(prime minister)로 알려져 있다. 후에 옥스퍼드 백작 작위를 받았다.

3　헨리 펠험(Henry Pelham, 1694~1754): 영국의 휘그파 정치가로서 특히 조지2 세의 신임을 받아 1740년대에 재무장관, 총리직을 맡았다.

4　상업전쟁: 영국이 1588년 에스파냐 무적함대를 격파한 해전을 가리킨다.

5　데팅겐(Dettingen)·퐁트누아(Fontenoy) 전투: 오스트리아 계승 전쟁 당시 주 요 전투다. 1741년의 데팅겐 전투는 독일 하노버 백작령과 오스트리아, 그리고 영국군이 연합해 프랑스와 대적한 전투로서 독일 측이 승리를 거뒀다. 1745년 퐁 트누아 전투 또한 독일, 네덜란드, 영국 연합군과 프랑스군의 전투로 연합군이 승 리를 거뒀다.

6　뉴캐슬 공작(Thomas Pelham-Holles, 1693~1768): 케임브리지대학에서 수학 한 후, 정치가 헨리 펠험의 후견을 받아 그 밑에서 비서로 활동하며 정계에 입문했 다. 조지 2세와 조지 3세 치세시에 총리직을 맡아 국정을 이끌었다. 당시 영국은 프랑스와 7년 전쟁을 치렀고, 유럽 연합국과 적절한 외교정책을 구사하는 한편, 전선을 주로 인도와 북아메리카 같은 식민지로 확대해 승리를 거둘 수 있었다. 그 의 퇴임 후 조지 3세는 토리파 정치가를 중용한다. 60년간에 걸친 휘그파 중심의 정치는 그의 퇴장과 함께 끝났다.

박함만 목도하는 것 같다. 그러나 우리가 주로 그리워하는 것은 통합 (unity)이다. 프랑스의 경우 비슷한 시대에 강대함은 없었지만 통합은 이루었다. 지성의 시대이기도 하다. 우리는 그 시기를 한마디로 '혁명에 다가서는 시대'로 서술할 수 있다. 그에 비해 영국의 18세기는 어떠했는가? 무엇이 닥쳐오고 있었는가? 무엇이 접근하고 있었는가? 우리는 한 역사시대의 통합을 찾는 올바른 길을 취하고 있는가?

우리는 국왕들의 재위기간에 따라서 역사적 사건들을 배열하는 잘못된 습관을 가지고 있다. 말하자면 우리가 잘 인식하는 시대, 아니 우리가 과대포장하는 시대에서조차 기계적으로 그렇게 한다. 군주는 의미가 없는데도 말이다.

내가 보기에, 조지 1세는 흔히 생각하는 것만큼 그렇게 미미한 인물은 결코 아니었다. 그렇지만 가장 영향력 있는 군주조차도 자신의 이름을 그 시대에 올려놓을 만한 권한을 갖지 못한다. 아주 잘못된 오해는 루이 14세 시대 같은 표현에서 발생한다.

영국사의 각 시대를 배열하고 구분할 경우 그 첫째 단계는 앤 여왕 치세, 조지 1세 치세, 조지 2세 치세 같은 쓸데없는 제목을 없애는 일이다. 이런 제목 대신에 우리는 국민생활이 진보하는 실질적인 시기에 근거해 구분하도록 연구해야 한다. 우리는 국왕에게서 국왕으로 이어지는 것이 아닌, 중요한 사건에서 다른 중요한 사건으로 넘어가는 과정을 바라보아야 한다. 이를 위해서는 사건들을 평가하고 그 중요성을 측정해야 한다. 이는 사건들을 숙고하고 가까이서 분석하지 않고서는 해낼 수 없는 작업이다. 어떤 사건에 관해서, 그것이 국가사의 주도적 사건들에 들어갈 만하다고 스스로 인정했을 때, 그 다음 단계는 그 사건을 발생시킨 요인들을 추적하는 일이다. 이런 식으로 각 사건은 어떤 발전(development)의 속성을 지니며 이런 식의 각 발전은 국가사의 한 장(章)을 제공하고, 그 장은 그 사건으로부터 예의 적절한 이름을 얻는다.

이 원칙의 한 평범한 사례로서, '조지 3세[7]의 치세'라는 제목을 들어보자. 60년이라는 긴 시기를 단순히 한 사람이 전 기간에 국왕을 지냈다는 이유로 마치 어떤 역사적 단일체로 취급하는 것보다 더 불합리한 일이 있을까? 그렇다면 시대구분의 원리로서 국왕을 무엇으로 대체해야 한단 말인가? 명백한 것은 중요한 사건들이다. 그 치세의 한 부분은 그 자체가 '아메리카 상실의 시대'라는 장이 될 수도 있고, 또 다른 일부는 '프랑스 혁명과의 투쟁'이라는 장이 될 수도 있다.

그러나 국가사에서 좀더 짧은 시대구분뿐만 아니라 더 긴 구분도 있다. 말하자면 장(章) 외에 권(卷) 또는 부(部)가 있다. 이는 가까이서 검토했을 때 중요한 사건들이 서로 긴밀하게 연결된 것으로 보이기 때문이다. 연대상으로 서로 가까운 이들 사건은 비슷해 보인다. 이들 사건은 집단에 편입되고 각 집단은 또한 하나의 단일한 복합적

---

[7] 조지 3세(George Ⅲ, 재위 1760~1820): 7년 전쟁기에 왕위에 올라 재위기간이 60년에 이르렀다. 치세기에 미국 독립 같은 정책적 패배도 겪었지만, 오히려 북미와 오스트레일리아 등지에 백인 정착지가 확장되는 등 영제국의 새로운 팽창이 전개되기도 했다. 너무 어린 나이(12세)에 왕위에 올라 국사에 적응할 수 없었고 만년에는 건강악화와 정신착란으로 고통을 겪기도 했다. 프랑스 혁명기에는 잦은 국내 소요로 인한 혼란에 대처하기 위해 윌리엄 피트를 총리로 임명했다. 피트정부의 강력한 탄압정책으로 국민의 인기를 잃었다.

사건으로 간주되기도 한다. 이 복합적 사건들이 그것들의 명칭을 역사의 개별 부(部)에 부여한다. 마치 더 단순한 사건들이 그들의 이름을 개별 장에 부여하듯이.

역사상 몇몇 시기의 경우 이 과정은 너무 용이해서 우리는 거의 무의식적으로 이 작업을 수행한다. 사건들은 겉에 쓰인 그 자체의 중요성을 지니고 있으며 사건들의 연관성 또한 명백하다. 프랑스 루이 14세 치세를 읽을 때, 여러분은 지체 없이 프랑스 군주정의 몰락에 관해 읽고 있는 이유를 안다. 그러나 역사의 다른 부분에서는 그 실마리를 파악하기가 쉽지 않다. 우리가 당황하고 흥미를 잃는 것은 여기다. 내가 언급했듯이, 영국인들은 18세기 부분을 읽을 때 흥미 없다는 것을 의식한다. 이런 종류의 경우 대부분 결함은 독자에게 있다. 독자는 실마리를 집어낼 경우에 그 시대에 흥미를 가지며, 의도적으로 찾아 나서면 그 실마리를 찾을 것이다.

그런 다음에 우리는 18세기의 중요한 사건들을 마주 보고, 각각의 사건을 조사해 그 정확한 의미를 알아내고, 있음직한 일반 경향을 발견하는 데 필요한 어떤 관점과 그 사건들을 비교하는 것이다. 나는 물론 개략적으로 18세기를 언급하고 있다. 좀더 정확히, 내가 의미하는 시대는 1688년 명예혁명8에서 시작해 1815년의 평화로 종결된다.

---

8 명예혁명(Glorious Revolution): 1685년 찰스 2세의 뒤를 이어 그의 동생 제임스 2세가 왕위를 계승했다. 군인으로 생애 대부분을 보낸 제임스는 의회와의 관계를 잘 풀어나가지 못했다. 제임스는 의회의 희망과 달리 자신의 고집대로 정치를 펴나갔다. 그는 2만 명 규모의 상비군을 모집해 스코틀랜드 정치에 무력 개입하고, 가톨릭의 정치참여를 규제하는 심사율을 폐지하려다 의회의 반발을 불러일으키기

자, 이 시대의 중요한 사건들은 무엇인가? 그 시대에는 어떤 혁명도 없다. 우리가 아는 국내 소요는 1715년과 1745년 두 차례 실패한 재커바이트 반란9이 전부이다. 그 시대에 왕조의 변화가 있지만 흔하지 않은 종류의 변화다. 그렇지만 의회입법에 의해 평화적으로 교체됐다. 또 중요한 사건들은 모두 한 부류에 속하는데 그것은 바로 해외전

도 했다. 기톨릭 출신 인사를 잇달아 측구으로 임명하면서 결국 의회의 거센 반발을 불러일으켰고, 마침내 의회의 토리파와 휘그파 모두 그를 축출하는 데 의견을 모았다. 스튜어트 왕계 가운데 신교를 믿는 제임스 2세의 두 딸 중 큰딸 메리가 네덜란드의 오란예 공 윌리엄과 결혼했기 때문에 왕위상속권을 그 부부로 정할 수 있었다. 의회의 초청을 받은 윌리엄은 1688년 11월 5일 '자유로운 의회와 자유로운 신교 보호'란 구호 아래 영국에 상륙해 런던을 공격했다. 당시 런던에서는 제임스 2세를 옹호하는 세력이 없었다. 사태가 불리해진 제임스는 프랑스로 망명할 수밖에 없었다. 영국인들은 유혈사태 없이 정권을 교체할 수 있었다는 점을 높이 평가해 흔히 '명예혁명'이라 부른다.

9 재커바이트(Jacobite) 반란: 잉글랜드와 합병 이후, 특히 하노버 왕조 성립으로 스튜어트 왕가가 단절되면서, 스코틀랜드 고지대인을 중심으로 스튜어트 왕가 복위운동이 전개되었는데 이를 '재커바이트 운동'이라 한다. 명예혁명으로 왕위에서 물러난 제임스 2세와 그 직계후손을 영국 왕 또는 여의치 않다면 스코틀랜드 국왕으로 복위시키려는 일련의 운동을 가리킨다. 이 말은 제임스의 라틴어 표기 'Jacobus'에서 비롯한다. 하노버 왕조 이전에는 주로 정치적·외교적 방식으로 복위운동이 전개되었고, 그 이후에는 프랑스와 협력해 군사적으로 복위를 꾀하려는 방식으로 변했다. 1715년과 1745년 두 차례 커다란 전투가 있었다. 특히 1745년 전쟁은 프랑스군과 재커바이트 연합군이 스코틀랜드에 상륙, 에든버러를 점령하고 거의 1년간 계속되었다. 결국 재커바이트 반란군은 1746년 4월 16일 컬로든(Culloden)에서 잉글랜드 군대와 전투를 벌여 패퇴한다. 이 전투에서 재커바이트 반란군 수천 명이 전사했고, 봉기 주동자들은 끝까지 추적당해 80여 명이 처형당했다. 몇 개월간 추적 받던 제임스 2세의 아들 찰스 에드워드는 간신히 프랑스로 탈출했다. 이후 위협적인 정치세력으로서 재커바이트 운동은 종지부를 찍었다.

쟁들이다.

이들 전쟁은 14, 15세기 백년 전쟁 이래 영국이 치렀던 어느 전쟁보다 훨씬 더 대규모였다. 또한 이전의 전쟁보다 더 공식적인 사업에 가까웠다. 영국은 이때 처음으로 상비군 육군과 해군을 운용했기 때문이다. 강력한 영국해군은 크롬웰 공화정(Commonwealth) 시기의 전쟁에서 처음 분명한 자태를 드러냈고, 육군은 윌리엄 3세 치세기의 반란진압법안(Mutiny Bill)에 근거를 두었다. 명예혁명에서 워털루 전투에 이르는 시기에 우리 영국은 일곱 차례 큰 전쟁을 치렀는데, 그 가운데 가장 짧은 전쟁이 7년, 가장 긴 경우는 대략 12년이었다. 126년 기간의 절반이 넘는 64년간 전쟁을 겪었던 것이다.

이들 전쟁이 이전에 진행된 어떤 전쟁보다 더 대규모였다는 사실은 국가에 안겨준 재정부담으로 추정할 수 있다. 그 시대 이전에 영국은 물론 가끔 전쟁을 치렀다. 그러나 그 시대 초기만 해도 영국은 상당한 부채를 짊어지지 않았다. 그 부채는 100만 파운드보다 적었다. 그러나 그 시대 말기인 1817년 당시 부채는 8억 4천만 파운드에 이르렀다. 그리고 이 엄청난 액수를 전비(戰費) 지출로 계산하는 데에는 주의를 기울여야 한다. 8억 4천만 파운드 모두가 전쟁비용은 아니었다. 전비는 국가가 즉각 변제할 수 없는 비용의 일부였던 것이다. 그러나 엄청난 액수가 한꺼번에 지불됐다. 120년간에 약정된 전비만 따지면 전 기간에 걸쳐 매년 전쟁에 지출된 액수는 7백만 파운드에 이른다. 그 반면, 18세기 평화로운 시기에는 매년 정부 총지출이 7백만 파운드를 초과하지 않았다.

이 일련의 대(大) 전쟁은 분명 그 시대의 특징적 면모다. 이들 전쟁은 그 시대 초기부터 나타나기 시작했을 뿐만 아니라 말기까지도 겪었기 때문이다. 1815년 이후에도 인도와 몇몇 식민지에서 지방 차원의 전쟁은 있었다. 그러나 이전 시대에 일곱 차례나 보여주었던 것과 같은, 유럽 열강이 서로 맞서 싸운 전쟁은 120년의 절반을 약간 넘는 시기 동안에 한 차례 있었고, 불과 2년간 지속됐을 뿐이다.

18세기 전쟁들을 회고해 보자. 1688년 혁명기에 영국이 연루된 최초의 유럽 전쟁10이 있었다. 토머스 매콜리11가 그 스토리를 이야기했기 때문에 그 전쟁은 상당히 잘 기억되고 있다. 전쟁은 1689년부터 1697년까지 8년간 지속됐다. 그다음에 에스파냐 왕위계승에서 비롯된 대(大) 전쟁이 있었다. 이 전쟁을 우리가 잘 기억하는 것은 말버러 공작12이 승리를 거두었기 때문이다. 그 전쟁은 1702년부터 1713년

10 유럽 전쟁: 1689~1697년 북아메리카의 아카디와 뉴잉글랜드 식민지인들이 각기 모국인 프랑스와 영국을 위해 서로 싸운 전쟁이다.

11 토머스 매콜리(Thomas B. Macaulay, 1800~1859) : 영국의 정치가이자 역사가이다. 케임브리지대학에서 수학한 후, 1830년 휘그당 하원으로 정치에 입문, 이후 인도 총독 고문, 육군장관을 역임하고 글래스고 총장을 지내기도 했다. 인도 문관으로 재직하던 중 인도의 근대화를 통해 영국의 지배를 합리화하려는 원대한 구상을 드러내기도 했다. 역사가로서 17세기 말의 명예혁명을 중심주제로 한 《영국사》(1849~1861)로 이름을 떨쳤다. 5권으로 구성된 이 방대한 저술에서 그는 자유주의적 역사관으로 당대의 정치변화를 서술한다. 그가 보기에, 입헌군주제의 전통을 확립한 윌리엄 3세야말로 영국사에서 기억해야 할 명군이었다. 이 책 외에도 밀턴에 관한 저술, 고대 로마의 민요모음집 등을 남겼다.

12 말버러 공작(John Churchill, 1650~1722) : 제임스 2세의 신임을 얻어 군인으로 두각을 나타냈다. 윌리엄 3세 치세시에 탄압을 받기도 했지만, 그 후 에스파냐 왕위계승 전쟁 당시 블레넘 전투를 비롯해 여러 전투에서 승리를 거두었다. 앤 여왕 치세시에 공작 작위를 받았다. 영국 총리 윈스턴 처칠은 그의 후손이다.

까지 11년간 계속됐다. 그 다음에 일어난 대(大) 전쟁〔오스트리아 왕위
계승 전쟁〕13은 기억에 거의 남아 있지 않다. 아주 위대한 장군을 조명
한 적도 없었고 결정적인 결과를 이루지도 못했기 때문이다. 그렇지
만 '젠킨스의 귀'14에 관한 우화를 이야기하는 것을 듣기도 하고 데팅
겐과 퐁트누아 전투도 들은 적이 있다. 물론 그들 나라와 맞서 싸운
이유 또는 전쟁에 따른 결과 등에 대해 합리적으로 설명할 만한 이는
우리 가운데 별로 없지만 말이다. 어쨌든 이 전쟁은 1739년부터 1748
년까지 9년간 지속됐다.

　그다음은 7년 전쟁이다. 이 전쟁에서 프리드리히 대왕의 승리를 잊

13　오스트리아 왕위계승 전쟁: 1740~1748년에 일어난 전쟁으로 유럽의 거의 모든
　　국가들이 관련된 국제전쟁이다. 이 전쟁은 여자의 왕위계승을 금지하는 살리카
　　법(Lex Salica)에 따라 오스트리아의 마리아 테레지아(Maria Theresa)가 합스부
　　르크 왕가를 계승하는 것은 부당하다는 구실을 내세우며 각국이 개입함으로써 시
　　작됐다. 슐레지엔(Schlesien)의 영유권을 둘러싸고 합스부르크 왕가와 프로이센
　　이 벌인 전투가 특히 후대 역사가와 전쟁사가의 관심을 끌었다. 소수정예로 구성
　　된 프로이센육군이 놀라울 정도로 강한 전투력과 효율성을 발휘했기 때문이다.
　　이 전쟁에서 유럽 각국은 각자의 이익에 따라 합종연횡을 거듭하며 양 세력 중 한
　　쪽에 참여하여 전투를 벌였다. 프로이센은 프랑스의 전통적 적대국이던 영국과
　　네덜란드에게 군수품을 지원받았다. 오스트리아의 동맹국은 프랑스, 작센, 사르
　　데냐왕국 등이 있었다. 이 전쟁은 1748년 엑스라샤펠(Aix-la-Chapelle) 조약 체결
　　로 끝났다.
14　젠킨스의 귀(Jenkins' Ears): 1739~1742년간 북아메리카 항해를 둘러싸고 영국과
　　에스파냐 사이에 벌어진 일련의 전쟁을 말한다. '젠킨스의 귀'라는 별칭은 1858년
　　토머스 칼라일이 이 표현을 사용한 데서 비롯한다. 1731년 로버트 젠킨스라는 무
　　역선 선장이 에스파냐 해상방위함의 추격을 받아 귀를 잘리는 사건이 발생했다.
　　이 사건은 8년 후에 의회에서 논란이 되었고 곧바로 대중의 분노를 야기했다. 이
　　소동이 전쟁으로까지 이어진 것이다.

지 않았다. 영국 쪽의 전쟁에서 우리 모두는 에이브러햄 고지 전투라는 대사건을 기억한다. 여기서 제임스 울프15가 전사했고 캐나다를 점령했다. 그러나 이 전쟁의 경우를 통해서 18세기가 우리의 상상력 속에서 얼마나 하찮게 변했는가를 목도할 수 있다. 우리는 그 승리가 오랜 일련의 승리들 가운데 하나라는 점을 잊었다. 동시대인들에게 그 전투는 가공된 것처럼 보였다. 그 〔영국이라는〕 국가는 영광에 도취된 전투에서 나왔고, 이제 이전에 결코 도달한 적이 없던 위대함의 절정에 우뚝 섰기 때문이다. 우리는 영국이 18세기에 잔존한 그 모든 것들을 통해서 어떻게 그 영광의 2~3년간의 시기만을 마치 결코 돌아오지 않을 행복을 반추하듯이 회고했었는지, 그리고 얼마나 오랫동안 계속해서 영국인 고유의 자랑거리로 남았는지를 잊어버렸다.

채텀〔William Pitt〕의 말은 그의 모국어였고
울프의 위대한 심장은 그 자신이 속한 동포였네.
(That Chatham's language was his mother-tongue
And Wolfe's great heart compatriot with his own)

이것이 네 번째 전쟁이다. 그것은 다섯 번째 전쟁과 아주 대조적이

---

15 제임스 울프(James Wolfe, 1727~1759) : 영국의 육군장교이다. 14세에 군에 입대해 오스트리아 계승 전쟁에 참전했다. 특히 1743년 데팅겐 전투에 참가해 뛰어난 활약을 보였다. 그 후 승진을 거듭, 장군이 됐다. 7년 전쟁기에는 북아메리카에서 프랑스군을 격파해 후일 캐나다 자치령이 들어서는 데 크게 기여한 인물로 기억된다.

었다. 다섯 번째 전쟁에 대해서 우리는 언급할 만한 것이 거의 없다는 데 암묵적으로 동의한다. 이른바 미국전쟁〔미국 독립전쟁〕은 처음 전투 개시부터 파리 평화 조약까지 8년간(1775~1783) 지속됐다. 전쟁은 아메리카 대륙에서는 굴욕적이었지만, 전쟁 후반부에는 대규모 해전으로 확대됐다. 그 해전에서 영국은 거의 전 세계와 맞서서 궁지에 빠져 있다가 조지 로드니16의 승리를 통해 겨우 체면을 되찾고 끝냈다. 여섯 번째와 일곱 번째는 혁명기 프랑스와 벌인 두 차례 대전쟁이다. 비록 우리가 두 전쟁을 생각보다 더 독립된 전쟁으로 유념해야 하지만, 별개의 전쟁이라는 점을 잊지는 않은 것 같다. 처음 전쟁은 9년간(1793~1802), 다음 전쟁은 12년간(1803~1815) 지속됐다.

아마도 우리들 중에 앞에서 언급한 두 번째 전쟁과 세 번째 전쟁을 함께 연결 짓거나 또는 그 둘에 깃든 계획이나 목적을 단일하게 바라보는 이는 드물 것이다. 만일 그런 생각을 했다면 우리는 아마도 그런 시도가 희망도 없는 헛수고임을 깨닫게 될 것이다. 앞의 전쟁에서는 에스파냐 왕위계승 방법이 문제가 됐고, 뒤의 전쟁에서는 오스트리아 왕위계승과 신성로마제국 황제계승이 문제였다. 이런 계승 문제들은 중남미 에스파냐령(Spanish Main)을 따라 에스파냐 사람들이 주

---

16 조지 로드니(George B. Rodney, 1718~1792) : 영국의 해군제독으로 1732년 해군에 입대해 오스트리아 왕위계승 전쟁에서 큰 공을 세워 뉴펀들랜드 백인 정착지를 관할하는 제독이 됐다. 7년 전쟁 당시 서인도제도 해역에서 활약해 프랑스 지배하의 여러 섬들을 점령했다. 미국 독립전쟁 때는 프랑스 함대를 도미니카 해안에서 격파해 그 공으로 남작 작위를 받았다. 넬슨 제독과 함께 영국해군의 가장 탁월한 제독으로 손꼽힌다.

장하는 채굴권, 북미 아카디〔Acadi, 지금의 뉴브런즈윅(New Bruns-
wick)〕지역의 경계선, 또는 프랑스 혁명의 원리, 이런 것들과 어떻
게 관련되는가? 그리고 분쟁의 원인이 상당히 우발적으로 보이기 때
문에, 도처에서 발생한 전쟁 그 자체의 우연적 성격을 보고 당황할지
도 모른다. 저지대(네덜란드 지역)나 독일 중심지에서 전쟁이 일어날
수도 있지만, 마드라스(Madras)나 세인트로렌스강 하구, 또는 오하
이오강변 등 어느 곳, 아니 모든 곳에서 충돌이 빚어질 수 있는 것이
다. 그리하여, 토머스 매콜리는 프리드리히 대왕17의 슐레지엔 침입
을 언급하면서 다음과 같이 말한다.

"대왕은 자신이 보호해 주기로 약속했던 이웃을 약탈해도 좋다는
명령을 내린다. 흑인은 인도의 코로만델(Coromandel) 해안에서 싸웠
고, 신대륙 원주민(*red man*)은 북미 오대호 근처에서 서로 싸움을 벌
였다."

처음 개관(*survey*)에서 이들 전쟁이 보여주는 혼란스러운 면모가

---

17 프리드리히 대왕(Friedrich der Große, 재위 1740~1786): 프로이센의 계몽전
제군주로 국가를 통치하고 인재를 기용하는 데 주력하면서도, 효율적 군대조직의
양성, 군대 지휘 및 전쟁 등에 직접 개입해 뛰어난 활동을 보였다. 뛰어난 군사적
재능과 합리적 국가경영능력을 발휘해 프로이센을 당시 유럽의 강대국으로 성장
시켰을 뿐만 아니라 학문과 예술에 대한 관심도 깊었다. 흔히 계몽전제군주의 전
형으로 알려져 있다. '국왕은 국민 제1의 공복'이라는 말은 유명하다. 그는 오스
트리아 왕위계승 전쟁과 7년 전쟁을 승리로 이끌어 프로이센의 영토를 두 배로 늘
렸을 뿐만 아니라 부국강병에 심혈을 쏟았다. 종교적 관용정책으로 가톨릭과 개
신교의 갈등을 수습했고, 보통교육의 확대, 성문헌법 입안 등 프로이센의 근대화
를 진두지휘했다. 후대에 독일인들이 그를 기리기 위해 사용한 칭호는 '프리드리
히 대왕'이다.

그러했다.

    그러나 좀더 가까이서 바라보면 결국 여러분은 어떤 일치점들을 발견할 것이다. 예를 들어, 영국이 치른 이 일곱 차례의 전쟁들에서 다섯은 처음부터 프랑스와 충돌한 전쟁이고, 다른 두 전쟁은 개전 당시 적대국이 처음에는 에스파냐, 그다음에는 우리 소유의 식민지들이었지만 단기간에 그쳤고, 결국은 프랑스와 전쟁이 됐다.

    자, 우리가 조사한 일반적인 사실들 중의 하나가 여기에 있다. 그 사실의 중대성은 대체로 인식되지 않는다. 18세기 중기가 대부분 잊혔기 때문이다. 우리는 프랑스와 두 차례 전쟁이 18세기와 19세기의 교차시기에 벌어졌고, 또 다른 두 차례의 전쟁이 17세기에서 18세기로 넘어가는 교차시기에 있었다는 점을 잊지 않았다. 그렇지만 우리는 18세기 중기에 영국과 프랑스 사이의 또 다른 대전쟁이 있었다는 것, 그리고 이 전쟁 전후로 에스파냐와 전쟁이 있었지만 후에 대(對) 프랑스 전쟁으로 변했고, 또 미국과 전쟁도 뒤에 프랑스와의 전쟁으로 확대됐다는 사실을 잘 기억하지 않는다. 이 세 전쟁 자체가 매우 대칭적이며 진실은 이렇다.

    세 전쟁을 치른 전체 기간이 영국과 프랑스의 대대적인 경쟁시기에 두드러져, 일종의 2차 백년 전쟁으로 보인다는 것이다. 사실, 그 시대에 그리고 우리 자신의 기억에 이르기까지 영국과 프랑스의 불화는 거의 거론되지 않았지만 일종의 자연법칙에 흡사한 것 같았다. 18세기의 전쟁들과 크레시·푸아티에·아쟁쿠르 전투[18] 등에 대한 희미

---

18 크레시(Crécy), 푸아티에(Poictiers), 아쟁쿠르(Agincourt) 전투: 모두 백년 전

한 기억들을 뒤섞음으로써 여러 세대에 걸친 사람들의 마음속에 영국과 프랑스는 항상 전쟁 중이거나 싸울 예정이라는 인상을 심어주었다. 이는 단지 환상에 불과한 것이다. 16~17세기에 잉글랜드와 프랑스는 오랜 적대국가가 아니었다. 두 나라는 에스파냐에 대항해 동맹을 맺었다. 17세기에 영불동맹은 관례(rule)였다. 엘리자베스 여왕과 앙리 4세는 동맹을 맺었고 찰스 1세는 프랑스 공주를 왕비로 맞았고 올리버 크롬웰19은 쥘 마자랭20과 협조했으며, 찰스 2세와 제임스

쟁 당시 영국군과 프랑스군 사이에 벌어진 일련의 중요한 전투다. 크레시 전투 (1346)는 전쟁 초기에 영국군이 승세를 굳힌 전투다. 영국군은 장궁부대를 전진 배치하고 프랑스군은 기사군 편제를 이뤘다. 수적으로 우세한 프랑스군은 중무장 했음에도 원거리에서 공격하는 영국군의 장궁에 격파 당했다. 1355년 푸아티에 전투는 영국군이 재차 프랑스를 침입해 가스코뉴 인근에서 약탈을 일삼자, 당시 프랑스국왕 장(Jean)이 기사군을 이끌고 이들을 추적해 푸아티에서 양국 군대가 충돌했다. 이 전투 또한 크레시 전투의 재판이라 할 수 있었다. 이전 전투와 달리 프랑스 기사군은 말을 사용하지 않고 공격했지만 역시 영국군의 장궁에 패퇴하고 말았다. 아쟁쿠르 전투는 흑사병으로 소강상태를 보이던 두 나라가 다시 치열하게 싸운 중요한 전투였다. 1415년 영국왕 헨리 5세가 다시 노르망디에 상륙해 아쟁쿠르에서 프랑스군과 조우했다. 이 전투 역시 이전과 마찬가지로 장궁의 공격에 프랑스군이 패퇴한다.

19 올리버 크롬웰(Oliver Cromwell, 1599~1658): 영국 케임브리지셔 헌팅턴의 젠트리 집안 출생으로 케임브리지대학에서 수학한 후 1628년 하원에 진출, 정치가의 길을 걸었다. 청교도 혁명기에 의회파에 가담, 1642년에 기병 위주의 철기군 (鐵騎軍, Ironsides)을 지휘해 마스턴무어(Marston Moor) 전투에서 크게 활약했다. 이 공으로 의회파가 조직한 신형군(New Model Army)의 부사령관에 취임해 1645년 네즈비 전투에서 국왕 찰스 1세의 군대를 격파하고 승리를 이끌었다. 내란의 종결 후 의회는 군의 해산을 요구하였으나 크롬웰은 국왕과 타협을 시도한 장로파와 대립, 결국 이들을 추방하고 의회의 주도권을 장악했다. 1648년 찰스 1세를 처형하고 곧 이어 공화국을 성립시켰다. 그러나 공화국을 표방하면서도, 그

2세도 루이 14세에 의존했다.

그러나 프랑스와 전쟁의 잦은 재발이 우연한 사건일 수 있을까? 프랑스와 근접성 때문에 불가피하게 자주 일어난 충돌에서 비화된 것만은 아니리라. 조사해 보면 여러분은 이들 전쟁이 시기뿐만 아니라 내적 인과관계에서도 함께 연결돼 있음을 알게 될 것이다. 우연한 것은 오히려 간헐적인 휴전이다. 전쟁의 재발이 자연스럽고 불가피한 것이다. 실제로 위트레흐트 조약 이후 27년의 평화를 가져온 장기간의 휴전이 있지만, 이것은 전 유럽이 에스파냐 계승 전쟁으로 국력을 소진한 데 따른 자연스러운 결과였다. 그것은 유럽 참전국들의 규모와 비교하면 나폴레옹 전쟁 못지않게 엄청난 전쟁이었다. 그러나 이 휴전이 끝났을 때, 우리는 그에 뒤이은 전쟁들 모두를 마치 간헐적으로 휴전이 뒤섞인 하나의 긴 전쟁으로 간주할지도 모르겠다.

어쨌든 1740~1783년 사이에 세 전쟁이 있었다. 흔히 오스트리아 계승 전쟁, 7년 전쟁, 미국 독립전쟁이라 불리는 이들 전쟁은 영국과 프랑스의 전쟁이라는 점에서 직접 함께 관련돼 있으며, 말하자면 전

자신의 1653년 의회해산, 종신 호국경 취임, 진보적 견해를 대변한 수평파 지도자 숙청과 같은 오점을 남기기도 했다.

20 쥘 마자랭(Jules R. Mazarin, 1602~1661) : 이탈리아 출생으로 루이 14세 시대에 활약한 프랑스의 추기경이자 정치가이다. 전임 리슐리외의 정책을 계승하여 교묘한 외교 수완으로 베스트팔렌 조약을 맺고 30년 전쟁을 유리하게 끝내어 합스부르크가를 눌렀다. 내정 면에서는 부르봉 왕조의 왕권 강화에 노력했는데, 이에 반대한 귀족들이 파리를 중심으로 반란을 일으키기도 했다. 흔히 '프롱드 난'(1648~1653)이라 불린다. 그는 귀족의 난을 진압하고 절대왕권의 강화에 성공했다. 루이 14세의 섭정으로 임종 때까지 절대적 영향력을 행사했다.

쟁 3부작을 구성한다. 특히 여기에 주목하기를 바란다. 단일하고 원대한 목표와 결과를 지닌 하나의 거대한 사건으로 간주되는 이 세 전쟁이 아쉽게도 그 시대에는 부족했을 것 같은 웅대한 특징(grand feature)을 보여주기 때문이다. 우리가 역사의 그 거대한 국면을 간과하도록 만드는 것은 오직 우리 자신의 맹목성과 고집이다. 반면에 우리는 국내에서 발생한 사소한 사건들, 의회의 언쟁들, 정파의 음모, 궁정의 뒷소문 등에 우리의 눈을 고정시킨다.

조지 3세의 왕위계승은 그 시대의 중기(中期)에 이뤄졌다. 우리는 역사를 정리하는 유치한 방식의 결과로 세분화된 시기(division)를 만들어낸다. 그런데 그 연간에 실질적 구분은 없으며 오히려 지속성을 드러낸다. 의회 및 정당 정치에서 보면, 조지 3세의 계승은 실제로 상당한 분수령이다. 우리 역사가들은 국가와 민족의 역사보다는 항상 의회의 역사를 기술하려는 유혹에 빠진다. 여기에서 잘못된 감각(scent)이 우리를 오도하며, 우리는 우리 역사에서 가장 거창하고 가장 기억할 만한 전환점의 하나를 계속 알지 못한 채로 있는 것이다. 나는 말한다. '이들 전쟁이 영국과 프랑스 사이의 하나의 거대하고 결정적 투쟁'이었다고. 이 전쟁들을 보라. 세 전쟁 가운데 첫째 전쟁은 1748년 엑스라샤펠 조약21으로 끝맺었다. 겉으로 보면 그 후 영국과

---

21 엑스라샤펠(Aix-la-Chapelle) 조약: 오스트리아 왕위계승 전쟁 종전과 함께 체결된 국제조약이다. 1748년 10월 18일 신성로마제국의 아헨(엑스라샤펠은 아헨의 프랑스어 이름)에서 맺었다. 전쟁에 참여한 영국, 프랑스, 네덜란드공화국, 에스파냐, 사르데냐왕국, 오스트리아가 서명했다. 이 결과 마리아 테레지아의 왕위계승권이 승인되었으나 프로이센의 슐레지엔 영유권을 인정해 후에 7년 전쟁의 원

프랑스는 8년간 평화로운 시기를 보냈다. 그러나 실제로는 전혀 그렇지 않았다. 엑스라샤펠 조약이 전쟁에 개입된 다른 유럽 강대국들의 분쟁을 가라앉힐 만한 효력을 가지고 있더라도, 영국과 프랑스 간의 갈등을 해결할 수 없는 것이다. 심지어 해결할 것 같지도 않아 보였다. 왜냐하면, 북아메리카의 영국인 정착지와 프랑스인 정착지, 즉 아카디22와 캐나다의 경계라는 중대한 문제가 조약 체결 이후에도 이전과 마찬가지로 격렬하게 분쟁으로 치달았기 때문이다. 교섭이 아니라 오직 무력에 의해, 전쟁으로 치닫는 일촉즉발의 상황이었다. 더욱이 내가 북아메리카 변경(邊境)에 관해 언급한 것은 다른 〔대륙의〕 양측 변경에서도 마찬가지였다. 이른바 인도에서는 변경을 따라서 영국군과 프랑스군이 마주 접하고 있었다. 두 나라의 오랜 경쟁과정에서 일찍이 발생한 사건 중에서도 가장 기억할 만한 두 나라 군대의 몇몇 충돌이 바로 두 나라가 공식적으로 평화를 유지한 이 8년 사이에 나타났다는 사실은 중요한데도 거의 주목받지 않았다.

우리는 프랑스군이 오하이오강변에 어떻게 두켄 요새23를 구축하고, 우리의 버지니아 식민지가 조지 워싱턴을 사령관으로 삼아 400여 병력과, 그다음에 한 젊은 병사와 한 영국인을 파견해 요새를 어떻게 공격했는가, 어떻게 워싱턴이 포위당해 어찌할 수 없이 투항했는가

인이 됐다. 영국과 프랑스는 식민지에서 점령한 지역을 각각 반환했다.

22 아카디(Acadie): 퀘벡주 일부 지역이다.

23 두켄(Duquesne) 요새: 펜실베이니아주 오하이오강변에 세워진 프랑스군 요새로 7년 전쟁직전 북미 영불전쟁(1754~1762) 개전 초기 프랑스군이 세웠으나 1756년 영국군이 점령했다. 요새는 점령 전 프랑스군이 퇴각하면서 파괴했다.

를 상세히 들었다. 같은 전장에서 브래독 장군24의 패배와 죽음에 관해서도 너무 많이 들었다. 우리는 조제프 프랑수아 뒤플렉스(Joseph François Dupleix)와 로버트 클라이브25 간의 전투와 아르코(Arcot) 방어, 인도에서 우리 인도제국의 형성을 낳은 전투들을 아직도 잘 기억하는 것이다. 이 모든 사건들은 영국과 프랑스가 서로 우위를 차지하려고 벌인 처절한 투쟁의 일부였다. 그러나 이들 대부분이 1748년 엑스라샤펠 조약 이후, 그리고 1756년 두 번째 전쟁 발발 전에 일어났다는 것을 알게 된다.

1744년부터 조금 일찍 잡으면 1763년 파리 평화〔회의〕까지 약 20년간 지속된 하나의 거대한 갈등인 것이다. 그 갈등은 근대에 1870년의 패배를 제외하면 프랑스가 겪었던 가장 참혹한 패배로 귀결됐으며, 그 패배야말로 부르봉 왕가의 운명을 사실상 봉인한 셈이었다. 그러나 우리를 승리로 이끈 위대한 정치가들이 아직 살아 있던 불과 15년 후에, 영국과 프랑스는 다시 전쟁에 돌입했다. 프랑스는 반기를 든 우리 식민지와 우호관계를 맺고 그 독립을 승인하고 군대를 파견해 그들을 도왔다. 그 후 5년 이상 영국과 프랑스는 육지와 바다에서

---

24 에드워드 브래독(Edward Braddock, 1695~1755) : 북아메리카 영불전쟁(1754 ~1763) 기〔북미지역에서는 '프렌치 인디언 전쟁'(French Indian War)이라 불린다. 7년 전쟁(1756~1763)과 곧바로 겹쳐 전개됐다〕북미 영국 식민지 13개 주를 관할한 주둔군 사령관으로 1755년 전사한다.

25 로버트 클라이브(Robert Clive, 1725~1774) : 동인도회사 직원 출신으로 7년 전쟁기에 주도적으로 활동하고 플라시 전투에서 승리를 거두어 뱅골 지방을 장악하는 등 영국의 인도 식민지화의 중심인물이었다. 만년에 독직(瀆職)과 부패 사건으로 비난받자 자살한다.

전쟁을 벌였다. 그러나 우리는 그것을 최근까지 지속된 거대한 대전쟁의 뒤쪽에 돌출된 것이라기보다는 완전히 새로운 전쟁이라고 생각할 수 있을까? 프랑스는 우리 때문에 겪었던 고통에 대해 이제 혼란의 시기에 우리에게 앙갚음하려는 내심을 항상 감추고 있었던 것이다. 그것은 캐나다를 잃은 데 대한 프랑스의 복수, 즉 미국의 건국이었다. 후대에 때때로 칭송하는 말을 빌리면, "프랑스는 구세계의 불균형을 바로잡기 위해 새로운 세계를 성립시켰다".

이 세 차례에 걸친 대(大) 전쟁은 겉으로 보이는 것보다는 훨씬 더 서로 분명하게 관련돼 있다. 그러나 이들 전쟁이 제아무리 밀접하게 관련되더라도 갈등을 낳은 토대가 무엇인지, 갈등의 공통된 토대가 세 전쟁 모두에 자리 잡고 있었는지 자문할 때까지는 그렇게 바라보지 않아야 한다. 언뜻 보면, 다른 모습으로 나타난다. 영국과 프랑스의 전쟁은 어느 시대나 분명하고 분리된 채로 나타난다. 그렇지만 그것은 같은 시기에 진행된 다른 전쟁들과 뒤섞여 있는 것이다. 이같이 아주 복잡하게 뒤얽힌 면모야말로 18세기의 특징이다.

예를 들어, 퀘벡주 획득은 슐레지엔을 둘러싸고 벌어진 프리드리히 대왕과 마리아 테레지아의 전쟁과 어떻게 관련되는가? 이렇게 뒤얽혀 있어서 역사해석의 오류나 섣부른 일반화를 저지를 여지가 큰 것이다. 실제로 문제가 되는 것은 오해다. 예컨대, 7년 전쟁에서 유럽의 개신교 국가들 모두가 같은 편에 줄 섰음을 주목하고 나서, 캐나다 또는 인도에서 가톨릭 신앙에 비해 개신교가 지배적이었다는 것을 밝혀내려 한다면, 아주 잘못된 길로 나아간 것이다.

신세계〔아메리카 대륙〕와 아시아에서의 영국의 확장은 영국에서 18세기 역사를 요약한 공식(formula)이다. 이제 나는 18세기 중기에 일어난 이 세 차례의 대전쟁이 신세계의 소유를 둘러싸고 영국과 프랑스가 벌인 가장 중요한 결전이라고 주장한다. 이는 그 이래 거의 주목받지 않았던 것과 같이 그 당시에도 거의 감지할 수 없었을 것이다. 그러나 바로 18세기 대부분에 걸쳐 진행된 영국과 프랑스의 2차 백년전쟁에 대한 설명은 이렇다. 두 나라는 신세계를 소유하려는 경쟁 후보였다. 18세기 중기에 벌어진 세 차례의 연이은 전쟁은 말하자면, 세계적 차원의 경쟁에서 결정적 전쟁이었다.

　우리 영국은 북아메리카 대륙이 비어 있다는 것을 알았기 때문에, 그리고 그곳으로 식민 이주자들을 실어 나를 선박을 다른 나라보다 더 많이 가졌기 때문에, 북아메리카 대륙을 소유하게 된 것이 아니었다. 실제로 이미 그 대륙을 획득했던 다른 열강으로부터 빼앗지도 않았다. 우리 영국인의 정착 활동에서 한 경쟁자가 있었다. 어떤 점에서는 우리와 처음부터 시작을 같이했던 이른바, 프랑스가 있었던 것이다.

　북아메리카에 관한 간단한 사실은 이렇다. 제임스 1세가 버지니아와 뉴잉글랜드에 특허장을 준 바로 그 무렵에 프랑스인들이 북쪽으로 더 올라가 아카디와 캐나다 두 정착지를 조성했다. 또는 윌리엄 펜26이 찰스 2세로부터 펜실베이니아 정착을 위한 특허장을 취득한 그 시기에, 가장 위대한 발견을 한 사람 중의 하나인 프랑스인 르네 로베르

26　윌리엄 펜(William Penn, 1644~1718) : 영국 런던 출신으로 옥스퍼드 크라이스트처치 칼리지를 수학했다. 펜실베이니아 영국인 정착지 건설을 주도했다.

드 라 살27이 오대호를 거슬러 올라가 미시시피강의 발원지까지 이르렀으며, 그는 그 지류부터 멕시코만까지 강 전체를 배를 타고 내려갔다. 주변에 놓인 광활한 지역은 그 후 곧바로 프랑스 식민지 루이지애나가 됐다. 이것이 북아메리카에서 프랑스와 영국의 관계이다.

1688년 영국에 명예혁명이 일어났을 때, 영국과 프랑스 사이에 이른바 2차 백년 전쟁이 발발했다. 영국은 동부해안을 따라 북에서 남부까지 일련의 번영하는 식민지들을 거느렸지만, 프랑스는 세인트로렌스강과 미시시피강, 두 커다란 강을 장악했다. 프랑스 혁명기와 그리고 그보다 훨씬 더 뒤에도 이 두 식민지 열강의 미래를 비교하는 정치적 예견은 두 강이 프랑스에 가져다준 혜택을 목도하면서, 장래에 북아메리카가 영국이 아닌 프랑스에 귀속되리라는 생각으로 이어졌다.

그러나 이제 그 시대에 영국과 프랑스는 아메리카뿐 아니라 아시아에서도 나란히 전진해 나갔다는 점을 바라보는 것이 아주 중요하다. 영국 상인들이 인도를 정복한 것은 독특하고 비정상적 현상으로 여겨지지만, 그런 생각을 한 독창성 면에서나 또는 실행에 옮긴 활력 면에서 특별히 영국적인 어떤 점이 있다고 여기면 잘못이다. 인도를 정복하려는 생각을 의도적으로 했던 것은 프랑스인들이었다. 그들은 처음에 정복이 가능하다는 것을 알아차리고 이를 실행할 수 있는 방법을 찾았다. 프랑스인들이 먼저 정복을 시작했고 이를 성취하기 위한

---

27 르네 로베르 드 라 살(René Robert Cavelier, sieur de La Salle, 1643~1687) : 프랑스의 북아메리카 탐험가로 미시시피강을 탐사한 뒤 그 유역 일대 모두를 루이 14세 소유라고 천명해 '루이지애나'라고 이름 붙였다.

방안을 마련해 나갔다. 그들은 인도에서는 북미에서보다 훨씬 더 결정적으로 영국의 기선을 제압했다. 인도에서 우리는 처음부터 프랑스에 비해 열등감을 가지고 있었다. 그리고 내가 영국의 인도 정복을 공부할 때, 영국은 정복의 야망도, 또는 단순히 교역을 증진시킨다는 단순한 열망도 분명하게 표명하지 않았다. 처음부터 끝까지, 즉 로버트 클라이브의 시도에서부터 리처드 웰즐리, 28 민토 경, 29 워런 헤이스팅스30 등이 광대한 인도 전역을 관할하는 통치기관을 설립할 때까지, 우리 영국은 프랑스군에 대한 두려움에 젖어 있었다. 토착인 유력자의 저항운동마다 매번 그 배후에 있는 프랑스인의 음모, 자금, 프랑스인의 흑심 등을 보았다. 그리고 인도 전체를 지배하기 전까지는 결코 프랑스인이 우리 영국인을 쫓아낼지 모른다는 의구심을 떨쳐낼 수 없었다. 이런 의구심은 이미 프랑스인 뒤플렉스와 라 보드네 백작31이 활약하던 시대부터 이어져온 것이다.

---

28 리처드 웰즐리(Richard Wellesley, 1760~1842): 영국의 토리파 정치가이자 외교관으로 옥스퍼드 크라이스트처치 칼리지 수학 후, 젊은 시절 인도에서 활동했다. 영국이 인도 지배권을 확립하는 데 중요한 역할을 했다. 후일 외무장관과 주에스파냐 대사를 역임했다.
29 민토 백작(Lord Minto, 1751~1814): 본명은 길버트 엘리엇-머레이-키닌마운드(Gilbert Elliot-Murray-Kynynmound)다. 1807~1813년 인도 총독을 역임했다.
30 워런 헤이스팅스(Warren Hastings, 1732~1818): 벵골 총독을 거쳐 1772~1785년 사실상의 인도 총독으로 전권을 행사했다. 부패사건에 연루, 오랜 기간 재판을 받았으나 후에 사면됐다.
31 라 보드네 백작(La bourdonnais, 1699~1753): 본명은 베르트랑-프랑수아 마에(Bertrand-François Mahé)로 프랑스의 해군장교로서 동인도회사에 근무했으

그 당시 아메리카 대륙과 아시아에서 프랑스와 영국이 아주 엄청난 가치의 이득을 차지하려고 직접 경쟁했다는 사실이야말로 두 나라가 제2차 백년 전쟁을 벌인 점을 설명해 주는 것이다. 이것이 최종적인 설명이지만, 분쟁의 진정한 원인은 심지어 교전 당사국들에게도 반드시 명백한 것은 아니며 나머지 세계에게는 더 그렇다. 이런 사례 못지않게 다른 시대에서도, 인접한 나라들 간에 간헐적인 불화의 요인들이 발생하며, 이 요인들이 가끔 이들 나라가 서로 전쟁을 벌이도록 작용한다. 18세기 중기 이 세 전쟁에서 영국과 프랑스, 두 나라가 신세계 문제로 아주 노골적이면서도 분명하게 서로 싸웠던 것이다. 윌리엄 3세와 앤 여왕 시대의 초기 전쟁들은 더 많거나 또는 적지 않은 다른 요인들이 작용했다. 신세계 분쟁이 아직 절정에 이르지 않은 탓이었다. 그러나 후기의 전쟁들, 특히 프랑스 혁명에 뒤이은 두 전쟁에서 다시 신세계 문제는 그 배경으로 들어섰다. 프랑스는 아메리카 대륙과 인도에 걸쳐 보유 식민지를 상당 부분 상실했으며 이제 더 이상 이를 복원하려는 노력을 기울이더라도 헛수고에 지나지 않게 됐기 때문이다.

1740~1783년간에 걸쳐 벌어진 이 세 차례의 전쟁에서 영국과 프랑스의 격돌은 전적으로 신세계에 관련됐다. 첫 번째 전쟁에서 이 문제는 상당히 부수적으로 겹쳐진 것이었다. 두 번째 전쟁에서 프랑스는 치명적인 몰락을 겪었다. 세 번째 전쟁에서 프랑스는 어느 정도 복수를 했다. 이것이 '대영국'의 역사에서 아주 중요한 장(章)이다. 영

며, 그 후 모리셔스 총독을 지냈다.

국이 유럽 이외 지역의 식민지와 백인 정착지를 위해 싸운 최초의 강력한 투쟁이기 때문이다. 여기에서 속령과 정착지들은 모국이 일깨워 동조한 것이 아니라 실제로 주도해 나갔다. 우리는 18세기 역사 연표에 아주 광대한 표지를 붙여서 이 시간을 등재해야 한다. 이들 전쟁에서 아주 중요하고 가장 결정적인 사건은 조지 2세[32] 치세 후반기에 해당한다.

그러나 이들 전쟁 이전 루이 14세 시기의 전쟁과 그 이후 프랑스 혁명기 대(對) 불 전쟁에서도 조사해 보면, 신대륙에서 생각했던 것보다 더 영국과 프랑스의 치열한 쟁투를 볼 수 있을 것이다. 식민지 문제는 실제로 17세기 전 시기에 걸쳐 중요해졌던 반면, 그 시대의 다른 긴급한 문제인 구교와 신교의 분쟁은 다소간 표면에 드러나지 않게 됐다. 올리버 크롬웰이 에스파냐와 전쟁을 벌였을 때 과연 그가 그 나라를 강력한 가톨릭 국가라고 해서, 아니면 신대륙의 독점자라고 해서 공격한 것인지는 의문이다. 같은 시대에 강력한 두 프로테스탄트 국가인 잉글랜드와 네덜란드는 종교적 이해관계 때문에 한편이었지만, 그 후로 서로를 경쟁적인 식민지 열강으로 여겨 격렬한 전쟁을 벌이게 됐다. 이제 1683년 루이지애나를 발견하고 정착하면서 프랑

---

32 조지 2세(George II, 재위 1727~1760) : 부친 조지 1세와 불화를 빚었으나 1727 년 부왕 사거 후 왕위를 계승했다. 학문과 독서에 흥미가 없었으나, 독일 괴팅겐 대학을 설립하고, 더블린 트리니티칼리지 학장을 지냈으며, 뉴욕 컬럼비아대학 설립 특허장을 내리기도 했다. 그의 치세기에 영국은 아메리카, 아시아에 세력을 확장하고 유럽에서 오스트리아 왕위계승 전쟁, 7년 전쟁 등에 개입해 해외 속령과 식민지를 확대했다.

스는 식민지 열강의 선두에 진입했으며, 발견한 지 6년이 되지 않아서 영국과 프랑스 사이에 2차 백년 전쟁이 시작됐다.

그러나 일련의 전쟁 가운데 첫 번째 전쟁에서 북아메리카 역사상 '최초의 식민지간 전쟁'으로 표시는 되겠지만, 식민지 문제는 두드러지게 나타나지 않았다. 그러나 '에스파냐 왕위계승 전쟁'이라 불리는 두 번째 전쟁에서 이 문제가 분명하게 드러났다. 이 전쟁의 이름 때문에 잘못 이해해서는 안 된다. 우리 영국이 에스파냐 문제에 간섭했을 때 실제로는 어떤 관심도 없었고, 또 프랑스의 우세라는 환상에 두려워했더라도 실체가 없었기 때문에 막대한 피를 흘리고 재원을 낭비한 것은 우리 책임이었다고 지적해 왔다. 세련된 무역을 추구하는 데 전념했다는 지적도 있다! 그렇지만 전쟁이 어떻게 발발했는지 랑케의 책을 읽어보라. 33 영국을 전쟁으로 이끈 것은 정확하게 말해서 무역임을 알게 될 것이다.

에스파냐 왕위계승이 영국을 자극한 것은, 프랑스가 에스파냐에 대한 영향력을 공고화해, 신대륙의 에스파냐 독점을 깨고 들어가 그곳에서 영국을 완전히 배제하려고 위협했기 때문이다. 따라서 이 전쟁이 영국에 미친 가장 실질적인 결과는 식민지, 이른바 아카디 정복과 노예무역에 관한 협약이었다. 34 이에 힘입어 영국은 처음으로 대

---

33 〔저자 주〕: 더 좋은 것으로는, G. V. Noorden, *Europäische Geschichte im 18ten Jahrhunderte*를 볼 것. 이 책에서 이 유럽의 대전환을 처음으로 적절히 다뤘다.

34 영국사에서 아시엔토(The Asiento)라고 불린다. 이 말은 에스파냐어로 '협약' (*contract*)을 뜻한다. 위트레흐트 조약(1713)으로 에스파냐는 영국에서 에스파냐령 아메리카에 흑인노예와 상품을 판매 거래할 권리를 허락한다. 영국 정부는 이

규모 노예교역 국가가 될 수 있었던 것이다.

프랑스 혁명 및 나폴레옹 시대 영국이 프랑스와 치른 전쟁은 신대륙 장악이 분쟁의 배경이라는 것 또한 사실이다. 미국 독립전쟁에서 프랑스가 아메리카 대륙으로부터 축출 당한 것에 대해 영국에 앙갚음한 것과 마찬가지로, 나폴레옹 시대에 프랑스는 그곳의 잃어버린 식민지를 복원하기 위해 결사적인(titanic) 노력을 기울인다. 이것이 영국에 대한 나폴레옹의 고정관념이다. 그는 영국을 결코 섬이나 유럽국가로 보지 않고, 항상 세계제국으로, 모든 대양을 지배해 보호령과 속령과 섬들을 잇는 네트워크로 바라본다. 그는 결국 이들 식민지 중에 마침내 그의 감옥과 매장지가 정해질 운명이었던 것이다.

이런 이유로 1798년 그가 처음 영국과 전쟁을 벌이기로 했을 때, 먼저 영불해협을 조사하고 아일랜드를 힐끗거린다. 그러나 그는 자신이 생각한 것을 단행하지 못한다. 물론 몇 달 후에, 아일랜드에서 가공할 반란이 일어났다. 그 반란 도중에 이 이탈리아 정복자가 갑자기 프랑스군 총사령관이 되었다면, 그는 분명히 후에 했던 것보다 더 강력한 치명타를 영국에 가했을 것이다. 그의 마음은 다른 생각으로 가득 차 있었다. 그는 영국이 그 진격을 막을 때까지 어떻게 하면 프랑스가 인도를 정복하려는 것으로 보일 것인가를 염두에 두었다. 따라서 그는 영국과 전쟁을 수행하는 최선의 길은 이집트 점령이며, 그와 동시에 티푸 술탄[35]을 자극해 캘커타의 인도 식민정부(Calcutta

권리를 남해회사(South Sea Company)에 부여했다. 이에 힘입어 영국의 노예무역이 급성장한다.

Government) 에 대한 전쟁에 끌어들이는 것이라는 방안을 결정하고 확신했던 것이다. 그는 실제로 이 계획을 실행한다. 그리하여 전반적인 전쟁은 영불해협으로부터 대영국의 드넓은 공간으로 옮겨진다. 그 직후에 아일랜드 반군이 봉기했을 때 그들은 프랑스가 자기들에게 보나파르트의 직접적인 도움을 줄 수 없고, 다만 장 조제프 욍베르 장군36과 그 휘하의 1,100여 명의 병력을 파견할 뿐이라는 것을 알고 쓰디쓴 실망에 빠지게 된다.

이 전쟁이 1802년 아미앵(Amiens) 화약으로 종결됐을 때, 그 결과는 '대영국'의 역사에서 중대한 분수령이 된 셈이었다. 우선 프랑스는 이집트를 다시 빼앗겼는데, 이로써 인도제국 공격이라는 나폴레옹의 원대한 전략은 실패로 돌아갔고, 그의 동맹자인 티푸(Tippoo) — 불리는 이름으로는 시투아앵(Citoyen Tipou) — 는 패배 전에 살해당했다. 데이비드 베어드 장군37은 영국군을 거느리고 홍해까지 이동해 허친슨(Hutchinson) 장군과 함께 이집트에서 프랑스군을 축출하는 작전

---

35 티푸 술탄(Tippoo Sultan, 1750~1799) : 남인도의 마이소르(Mysore) 왕국 군주이다. 18세기 후반 인도 남부지역 대부분을 통일했다. 티푸 술탄은 영국에 맞서 군사력, 특히 로켓부대를 배치했고 행정 및 조세 개혁을 통해 근대국가 면모를 갖춘 계몽군주다.

36 장 조제프 욍베르(Jean Joseph Humbert, 1765~1805) : 프랑스의 해군장교로 미국 독립전쟁에 참전하고 후에 나폴레옹 전쟁기에 여러 전투함 함장을 지낸 프랑스해군의 고위지휘관이었다.

37 데이비드 베어드(David Baird, 1757~1829) : 영국의 육군장군으로 18세기 후반 남인도 마이소르왕국과 여러 차례 걸친 전쟁에서 승리를 거두고, 이집트에서 나폴레옹군과 교전했다.

에 참여했다. 그 당시 식민지 세계에서 영국은 실론과 트리니다드의 지배자로 남아 있었다.

그러나 1803년부터 1815년까지 지속된 마지막 전쟁은 어떤 점에서 신대륙을 둘러싼 전쟁이었나? 겉으로는 그렇게 보이지 않는다. 그리고 자연스럽게도, 영국은 처음부터 해군력이 우세했고 나폴레옹은 결코 신대륙으로의 귀환에 성공할 수 없었다. 그럼에도 나는 그 전쟁이 나폴레옹에게는 그런 의도였다고 믿는다. 첫째로, 그 전쟁의 기원과 원인을 바라보라. 최초는 몰타를 둘러싼 전쟁이었다. 아미앵 조약으로, 영국은 일정 시일 안에 몰타에서 철수하려고 했다. 그렇지만 여기서 거론할 필요도 없는 몇몇 이유들 때문에 후에 영국은 철수하지 않았다. 자, 왜 나폴레옹은 영국이 몰타에서 철수하기를 원했는가? 그리고 영국은 왜 그렇게 하지 않았는가? 몰타가 이집트로 가는 열쇠였기 때문이다. 영국은 어느 순간에 이집트를 탈환하리라고 믿을 만한 충분한 이유가 있었다. 여기에서 전쟁은 궁극적으로 인도를 둘러싼 것이고 인도를 차지하기 위한 투쟁은 다시 시작될 것이다. 나폴레옹 전쟁은 3차 대(對) 불 동맹 전쟁38으로 독일권까지 번졌지만, 궁극적으로는 인도를 향한 것이었다. 더욱이 몰타를 계속 점유함으로써 〔인도를 향한〕 공격을 효과적으로 그리고 단호하게 피할 수 있더

---

38 3차 대(對) 불동맹(*Third Coalition*) 전쟁: 1803년 영국은 이전에 맺은 아미앵 화약을 파기하고 프랑스에 선전포고한다. 1805년 4월 영국, 오스트리아, 러시아는 프랑스의 패권에 맞서기 위한 동맹을 맺는다. 이후 영국과 프랑스해군의 트라팔가르 해전, 오스트리아 · 러시아 연합군과 프랑스군 사이의 아우스터리츠 전투가 벌어졌다.

라도, 우리는 과거에 얼마나 성공적이었는지 깨닫지 못했다.

　우리는 여태껏 인도가 프랑스인의 음모로 가득한 곳이라고 믿었다. 마라타39와 아프가니스탄 토착제후와 페르시아의 군왕(Shah)이 프랑스군의 조종을 받는 허수아비에 지나지 않는다고 생각했다. 실제로 그들 휘하에 많은 프랑스 장교들이 고용돼 있었다. 아마 1803년 마라타 전쟁40은 리처드 웰즐리에게는 프랑스와 전쟁의 일부로 여겨졌고, 아마도 아서 웰즐리41는 아사예와 아라가온 전투42에서 후일의 살라망카43와 워털루의 적과 동일한 적군에 타격을 가했다고 굳게 믿었을 것이다.

　이 전쟁에서 나폴레옹의 의도는 우리에게 불분명한 점이 있는데, 그가 계획했던 대양활동이 중대한 실패를 겪은 반면, 그가 계획하지 않았던 독일 전쟁은 큰 승리를 거두었던 것이다. 그는 자신이 의도하

39　마라타(Maratta) 국: 1554~1818년 인도 아대륙 중앙부에 자리한 힌두교 중심의 제국 또는 토후국 연맹을 말한다.

40　마라타 전쟁(*Maratta War*): 1803~1805년 동인도회사와 마라타제국 사이에 벌어진 2차 전쟁이다. 이 전쟁으로 마라타국은 벵골을 비롯한 여러 지역의 지배권을 포기한다.

41　아서 웰즐리(Arthur Wellesley, 1769~1852): 1대 웰링턴 공작이며 1815년 워털루 전투에서 나폴레옹군대에 승리를 거둔 장군이다. 후일 정치가로서 외무장관, 총리 등을 지냈다.

42　아사예(Assaye)·아라가온(Aragaon) 전투: 동인도회사와 마라타제국 간의 2차 전쟁에서 아서 웰즐리가 치른 주요 전투이다. 아사예 전투는 1803년 9월 23일, 아라가온 전투는 같은 해 11월 29일에 벌어졌고 웰즐리는 모두 승리했다.

43　살라망카(Salamanca) 전투: 1812년 7월 22일 영국-포르투갈 연합군이 프랑스군에 승리를 거둔 전투이다. 1815년 워털루 전투와 마찬가지로 아서 웰즐리가 지휘를 맡았다.

지 않았던 방향으로 밀고 나가지만, 대륙봉쇄(*Continental System*)와 에스파냐 및 포르투갈〔신대륙의 두 열강〕에 대한 군사적 점령은 그가 원래의 목적을 잊지 않았음을 보여준다. 더욱이 조지 맬리슨(George Bruce Malleson) 대령이 그의 책《인도 및 인도양에서 프랑스군의 마지막 투쟁》44에서 보여주지만, 프랑스군은 트라팔가르 해전에서 해군전력이 무너진 후에도 오랫동안 모리셔스섬으로부터 파괴적인 노략질을 계속할 수 있었다. 신대륙을 둘러싼 2차 백년 전쟁이 끝난 것은 영국이 모리셔스섬을 정복하고 평화적으로 점유했기 때문이다.

18세기 전쟁들을 일반적으로 바라보면, '확장'이야말로 같은 세기 영국사의 주요 성격이라는 주장에서 먼저 나타나는 것 이상의 의미를 지닌다는 것을 알게 된다. 처음에는 전쟁은 캐나다, 인도, 남아프리카 정복이 말버러 전쟁45이나 브런즈윅 가문의 계승46이나 재커바이

---

44 저자 실리는 본문에서 책의 이름을 *Later Struggles of France in the East*로 표기했으나, 이 책은 아마 맬리슨의 다음 저술을 가리키는 것으로 보인다. Malleson, G. B. (1884), *Final French Struggles in India and on the Indian Seas*, London: Allen, W. H. 브루스 맬리슨(1825~1898)은 군인으로 인도에서 복무하다가 후에 인도 식민지 고위관리를 지냈다. *History of the India Mutiny (1878~1889)*, 3. 등 여러 저술을 남겼다.

45 말버러(Marlborough) 전쟁: 에스파냐 왕위계승 전쟁의 주요 전투인 블레넘(Blenheim) 전투를 가리키는 것으로 보인다. 1703년 8월 13일 존 처칠이 지휘한 영국군이 프랑스군에 승리를 거둔다. 존 처칠은 후일 1대 말버러 공작(Duke of Marlborough)에 오른다. 그의 칭호를 따서 표기한 것 같다.

46 앤 여왕 사후 독일 하노버 가문의 조지 1세가 영국의 왕위를 계승하여 하노버 왕조가 성립된 사실을 의미한다. 하노버 선제후의 가문 이름은 브런즈윅-뤼네부르크

트 반란 또는 심지어 프랑스 혁명과 전쟁 등 유럽 대륙이나 영국 국내의 사건들보다 원래 더 중요한 사건들임을 뜻하는 데 지나지 않았다. 실제로는 지금 우리가 보듯이, '대영국'의 성장에 관련이 없는 듯이 보이는 다른 중대한 사건들도 대영국과 밀접하게 관련되며, 실제로 그 성장과정의 계기적인 순간들에 지나지 않는다는 것을 의미한다. 처음에는 18세기 영국의 대유럽 정책은 식민지 정책보다 덜 중요한 것으로 보인다. 실제로 유럽 정책과 식민지 정책은 동일한 국가 발전의 서로 다른 측면일 뿐이다. 내가 보여주려는 것은 이것, 아니 그 이상의 것이다. 이 단순한 개념은 유럽인과 식민지 문제뿐 아니라, 군사 투쟁과 한 나라의 평화로운 확장, 산업 및 상업의 성장을 한데 묶는 것이다. 같은 세기에 영국은 이전의 모든 선례를 능가했다. 그렇지만 이를 이해하기 위해, 신대륙에서 영국 식민화의 특이성을 살필 필요가 있다.

(Brunswick-Lüneburg)다.

제 국

'식민제국'(*colonial empire*) 이라는 표현은 우리에게 익숙하지만, 두 단어를 나란히 쓰기에는 약간 이상한 면이 있다. '제국'이라는 말은 아주 군사적이고 폭압적이어서 모국과 식민지 (정착지) 의 관계를 나타내는 데 적절하지 않다.

식민(*colonisation*) 에는 두 가지 서로 다른 유형〔종류〕이 있다. 첫째로 자연계에 분명한 유사 사례가 있다는 점에서 보면 '자연스럽다' (*natural*) 고 할 수 있는 유형이 있다. 로베르 튀르고는 이렇게 말했다. "식민지는 무르익을 때까지는 매달려만 있는 과일과 같다." 또 다른 이는 이렇게 말한다. "식민이란 벌떼와 같다. 또는 성장한 아들이 결혼해서 다른 집으로 이주하는 것과 같다."

역사는 이와 같이 용이하고 자연스러운 식민의 실제 사례를 풍부하게 알려준다. 원시적인 이주는 이런 유형에 해당했을 것이다. 유럽사의 첫 장, 그리스와 이탈리아의 최초의 전통은, 아리안족 가운데 그리스-이탈리아 계통이 후에 그들의 위대함의 무대가 될 땅을 정복하면서, 그 원시적 개념의 영향 아래 이 용이한 과정을 진행해 나갔음을 우리는 알게 된다.

우리는 '신성한 봄'(*ver sacrum*)이라 불리는 제도를 알고 있다. 〔고대에〕 이 제도에 의해 같은 봄에 태어난 모든 어린이는 어떤 신의 희생물로 바쳐야 하는데, 그 신은 희생 대신에 이민을 인정한다고 여겨졌다.[1] 그 신을 믿는 신봉자들은 그에 따라 성장하면 변경 밖으로 추방됐으며, 여행 도중에 우연히 끼어든 동물이 멈춘 지점에 정착하고 도시를 세웠다. 이주민들은 그 동물이 신이 보낸 안내자임을 알았다. 예를 들어 보비아눔과 피세눔[2] 같은 도시들은 그런 신성한 동물에게서 도시 이름을 받았다고 전해진다.

이를 두고 '자연스러운 식민'이라고 할 수 있겠다. 그렇지만 그런 체제에서는 식민제국이 자라날 수 없다. 따라서 그리스어 아포이키아(ἀποικία)는 '식민지'(*colony*)로 번역되기는 하지만, 사실 근대 식민지와 본질적으로 다른 것이다. 우리는 식민지를 두고 파생돼 나왔을 뿐만 아니라 정치적으로는 모국과 계속 의존관계로 연결된 사회로 이해한다. 자, 그리스어 '아포이키아'는 그런 의존적 사회가 아닌 것이

---

1 〔저자 주〕: Paulus는 이렇게 말한다. "Magnis periculis adducti vovebant Itali quaecunque proximo vere nata essent apud se animalia immolaturos. Sed quom crudele videretur pueros ac puellas innocentes interficere, perductos in adultam aetatem velabant atque ita extra fines suos exigebant."

2 보비아눔(Bovianum), 피세눔(Picenum): 오늘날 이탈리아에 자리한 소도시로 각기 보야노(Bojano), 피체노(Piceno)로 불린다.

다. 비록 같은 종족이라는 감정이 항구적 동맹상태에 머물도록 하지만, 기술적인 면에서 그것은 전적으로 모국에서 독립돼 있다. 그리스인들에게 예속(dependency)이란 사실상 결코 알려지지 않았다. 종속된 정부란 한 국가가 그 외부에 사회로 세운 식민지들 가운데 종종 나타난다. 그러나 식민지가 반드시 속령(dependency)이 아니듯이, 그리스인들에게 속령이란 꼭 식민지가 아니었던 것이다.

라틴어 '콜로니아'(colonia)는 분명히 '예속적'이라는 의미지만, 그것은 아주 특별한 제도이다. 그것은 정복한 땅에 군대를 주둔시킬 비용을 치르지 않고서도 그 땅을 병영화할 목적으로 마련한 일종의 장치이지만 그 이상으로 논의할 필요는 없다.

그리스인들의 원시적 제도가 근대에 되살아나지 않았다는 것은 주목할 만하고도 중요한 사실이다. 크리스토퍼 콜럼버스3의 발견, 또는 좀더 정확하게 1404년 장 드 베탕쿠르4의 카나리아군도 점령으로 시작된 식민화는 대규모로 이뤄졌다. 저 고대 그리스 탐험가들이 점령했던 몇몇 지중해의 섬과 반도보다 백여 배 더 확장된 영토에 사람들이 이주했다. 그러나 내가 보기에, 예속적 사회를 만들기 위해 의도적으로 이민을 허락한 곳은 없다. 제아무리 최초의 탐험가들, 이를테면 에르난 코르테스5와 프란시스코 피사로6에게 [국왕의] 허가장을

---

3 콜럼버스(Christopher Columbus, 1451~1506) : 이탈리아 제노바 출신으로, 포르투갈 리스본에 거주하다가 에스파냐의 후원으로 신대륙을 항해하여 아메리카 대륙을 발견했다.

4 장 드 베탕쿠르(Jean de Béthencourt, 1352~1425) : 프랑스 탐험가로 1402년 카나리아 군도를 발견하고 점령했다.

수여했더라도, 또 동인도회사에 군대를 동원하고 전쟁이나 평화를 좌우할 가공할 힘이 있었더라도, 국가는 변함없이 그 수중에 최고의 통제력을 가지고 있었다. 성공적 반란을 일으켜 국가를 축출한 곳만 예외였다. 물론 고대 코린트인이 시칠리처럼 먼 곳의 식민정부를 계속 운영하지는 않았던 것으로 보인다. 다른 한편 에스파냐, 포르투갈, 네덜란드, 프랑스, 영국 등의 식민정부에게 이주민들이 남아메리카의 팜파스(Pampas)나 태평양의 군도에 방치돼 있다는 것을 깨닫고서 독립을 꾀하는 시도는 발생하지 않았다.

〔식민지의〕근대적 체제는 우리가 '자연적'이라는 말을 '본능적'이라는 의미로 받아들인다면, 단지 그것이 꿀벌이나 식생(*plants*)의 세계가 아니라는 이유로 '부자연'하다고 부를 수는 없다. 어쨌든, 일단 화급한 긴장을 풀고 이렇게 말해 보라.

"고전고대의 인간 지혜와 중세 고딕세계의 전제를 비교해 보라! 고트족은 자신의 야만적 억압체제를 어디에서도 풀지 않는다. 자연의 영향을 받아 온화하고 지적인 그리스인들은 성장한 어린이가 독립할 권리를 가지며 그렇기에 그가 자신에게 축복의 말을 건네고 작별인사를 한다는 것을 알고 있다."

아마도 근대적 식민의 제반 환경을 조사하면, 고대의 본능적 식민

---

5 코르테스(Hernán Cortés, 1485~1547) : 에스파냐 탐험가로 1519년 멕시코에 상륙, 아즈텍제국을 몰락시켰다.
6 피사로(Francisco Pizarro, 1471~1541) : 에스파냐 탐험가로 국왕 카를로스의 지원으로 잉카제국을 정복했다. 1524~1527년 남아메리카 해안을 탐험하며 거대한 잉카제국 소문을 듣고, 1531년 페루 잉카제국을 공격하여 함락시켰다.

체제가 고대세계의 여러 조건들에서 배태된 것과 같이, 근대 식민은 불가피하게 이들 환경에서 자라났다는 것을 알 수 있다.

정착사회가 대양의 반대쪽 땅을 점유하는 것은 한 종족이 지속적으로 영토를 넓히거나 좁은 바다를 건너 점진적으로 확장하는 것과 아주 다르다. 뒤의 경우에는 온건한 힘을 작동시키는 약간의 동기만으로 충분하지만, 앞의 것은 엄청난 영향력을 요구한다. 콜럼버스의 생애에 그는 매번 국가의 도움이 필요했다는 점은 주목된다. 그에게 항해수단을 제공하고 신대륙 발견의 비용을 대준 것은 국가였다. 더욱이 발견이 이뤄졌을 때, 유럽인들이 그 대륙을 이용하도록 몰고 간 어떤 불가항력적 동력도 없었다는 것은 주목할 만하다. 수문이 열렸을 때, 막 유입되는 어떤 물줄기도 없었다. 그 당시 유럽에는 외부로 빠져나가려는 과잉인구도 없었다. 오직 개별 모험가들이 황금을 찾아나갈 채비를 갖추었을 뿐이다. 콜럼버스는 일을 진척시킬 수 없었고, 그가 발견한 땅이 군주들에게 이득을 안겨 주리라고 납득시킴으로써 탐험을 할 수 있었다. 이런 상황에서는 국가의 도움이 항상 필요했기 때문에, 국가는 그 권위를 유지하는 데 별로 어려움이 없었다.

우리는 근대국가가 거의 불가피하게 다른 방식으로 식민한다는 것을 목격한다. 근대국가의 본질은 그리스 시대의 국가와 다르기 때문이다. 그리스인들은 국가(state)와 도시(city)를 거의 완전히 동일시했다. 그래서 주지하다시피, 이 둘에 해당하는 언어는 같다. 아리스토텔레스는 마케도니아나 페르시아 같은 농촌국가(country-state)를 알고 있었지만, 그의 《정치학》에서 이들 국가를 별로 고려하지 않는다. 그가 종종 설정한 정치 원리에서 보면 그는 이들 국가를 글자 그

대로의 의미로는 국가로 간주하지 않는 것처럼 보인다. 그것들은 도시가 아니기 때문이다. 다른 한편으로, 근대적 개념으로서의 국가는 하나의 언어를 말하는 한 국가의 국민이 일반적으로 하나의 정부를 가져야 하는데, 우리 가운데 이런 국가가 얼마나 근대적인가 그리고 얼마나 점진적으로 형성되었는가를 파악하는 사람은 드물다.

이제 국가에 관한 이 다른 개념들은 불가피하게 이민의 결과에 대한 다른 개념들을 수반하기에 이른다. 만일 국가가 '도시'라면, 어떤 사람이 도시 밖으로 나가면 국가를 벗어나는 셈이다. 이런 이유로 식민지에 대한 고대 그리스적 견해는 그리스인들에게는 당연한 것이었다. '새로운 도시' 폴리스(πόλις)를 건설한 그리스인들은 사실은(*ipso facto*) 그리고 불가피하게 새로운 국가를 건설하는 일에 뛰어드는 것이다. 그러나 국가가 국민(*nation*)(농촌 시골이 아니라 국민임을 보라)이라면, 우리는 근대국가의 일반 용례에 대한 충분한 근거를 보게 된다. 이 근대국가는 그들의 이민을 국가 밖으로 나가는 것으로 보지 않고 그들과 함께 국가를 이동시키는 것으로 간주해 왔다. 여기서 국가 개념은 영국인이 있는 곳은 어디나 영국이고, 프랑스인이 거주하는 곳은 프랑스라는 것이다. 그래서 북아메리카의 프랑스 속령은 '신 프랑스'로, 적어도 영국인 소유지의 속령은 '뉴잉글랜드'(New England)로 불렸다.

그것은 이 점과 관련이 있다. 그렇지만 별도로 근대 국가조직은 제한 없는 영토 확장을 허용하는 반면, 고대 국가조직은 그렇지 않다는 점을 지적하는 것이 아주 중요하다. 그리스어 πόλις(새로운 도시)는 실제로 도시이기 때문에, 다른 것이 될 수 있도록 변형될 필요가 없다.

나는 정치학을 공부하는 학생들에게 아주 중요한 아리스토텔레스의 《정치학》에 나오는 관련 구절을 자주 인용하더라도 싫증내지 않는다. 그 책에서 아리스토텔레스는 국가란 적절한(moderate) 주민이 있어야 한다고 기술한다.

"숫자가 넘쳐나면 누가 국가에 전쟁을 요구할 수 있는가? 또 전령이 부족하면 무슨 일이 생길지 주민들에게 말해 줄 수 있는가?"

근대국가는 이미 한 나라만큼 영토가 넓어졌지만, 더 커질 수 있다. 그것은 프랑스나 에스파냐의 경우처럼 주민을 대표하는 국민회의(national assembly)를 갖지 않기도 하고, 또는 영국처럼 갖추기도 하지만, 말하자면 의회는 시민 전체를 하나로 결속하는 어려운 일을 치르기 위해 성립된 것이다.

나는 우리 제국이 무엇이고, 그 제국이 어떻게 존립하게 됐는지 이해하기 위해 근대 식민화의 본질에 대한 일반적 성찰을 계속했다. 우선 영국(England)으로부터 대량 이민이 손쉽게 이뤄졌지만, 영국은 어떤 식으로나 영국인 국가를 확대하려고 하지는 않았다. 왜냐하면 우리가 말하는 '대영국'은 영국적 국가의 확대를 의미하면서도, 단순히 영국 국민(nationality)의 확대를 뜻하지는 않기 때문이다. 그것은 고대에 그리스 인구가 시칠리, 남 이탈리아, 소아시아 서부해안에 퍼져 나갔듯이, 단순히 영국인 혈통을 지닌 인구가 캐나다와 오스트레일리아에 지금 살고 있는 것을 의미하지는 않는다. 그것은 국가가 아니라 단지 국민의 확장이다. 어떤 새로운 힘을 가져다주지도 않고, 그리스가 마케도니아 공격으로 정복당했을 때 어떤 식으로도 그리스의 이름으로 도와주지도 않았다.

현재도 마찬가지로 독일에서 아메리카로 끊임없는 이민의 물결을 보고 있지만, '대독일'(Greater Germany)은 나타나지 않는다. 이 이민자들은 독일어와 독일적 관념들을 지니고 그것들을 모두 함께 잃어버리지는 않겠지만, 독일이라는 국가를 가져온 것은 아니다. 독일의 경우가 이러한 것은, 그들 이민이 너무 늦게, 즉 신세계에 이미 국가들이 들어섰을 때, 이들 국가에 들어올 수밖에 없었기 때문이다. 마치 그리스에서 국가와 도시를 동일시한 국가론을 낳았던 것과 같다.

그러나 '대영국'은 영국인 국가의 진정한 확대이다. 대양을 건너온 것은 영국인이라는 인종만이 아니라 영국 정부의 권위도 포함됐다. 우리는 더 좋은 언어를 원하기 때문에 '제국'(empire)이라는 말을 불러온 것이다. 이런 점에서 대영국은 역사상의 대제국과 닮았다. 그것은 여러 지역들의 총체이며, 각 지역은 정치적 최고수장으로부터 파견된 정부를 가지고 있다. 이 정부는 최고정부에서 온 일종의 대표기구다. 그러나 그것은 구세계의 거대한 제국들, 이를테면 페르시아, 마케도니아, 로마, 투르크제국과 아주 다르다.

대영국은 주로 정복에 의해 세워지지 않았기 때문에, 그리고 먼 곳에 있는 이들 지역의 주민들이 주로 지배국가에서 온 주민과 동일한 국민이기 때문이다. 대영국은 상당한 정도로 구세계의 제국들을 닮았다. 그렇지만 이전 제국들을 대부분 단명하게 만들고 또 급속하게 쇠퇴시킨 폭력적이고 군사적인 성격을 갖지 않았다는 점에서 이전 제국들을 닮지 않았다.

우리는 이제 대영국이 어떤 조건들에서 등장했는지 살펴야 한다. 영국은 바스코 다 가마(Vasco da Gama)와 콜럼버스에 의해 갑자기 열린 서유럽 국가와 신대륙 간의 접촉에서 비롯된 일군의 제국들 가운데 유일하게 잔존한 제국이다. 영국이 추구했던 것을 에스파냐, 포르투갈, 프랑스, 네덜란드 모두 추구했다. 한때는 대(大)영국 외에도 대(大)에스파냐, 대(大)포르투갈, 대(大)프랑스, 대(大)네덜란드가 있었지만, 여러 가지 이유로 이들 네 제국은 사멸하거나 하찮아졌다. 대에스파냐는 사라졌고, 대포르투갈은 우리 아메리카 식민지가 떨어져 나간 것과 비슷한 반세기 전의 독립전쟁에서 브라질 속령을 상실했다. 대프랑스와 대네덜란드의 대부분 지역은 전쟁에서 빼앗겨 대영국으로 흡수됐다. 한때의 심각한 충격을 겪은 후에 대영국 자체는 오늘날까지 잔존해 있으며, 역사에서 거의 사멸해간 단일한 기념비적 국가로 남아 있다. 그와 동시에 대영국은 본질적 측면에서 지난 제국들과 다르다.

15세기 말에 갑자기 유럽에 등장한 나라들은 세 부류로 나뉜다. 바스코 다 가마는 대부분 고대적 대국으로 존속한 나라들, 그래서 탐험가들이 오랫동안 감히 전복시키려고 생각하지 못한, 그런 나라들과 교역을 열었다. 다른 한편, 콜럼버스는 단지 두 국가만 세워져 있었던 대륙을 발견했다. 심지어 이들 나라도 굳건하지 못하다는 점이 곧바로 드러났다. 콜럼버스가 자행한 정복은 두 인종 사이에 일찍이 벌어졌던 것 중에서 가장 이상하고 폭력적이었기 때문에, 격렬한 투쟁으로 이어졌고 세계사 연대기에 가장 가공(可恐)스러운 장면의 한 페이지를 장식했다. 그러나 이 투쟁은 평등하지 않았다. 양이 늑대에 저항하지 못하듯이, 아메리카 토착인은 유럽인에 저항할 힘이 없었다. 페루에서와 같이, 심지어 인구가 많고 토착사회가 있는 곳에서도 어떤 저항도 없었다. 토착 국가들은 무너지고 지배계급 가문도 사라졌으며, 주민 자체가 노예 형태로 전락했다. 그러므로 어느 곳이나 국가는 이주해 온 종족의 수중에 떨어졌으며, 무수한 약탈자들은 제멋대로 처분했다. 이민자들은 인도에서처럼 점차 토착인에게 막강한 군사적 우위를 보여주었을 뿐만 아니라, 사냥꾼 집단이 갑자기 양떼를 공격하듯이 단번에 그들을 제압했다.

어디서나 이는 비슷하지만, 아메리카에 산재한 나라들은 두 부류로 나뉜다. 주로 에스파냐인과 포르투갈인의 수중에 떨어진 중남미 지역과 영국이 손에 넣은 북미지역 사이에는 커다란 차이점이 있었다. 멕시코, 페루 및 남아메리카의 다른 지역들에서는 토착인은 비록 유럽인과 비교하면 열세였지만 그 숫자가 적지 않았다. 대략 수백만 명으로 추산되는데, 농경 문명의 단계에 이미 도달해 있었고 도시들이 있었다. 그러나 북아메리카의 토착 종족들은 지금의 미국과 캐나다 자치령에 속하는데, 숫자가 더 적었다.

"로키산맥 동쪽 미국 영토에 거주하는 전체 토착인구는 아메리카 발견 이후 어느 시기에나 30만 명을 넘지 못했다."

따라서 신 에스파냐에서 유럽인들은 힘이 우월하더라도 토착 인구들 속에서 살았던 반면, 북아메리카의 유럽인들은 원주민을 완전히 대신했으며, 앞으로 개척해 나가면서 그들을 더 멀리 밀어냈다. 백인과 원주민의 혼혈은 전혀 없었다.

바스코 다 가마와 콜럼버스가 발견한 두 지역의 가장 중요한 터를 차지한 것은 영국에게 결과적으로는 행운이었다. 한쪽에서는 영국의 인도를 육성했고, 다른 쪽에서는 주로 식민제국을 건설했던 것이다.

그러나 식민제국을 건설한 나라들, 강한 국가로 남기를 원하는 국가들 가운데 영국만이 비교적 인구가 희박한 곳을 점령했다. 그리고 그후에 영국의 수중에 떨어진 오스트레일리아 영토도 같은 조건에 있었다. 이 점이 아주 중요한 결과를 가져온 것이다.

앞에서 나는 '대영국'이란 단지 영국 민족(*nationality*)[7]의 확장이 아니라 영국 국가의 확장이라고 말했다. 그럼에도 불구하고, 그것〔대영국〕이 영국 민족의 확장이 된 것은 '대영국'의 두드러진 특징이다. 고대 그리스 폴리스의 경우에서처럼 한 국민이 국가의 어떤 확장도 없이 확산될 때, 도덕적·지적 영향력의 증대가 있겠지만, 정치력의 증대는 없다.

다른 한편, 그 국가가 민족의 경계를 넘어 나아갈 때 그 힘은 불안정하고 인위적이기 마련이다. 이는 제국들 대부분이 직면하는 조건이다. 그것은 인도에서 우리가 세운 제국의 사례에서 보이는 조건이다. 그곳에서 영국이란 국가는 강력하지만 영국 국민(*nation*)은 아시아 인구라는 바다의 작은 물방울에 지나지 않는다. 한 국민이 다른 영토에 확장해 들어갈 때, 심지어 정복에 성공을 거두더라도 완전히 분쇄하거나 쫓아낼 수 없는 다른 민족들과 만날 경우가 있다. 이런 일이 발생하면, 대처하는 데 심각하면서도 장기적인 곤란에 빠지는 것이다. 종속되었거나 서로 경쟁하는 민족들이 완전히 동화될 수 없으며, 장기간 쇠락과 위험의 요인으로 잔존한다.

---

7 기준이 모호하긴 하지만, 실리의 표현에서 'nation'은 '국민'으로 'nationalities'는 '민족'으로 옮겼다.

이 전반적인 위험에서 비껴나 확장할 수 있었던 것이 영국의 행운이었다. 왜냐하면, 영국은 지구상에서 인구가 희박해 새로운 정착지 조성에 무한한 공간을 제공할 수 있는 지역을 점유했기 때문이다. 옮겨오고자 하는 이민자에게 제공할 땅이 있었고, 원주민은 이민자들의 힘은 고사하고 그들과 평화로운 경쟁관계를 맺어나가는 데 충분한 조건을 갖추지 못했다.

이러한 주장은 대체로 진실이다. 영제국은 일반적으로 이전 제국들 대부분이 직면했던 약점, 고립된 토착민족들을 단기 기계적 · 강제적으로 통합한 데 따른 약점으로부터 벗어나 있었다. 가끔 영제국은 뒤에 내가 검토할 어떤 요인들 때문에 기본적으로 '취약한 연합'이라고 언급되기도 한다. 그렇지만, 영제국은 대부분의 제국과 국가연합(commonwealth)[8]이 갖지 못한 근본적인 강점을 지녔다. 예를 들어, 오스트리아는 독일인, 슬라브인, 마자르인 등 경쟁하는 민족들로 나뉘어 있다. 스위스연방은 세 언어를 사용하는 민족들이 연합했다. 그러나 영제국은 주로 어디서나 영국인이라고 말한다.

물론 이 주장을 굽힐 만한 점들이 있을 것이다. 이 주장이 거의 무조건 사실인 경우는 네 자치령군(群) 가운데 하나인 오스트레일리아 식민지만 해당한다. 오스트레일리아 토착민은 인종상의 규모 면에서 너무 희박해 아주 사소한 문제도 거의 일으킬 수 없다. 심지어 이곳에서조차, 이들 정착지 중 뉴질랜드를 생각하면, 지난 세기에 스코틀랜

---

8 'commonwealth'는 원래 '공공의 것', 즉 라틴어 공화국(= 국가, publica)의 영어 표현이나, 후일 '국가들의 연합'이라는 용례로 사용된다.

드 고지대 부족들이 브리튼섬의 북부지역에서 혼란9을 일으켰던 것처럼, 마오리부족이 무력을 행사해 북섬(*Northern island*)을 점유하고 있음을 고려해야 한다. 마오리부족은 결코 경시할 부족이 아닌 것이다. 그렇긴 하지만 마오리부족의 숫자는 4만 명을 넘지 않을 것으로 추산되며, 급속하게 감소하고 있는 것이다.

또 다른 정착지군, 주로 캐나다 자치령(*dominion*)을 포함한 북아메리카로 눈길을 돌리면, 그 지역의 핵심이 원래 영국인 정착지가 아니라 프랑스인 정착지를 획득한 곳임을 알게 된다. 그러니까, 처음부터 인구가 희박한 것이 아니라 민족문제의 어려움이 심각한 형태로 불거졌던 것이다. 원래 프랑스령 캐나다는 후에 캐나다 저지대로 알려졌는데, 자치령 성립 이후 '퀘벡주'라는 이름을 갖게 되었다. 퀘벡주의 인구는 거의 150만 명에 이르는 반면, 캐나다 자치령 전체 인구는 450만 명이었다. 주로 영국계 프로테스탄트 인구 가운데 프랑스계 가톨릭 인구가 섞여 있는 것이다. 캐나다에서 이 소외된 인구의 불편함이 느껴진 지 오래지 않아 오스트리아와 러시아에서 민족문제로 불거진 것과 본질적으로 비슷한 분쟁이 나타났다. 빅토리아 여왕 치세 첫해에 표면화된 캐나다 반란10은, 더럼 경이 저 유명한 캐나다에 관한

---

9   주로 18세기 재커바이트 반란을 가리키는 것으로 보인다.

10 여기서 캐나다 반란(Canadian Rebellion)은 캐나다 고지대 반란(Upper Canada Rebellion)을 가리키는 것으로 보인다. 1837년 캐나다 저지대(Lower Canada), 즉 퀘벡주(Province of Quebec)에서 영국 식민지배에 대한 소요가 발생하자, 이에 자극받아, 이듬해 1838년 캐나다 고지대(Upper Canada)인 온타리오에서도 식민지 과두정부에 대한 반란이 전개되었으며, 이를 수습하기 위해 영국군이 파견

보고서11에서 다음과 같이 자유를 둘러싼 분쟁이라고 둘러댔지만, 사실상 영제국 내 민족 간 전쟁이었다.

"나는 정부와 국민 간의 투쟁을 보게 될 것이라고 예상했다. 나는 단일한 국가 안에서 두 민족이 분쟁 중이라는 것을 알게 됐다. 어떤 원리가 아니라 인종을 둘러싼 투쟁이라는 것을 깨달았다."

그러나 또 다른 측면에서 주목해야 할 것은, 소외된 인종이 줄어들고 궁극적으로는 영국계 이민 속에서 사라질 것이며, 또한 그 적대감도 연방제도의 도입에 의해 훨씬 더 진정될 것이라는 점이다.

세 번째, 서인도제도 출신 집단의 인종 차이도 중요하다. 여기에서 그들은 우리 제국에서 거의 유일하게 신세계 역사의 특이한 현상, 즉 '흑인 노예제'라는 결과로 밝혀질 것이다. 흑인 노예제는 콜럼버스 발견의 직접적 결과로서 상당한 규모로 나타났다. 그 제도가 지속되는 한 민족 분규가 대두하지 못했다. 왜냐하면, 완전히 노예로 전락한 민족은 더 이상 민족이 아니며 노예반란은 억압받는 민족의 반란과 전적으로 다르다. 그러나 노예제도가 폐지되고 노예 스스로 다른 민족의 표지인 피부색과 육체적 형태를 아주 눈에 띄게 각인시킨 채로 자유롭게 시민권을 주장하면서 살아간다면, 그때는 민족 분규가 위협을 가하기 시작하는 것이다. 그러나 현재 서인도 출신 집단에서 그

됐다.

11 캐나다 반란 진압 후 수습책으로 제시된 것이 더럼 경(Lord Durham)의 보고서이며, 이를 반영해 1840년 영령 북아메리카법이 제정된다. 이를 기반으로 이른바 온타리오와 퀘벡주(캐나다)가 자치령 국가로 최초로 전환된다. 이후 영국령 백인 자치령 국가의 모델이 됐다.

런 분규는 심각한 형태로 나타나지는 않는다. 식민지가 주로 작은 섬에 분산돼 있고 그런 감정을 지닌 사회도 없기 때문이다.

네 번째, 남아프리카 집단이 있는데 민족 분규가 가장 심각하다. 여기에서 그 어려움은 배가된다. 두 차례의 정복이 있었다. 이전 정복자 위에 다른 정복자가 더해졌다. 처음 네덜란드인이 토착인종 사이에 정착했고 다음에 네덜란드 식민지는 영국에게 정복당했다. 이 사례는 캐나다의 경우와 흡사한 것처럼 보인다. 캐나다에서도 프랑스인이 원주민 사이에 정착했고 다음에 영국인에 의해 정복당했기 때문이다.

그러나 두 가지 차이가 있다. 첫째로 남아프리카의 토착 부족은 백인과 조우해 소멸하지도 감소하지도 않고 오히려 백인 숫자보다 훨씬 더 많으며, 아메리카 원주민이 결코 보여주지 못한 연합과 전진(progress)의 힘을 보여준다. 1875년 인구조사는 케이프타운 식민지 인구가 75만 명이며, 그 3분의 2는 원주민이고, 3분의 1이 유럽인이라는 것을 알려준다. 백인 정착자들 사이에 거주하는 토착 인구 뒤에 광범한 대륙 내지로 제한 없이 진출하는 무수한 토착 인구가 있다.

그러나 둘째로 또 다른 어려움은 애초에 정착인들 스스로 영국인도 네덜란드인도 아니었다는 사실에서 비롯한 것인데, 이것은 캐나다에서와 달리 완화되거나 사라지는 경향을 보이지 않는다. 캐나다에서는 영국인의 급속한 이민이 전개됐다. 이들은 프랑스인보다도 상당한 정도로 더 활동적인 모습을 보여주고 훨씬 더 빠르게 급증하고 있었기에 점차로 전체 사회에 지배적으로 영국적 특성을 부여했다. 그리하여 사실상 1838년 프랑스인의 봉기는 위축되던 한 민족의 절망이 초래한 격변이었다. 그러나 남아프리카에는 비슷한 사례가 결코 발생하지 않았다. 영국 이민의 급속한 증가가 그 사회에 새로운 성격을 부여하는 데까지 이르지 못했다.

이들이 바로 '대영국'은 동질적 민족으로 이뤄진다는 일반 명제에 수정을 가해야 할 유보사항들이다. 그렇다고 이런 사실들이 우리가 이 일반 명제를 진실로 설정하는 것을 방해하지는 않는다. 비록 웨일스, 스코틀랜드 및 아일랜드에서 켈트족 혈통과 우리가 분명하게 이해할 수 없는 켈트 계통의 언어들이 있더라도, 브리튼섬에서 모두가 한 국민을 지향한다는 것을 스스로 느낀다면, 마찬가지로 제국에서도 프랑스인과 네덜란드인, 그리고 무수한 아메리카의 아프리카 흑인(Caffres)이나 아메리카 토착부족(Maories)도 전체 사회의 인종적 통합(ethnological unity)을 손상시키지 않는 한 받아들일 수 있는 것이다.

우리가 제국의 안정과 제국의 지속 기회에 관한 여론을 형성할 때 이 인종적 통합은 매우 중요하다. 하나의 사회로 통합하고 이를 헌정상 하나의 국가로 만들어나가는 주된 힘(force)은 3가지, 즉 공동의 국민(nationality), 공동의 종교, 그리고 공동의 이익이다. 이들이 다양한 정도로 작용하며, 혼자서 또는 서로 결합해 작용하기도 하는 것이다. 대영국이 오래 유지되지 않고 머지않아 조각조각 떨어져나갈 연합체(union)라는 주장도 있다. 이런 주장은 그 근거를 이 결합된 3가지 힘 가운데 세 번째 힘에서 찾는다. 그것은 대영국에서 공동의 이익을 공유할 수 없다는 것이다.

"반대쪽 남회귀선에 살고 있는 오스트레일리아와 뉴질랜드 주민들이 북위 50도 너머에 살고 있는 우리들과 이해를 함께하는 것은 도대체 무엇인가? 서로 멀리 떨어져 있는 두 사회가 단일한 정치체(*political whole*)의 일부분으로 오랫동안 지속될 수 없다는 것을 깨닫지 못하는 이는 누구인가?"

자, 이런 주장은 매우 중요한 고려사항이다. 특히 지난 세기에 우리 아메리카 식민지들이 본국과 통합을 참을 수 없다고 여겼다는 뚜렷한 사실이 그 배후에 있는 것이다. 그것이 중요하다는 점을 인정한다. 그러나 공동의 이익이라는 세 번째 힘(*bond*)이 부족했더라도, 국가를 통합하는 다른 두 힘은 부족하지 않았다는 점을 주목해야 한다. 적대적 민족들과 종교들이 인위적으로 합쳐져 있는 많은 제국들은 결코 수 세기에 걸쳐 지속될 수 없지만, '대영국'은 우리가 종종 '제국'(*empire*)이라고 부르기는 하지만 단순한 제국이 아니다. 그 통합은 좀더 활력이 있는 것이다. 영제국은 혈통과 종교를 근거로 통합돼 있다. 그리고 제국의 결합이 일시적일 수도 있는 제국 환경을 연상하기도 하지만, 그 결합은 강한 것이고 오직 폭력적인 해체 요인에 직면한 경우에만 그 힘을 잃을 것이다.

이 강의에서 나는 우리 식민제국의 필수적인 본질을 확장시켰다. '식민의'(*colonial*)라는 말과 '제국'이라는 말 모두 상당히 모호하기 때문이다. 우리 식민지는 고전학부 학생들이 그리스·로마사에서 조우(遭遇)하는 식민지와 비슷하지 않다. 우리 제국 또한 그 말의 일반적 의미로 보면 전혀 제국이 아니다. 그것은 강제력에 의해 묶여진 다양한 민족들이 아니라 대체로 한 민족으로 구성돼 있다. 마치 제국이 아니라 보통의 국가와 같다. 우리가 제국의 미래를 바라보고 언제까지 지속할 수 있을지 여부를 탐구할 때 이 사실이 중요하다.

그러나 나는 또한 과거를 이해하기 위해 신대륙 발견에서부터 우리 제국이 속한 부류에 이르기까지 온갖 부류의 제국들을 거론해 왔다. 나는 이렇게 말한다. "18세기 영국은 유럽의 유일한 섬나라라는 사실이 너무 많이 알려졌고, 아메리카와 아시아를 거느린 제국이라는 점은 너무나 덜 알려졌다"고. 요컨대 우리는 영국(Great Britain)은 너무 많이, 그리고 '대영국'(Greater Britain)은 너무 드물게 생각하는 것이다. 이 잘못된 개념은 널리 퍼졌다. 18세기에 대(大)프랑스, 대네덜란드, 대포르투갈, 대에스파냐 등이 있음에도, 우리는 이 모두를 대영국에 대해 그랬듯이 마찬가지로 간과해 버린다.

여기 17~18세기 유럽 국가들의 근본 특징이 한 가지 있는데, (대부분) 거의 염두에 두지 않는다. 이른바 서유럽 5개국이 각자 신세계에 제국을 가지고 있다는 점이다. 17세기 이전에 이런 상황은 막 태동하는 정도였고 18세기 이후에는 다시 존립하지 못했다. 콜럼버스의 발견이 가져다준 엄청난 결과들은 아주 느리게 진전됐기 때문에 16세기가 다 지나간 후에 이들 나라는 신세계에서 몫을 차지하려고 힘썼다. 16세기 말까지만 하더라도 독립적인 네덜란드는 존재하지 않았다. 그리하여 대(大)네덜란드는 존립할 수 없었다. 같은 세기에 대프랑스나 대영국도 식민지의 소유국이 아니었다. 프랑스는 북아메리카에 정착지를 계획했다. 캐롤라이나(Carolina)라는 이름이 샤를 9세[12] 치세부터 비롯됐다는 점이 이를 입증한다. 그렇지만 그 주변 플

---

12   샤를 10세(Charles IX, 재위 1550~1574) : 프랑스 발로와 왕조의 국왕으로 재위 기간 위그노 종교분쟁이 격화돼 1974년 성 바르톨로뮤 학살이 벌어졌다.

로리다의 에스파냐 사람들이 개입해 이를 분쇄했다. 얼마 후에 그 인근 월터 롤리의 식민지도 함께 사라져 그 자취가 남아 있지 않다.

그에 따라 16세기 거의 전 시기에 걸쳐 신세계는 처음 그곳을 열었던 두 국가, 즉 에스파냐와 포르투갈의 소유로 남아 있었다. 에스파냐는 주로 아메리카 대륙을, 포르투갈은 아시아를 주목했다. 1580년에 두 나라는 합병했는데 이 합병은 60여 년간 지속됐다. 네덜란드는 1595년부터 1602년까지 7년간 제국 경쟁에 뛰어들었고 17세기 초, 즉 우리로 치면 제임스 1세 시대에 프랑스와 영국을 뒤따랐다.

19세기에 신대륙에서 이 5개 나라의 경쟁은 중단됐다. 그것은 대서양 건너 식민지들이 모국으로부터 벗어나려고 한 독립전쟁과 영국의 정복이란 두 가지 이유 때문이었다. 나는 이미 대프랑스가 대영국에 먹혀버린 2차 백년 전쟁을 언급한 바 있다. '대(大)네덜란드'도 마찬가지로 심각하게 축소됐다. 비록 지금 1,900만 명 이상의 인구를 가진 거대한 자바 식민지로 현존한다고 말할 수 있지만, 어쨌든 희망봉 케이프 식민지와 데메라라13를 잃었다. 대에스파냐와 대포르투갈의 몰락은 지금 세기 우리와 함께 있는 많은 사람들의 생애 가운데 발생했다. 발생한 사건이 그 순간에 불러일으킨 흥분을 보고 그것을 낮게 평가하고 또 그에 뒤이어 분명히 나타날 결과들을 보고 높이 평가한다면, 우리는 두 나라의 몰락이야말로 지구 역사상 가장 엄청난 사건들의 하나라고 일컬어야 한다. 그것은 중남미 대륙 거의 전 지역이 독립적인 삶을 시작한 출발점이기 때문이다. 독립은 주로 1820년대

---

13 데메라라(Demerara) : 지금 남아메리카의 가이아나(Guyana)이다.

에 이뤄졌으며, 일련의 반란에 따른 결과였다. 반란의 기원을 따져보면, 나폴레옹이 에스파냐와 포르투갈에 침입함으로써 두 나라가 받은 충격에서 비롯되었음을 알 수 있다. 그리하여 사실상 나폴레옹 활동의 중요한(중요하지 않을 수도 있겠지만) 결과는 대에스파냐 및 대포르투갈의 몰락과 남아메리카의 독립이었던 것이다.

이 모든 무력혁명(*military revolution*)의 결과 —나는 여러분 중에 이를 아는 사람이 거의 없다고 생각한다— 는 서유럽 국가들이 영국을 제외하고는 모두 신세계와 다시 단절됐다는 점이나. 이는 대체로 사실이다. 물론 에스파냐는 아직도 쿠바와 푸에르토리코를 소유하고 포르투갈은 아프리카 속령이 있으며 프랑스는 북아프리카에 새로운 제국을 세우기 시작했다. 그럼에도 이들 네 나라의 지위는 실제 세계에서 변화된 것이다. 이들 국가는 콜럼버스가 대서양을 건너기 전의 상태와 마찬가지로, 다시 순수한 유럽 국가가 됐다.

이 변화의 엄청난 중요성을 보여주는 것은 쉽다. 에스파냐는 최근에 불온한 시기를 겪었다. 이 나라는 부르봉 왕가 출신의 군주를 추방하고서 한동안 공화국 실험을 하고자 했다. 이 변화는 이베리아반도에서 분명히 매우 중요한 것이었다. 그렇지만 대체로 이 사건은 세계에서 놀라우리만큼 흥분을 불러일으키지는 않았다. 이제 이와 비슷한 사건이 18세기나 또는 17세기에 발생했다면, 그 충격은 지구 대부분의 지역에서도 감지됐을 것이다. 멕시코에서부터 부에노스아이레스까지 북회귀선(*Tropic of Cancer*) 위의 지역에서 같은 열대인 카프리콘14 아래 지역까지 모든 속령이 반란과 내전의 혼돈에 빠져들었을 것이다. 마찬가지로, 프랑스에서 일어난 최근의 재앙15이 18세기라면 북아메리카의 세인트로렌스강과 오대호, 미시시피강 유역을 뒤흔들었을 것이고, 데칸고원과 갠지스강 계곡지역의 군주들의 정책에 영향을 미쳤을 것이다. 아니 그보다도 아마 인도 북부지역(Hindustan)의 정치적 균형을 바꿨을 것이다. 말하자면, 그 재앙은 거의 프랑스에만 국한된 것이었다. 다른 곳에서 동정심이 일었지만 관심을 끌지는 못했다.

이제 우리는 17세기와 그리고 더 나아가 18세기가, 서유럽 다섯 나라들이 특이한 방식으로 신세계에 집착했던 시기임을 알게 된다. 이런 집착은 그 시대에 이들 국가들의 모든 전쟁과 협상, 그리고 모든 국제관계를 바꾸고 결정지었다. 이 강의 마지막 부분에서 나는 17∼18세기 영국과 프랑스 사이의 투쟁에 대해 유럽만 바라보는 한 이해할 수 없고, 그 전쟁 당사국들은 실제로 세계열강인 대영국과 대프랑스였다는 점을 지적했다. 이제 나는 마찬가지로 같은 시기의 네덜란드와 포르투갈과 에스파냐도 각기 대네덜란드, 대포르투갈, 대에스파냐로 읽어야 한다고 말한다. 나는 또한 이제 그 상황은 사라져서 에스파냐제국과 그리고 주로 포르투갈과 네덜란드제국 또한 프랑스제국과 같은 경로를 겪었다고 말한다.

그렇지만 대영국은 아직 남아 있다. 이제 우리는 영제국의 역사적 기원과 성격을 알 수 있다. 그것은 신세계 발견이 유럽 특유의 조건과 정치적 개념들에 가한 작용에서 대두한 제국집단 가운데 오직 유일한

---

14 카프리콘(Capricorn): 오스트레일리아 퀸스랜드에 위치한 지방이다.
15 1871년 보불전쟁의 패배를 의미하는 것 같다.

생존자라는 것이다. 모든 제국들은 특정한 위험에 직면해 전복됐다. 대영국만이 지금까지 그 위험을 벗어났다. 물론 영국도 비슷한 충격을 받았으며 아직 위험에 노출돼 있다. 그리고 현재 가장 중대한 문제는 과연 영국이 미래에 그 위험에서 벗어날 수 있는 방식으로 결함 있는 헌정체제를 수정할 수 있는지 여부이다.

제4강   구 식민체제

앞에서 고대 그리스의 식민은 근대 식민체제와 비교할 때 어떤 점에서는 자연스러운 체제라 할 수 있다고 언급했다. 그러나 근대 식민체제도 자연스러운 형태로 나타날 수 있다. 그리스인들은 국가를 본질적으로 작은 것으로 간주하며, 잉여인구는 다른 국가를 건설해야만 해결할 수 있다고 생각한다. 그러나 국가가 무한한 성장과 확장이 가능하다고 보는 다른 견해에는 꼭 부자연스러운 점이 있는 것일까? 과일이 익으면 나무에서 떨어지고 또 다른 나무를 낳는 것은 자연스럽지만, 상수리는 수백 여 나뭇가지와 수천 여 이파리를 지닌 저 거대한 상수리나무 속으로 퍼져 들어간다. 식민도시(*daughter-city*) 가운데 밀레토스[1]를 앞의 사례로 떠올린다면, 대영국으로 확장 중인 잉글랜

---

[1]   밀레토스(Miletos) : 고대 소아시아 해안에 위치했던 그리스인의 식민도시로 무역과 상업 활동의 중심지였다.

드는 뒤의 사례와 비슷하다.

　그러나 아메리카에 우리 식민지를 건설한 사람들이 100여 년 전에 맞섰고, 그 몇 년 후에 에스파냐와 포르투갈 식민지들이 마찬가지로 대항했던 그 정치체제는 분명 부자연스러운 면모가 깃들어 있었을 것이다. 확장이라는 단순한 개념이 명료하게 인식되거나 깨달아지지 않는 것은 사실이다.

　우리 마음속에 대영국이란 잉글랜드가 변화 없이 무한대로 확장된 것이라는 개념을 조금씩 생각해 보자. 가끔 식민지의 좋은 점은 무엇인가라는 질문을 받지만, 식민지가 실제로 모국의 단순한 확장이라면 그런 질문을 하지는 않을 것이다. 이런 확장이 실행 가능한지 여부는 의문이지만, 어쨌든 만일 실행 가능하다면 그것이 바람직한가는 질문이 될 수 없을 것이다.

　우리는 지구상의 미개척지가 그것을 소유할 이들에게 그 말의 가장 절대적 의미에서 아주 막대한 부(富)가 된다는 점을 인식하는 데부터 시작해야 한다. 콜럼버스가 레온(Leon)과 아라곤의 왕2에게 신세계를 '가져다주었다'고 전하는 그 묘비명은 글자 그대로 사실이다. 그는 특정인에게 광대한 영지를 갖다 바쳤던 것이다. 그리고 그 결과로 많은 빈민이 부유해지지 못하고 또 수많은 불행한 사람들이 번영하지 못했다면, 그 잘못은 그가 바쳤던 부의 분배와 관리에 있음에 틀림없

2　아라곤(Aragon)의 왕 페르디난드 2세(Ferdinand Ⅱ, 재위 1479~1516) : 카스티유의 이사벨라 여왕과 결혼, 여왕이 사망할 때까지 카스티유의 왕위를 겸했다. 칭호는 페르디난드 5세(Ferdinand Ⅴ, 재위 1474~1504)이다.

다. 그의 발견으로 유럽 국가들은 유럽의 빈민을 손쉽게 토지소유자로 전환할 만큼 광대한 토지를 취득했던 것이다.

그러나 이 모든 부를 사유화하고 보유하기 전에 필요한 것이 하나 있었다. 재산이란 국가의 보호 아래서만 존재할 수 있다. 그러므로 신세계의 토지를 사유재산으로 확보하기 위해서는 국가가 신세계에 들어서야 했다. 국가가 없이는 정착민은 원주민에 의해 죽을 위험에 빠지거나 또는 적대적인 다른 인종에 속한 경쟁자들의 공격을 받기 쉬운 것이다. 다른 한편, 재산을 평등하게 취득할 수 있도록 신세계에서도 유럽에서와 같이 법과 행정의 지배를 생각해야 한다. 그래야만 이 그들의 삶이 고달프고 이 인구가 남아도는 나라에서는 본인의 힘으로 토지를 취득할 수 없다는 것을 절감한 유럽의 빈민들이 신세계로 이주할 수 있는 것이다. 신세계에서 토지는 더 싸기 때문에, 빈민은 마치 유산을 상속받는 것과 마찬가지로 단번에 부유해질 것이다.

지구상에 인구가 더 적은 지역에서 조직된 국가의 가치에 관한 논의는 없다. 그러나 왜 이들이 우리의 식민지가 돼야 하는가? 일부 다른 유럽 국가에 속한 식민지나 또는 독립된 국가로 이주자들의 정착을 방해할 것은 없다. 왜 우리는 우리의 식민지를 유지하기 위해 애를 써야 하는가? 이것은 이상한 질문이다. 예외적 상황이 아니라면 영국에서는 결코 제기되지 않을 질문이기 때문이다. 사람들은 대부분 그들에게 익숙한 법률, 종교, 제도 아래서 자신의 나라 사람들과 함께 살려고 한다. 그들은 더욱이 실제로나 또 실용적인 면에서나 다른 언어로 말하는 사람들 사이에 섞여 살아갈 때에 불리한 입장에 처하게 된다. 사실 우리는 자유로운 이민 과정, 상당수의 영국인이 실제로는 외국이라 할 수 있는 신세계 국가들, 즉 남미 공화국들이나 브라질과 멕시코 등지에 매년 정착하는 것을 보지 못한다. 식민지의 가치에 대해서는 의문의 여지가 없다. 그리고 우리 모두는 미국을 제외하면, 식민지를 통해서만 신세계의 부를 우리 영국인의 수중에 넣을 수 있다는 것을 당연히 생각해야 한다.

그러나 미국은 거의 식민지 못지않게 우리에게 이롭다. 우리나라 사람들은 우리의 언어나 주요 제도나 관습을 버리지 않고서도 그곳으로 이주할 수 있다. 그 나라는 광대하고 번영하고 있다. 우리와 미국의 관계가 얼마나 예외적인가를 우리는 망각하고 있다는 것, 그리고 미국이 우리에게 식민지 못지않게 이롭다면 그것은 오직 그 나라가 영국 식민지로부터 세워졌기 때문이라는 것을 아주 많이 되새기도록 해준다.

추상적으로 생각한다면 식민지란 국가 영지의 거대한 확장, 그 이상도, 이하도 아니다. 식민지는 토지 없는 사람들에게는 토지를 주고, 각박한 환경에 처한 사람들에게는 번영과 부를 가져다준다. 이는 아주 단순한 견해다. 그렇지만 다소 너무 단순하게 이해할 수 있는 문제인 것처럼 흔히 간과돼왔다. 역사는 영토가 부족해 비좁은 나라들의 사례를 많이 보여준다. 사람들이 어떻게 어찌할 수 없이 떼를 지어 국경을 넘고 폭풍우처럼 이웃나라로 퍼져 가는지 수많은 사례를 기록한다. 그 이웃나라들에서 사람들은 새로운 토지와 부를 찾았다. 이제 우리나라가 옛날에 지금과 같이 공간 부족으로 비좁았던 적은 없었다는 것을 확신할 수 있을지 모르겠다. 근대 영국의 경우처럼 인구가 아주 조밀해진 것은 적어도 유럽에서 아주 최근에 일어난 현상이다. 우리는 계속해서 인구가 조밀한 우리나라에 관해 이야기하고 있다. 대체로 인구 증가율이 지속되기 때문에, 때로는 반세기 후에 그 상황이 어떻게 될지 우려하는 질문을 던지곤 한다. 우리는 말한다.

"영토는 면적이 한정되어 있다. 우리 영토는 고작 12만 평방마일에 지나지 않는다. 그 땅은 이미 인구가 조밀했는데 최근 70년간 두 배로 증가했다. 앞으로 어떻게 될까?"

이제 여기 우리 식민지를 계산에 넣지 않는 신기한 습관의 한 사례가 있다. 뭐라고? 우리나라가 작다고? 12만 평방마일에 지나지 않는다고? 나는 실제로는 매우 다르다는 것을 알고 있다. 영국 여왕이 통치하는 영토는 거의 무한대로 넓은 것이다. 쉽게 정착할 수 없는 드넓은 인도 전체를 계산에서 제외하더라도 여왕에 속한 영토는 미국보다 훨씬 더 넓다. 비록 그것이 인구가 조밀하지 않고 확장의 여지가 무한한 나라의 사례로 항상 인용되기는 하지만 말이다.

이 거대한 제국의 모국이 인구과잉이지만, 그렇다고 인구 압력을 낮추기 위해 고트족이나 투르크인이 그랬듯이 이웃나라 영토를 점령할 필요는 없다. 또 큰 위험을 감수하거나 큰 어려움을 겪을 필요도 없다. 다만 캐나다, 남아프리카, 오스트레일리아의 무한한 영토를 소유하면 된다. 이들 지역에서는 이미 우리 언어를 사용하고, 우리 종교를 믿으며, 우리 법률을 시행하고 있는 것이다. 윌트셔와 도싯셔[3]에 빈곤 문제가 있더라도, 이는 오스트레일리아의 임자 없는 땅으로 보충하면 된다. 한편에는 토지 없는 사람들이, 다른 한편에는 소

3 　윌트셔(Wiltshire), 도싯셔(Dorsetshire) : 잉글랜드 서남부에 위치한 주다.

유자를 기다리는 토지가 있다. 그렇지만 우리는 이들 두 가지 사실을 함께 고려하려 하지 않고, 빈곤 문제에 대해 걱정에 가득차서 거의 절망적으로 되씹을 뿐이다. 식민지를 언급할 경우에도 우리는 이렇게 물을 뿐이다.

"도대체 식민지의 좋은 점이 무엇이란 말인가?"

부분적으로 이것은 단지 이런 종류의 주제를 생각하는 방식의 체계가 없기 때문임이 분명하다. 그러나 또 부분적으로는 영국에서 식민지는 영국 국가와 민족이 새로운 영토로 확장된 것으로 여기지 않았기 때문이다. 식민지는 비록 불안정하기는 하나, 확실히 영국의 귀속영토임과 동시에 영국의 '외부'로 간주됐다. 따라서 영국으로부터 식민지로 나가는 것은 어떤 면에서는 영국에 손실이 된다. 이는 분명 대규모 이민을 비판하는 주장에서 나온 것이다. 그 주장은 이렇다. 즉, 이민이 이민을 떠나는 사람에게는 좋은 일이겠지만 영국에게는 파멸적이며, 영국 인구의 최상층과 빈곤한 최하층 모두를 박탈시킬 것이다. 이민자들이 계속 영국인으로 남아 있거나 또는 영연방(*English Commonwealth*)에 여전히 봉사하리라고 생각할 수 없기 때문이다.

이민에 대한 이러한 견해와 미국의 견해를 비교해 보라. 그 나라에서는 서쪽으로 향하는 끊임없는 인구 이동과 새로운 영토에서 지속적인 정착이 국가가 들어섰을 때부터 나타났는데, 이는 쇠퇴의 징후 또는 요인으로도, 활력의 고갈로도 간주되지 않았다. 오히려 그와 반대로, 활력의 대단한 증거이자 그 활력을 증대하는 최상의 수단으로 여겨졌던 것이다.

지금 우리는 실제로 아직 '대영국'이 아니다. 내가 18세기 대영국 창출에 관해 말했을 때, 어떤 점에서는 과장되었다. '대영국'의 기초가 우리 식민제국에 놓였고, 결국 '대영국'이 그로부터 출현할 수 있겠지만, 이런 유형의 제국은 원래부터 의도된 것이 아니었고, 또 후일에 일어난 것의 진짜 중요성도 감지되지 않았다. 식민지는 실제로 모국의 확장이 아니라 그와 다른 것으로 여겨졌다. 당시 식민지에 관해 형성된 개념은 무엇이었는가? 우리는 이 질문을 다시 던져야 한다.

이미 나는 16세기에는 유럽에서 신세계로 인구의 자연스러운 유입이 없었다는 점을 지적했다. 유럽은 당시에는 인구과잉이 아니었다. 더 넓은 생활공간에 대한 절박한 수요도 없었다. 그렇다면 오늘날 우리에게는 아주 당연한, 국가 영토확장이라는 그런 개념이 발견의 시대에 살았던 사람들에게 왜 떠오른 것일까? 당대의 정치가들은 그 땅을 어떤 용도로 사용할지 결정하는 데 혼란스러워 했고, 심지어 새로운 토지를 어떻게든 사용할 수 있을지 의심스러워했다. 세바스천 캐벗4는 그가 향료를 가지고 돌아올 수 없다는 사실이 밝혀지기 전까지는 헨리 7세의 격려를 받는다. 그 후에 그는 버림받는다. 그는 영국을 포기하고 에스파냐에서 봉사한다. 5

이와 같이 국가의 도움을 요청하도록 만든 것과 똑같은 원인이 정착사업에 대한 물질적 견해로 이어졌다. 국가가 원한 것은 세금이었

---

4 세바스천 캐벗(Sebastian Cabot, 1474~1557) : 이탈리아 출신으로 영국에서 활동한 탐험가이다. 북미지역 탐사를 통해 오늘날 뉴펀들랜드, 노바스코샤, 뉴잉글랜드 등지를 탐사했다.

5 〔저자 주〕: Schanz, *Englische Handelspolitik*. 이 책의 "Die Stellung der beiden erxten Tudors zu den Entdeckungen" 전체를 볼 것.

다. 이런 이유로, 새 식민지들을 유럽 문명을 위한 새로운 보금자리 (*seat*) 보다는 유럽으로 운송할 막대한 부(富)로 바라볼 뿐이었다.

이전에 내가 자연적인 식민을 언급했을 때, 그런 식민은 정치제도가 유아기 상태에 있던 시대에 한 종족이 경계가 없는 영토로 퍼져나간 결과라고 간주했다. 16세기의 식민이 이와 다르다는 것은 흥미로운 일이다. 그것은 제한된 생활공간과 엄격한 정부에 익숙한 민족이 멀리 떨어진 지역의 미지의 부를 발견한 데서 비롯됐다.

앞의 경우 국가는 거의 나타나지 않고 개인이나 집단이 그 일을 수행하며, 새로운 나라가 새로운 정착지를 조성하는 것이다. 뒤의 경우 국가가 앞장서서 정착을 지휘하고 정착민을 충원하며, 식민지가 만들어지면 이를 지배 아래 두고, 그 결과 식민지로부터 이익을 거두어가는 것 같다. 겉으로 보기에, 뒤의 체제는 앞의 체제보다 덜 물질주의적으로 보인다. 그 체제는 국가를 단순히 지역에 근거한 것이 아니라 친족(*kindred*)에 근거한 것으로 인식하기 때문이다. 그러나 실제로는 뒤의 것이 좀더 물질 지향적이다. 그 체제는 식민지를 순전히 정부의 시각으로, 그리하여 재정적 관점에서 바라보기 때문이다.

아메리카 대륙 최초의 정착지에서 에스파냐의 확장이라는 식민지 개념은 그것을 에스파냐의 속령으로 바라보는 또 다른 식민지 개념과 뒤섞여 있었다. 비록 자연스럽게 형성되었다고 할지라도, 앞의 개념이 그 경험에 비추어 아무런 대답이 없었던 반면 — 왜냐하면 그 넓은 대서양에 의해 분리된 동일한 국가의 두 부분에 관해 일찍이 들어본 사람이 누가 있는가?—두 번째 개념은 결코 새롭지 않기 때문에 실제로는 덜 포괄적인 것이다. 중세에도 바다로 인해 본국과 떨어진 속령을 소유한 국가들의 사례가 있다. 그리고 나는 에스파냐의 인도제도 위원회6가 칸디아7와 아드리아해의 한 속령을 거느리면서 베네치아가 보여준 선례를 본받았음을 보여줄 수 있다고 감히 말하고자 한다. 속령에 대한 베네치아인의 개념은 순수하게 자기중심적이고 상업적이었다. 식민지에 대해 공화국을 형성하는 일부로 생각하기는커녕, 베네치아인들은 그것을 오직 공화국의 부의 일부를 구성하는 가축과 흡사하게 생각했다. 근대 식민체제는 서로 아주 불일치하는 두 견해를 혼동함으로써 성립되었다. 그 체제는 처음 에스파냐가 세웠고, 다음에 다소간 변형된 형태로 유럽의 다른 나라들이 채택해 모습을 드러낸 것이다.

"도대체 식민지의 좋은 점이 무엇인가?"

우리가 이런 질문을 할 때에는 언제나 마음속에 다소 분명하게 이런 개념을 가지고 있다. 이 물음은 우리가 식민지를 우리 국가의 일부가 아니라, 국가의 부속물로 생각한다는 것을 뜻한다. 왜냐하면 우리는 본국 정치의 일부로 인정하느냐에 관한 질문을 제기하는 것 자체가 불합리하다고 생각하기 때문이다. 콘월(Cornwall)이나 켄트(Kent)주는 우리가 그들 식민지에 부과한 돈에 대한 충분한 수익을 얻었는지, 또 이들 식민지가 유지할 만한 가치가 있는지, 그 여부에 관해 조사할 것을 이전에 누가 생각했겠는가? 한 국민국가의 여러 부분을 함

6 　인도제도위원회(*Council of the Indies*)：명칭은 인도위원회지만, 주로 에스파냐의 중남미 속령과 필리핀을 관장하는 기구였다.

7 　칸디아(Candia)：지금의 크레타섬을 가리킨다.

께 묶는 결합은 또 다른 종류의 것이다. 식민지를 한 국가의 단순한 확장으로 여기더라도, 똑같은 줄이 국가와 식민지를 묶는 것이다. 완전히 이와 같은 맥락에서 '대영국'이 실제로 존재한다면, 캐나다와 오스트레일리아는 우리에게는 켄트주나 콘월주와 같은 것이다.

그러나 일단 우리가 식민지를 이런 식으로 바라보지 않고, 우리를 떠나간 이주자들이 우리 공동체에 속한다는 생각을 하지 않으면, 우리는 그들과 우리의 관계에 대한 또 다른 개념을 품게 되는 것이다. 이는 식민지를 성년이 돼 결혼해서 먼 곳에 정착한, 그래서 가족적 유대가 끊어진 자식처럼 취급하는 고대 그리스적 개념이거나, 또는 그 관계가 지속된다면 근대국가가 그것을 계속 유지해 오는 것처럼 식민지 성격을 바꾸었음에 틀림없다.

이런 변화된 개념은 식민지가 이익이 되느냐에 달려 있다. 식민지의 좋은 점은 무엇인가라고 질문을 던지면, 그 식민지가 재산의 일부이거나 또는 공적 자금의 투자로 간주될 만한 증거를 내세워 답변해야 한다.

자, 두 나라의 연합이 서로에게 이익이 된다면 이것이야말로 둘의 결합을 위해 아주 좋은 토대가 될 것이다. 이런 경우에 그 연합은 연방을 구성하는 데 나라들이 어떤 친족적 결합 없이도 단순히 상호이익을 인식해 그와 같은 연합으로 합쳐지는 사례가 많이 있다. 오스트리아와 헝가리, 스위스연방의 독일·프랑스·이탈리아계 주(canton)가 이런 사례에 해당한다.

우리 제국도 그렇게 될 수 있다. 우리 스스로 식민지가 독립하면 취하지 못할 그런 이익을 식민지가 지불한다는 것을 느낄 뿐 아니라,

식민지 또한 모국이 무엇인가를 베풀며 모국과 관계를 맺어야만 그런 이득을 얻는다는 것을 알게 될 경우에 그럴 수 있다. 오늘날 우리와 가장 멀리 떨어진 식민지 사이에 존재하는 공동의 이점을 상정하는 것은 매우 쉽다. 현재 거리는 증기기관과 전기에 의해 거의 사라졌기 때문이다. 신세계를 발견한 초기 시대에 공통의 이익은 거의 가능하지 않았다. 그 당시 대서양은 그런 현실적 목적을 달성하기에 너무 깊고 넓은 바다였다. 이 대양을 가로질러 서비스의 호혜적 교환을 이루기는 쉽지 않았다. 그리고 일반적으로 구 식민체제는 동등한 연방제의 성격을 갖지 않았다.

습관적으로 구 식민지는 모국에 희생당하는 것으로 그려진다. 이제 우리는 근거 없는 그런 주장을 인정하지 않도록 유의해야 한다. 우리 아메리카 식민지의 반란이 모국의 이기적 처사로 인해 촉발됐다는 것이 그런 주장의 사례다. 그 당시 모국은 식민지들의 무역을 제한하면서도 그 억압에 대한 대가로 어떤 보상도 안겨주지 않았다는 것이다. 이는 사실이 아니다. 영국과 아메리카 식민지 사이에 서비스의 실질적 교환이 있었다. 영국은 무역을 독점하는 대가로 식민지를 방어했다. 지난 18세기 중엽에 아메리카에서 분란이 시작되었을 때, 연체금이 밀린 쪽은 모국보다는 식민지였을 것이다.

우리는 식민지에 의해 두 차례 큰 전쟁에 연루됐다. 마지막 분쟁 (*breach*)은 식민지에 대한 영국의 압력보다는 영국에 대한 식민지의 압력 때문에 일어난 것이다. 만일 우리가 식민지에 세금을 부과했다면, 그것은 우리가 식민지 편을 들면서 생겨난 빚을 갚기 위한 것이었고, 우리는 별다른 감정이 없이, 북아메리카에서 식민지의 이익을 위해 프랑스군을 격파함으로써 식민지가 우리 도움 없이도 해나갈 것이라고 보았다.

일반적으로 구 식민체제가 식민지를 연방제의 한 국가가 아니라 정복된 국가의 위치에 놓고 있다는 것은 사실이다. 이런 유형의 몇몇 이론은 흔히 사용되는 말로 분명하게 언급한다. 우리는 영국 또는 에스파냐의 '식민지 소유'(colonial possession)에 관해 말한다. 어떤 면에서 한 나라가 다른 나라를 소유한다고 말할 수 있는가? 그 표현은 거의 노예제를 의미하는 것처럼 보인다. 어쨌든, 그것이 한 나라가 다른 나라와 동일한 정부 아래 있을 뿐이라면, 이런 표현은 아주 부적절한 것이다. 이 표현의 근저에는 식민지란 모국의 이익을 위해 운영돼야 할 영지(領地)라는 관념이 있는 것이다.

에스파냐와 그 식민지의 관계는 그들의 눈앞에 다른 국가로 있는 형태였다. 원주민은 예농(隷農) 신분으로 전락했고, 일부 지역에서는 국가 관리로 변신한 종래의 족장(Cacique)에 의해 강제 노동자 신세가 되었으며, 또 다른 지역에서는 과도한 노동으로 사망해 마침내는 흑인들로 대체되기에 이르렀다. 모국은 인정사정없이 식민지로부터 조세를 수탈하고 교묘한 분업 메커니즘을 통해 식민지를 지배했다. 정착민은 이 제도 아래서 사제들의 통제를 받았고 식민지 지배의 목적에 이용할 수 있도록 예농 인구로 취급됐다. 이것이 전형적인 식민체제였다. 그것은 세금을 납부하지도 않고 원주민이나 금광 또는 은광도 없는 뉴잉글랜드 같은 식민지에는 아주 부적절한 모델이었다. 그럼에도 정부는 이익을 가져다주는 식민지의 선례를 잊을 수 없었다. 나는 찰스 2세가 1663년 식민지에 관심을 가졌음을 알고 있다. 그 관심은 식민지가 소유물이라는 고정된 원리가 됐다.

한 사회가 다른 사회의 소유물로 취급되고 정복이든 또 다른 방식이든 간에 어떤 절대적 권리에 의해 그 산업의 결실을 수취하면서 그 대가로 아무런 이익도 제공하지 않는 것은 본질상 야만적이다. 심지어, 그런 관계가 분명히 정복에 의거한 곳에서조차 그것은 너무 부도덕해 야만적 방법이 아니면 오래 지속할 수 없다. 예를 들어, 우리는 정복에 의해 인도를 획득했다고 할 수 있지만, 그 나라를 우리 금전상의 이익을 위해서 점유할 수도 없고 그렇게 하지도 못한다. 우리는 인도에서 어떤 조세도 끌어오지 않는다. 인도는 우리에게 이윤이 넘치는 투자처가 아니다. 우리는 인도를 통치할 경우, 어떤 식으로든지 우리 이익을 위해 인도의 이익을 희생시켰다는 것을 부끄럽게나마 인정해야 한다.

그런 이론을 식민지에 적용하는 것은 더욱이 (a fortiori) 야만적이다. 왜냐하면, 그것은 동족(kindred)이라는 이유 외에는 아무런 관심도 두지 않는 그곳 주민들을 마치 정복한 적들이나 되는 것처럼, 또는 문명화된 국민이 심지어 정복한 적에게조차 자행할 수 없는 그런 방식으로 취급하려는 것이기 때문이다. 아마 옛 식민체제에서도 그런 이론은 의식적으로나 고의로 채택되지는 않았을 것이다. 그러나 16세기 이래 정복한 속령에 식민체제를 적용하는 데 어떤 양심도 없었다. 에스파냐 식민지들이 어떤 면에서는 정복당한 속령이었기 때문에, 우리는 무의식적으로 또 어떤 의도도 없이, 이 야만적 원리가 그 나라 식민체제에 점차 익숙해졌고, 그 원리가 그곳에 스며들어 후대에 중독됐다고 이해할 수 있다. 우리는 에스파냐의 사례, 그 나라가 도입한 선례들이 한 세기 후에 식민지 건설에 뛰어든 네덜란드, 프랑스, 영국 등 다른 유럽 국가들에 어떻게 영향을 주었는지 이해할 수 있다.

이들 국가의 일부, 이를테면 프랑스의 경우 이 이론은 모국이 식민지에 대해 철권통치를 행사하는 것으로 귀결됐다. 캐나다에서 프랑스인 정착민은 여러 가혹한 규제조치에 예속됐는데, 그들이 프랑스에 남아 있었다면 이런 예속을 당하지 않았을 것이다. 이런 종류의 조치가 영국 식민지에서 거론되지 않았던 것은 분명하다. 식민시 정착민들은 무역 문제에서 어떤 고정된 규제를 받기는 했지만, 이와 별개로 그들은 완전히 자유로웠다. 영국 국적을 가지고 있었기에 어디서나 그들은 영국인의 권리를 주장했다. 허민 메리벌[8]이 목격한 바로는 구 식민체제는 대의기관 없이 행정적으로만 지배되는 근대 왕령지와 같은 것을 받아들이지 않았다. 구체제에서 의회는 공식적으로 제도화되지 않았지만, 스스로 성장하고 있었다. 집합(集合)하는 것이 영국인의 본성인 까닭이다. 식민지의 옛 역사가 허친슨(Hutchinson)[9]은 1619년에 다음과 같이 기록한다.

"올해 버지니아주 하원(House of Burgesses)이 열리지 않았다."

이 시기에 본국 정부(Home Government)는 확실히 너무 지나친 간섭으로 해악을 저지르지 않았다. 식민지들은 완전히 독립적으로 남

---

8 허민 메리벌(Herman Merivale, 1806~1874) : 옥스퍼드 오리얼 칼리지를 거쳐 동 대학에서 학생들을 가르쳤고, 뒤에 식민지 관료생활 경험으로 식민 문제에 관한 저술을 남겼다. *Lectures on Colonization and Colonies*(1841)이 대표적이다.
9 불명의 인물이다.

겨져 그들의 일부, 특히 뉴잉글랜드의 식민지들은 처음부터 실제적 목적으로는 독립국가였다.

처음 정착한 지 불과 40년 후, 그리고 독립선언 100여 년 전인 1665년에 이미 나는 매사추세츠(Massachusetts)가 스스로 실질적으로 영국에 예속됐다고 여기지 않았음을 알고 있다. 그 당시 한 의원(commissioner)은 이렇게 썼다.

"그들은 특허장 규정에 따라 금과 은의 5분의 1을 지불하는 한, 국왕이 아니라 오직 시민단(civility)에 예속될 뿐이라고 말한다."10

이와 같이 우리의 구 식민체제는 실제로 전혀 전제적이지 않았다. 그리고 변화가 발생했을 때 비록 완전히 현실로 나타나지는 않았다하더라도 식민지 주민들이 제기한 불평은 이전에 있었던 것보다 작았거나 또는 그 이후 [독립이라는] 엄청난 결과로 이어졌다.

구 식민체제의 불행은 그 체제가 너무 많이 간섭하는 것이 아니라, 용인된 간섭이 그들 비위에 거슬렸다는 점이다. 식민체제는 아주 작은 것을 요구했지만, 그 요구는 부당한 것이었다. 식민체제는 한 분야, 이른바 무역 분야를 제외하고는 자유의 족쇄를 풀어주었다. 무역 분야에서는 본국 무역업자의 이익을 위해 식민지 상인들에게 벌금을

---

10 〔저자 주〕: (Calendar of State Papers, Colonial, December 1665). 그는 이렇게 덧붙인다, "그들은 글을 쓰는 것으로 7년 동안 쉽게 회전할 수 있으며, 그 이전에라도 변화가 올지 모른다고 말한다. 이 네덜란드 전쟁의 결과가 어떻게 될지 누가 알겠는가? 그들은 크롬웰에게 그들의 동업조합과 학교에서 많은 도구들을 제공했다. 그리고 윈슬러 씨를 통해, 자유국가를 선포하라고 촉구했다. 이제 그들 스스로 그렇게 되리라고 믿는다."

물리는 등 간섭했다. 이 때문에 본국은 그릇된 처지에 놓이게 됐다. 급기야 본국은 국내에 남아 있는 사람들의 이익을 위해 일해야 하는 영지처럼 식민지를 하나의 소유물로 취급할 수 있다는 주장을 폈다. 어떤 주장도 그보다 더 부당할 수는 없었다. 주인이 노예에게 대하는 요구와 똑같지는 않더라도, 적어도 부재지주가 소작농에게 더 이상의 이득을 취하지 말라고 강제하는 요구, 아니면 심지어 부재지주가 다른 아무것도 제공하지 않고 단지 실제로 본인 소유의 토지 사용만 허락하는 그런 요구와 비슷했다. 그러나 당시 매사추세츠 식민지 주민이라면 이렇게 말했을지 모른다.

"도대체 영국이 우리에게 준 것이 무엇이란 말인가. 우리 산업에 대해 영구적 담보대출을 해준 것뿐이지 않은가? 제임스 1세[11]의 특허장은 우리에게 국왕이 결코 본 적도 없고 그에게 속하지도 않는 땅의 사용을 허락한 것이다. 그 땅은 특허장 없더라도 우리 스스로 어떤 저항도 받지 않고 수중에 넣었을 것이다."

이같이 구 식민체제는 상반된 두 개념이 뒤섞인 불합리한 것이었다. 구 식민체제는 식민지인들이 영국인과 그 형제들이기 때문에 그들을 지배할 수 있다고 주장했지만, 정복당한 원주민이나 되는 것처럼 지배했다. 그리고 다시 그들을 정복당한 민족으로 취급했지만, 많은 자유를 허용해 쉽게 저항할 수 있게 됐다.

---

11 제임스 1세(James I, 재위 1603~1625): 엘리자베스 사후 유언에 따라 영국왕을 계승, 스튜어트 왕조가 성립된다. 원래 스코틀랜드의 제임스 6세였으나, 잉글랜드 왕계에서는 제임스라는 이름을 가진 첫 번째 국왕이었다.

나는 식민지에 관해서 이 이상야릇한 혼종적 개념이 원래 어떻게 나타났는지를 살폈다. 이런 개념을 일단 수용한 후에 영국인들이 이 개념을 어떻게 계속 견지할 수 있었고 또 더 적절한 개념으로 발전시킬 수 있는 길을 찾지 못했는가를 이해하기는 아마 어렵지 않을 것이다. 그 당시 이 세계의 조건에서 영국인들이 그들의 식민체제를 개혁할 생각을 가졌다면, 식민지를 모두 포기하는 것이 자연스러운 길이었을지도 모른다. 멀리 떨어져 있어서 식민지들이 전적으로 다른 이해관계를 갖게 될 때, 그 사례는 성년이 된 아들과 딸의 경우와 매우 흡사하다. 이 모든 실제적 연합, 그리고 모국에 유리하게 부여된 온갖 권위는 이런 상황에서는 효력을 상실한다. 이 경우에는 그리스 식민체제가 가장 적합한 것이 된다. 그 체제는 식민지에 완전한 독립을 부여하지만 항구적 동맹관계로 붙들어 놓는 것이다.

17세기에 우리 식민지는 적어도 원래부터 연합하기에는 너무 떨어져 있었다. 사실, 뉴잉글랜드의 탈퇴가 어떻게 오랫동안 지체됐는지를 이해하는 것이 오히려 어렵다. 그렇지만 나는 그 지체의 이유가 17세기 말에 가까워지면서 프랑스 세력이 성장했기 때문이라고 생각한다. 프랑스와 영국 간 대규모 식민지 전쟁이 격렬하게 시작된 후에는, 식민지들이 그 전보다 다소 영국 쪽으로 기울었다. 생각해 보자. 만일 1759년 프랑스로부터 캐나다를 빼앗지 않았다면, 그리고 프랑스와 전쟁이 결말을 내지 못하고 더 가열되었다면, 식민지들은 독립선언을 하지 않았을 것이고 식민지와 영국의 연결은 단절되는 대신에 좀더 뿌리를 내렸을지도 모른다. 처음에는 연합의 필요성이 느껴지지 않았다. 그다음에는 한동안 그런 감정이 강렬했고 그런 다음에는 갑작스런 도움으로 모든 압력이 사라지면서, 식민체제 개혁에 대한 고려가 일순간에 독립의 꿈에 밀려버린 것이다.

이런 상황에서 모국은 구 식민체제를 가능한 오랫동안 유지하는 것이 자연스러웠을 것이다. 식민체제를 건드리는 것이 위험한 일이었고 약간만 바꾸더라도 식민지들을 이어주는 연결고리를 날려버릴 수 있었기 때문이다. 식민지에 대한 모국의 역겨운 권리들은 단지 이전에 존재했다는 이유만으로, 그리고 그보다 더 나은 방향의 개선은 그나마 불가능하다고 여겼기 때문에 도리어 끈질기게 이어졌다.

아마 둘 사이의 더 건전한 어떤 관계도 분명 인지되지 못했을 것이다. 나는 식민지를 과잉인구의 자연스러운 배출구라고 묘사했다. 그것은 인구가 조밀하다고 여기는 사람들이 모국 밖에서도 그들이 가장 가치 있게 여기는 것, 즉 국민성을 희생당하지 않고서도 손쉽게 살아갈 수 있는 그런 영토인 것이다. 그러나 한 세기 전에 그런 생각이 어떻게 영국인들에게 나타났을까? 그 당시 영국은 인구과잉이 아니었다. 미국 독립전쟁기에 브리튼 전체 주민이 1,200만 명 이하였을 것이다. 가령 본국보다도 식민지에 더 번영이 확산됐더라도 다른 한편으로는 조국 강토에 대한 사랑, 관습의 지배, 이민에 대한 공포와 혐오가 분명히 더 강했다.

신세계가 발견됐을 때부터, 또는 심지어 번영하는 식민지를 소유하게 된 이후에, 우리가 목도한 신세계로 지속적인 이민 물결이 이어졌다고 생각할 수는 없다. 이런 이민의 물결은 1815년 평화12 이후에

---

12 워털루 전투 이후 나폴레옹 전쟁의 종국을 가리킨다.

도 개시되지 않았다. 구 식민체제 아래서 상황은 아주 달랐으며, 이는 우리가 알고 있는 뉴잉글랜드 식민지의 역사를 통해서도 설명된다. 여기에서 우리가 배우는 것은 1620년 이민이 시작될 때부터 장기의회13까지 20여 년간 이민은 사실상 점진적 흐름에 지나지 않았고, 그것도 특별한 이유, 즉 영국 국교회가 그 시기에 강경해서 뉴잉글랜드가 청교도파14와 브라운교파15 또는 독립파16에게 피난처를 제공했다는 점 때문이었다. 따라서 장기의회가 열리자마자, 이민 흐름은 멈췄고 그 후 100여 년간 영국에서 뉴잉글랜드로 향하는 이민자가 매우 적었다. 식민지를 다시 떠나는 식민지주민들의 반 이민운동에 균형을 맞추지 못했다고 여겨질 정도다. 17

---

13 장기의회(*Long Parliament*) : 1640년 11월 찰스 1세의 소집으로 구성된 영국 의회로 1660년까지 존속했다. 그 이전 소집됐다가 3주 만에 다시 국왕에 의해 해산된 '단기의회'와 구별된다.

14 청교도파(*Puritanism*) : 17세기 영국 교회 안에서 성서봉독과 기도, 프로테스탄트 직업윤리를 강조하는 방향으로 교회개혁을 요구한 세력을 통칭해서 부르는 용어이다.

15 브라운 교파(*Brownists*) : 영국 교회로부터 분리를 추구한 비국교도의 한 종파. 이 이름은 러틀랜드 출신의 로버트 브라운(Robert Brown)의 이름에서 유래된 것이다. 1620년 메이플라워호를 타고 뉴잉글랜드로 떠난 청교도의 다수는 브라운 교파였다.

16 독립파(*Independent*) : 17세기 비국교도 종파. 특히, 지역에서 교회 위계와 위로부터 통제를 벗어나 신앙 및 교회 문제에 대한 지방 회중의 주도권을 강조한 종파. 영국 내란기 크롬웰과 그 지지자들이 이 교파에 속했다.

17 〔저자 주〕: "1640년 이후에 뉴잉글랜드가 해외에서 받아들인 이민은 영구 이민으로 이루어진 균형을 넘어선 것이었다. 2세기 동안 북미 대륙 각지에, 사실상 세계에 그 후손이 흩어졌다. 종교적 갈등기의 이민자는 대략 2만 5천 명을 넘지 않았지만, 그들로부터 퍼진 인구는 현재 미국 인구의 4분의 1이상이다." Hildreth,

이는 식민지가 있더라도 '대영국'이 존재할 수 없는 상황 탓이었다. 대영국의 물적 기초는 실제로 놓여 있었다. 즉, 광대한 영토를 점유했고 경쟁국들을 해외 영토에서 쫓아냈다. 이런 물적 조건에서 보면 대영국은 17~18세기에 창출된 것이다. 그러나 대영국이라는 영토를 구상할 수 있는 관념은 아직 부족했다. 이를 향한 유일한 조치는 어떤 면에서 식민지가 조국과 함께 속하는 원칙, 즉 영국은 어떤 점에서는 해외의 식민지들과 함께하며 식민지인도 전쟁을 통한 경우를 제외하고 계속 영국인이라는 원칙을 깔아놓는 것이었다.

분명한 것은 18세기 영국 속령이 다른 국가의 식민지와 똑같았다는 점이다. 대(大)에스파냐, 대포르투갈, 대네덜란드, 대프랑스 모두 대영국과 마찬가지로 인위적인 피류에 지나지 않았고 유기적 통일체나 공통의 삶이 결핍돼 있었다.

결국 이들 국가는 모두 단명했고, 대영국 자체도 단명할 것처럼 보였다. 실제로 다수 경쟁국들보다 오히려 더 일찍 수명이 다할 것 같기도 했다. 아메리카 대륙에서 영국인들이 터를 잡기 100여 년 전에 이미 성립된 에스파냐 식민지들은 곧바로 붕괴되지 않았다. 1776년 미국 독립선언은 모국에 대항하는 식민지의 반란 가운데 가장 충격적인 동시에 가장 먼저 일어난 일이었다.

대영국은 결과적으로 그 지배자들의 어떤 지혜를 동원해도 이 몰락의 위험에서 벗어나지 못했다. 구 식민체제의 취약점이 드러났을 때, 영국은 다른 식민지들을 포기하지 않았는데 더 좋은 결과를 얻었다.

History of the United States, 1, p. 267.

새 식민제국은 구 식민지를 존재하게끔 한 것과 똑같은 요인들에 의해 점진적으로 자라났으며, 아주 비슷한 체제 아래서 성장했다. 우리는 이런 경험들에게서 지혜가 아니라 오직 절망만을 배웠다. 우리는 그런 체제 아래서는 식민지를 영구히 유지할 수 없다고 보았다. 그 체제가 변화되어야 한다고 생각하는 것 대신, 오직 조만간 식민지를 상실할 것이라고만 생각했을 뿐이다.

그러다 1840년대에 자유무역이 승리하기에 이르렀다. 자유무역론자는 전체적으로 무역의 제약요인들 가운데 구 식민체제를 비판했다. 이 체제는 폐지됐지만, 그와 동시에 식민지가 쓸모없고 조만간 식민지인들이 더 나은 상태로 해방되리라는 견해가 점점 증가했다. 19세기에 이 세계의 일반적 상태가 그 이전 17~18세기의 상태와 동일했다면, 이런 이론은 분명 올바른 것이었다. 우리의 선대는 식민지로부터 무역 이익을 뽑아내는 것을 제외하고는 식민지가 쓸데없다는 것을 알고 있었다. 그렇다면 무역 독점이 사라지고 나서 모국에 무엇이 남는다는 말인가?

제국을 함께 묶는 느슨한 결합마저 어떤 긴장도 유발하지 않는 조용한 시기가 뒤를 이었다. 이 유리한 상황에서 태생적(*natural*) 연결이 파국을 막을 만큼 강력했다. 세계 모든 지역에 사는 영국인들은 아직까지도 그들이 한 혈통에 하나의 종교, 하나의 역사, 언어, 문학을 가졌다고 기억했다. 식민지도 모국도 서로에 대해 값비싼 희생을 치르도록 요구하지 않는 한 굳건한 것이었다. 이런 침묵기가 제국에 대한 아주 다른 견해가 자라나는 데 도움을 주었다. 이 견해는 [본국과 식민지 사이의] 원격성이 정치적 관계에 더 이상 중요한 영향을 미치지 않는다는 생각에 바탕을 두고 있다.

지난 세기에 글자 그대로 대영국은 존재할 수 없었다. 모국과 식민지 또는 식민지들이 멀리 떨어졌기 때문이다. 이제 이런 장애는 더 이상 존재하지 않는다. 과학이 정치조직에 증기기관이라는 새로운 연결망과 전기라는 새로운 신경체계를 가져다주었기 때문이다. 이 새로운 조건으로 식민문제 전반을 다시 생각할 필요가 생겼다. 이 조건들은 우선 대영국이라는 옛 유토피아를 실제로 실현할 수 있게 했으며, 그와 동시에 이를 필요하도록 만들었다. 우선 이 조건들이 대영국 형성을 가능하게 한다. 구시대에서 이 같은 거대한 국가조직은 법적 형태를 취했을 때에만 안정적일 수 있었다. 대(大)에스파냐는 대영국보다 더 오래 생존했다. 정확히는 전제적으로 통치됐기 때문이다. 대영국은 의회제 자유라는 암초에 부딪쳤는데, 그와 같은 거대한 규모에서는 전제라면 가능했겠지만, 이 자유로는 이룩할 수 없는 것이었다.

의회제 대의제도를 우리 식민지 주민에게 부여할 수 있었다고 생각했다면, 〔미국 독립을 둘러싼〕 전반적인 분란은 손쉽게 피할 수 있었는지도 모르겠다. 그러나 불가능하다고 생각했다. 그 이유는 무엇인가? 에드먼드 버크18의 잘 알려진 구절에서 그 답을 제시한다. 여기에서 그는 아주 멀리 떨어진 곳으로부터 의회대표자들을 소집하는 생

---

18 에드먼드 버크(Edmund Burke, 1729~1797) : 아일랜드 출신의 사상가, 정치가로 영국 보수주의 정치사상에 큰 영향을 주었다. 《프랑스 혁명에 관한 성찰》(1790) 등의 저술이 있다.

각을 조롱한다. 그러나 제아무리 세세한 어려움이 아직 남아 있더라도, 여하튼 이제는 그런 생각을 조롱하는 일은 멈춰졌다. 일단 연방체의 사례가 나타난 이래 그 당시 우리와 단절됐던 바로 그 식민지들, 광대한 영토, 그 가운데 일부는 주민이 아주 적고 새롭게 정착중인 곳이었지만, 손쉽게 구 식민사회와 통합하고 전체가 최고도로 의회제 자유(*freedom*)를 누리고 있는 것이다. 미국은 구 식민체제가 해결할 수 없었던 것과 기본적으로 비슷한 문제를 해결했다. 끊임없는 이민 물결을 어떻게 벗어났는지, 어떻게 대서양의 가장자리부터 태평양 연안 먼 곳까지 전 대륙에 걸쳐 사람들이 거주하기에 이르렀는지, 그리고 멀리 떨어진 정착지들이 그들의 독립을 곧바로 주장하지 않았는지, 그들이 전체의 이익을 위해 과세 부담을 질 수 있었는지 여부를 잘 보여주는 것이다.

그리고 최근에 거대 정치연합체 형성이 가능하게 보이는 일이 나타나 지난 세기보다 훨씬 더 급속하게 중요한 문제가 되고 있다. 거대한 정치 연합체를 가능하게 만든 동일한 발명들이 이제는 옛날 대국을 요동치게 하고 하찮게 하며 이류 국가로 떨어뜨리는 경향이 있다. 미국과 러시아가 앞으로 반세기 동안 통합을 유지한다면, 이들 나라는 그 50년 후에는 프랑스와 독일 같은 유럽의 옛 국가들을 완전히 위축시키고 이류 국가로 끌어내릴 것이다. 두 나라는 영국에 대해서도 똑같은 영향을 줄 것이다.

같은 시기 끝에 영국이 아직도 스스로를 단순히 유럽 국가, 피트 총리가 남겨준 것처럼 브리튼섬과 아일랜드의 구 연합왕국으로 생각한다면, 50년 후에는 두 나라가 영국에 대해서도 똑같은 영향을 미칠 것이다. 다양한 민족들이 거주할 뿐만 아니라 여왕의 권위를 똑같이 인정하는 것 외에 다른 관련도 없는, 전 지구에 산재한 정착지와 섬들을 인위적으로 연합하는 것만으로는, 우리가 이 새로운 형태의 국가들에 맞서는 데에는 빈약한 대응책에 지나지 않는다. 그러나 나는 이른바 우리 제국이 결코 인위적 결합이 아니라는 점을 지적했다. 인도를 제국이라는 고려사항에서 제외한다면, 인위적 결합체라는 말은 적절하지 않다.

제국은 광대한 영국인 국가이다. 지구상에 넓게 퍼져 있어서 증기기관과 전기의 시대 이전에는 인종과 종교의 강력한 결합이 실제로는 거리 때문에 풀어져버린 국가인 것이다. 거리가 과학에 의해 극복되고, 미국과 러시아의 사례에서 나타나듯이 광대한 지역을 통합한 정치체가 가능해지자마자 이제 대영국이 현실로, 그것도 분명한 현실이 돼 출범하는 것이다. 그 나라는 더 강력한 정치적 결합체의 대열에 들 것이다. 미국보다 더 강하지는 않더라도 슬라브인·독일인·투르크인·아르메니아인의 결합체나, 그리고 그리스 정교·가톨릭·개신교 결합체나, 무슬림·불교 결합체, 〔이 모두가 결합된〕 이른바 러시아보다는 훨씬 더 강력하리라고 자신 있게 말할 수 있다.

제 5장

구세계에 대한 신세계의 영향

이전 강의에서 나는 18세기 영국사에 과연 어느 정도나 국가적 단합이 이뤄졌는지, 그 당시의 모든 대(大)전쟁이 얼마나 한 묶음이고, 서로 연결된 일련의 전쟁이었는지를 언급했다. 그 시기에 대영국이 대프랑스와 적대하면서 성립됐다는 분명한 사실을 주목한다면 말이다. 또한 18세기와 그 이전 17세기에 영국과 프랑스뿐 아니라 에스파냐, 포르투갈, 네덜란드도 거대 식민지를 소유한 나라였다는 점을 주목하면서 같은 생각으로 강의를 진행했다. 이 두 세기의 역사를 탐구하면서 다음 사실들을 유념하면 크게 도움이 될 것임을 알 수 있을 것으로 생각한다.

거의 전 시기에 걸쳐 서유럽의 다섯 국가가 똑같이 유럽 국가일 뿐 아니라 세계국가라는 것, 또 이들 국가는 끊임없이 서로 간에 군사력 문제로 다투었다는 것, 이 무력은 유럽에 국한되지 않았는데 유럽 대륙에 눈길을 고정시키면서도 이들 국가는 무력을 적절하게 동원해 이른바 신세계 소유 문제를 포기하지 않았다는 것 등이다.

잘 기억해 온 명백한 사실이 이들 국가의 정치사에 통일성을 제공하고, 국가를 그들이 겪은 전쟁과 동맹이 대부분인 간단한 양식으로 축소시킨다. 그러나 나는 특히 영국과 관련해, 신세계와 관련을 맺음으로써 유럽 국가들이 그들 간의 상호 처리방식은 물론, 개별 국가의 내부사회 본질 면에서 크게 변모했다는 점을 계속 보여주고 있다. 중세 이래 나타난 영국의 근대적 성격은 영국이 대영국으로 확장되는 과정을 언급함으로써 전반적으로 간략하게 기술할 수 있다.

아메리카 대륙 발견과 종교개혁은 30여 년 간격을 두고 잇달아 발생했다. 이 두 사건은 다른 두 사건, 즉 유럽 강대국의 공고화와 오스만제국의 정복에 따른 동(東)지중해 지역의 폐쇄와 밀접하게 관련되는데, 우리가 중세의 종언과 근대의 시작으로 알고 있는 광범한 변화를 초래했다. 두 사건 가운데 앞의 것[강대국의 공고화]은 뒤의 것[동지중해 폐쇄]보다 훨씬 더 급속하게 진행됐다.

종교개혁은 즉각 그리고 역사 무대의 바로 전면에서 영향을 주었다. 그러나 그 후 반세기가 넘는 기간 역사학도는 합스부르크 왕가와 종교개혁 간의 투쟁에 주로 관심을 둔다는 것을 깨닫는다. 처음에는 프랑스의 지원을 받는 독일권 안에서, 다음에는 때로는 프랑스, 또 때로는 영국의 도움을 받는 저지대국가에서 투쟁이 전개된다.

그 와중에 배후지역에서 신대륙 점유가 진행됐다. 이 과정은 유럽을 중시하는 역사학도들의 관심을 끌지 못했다. 에르난 코르테스와 프란시스코 피사로가 이룩한 성취도 유럽 국가들의 전쟁에 대한 반응이었던 것처럼 보이지는 않는다. 중앙아메리카에 대한 프랜시스 드레이크1와 그 동료들의 약탈 때문에 에스파냐가 영국에 맞서 전쟁을 벌이기로 결정한 것은 16세기 말에 이르러서 일이었을 것이다. 아마 에스파냐 무적함대(*Armada*)가 활동하던 시대까지도 신대륙은 구세계에 감지할 정도로 반응하지 않았을 것이다.

그러나 그 이후부터 유럽 내의 사건들은 곧 두 요인, 즉 종교개혁과 신대륙에 의해 제어되기 시작했다. 그리고 이 둘 가운데 종교개혁의 영향은 줄어들었고 신대륙은 갈수록 영향력이 커졌다. 이 두 요인들이 상호 결합해 전 시기에 작용한 것이 17세기의 특징이다. 앞에서 언급했듯이, 이는 에스파냐에 대한 크롬웰의 전쟁 정책으로도 설명된다. 이 정책은 두 측면을 지니는데, 가톨릭에 대한 프로테스탄티즘의 공격이기도 하면서, 신대륙에서의 영토 침략인 것이다. 그 결과 자메이카(Jamaica)를 점령하기에 이른다. 이런 점은 또한 1672년 영국과 프랑스가 네덜란드에 대적하기 위해 서로 동맹을 맺은 것에서도 알 수 있다.

이 해에 크롬웰의 정책을 이어받은 정치가 새프츠베리 경2이 적시에 승인해 개신교 국가인 영국이 다른 개신교 국가 네덜란드를 침입한 것이다. 이는 두 나라가 신대륙에서 경쟁적 이해관계를 가졌기 때

---

1   프랜시스 드레이크(Francis Drake, 1545?~1596) : 해적 출신의 영국 해양탐험가. 해적활동에서 쌓은 항해 경험을 바탕으로 1577~1580년에 영국인으로는 처음으로 세계일주를 했다. 에스파냐 무적함대와 교전에서 중요한 공을 세웠다.
2   1대 새프츠베리 백작(Lord Shaftesbury, 1621~1683) : 본 이름은 앤서니 쿠퍼(Anthony A. Cooper)로 1670년대 찰스 2세 치세기의 정치가였다. 재무장관, 대법관, 추밀원 의장 등을 역임했다.

문이다. 그러나 같은 세기 말기에 종교개혁의 정치적 영향력은 쇠퇴
했으며, 18세기에는 지배적 영향력이 신대륙 전체에 미치고 있다. 신
대륙은 18세기에 상업적 성격을 부여했는데, 이 성격 때문에 그 세기
가 두드러지게 됐다. 온갖 중대한 종교 문제는 수면 아래로 가라앉
고, 세계적으로 상업적 고려 때문에 조성된 식민지 문제가 자리를 잡
게 됐다.

정착할 수 있는 무한정한 영토를 고려한다면, 이제 신대륙은 유럽
국민국가들에 두 가지 방식으로 작용했을 것이다. 첫째, 신대륙은 순
정치적 효력을 지녔을 것이다. 특히 그것은 각국 정부에 작용했다.
다툼의 여지가 많은 영토는 전쟁의 주된 요인이었을 것이다. 우리가
지금까지 살펴본 것은 바로 신대륙의 이런 작용이다. 그 반면에 18세
기의 전쟁, 특히 영국과 프랑스 간의 일련의 대(大) 전쟁은 이런 요인
에 의해 일어났다. 그러나 신대륙은 또한 유럽 사회 그 자체에 자극을
가하기도 했을 것이다. 그들 사회의 직업군과 생활방식을 변화시키
고 산업 및 경제의 성격을 바꿨다. 이 같이 영국의 확장은 그 자체의
변모를 포함한다.

영국은 이제 너무 두드러지게 해상 중심의, 식민지를 경영하는 산
업적 국가가 됐다. 영국은 항상 똑 같았고 국민의 본성으로 볼 때 다
른 면모는 결코 있을 수 없다는 것이 지배적 견해로 보인다. 프리드리
히 뤼케르트3의 시를 보면, 500년마다 한 번씩 지구상의 같은 장소를

---

3 프리드리히 뤼케르트(Friedrich Rückert, 1788~1866): 하이델베르크대와 뷔르
   템부르크대학에서 수학한 후 시인으로 활동했으며, 동양어학자로도 유명하다.

방문하는 신이 나온다. 그 장소는 이제는 삼림으로, 때로는 도시로, 바다로 변해 있다. 자신이 본 광경의 이전의 상태〔기원〕를 되물을 때마다, 신은 이런 답변을 듣는다.

"그것은 항상 그러했고 앞으로도 항상 그럴 것이오."

이 같은 비역사적 사고방식, 즉 우리에게 익숙한 것이면 무엇이나 내재적 필요성을 부여하려는 경향은 앵글로색슨 인종의 자질에 관한 언급들에서 많이 드러난다. 우리는 이전에 지금의 우리와 달랐을지도 모른다는 것, 아니, 한때 우리가 다른 부류였다는 것은 상상할 수 없기 때문에, 그 사실 여부를 탐구해 확인하기 전에 왜 우리가 항상 동일한지 그 이유를 설명하려고 하는 것이다. 우리가 편력하고 일하며 식민하는 위대한 종족이며, 이는 해적과 바이킹으로부터 유래했다는 점은 분명한 것으로 보인다. 우리가 보기에 대양은 자연의 섭리로 우리의 것이 되었고 바로 이 고속도로를 이용해 지구를 정복하고 그곳에 살고 있는 것이다.

그러나 영국이 무역과 대양 지배에 능력이 있음을 발견한 것은 실제로는 엘리자베스 시대에 이르러서였다. 섬이라는 지리적 위치, 즉 브리튼섬이 북서쪽으로 곧장 대서양을 향해 있다는 사실 때문에 우리는 필요할 때마다 항상 해상활동을 해 왔으리라고 착각한다. 우리는 배편으로 그 섬에 들어왔고, 그 후에 해적집단인 한 종족에게 정복당했다. 그럼에도 결국 영국은 노르웨이〔노르만〕가 아닌 것이다. 영국은 좁은 기다란 경작지만을 가졌기에 어찌할 수 없이 인구가 생존을 위해 대양에 기대를 거는 나라가 아니다. 플랜태저넷 왕조4 시대의 영국은 결코 대양의 주인이 아니었다. 실제로 영국은 전혀 해상국가가 아니었다. 가끔 전쟁기에 중세 영국이 상당한 해군력을 보유했음을 알고 있다. 그렇지만 평화가 도래하면서 해군은 다시 규모가 줄어들었다. 도버해협에서 해적활동에 대한 끊임없는 불평이 일어도 영국은 인접한 해협에 대해서조차 별다른 통제를 할 수 없었다. 중세에는 상비군이 없었기 때문에 몇몇 이탈리아 도시국가를 제외하고는 상설 함대를 알지 못했다. 그 시대에는 이런 상황이 거듭되면서 해군력의 쇠퇴가 자주 발생했다. 전쟁이 새로 발발하면 정부는 모든 상선에게 사략선(privateer) 권한을 부여하고, 상선들은 사략선뿐 아니라 사실상 해적이 됨으로써 이에 부응했다. 실제로 플랜태저넷 시대에 영국은 그 이전 시기보다 더 전쟁지향적 분위기였다. 그렇지만 그 시대에 바다보다 육지에서 전투를 더 추구하는 야망을 볼 수 있다. 그때 영국육군의 영광은 해군의 그것을 눌렀다. 우리는 크레시(Crécy)와 푸아티에(Poitiers)에서의 승리를 기억하면서도 슬로이즈(Sluis)의 승리는 잊어왔다. 5

영국의 해양 지배력은 우리의 상상 이상으로 오로지 근대에 성장한 것이 사실이다. 기껏해야 17세기 내란기와 로버트 블레이크6의 활동

---

4 플랜태저넷(Plantagenet) 왕조: 노르만 왕조의 헨리 1세와 그 뒤를 이은 스티븐 사후, 왕위는 프랑스 앙주 백작 헨리 플랜태저넷이 계승해 헨리 2세(재위 1154 ~ 1189)로 즉위한다. 헨리 2세는 헨리 1세의 딸 마틸다와 앙주 백작 제프리 플랜태저넷 사이에서 출생했다.

5 백년 전쟁기 영국군이 일방적으로 승리를 거둔 크레시 전투(1346)와 푸아티에 전투(1356)는 잘 알려져 있다. 1340년 슬로이즈(Sloys) 전투는 프랑스해군이 영국군에 격파당한 해전이다.

6 로버트 블레이크(Robert Blake, 1598~1657): 크롬웰 시대의 해군지휘관으로

시기부터 비롯되기 시작한 것이다. 블레이크가 루퍼트 왕자7를 추적, 지브롤터 해협을 거쳐 에스파냐 동부해안까지 진출한 것, 이것이 야말로 십자군 전쟁 이후 영국 함대가 지중해에 최초로 모습을 드러낸 사건이라고들 한다. 블레이크보다 더 오래 전에 알려진 해상 영웅들이 분명 있다. 드레이크, 리처드 그렌빌,8 존 호킨스9 등이다. 그러나 엘리자베스 시대 해군은 단지 유아기의 해군이었다. 해적과 비슷했다. 튜더기 이전에는 해군의 맹아(萌芽)만 발견할 수 있을 뿐이다. 15세기에 영국해군의 역사는 헨리 5세10의 짧은 치세기를 제외하면 보잘 것 없었다. 그 전까지는 취약성이 지배적이고 효율성은 예외적이었다. 그러다 에드워드 1세11 시기에 이르러 달라진다. 에드워드

영국해군(*Royal Navy*)의 아버지로 불린다.

7 루퍼트 공(Prince Rupert, 1619~1682): 라인 팔라틴 선제후국(Pfalzgrafschaft bei Rhein) 프리드리히 5세의 차남이며 영국왕 찰스 1세의 조카이다. 영국 내란기 왕당파 기사군 사령관, 왕정복고 이후 영국-네덜란드 전쟁기 해군사령관으로 활동했다.

8 리처드 그렌빌(Richard Grenville, 1542~1591): 엘리자베스 시대의 탐험가이자 군인이다. 해적활동으로 아메리카 식민지 개척에 참여하고 에스파냐 무적함대와 전투 참전했다.

9 존 호킨스(John Hawkins, 1532~1595): 엘리자베스 시대 탐험가이자 무역상인으로 영국해군의 실질적 창설자이다.

10 헨리 5세(Henry Ⅴ, 재위 1422~1432): 랭커스터 가문 출신으로 부왕인 헨리 4세(Henry Ⅳ)에 이어 왕위에 올랐다. 전투에 능해, 웨일스와 노섬브리어 귀족 반란을 진압하고, 프랑스 왕위계승권을 주장. 1415년 프랑스에 침입해 아쟁쿠르 전투에서 대승을 거두고 1420년 투르아(Troies) 조약을 체결한다. 그러나 2년 후 갑자기 사망했다.

11 에드워드 1세(Edward Ⅰ, 재위 1272~1307): 웨일스, 스코틀랜드에 침입해 오랫동안 전쟁을 지속. 왕권 강화, 브리튼섬의 통합에 대한 강한 신념을 가졌다.

는 최초로 상비해군의 개념을 인식했다.

해전뿐 아니라 대양 발견, 온갖 해상활동에서 보이는 영국의 강점은 근대에 이룩한 것이다. 15~16세기에 영국이 강력한 경쟁국의 도전 없이 탐험했다고들 생각하지만, 영국이 선두에 나섰다는 어떤 흔적도 없다. 영국이 전도가 유망한 일을 착수했던 것은 사실이다. 브리스톨에서 출항한 선박 한 척이 분명 아메리카 대륙에 최초로 접근했던 것 같다. 콜럼버스 자신이 대서양을 항해하기 1년 전에 아메리카 대륙을 제대로 본 영국 선원들이 있었다. 그 당시에는 마치 영국이 에스파냐와 경쟁한 것처럼 보였다. 탐험대장 존 캐벗[12]도 영국인이 아니라면, 콜럼버스도 에스파냐인이 아니기 때문이다. 그럼에도 다시 뒤처졌다. 헨리 7세는 어리석게도 인색했고, 헨리 8세는 종교개혁의 소용돌이에 휩쓸렸다.

제 1세대의 발견자들 가운데에는 영국인의 이름이 없다. 콜럼버스가 죽은 지 반세기가 지나도록 탐험 옹호자도 총리도 프랜시스 드레이크 같은 항해자도 대양에 나타나지 않았다. 에스파냐 무적함대 전성기까지는 전쟁이나 발견 또는 식민 분야를 막론하고 해상활동으로 유명한 나라들 가운데 영국은 높은 평판을 얻을 수 없었다.

에스파냐는 그 능력보다는 아메리카 대륙에 콜럼버스를 보낸 바로

---

12 〔저자 주〕: 존 캐벗(John Cabot)는 베니스 태생의 이탈리아 시민이었다. 아들 세바스찬이 그가 브리스톨에 정착한 후에 태어났다면, 그리고 캐벗이 아닌 세바스찬이 배를 지휘했다면, 영국 해상활동의 모든 성취는 영국인에 의해 이루어진 셈일 것이다. 그러나 그 증거는 다른 방향을 가리키고 있다. 헬월드(Hellwald)의 연구에서 세바스찬 캐벗에 관한 논의를 보라.

그 행운 때문에 이득을 취했지만, 정말로 그 대륙을 차지할 자격이 있던 나라는 분명 포르투갈이었다. 이 나라는 실제로 콜럼버스의 '영예로운 아메리카 침입'에 이의를 달 만한 이유가 있었다. 포르투갈은 콜럼버스에 대해, 항해의 목적이 인도를 발견하는 데 있다면 올바른 길을 찾아 인도를 발견하라고 설득했을지도 모른다. 13

이들 국가를 뒤따라 그다음 반열에 영국과 프랑스가 자리 잡았을 것이나, 나는 영국이 프랑스에 앞설 권리를 가졌는지는 잘 알지 못한다. 이는 우리의 실제 성취를 십분 활용하려는 역사가들의 자연스러운 욕심 때문에 우리 역사에서 다소간 왜곡된 것이다. 후대에 우리의 우월한 해양지배가 일단 시작된 후에, 선두 자리를 놓고 우리와 경쟁한 어느 나라를 보고서도 놀라워해야 했을 것이다. 그러나 그 반면, 우리는 에스파냐가 한 세기 대부분에 걸쳐 〔해상 지배력의〕 우위를 누려온 후에, 영국이 그 지배력에 도전하려는 열망에 가득 찬 나라로 등장한 것에 만족하는 것이다. 16세기 말 에스파냐 총독들이 아메리카 대륙 대부분을 장악하고, 포르투갈이 총독을 파견해 인도양을 지배하고, 에스파냐 선교사들이 일본을 방문하고, 또 포르투갈의 위대한 시인이 이전 시인들이 멋지게 보았던 그 지역들에서 16년간이나 문학계

---

13 〔저자 주〕: 콜럼버스의 입장에서 올바른 길을 택해 인도를 발견한 것보다 틀린 길을 따라가 아메리카를 발견한 것이 더 낫다고 대답했더라도, 포르투갈 당국은 양쪽을 다 찾아냈다고 답변했을지도 모른다. 왜냐하면 포르투갈은 리스본에서 인도로 향하는 두 번째 항해 이후 브라질을 발견했기 때문이다. 그것은 콜럼버스가 첫 항해를 떠난 지 불과 8년 후의 일이었다. 콜럼버스가 태어나지 않았다고 해도 분명히 그곳을 발견했을 터였다.

를 이끌면서 서사시를 썼던 바로 16세기 말, 심지어 이 무렵에도 영국인은 해상 경력에서 아주 신참이었고 어떤 정착지도 갖추지 못했다.

이제 해군 활동에서 제조업과 상업으로 방향을 돌린다. 여기에서 다시 우리는 이 또한 태생적 자질에 바탕을 두고 그 추구과정에서 성공을 거둔 자연스러운 활동이 아님을 알게 된다. 제조업에서 영국의 성공은 지구상의 거대 생산국들과 맺은 특별한 관계에 의존한 것이었다. 세계에서 다량의 농산물은 토지가 넓고 인구가 적은 나라에서 거두는 것이 일반적이다. 그러나 이들 나라는 그 자신의 원료를 가공할 수 없다. 모든 노동력이 농산물을 생산하는 데 종사하고 제조업에 종사할 잉여인구가 없다. 그러므로 아메리카 원면과 오스트레일리아 양모가 영국으로 수입됐고, 영국은 잉여인구가 있을 뿐 아니라 공업에 필수적 요소인 석탄이 해안 근처에 풍부하게 매장돼 있었다.

자, 이 모두가 근대적이다. 그 대부분이 극히 근대적인 것이다. 석탄의 시대가 기계류와 함께 18세기 후반부터 시작됐다. 신대륙이 개방되기 전까지 광대한 생산 지역은 없었고, 철도는 도입된 지 두 세기 반이 지나서야 비로소 자유롭게 이용할 수 있었다. 그러므로 영국의 강력한 제조업의 토대는 아주 최근에 이르러서야 성립된 것이다. 플랜태저넷 왕조 시기의 영국은 아주 다른 경제적 위치에 있었다. 제조업은 실제로 부족하지 않았지만, 그 나라는 아직도 쉴 새 없는 근면함과 실질적인 재능으로 두드러지지 않아서, 15세기에 쓰인 한 묘사에는 이렇게 적혀 있다.

"영국인은 고된 노동으로 피로해 한 경우가 없고, 삶을 좀더 정신적으로 그리고 세련되게 함양해 나간 적도 없다."14

그 당시 영국은 대체로 플랑드르와 맺은 유리한 교역관계에 의존했다. 영국은 플랑드르에서 가공할 양모를 생산했다. 지금의 오스트레일리아가 영국 웨스트라이딩15 지역과 맺고 있는 그런 관계를 가졌던 것이다. 런던은 지금의 시드니, 그리고 플랑드르의 겐트와 브뤼주는 영국의 리즈나 브래드퍼드인 셈이다. 16

엘리자베스 치세시까지 이런 상태가 변하지 않고 그대로 지속됐다. 그러나 그 후 영국의 강력한 해상 지배가 시작되던 시기에 또한 영국은 대공업국가로 바뀌기 시작했다. 플랑드르 지역의 제조업은 에스파냐와 저지대 국가 간 종교전쟁의 파국으로 인해 쇠락했다. 플랑드르 제조업자들은 떼를 지어 영국으로 건너왔고, 이들이 노리치 (Norwich)를 중심으로 하는 수공업에 새로운 활력을 불어넣었다. 우리 제조업의 역사에서 이른바 노리치 시대는 이렇게 시작된 것이다. 그 시대는 17세기 전 시기에 걸쳐 지속됐다. 노리치 수공업의 특징은 이 시대에 영국이 자국의 산물인 양모를 가공했다는 점이다. 이전의

---

14 〔저자 주〕: 포테스큐(Fortescue)의 언급. Mr. Cunningham, 《영국 공업과 상업의 성장》(Growth of English Industry and Commerce), p. 217에서 인용. "게으르고 정태적인 것 외에도, 15세기 영국인은 도시에서 자주 언급되는데 가정 내 사랑도 별로 없었다." 또 다음을 보라. 《패스턴 가문 서한집》(Gairdner's Paston Letters, vol. iii. Intr. p. lxiii).

15 웨스트라이딩(West Riding): 영국 중부 남북으로 뻗어 있는 페나인산맥의 동쪽 경사면 지역으로 요크셔 서부지역 대부분을 포함한다. 리즈를 비롯해 일찍부터 모직물 공업이 가내공업 형태로 발전했다.

16 겐트(Ghent)와 브뤼주(Bruges)는 당시 저지대로, 현재 벨기에와 네덜란드의 도시이다.

주로 양모를 생산하는 국가 대신, 이제 공업국가로서 영국은 자국에서 생산한 원료를 가공하는 나라가 됐다.

제조업에 대해서는 이 정도에서 그치기로 한다. 그러나 현재 영국 산업상의 강점은 영국의 강력한 제조업의 일부 요인만을 구성할 뿐이다. 영국은 또한 세계에 걸친 운송 무역을 장악하고 있으며, 그에 따라 교환과 무역사업 중심지가 되었다. 이제 이 운송 무역으로 영국은 해양대국이 됐다. 그러므로 영국이 중세시대에는 그렇지 못했다는 점을 지적하는 것은 불필요하다. 그 시대에 영국은 해상국가가 아니었던 것이다. 실제로, 그 당시 운송 무역은 거의 언급할 수조차 없다. 그것은 대양 항해를 뜻하는데, 대양 항해는 신세계가 개방될 때까지는 시작되지 않았다. 그 발견 이전에 사업 중심지는 중부유럽 국가들, 이탈리아, 신성로마제국 도시들에 있었다. 15세기의 대(大) 사업가는 피렌체의 메디치 가문, 아우구스부르크의 푸거 가문, 제노바의 산 조르지오(San Giorgio) 은행 창설자들이었다.

중세시대에 영국은 사업 측면에서 보면, 선진국이 아니라, 대체로 후진국이었다. 영국은 주요 상업국가들 사이에서 틀림없이 경멸받았을 것이다. 이와 달리, 오늘날도 그렇지만 영국은 독일과 심지어 프랑스의 기업 시스템과 은행업을 자국에 비해 구식이라고 낮추어본다. 중세에는 이탈리아 사람들이 영국을 그렇게 바라보았다. 도시생활, 광범위한 사업거래, 복잡한 사무 등과 더불어 그들은 프랑스와 함께 영국을 농업 중심적이고 봉건적인 국가인 구세계로 분류했음에 틀림없다. 이런 국가는 그 시대에 사상의 주된 흐름 바깥에 있었다.

이번에는 도리어 이탈리아와 독일이 정체되고 사업 활동의 전반적인 과정이 또 다른 경로로 바뀌는 거대한 변화가 발생했을 때, 영국이 선진국의 위치로 단번에 들어왔다고 생각하면 안 된다. 구 계승국은 네덜란드였다. 17세기 대부분의 기간에 걸쳐 세계의 운송 무역은 네덜란드가 장악했고, 암스테르담은 세계의 교환소였다. 크롬웰 집정기와 찰스 2세 시대 초기 영국은 네덜란드의 독점에 맞서 투쟁했다. 17세기 후반에 이르러서야 비로소 네덜란드는 패배의 조짐을 보여주기 시작한다. 그때 영국이 상업 분야에서 결정적으로 선두를 차지한 것이다.

이와 같이 모든 사항들을 종합해 보면 우리가 알고 있는 영국, 해양을 지배하는 가장 강력한 상업 및 공업국가가 바로 근대적 성장 자체라는 것을 알게 된다. 근대적 성장은 18세기까지는 그 주된 면모를 분명하게 보이지 않았으며, 17세기는 이런 형태를 점차로 짐작할 수 있는 시대였을 뿐이다. 영국의 변화가 처음 시작된 시기를 묻는다면, 그 대답은 매우 쉽고 분명하다. 엘리자베스 시대였다.

이 시기는 신대륙이 그 영향력을 행사하기 시작한 때였다. 가장 명백한 사실은 영국의 근대적 성격과 그 특유의 강대함이 처음부터 신대륙에 힘입었다는 점을 알려준다. 영국인을 대양의 지배자로 만든 것은 바이킹의 혈통도, 제조업과 상업에서 강력하게 만들어준 앵글로색슨인의 산업적 재질도 아니고, 오직 아주 '특별한 상황', 영국인이 농업적이고 목가적이며 전쟁지향적인 데다가 대양에 무관심했던 몇 세기 동안에는 아직 대두하지 않았던 바로 그 특별한 상황이었다.

칼 리터17 학파는 문명의 3단계를 자주 언급한다. 18 이들 단계는 지리적 조건, 즉 강에 매달려 살아가는 '하천형'(potamic), 내륙의 내해(內海) 주변에서 성장하는 '내해형'(thalassic), 그리고 마지막으로 '대양형'(oceanic) 조건에 의해 결정된다. 이 이론은 신대륙 발견에 뒤이은 변화에서 시사 받은 것처럼 보인다. 그 무렵 유럽 문명은 '내해형'에서 '대양형'의 단계로 이행했다. 그전까지만 하더라도 무역은 지중해에 국한됐다. 대양이란 길이 아니라 한계이자 경계였다. 북유럽의 좁은 바다들을 가로질러 상당한 교역이 이뤄졌다. 이것이 한자동맹의 무역을 번창시켰다. 그러나 주로 지중해 세계는 문명의 중심지인 것 못지않게 산업의 중심이기도 했다. 중세에는 고대세계의 한도까지 나아갔는데, 이탈리아는 두 시대에 모두 알프스 남쪽의 나라들에 대해 자연적인 우월성을 가진 것 같았다. 프랑스와 영국은 의심할 여지없이 아주 선진적이었지만, 15세기 이탈리아인에게 두 나라는 여전히 비교적 야만스러운 것처럼 보였고 지적으로도 촌스럽고 이류였다. 실제로 그들은 내륙에 있는 반면, 이탈리아는 문명화된 바다의 이익을 거두어들인다는 것이 그 이유였다. 피렌체의 강대함은 모직물공업에 근거한 것이었고, 피렌체와 베네치아, 피사, 제노바의 힘은 대외무역과 식민지에 바탕을 두었다. 그리고 이 모두는 프랑스와 영국이 상대적으로 봉건제와 촌티가 더 짙었을 때의 일이었다. 이탈리아 공화국들이 보기에 프랑스와 영국은 고대 아테네나 코린트와 비교할 경우 테살로니카와 마케도니아 같았던 것이다.

---

17 칼 리터(Carl Ritter, 1779~1859): 독일의 지리학자이며 알렉산더 폰 훔볼트와 함께 근대 지리학의 창시자로 알려졌다.

18 〔저자 주〕: Peschel, *Abhandlungen zur Erd-und Völkerkunde*, p. 398를 볼 것.

이제 콜럼버스와 포르투갈 사람들은 상업용 고속도로를 지중해에서 대서양으로 대체함으로써 이 모든 것을 변모시켰다. 그 순간부터 이탈리아의 지배는 종언을 고했다. 여기에서 둘 사이의 인과관계는 같은 시기에 이탈리아에서 발생한 불행 때문에 어느 정도 감춰져 있었다. 이탈리아의 정치적 몰락은 같은 시기에 갑자기 발생했다. 외국 세력이 알프스를 넘어왔다. 이탈리아는 프랑스와 에스파냐 간 대(大) 전쟁의 주된 전장이 됐다. 이탈리아는 정복, 분할됐고 예속상태에 빠졌다. 그 나라의 영광은 그 후에 결코 되살아나지 못했다. 그러한 파국과 그 명백한 원인인 외국의 침입은 같은 시기에 동일한 결과를 가져오는 데 작용했을 온갖 부차적 영향력들을 외면하도록 만든다. 그러나 분명한 것은, 외국의 침입이 없었더라도 이탈리아는 곧바로 쇠퇴의 시대로 진입했을 것이라는 점이다.

이탈리아의 힘과 영광을 가져온 감춰진 자원은 신대륙 발견으로 고갈됐다. 이탈리아는 바다가 멀어진 켄트 해안의 항구 중 하나에 비교될 수 있다. 이전에 활력과 움직임이 있던 이탈리아 거대 도시공화국 곳곳에서 이제는 침묵과 공허만이 자리를 잡았다. 심지어 이방인들은 알프스를 넘지도 않았다. 지중해는 실제로 멀어지지 않았지만, 오디세우스의 시대부터 그 이래로 지녀왔던 모든 특징을 상실했다. 지중해는 인간 교류와 문명의 중심 바다, 역사의 주요, 아니 거의 유일한 바다이기를 멈춘 것이다. 상업이 대서양을 뒤덮기 시작한 후에 곧바로 투르크의 해상지배력이 지중해를 휩쓸었다. 여기에서 랑케는 바르셀로나의 지중해 무역이 신대륙 발견으로 별다른 영향을 받지 않았다고 언급하지만, 그 무역은 1529년경부터 급속히 가라앉았다. 바르바로사 도시들(*Barbarossa Cities*)의 성공, 프랑스와 오스만제국 술탄 슐레이만(*Suleiman*)의 동맹, 북서아프리카 국가들(*Barbary states*)의 성립 등으로 오스만제국의 지중해 지배가 확립된 탓이었다. 유럽 문명이 '내해형'이기를 멈추고 '대양형'으로 나아가야 한다는 섭리가 분명 작용했던 것이다.

이 거대한 결과는, 이동과 지성의 중심이 유럽 가운데에서 대서양 연안으로 바뀌기 시작했다는 점이다. 문명은 이탈리아와 독일로부터 이동한다. 문명이 새롭게 정착할 곳은 아직 분명하지는 않지만 좀더 서쪽으로 이동하는 것은 분명했다. 이런 변화가 16세기 역사에서 얼마나 충격적으로 나타났는가를 살펴보기로 한다.

16세기 초에 세계의 모든 천재들은 이탈리아나 독일에 살았던 것 같다. 근대 예술(*modern art*)의 황금시대는 한 세기 만에 지나갔지만, 이탈리아 화가들의 경쟁자를 꼽는다면 그것은 바로 독일인이다. 이탈리아인이라면 적어도 독일 기법(*maniera tedesca*)을 선호하는 사람들과 이야기를 나누어야 한다. 반면에 종교개혁은 독일에 속한다. 그 당시 프랑스와 영국에서는 르네상스와 종교개혁을 환영한 것만으로도 충분한 영광으로 보인다. 그러나 16세기 후반부터 점차 문명의 중심이 이동하는 것을 알게 된다. 이탈리아와 독일은 처음에 경쟁했지만, 다음에는 기울었다. 우리는 오히려 다른 나라들에서 위대한 성취를 볼 수 있다는 생각에 갈수록 익숙해진 것이다. 17세기에 이르면 모든 천재와 위대성은 서유럽 국가 또는 대양 국가에서 발견된다.

이들이야말로 신대륙 쟁탈에 뛰어든 국가들이다. 에스파냐, 포르투갈, 프랑스, 네덜란드, 영국은 대서양에 대해 고대 그리스와 이탈리아가 지중해에 가졌던 것과 동일한 위치에 있다. 이들 나라는 지적인 면에서도 비슷한 우월성을 보여주기 시작한다. 정복, 식민화, 상업 등의 광범위한 문제들에 그들의 마음이 쏠렸는데, 이전에는 시골풍의 단조로운 생활만 했다. 나는 이 변화가 영국에 어떤 결과를 가져왔는지 장황하게 보여주었다. 네덜란드에 미친 영향은 충격적이고 훨씬 더 급격한 것이었다. 네덜란드의 황금기는 17세기 전반이다. 잠시 그런 번영을 가져온 요인들을 검토해 보자.

에스파냐의 펠리페 2세[19]에 맞서 반란을 일으킨 저지대 국가(Low Countries)는 알려진 대로 후에 네덜란드공화국이 됐다가 지금은 네덜란드왕국이 된 7개 주뿐만 아니라, 지금 벨기에왕국을 구성하는 다른 주들도 포함했다. 반란기에 가장 번영을 누렸던 곳은 벨기에 지역이었다. 이곳은 대단한 수공업지역이었고, 말하자면 중세시대의 랭커셔나 웨스트라이딩이라 할 수 있었다. 앞의 지역, 네덜란드 7개 주는 그 당시 덜 중요했다. 이들 주는 바다에 접해 있었고 주로 청어잡이로 생계를 꾸렸다. 반란의 결과, 에스파냐는 벨기에 주들을 계속 장악할 수 있게 됐고, 이번에 이들 지역은 에스파냐 저지대로 알려졌다. 그렇지만 에스파냐는 네덜란드 저지대를 장악할 수 없었다. 끝없이 계속될 것 같았던 전쟁이 끝난 후 에스파냐는 그 지역을 독립시킬 수밖에 없었다. 반란기에 벨기에 주들의 번영은 이미 지적했듯이 끝났다.

---

19 펠리페 2세(Felipe Ⅱ, 재위 1556~1598): 카를로스 1세의 뒤를 이어 에스파냐 왕위에 올랐다. 포르투갈의 왕위를 상속받았기 때문에 당대 유럽 패권국가의 지위를 유지했다. 오스만제국의 여러 공격을 막아냈지만, 유럽 내에서는 가톨릭의 보호자를 자처, 신교국과 대립을 빚었다.

벨기에 제조업자들은 이민을 떠나 영국 모직물 산업을 일구었다. 그러나 처음에 더 가난했던 해안지역의 저지대는 전쟁기에 몰락하기는 커녕 오히려 부유해졌고, 전쟁이 끝나기 전에 이미 세계의 경이, 세계의 강력한 상업국가가 됐다.

어떻게 이런 일이 발생했는가? 네덜란드 저지대가 해양국이었기 때문이다. 네덜란드에 인접한 바다는 신세계로 연결되는 교통로였다. 그들은 일찍이 바다에 전념했기 때문에 영국인과 출발을 같이했고, 에스파냐군과 전쟁은 실제로 영국인에게도 이득이 됐다. 저지대 전쟁으로 인구가 적고 방어가 취약한 에스파냐의 아메리카 식민제국이 영국인의 공격에 노출됐기 때문이다. 척박한 땅에 많지 않은 인구를 가진 이 작은 나라가 막강한 에스파냐제국에 대항해서 그 자신을 지켰을 뿐만 아니라, 이 불리한 전쟁의 와중에 동서양에 스스로 거대한 식민제국을 수립한 것을 보고 세계는 경악했다. 이 과정에서 대양이 서유럽 국가들에 주기 시작한 지적 자극의 실태를 네덜란드만큼 분명하게 보여주는 곳도 없다.

똑같이 적은 인구임에도 이 나라는 상업 못지않게 학예 분야에서도 선두를 지켰다. 유스투스 리프시우스, 20 조제프 스칼리제르, 21 르네 데카르트(*René Descartes*)를 환영하며 맞아들였고, 피에트 하인22과

---

20 유스투스 리프시우스(Justus Lipsius, 1547~1606) : 저지대에서 활동한 철학자이자 인문주의자이다.
21 조제프 스칼리제르(Joseph Scaliger, 1540~1609) : 프랑스 종교개혁가로 만년에 네덜란드에서 개신교운동을 계속했다.
22 피에트 하인(Piet Hein, 1577~1629) : 에스파냐와 80년간의 독립전쟁에서 네덜

마틴 트롬프23가 활동하던 바로 그 시대에 휴고 그로티우스24를 낳았던 것이다. 이는 신세계가 가한 작용 가운데 아주 놀라운 단일 사례다. 그러나 네덜란드에서 나타난 결과는 내가 영국에서 추적했던 것들만큼 엄청난 일이 아니었다. 왜냐하면 기반의 폭이 충분히 넓지 못했던 네덜란드의 위대성은 단명했고, 이는 협소성이라는 단일 요인 때문에 좀더 갑자기 그리고 명백하게 나타났던 것이다.

그 당시 신세계가 구세계에 미친 결과도 그러했다. 그 결과는 전쟁기와 동맹 시기뿐만 아니라 서유럽 국가들의 경제성장과 변모과정에서도 보인다. 문명이란 여러 세대가 지속적으로 참여하는 어떤 거대한 활동에 의해 강력하게 촉진돼 왔다. 고대 그리스인들에게 유럽과 아시아의 전쟁이 이와 같았다. 중세의 십자군도 그렇다. 근래 수세기 동안 서유럽 국가들에게 그런 사례가 바로 신세계 쟁탈전인 것이다. 서유럽 국가들의 지금 위치를 정한 것은 다른 그 무엇보다도 바로 이 요인이었다. 이전에 서유럽 국가들은 지적 진보의 선두에 있지 않았다. 특히 우리나라가 위대한 특이성을 획득한 것은 식민지 쟁투 분야에서 성공을 거둔 탓이다.

〔식민지를 둘러싼〕 다섯 나라들의 투쟁에서 영국이 최종 승리를 거머쥐도록 한 중요한 요인들에 대해 몇 마디 언급함으로써 이번 강의를 끝맺으려고 한다. 다섯 나라 가운데 에스파냐와 포르투갈은 한 세

란드의 해군제독으로 활약했다.
23 마틴 트롬프(Maarten Tromp, 1598~1653) : 네덜란드의 해군제독이다.
24 그로티우스(Hugo Grotius, 1583~1645) : 해양법, 국제법 개척자로 유명하다.

기에 걸쳐서 출발을 같이했다. 네덜란드는 영국보다 앞서 대양〔식민〕 활동에 나섰다. 그 후 약 한 세기에 걸쳐 프랑스와 영국이 신세계를 둘러싸고 대체로 똑같은 조건에서 서로 다투었다. 그러나 이 모든 나라들 중에서 영국만이 거대하고 위풍당당한 식민지 지배력을 가지고 있다. 왜 그런가?

네덜란드와 포르투갈은 크기가 너무 작은 데 따른 불이익을 받아 애를 먹었다고 볼 수 있다. 네덜란드의 쇠퇴는 가끔 지적되기도 하는 분명한 원인들이 있다. 에스파냐와 80년간에 걸친 전쟁을 겪으면서 네덜란드는 방금 묘사했던 것과 같은 보상을 받았다. 그러나 이 뒤에 처음에는 영국과 해전을 벌이고, 다음에는 반세기에 걸쳐 프랑스와 전쟁을 치렀다. 대양을 둘러싼 이 나라의 경쟁상대는 영국이었고, 네덜란드는 굴복했다. 18세기 초에 네덜란드는 쇠퇴의 징후를 보인다. 위트레흐트 조약에서 항복하지만 실제로는 승리한 셈이다. 그러나 치명적으로 회복불능 상태에 빠진다.

포르투갈 사람들은 또 다른 불행을 만났다. 처음부터 이들은 그들의 자원이 부족하다는 점을 알고 있어서 아프리카 북부해안을 획득하는 야심이 덜한 경로에 만족하지 않았던 것을 후회했다. 1580년에 그들은 유럽의 기존 어떤 나라도 받지 않았던 심대한 타격을 받았다. 전세계에 속령과 상업근거지를 둔 포르투갈은 에스파냐의 지배로 들어가 60년간 예속상태에 있게 됐다. 이 시기에 포르투갈의 식민제국은 에스파냐령이 되면서 네덜란드인들에게 공격당해 크게 시달렸다. 포르투갈 문필가〔역사가〕들은 에스파냐가 포르투갈의 손실을 보고 기꺼워했으며 자기 나라를 조각냈다고 비판한다. 1640년 반란으로 이어지고 브라간사(Bragança) 왕실의 새로운 포르투갈을 출범시킨 포르투갈인들의 불만이 주로 이 식민지 상실에서 비롯되었던 것은 확실하다. 그러나 반란 그 자체로 말미암아 해외 속령 이상의 값비싼 희생을 치렀다. 포르투갈은 영국의 도움에 대한 대가로 봄베이섬을 내놓았다. 새로운 포르투갈은 이전 포르투갈에 견줄 수 없었다. 앙리 왕자(Prince Henry)의 후원, 바르톨로뮤 디아스(Bartholomew Diaz), 바스코 다 가마, 마젤란, 루이스 데 까모에스(Luís de Camoens)[25] 등 이전 포르투갈은 유럽사에서 꽤나 독특한 영광을 수놓은 것이다.

이 시기를 훑어보면, 17세기 역사의 이 장면 또한 신세계가 구세계에 작용했음을 보게 된다. 네덜란드가 부상하면서, 처음 몇 년간에 큰 위기〔사건〕가 닥쳐왔는데, 그 중심을 차지하고 있는 포르투갈 혁명은 식민지들의 영향을 받아 일어났다.

에스파냐와 프랑스의 실패에 관해 어떤 한 요인으로 이를 완전히 설명할 수 있다는 생각은 분명 한가로운 것이다. 그러나 그런 결과를 낳는 데 크게 영향을 미친 한 가지 중요한 요인을 거론할 수는 있다. 에스파냐는 말하자면 다른 시기에 식민제국을 잃었다. 그 한 세기 전에 식민제국을 창설했지만, 영국이 처음의 식민제국을 견지했던 때보다 거의 반세기 후까지 유지했다. 영국과 비교해서 에스파냐는 새로운 식민지를 지속적으로 찾아내는 면에서만 뒤떨어졌다. 이는 16세기 후반에 에스파냐를 엄습한 이상한 활력 쇠퇴의 결과였다. 인구 감소와 재정 파탄이 식민화를 지속할 능력을 포함해 에스파냐의 모든

---

25 루이스 데 까모에스(Luís de Camoens, 1524~1580): 포르투갈의 시인이다.

국력을 고갈시켰다.

프랑스에서는 비슷한 쇠퇴를 볼 수 없다. 프랑스는 일련의 전쟁 실패로 식민지를 상실했다. 더 이상의 탐구는 불필요하며, 아마도 전쟁의 운이 모든 것을 설명한다고 생각할지도 모르겠다. 그러나 에스파냐와 프랑스, 두 나라는 정책상의 똑같은 실수를 범했다. 결국 이 실수가 두 나라의 실패에 영향을 주었던 것이다. 두 나라에 관해서는 "너무 많은 일에 손을 댔다"고 말할 수 있다.

한편에 에스파냐와 프랑스, 다른 한편에 영국, 둘 사이에 근본적 차이가 있었다. 에스파냐와 프랑스는 유럽의 전쟁들에 깊이 연루돼 있었다. 이 전쟁들에서 영국은 항상 냉정한 태도를 취할 수 있었다. 사실, 섬나라 영국은 실제적 목적으로 보더라도 신세계에 분명히 더 가까웠으며, 거의 신대륙에 속하거나, 또는 적어도 신세계나 구세계, 그 나라 마음 내키는 대로 소속될 수 있는 선택권을 가지고 있다. 에스파냐도 아마 동일한 선택권을 가졌을 수도 있지만, 이탈리아를 정복했고 또 말하자면 독일과 중요한 혼인을 맺은 처지였다. 신세계를 식민화한 바로 그 16세기에 에스파냐는 유럽 대륙에서 복잡한 에스파냐제국으로 합병되었는데, 이 제국은 쇠락할 운명이었다. 그 부담에 걸맞은 조세수입을 증대시킬 수 없었기 때문이다. 비록 눈부시게 번영한 네덜란드에서 수입을 거둘 수 있었음에도, 칼 5세[26]가 퇴위할 무렵에 거의 파산상태였다. 그 후 곧바로 저지대와 관계가 멀어

---

26 칼 5세(Charles V, 재위 1519~1556) : 에스파냐왕으로서 합스부르크 가문 및 부르군디 가문 상속자로 신성로마 황제에 즉위했다.

졌으며, 더 가난한 절반 지역을 상실하고 더 부유한 지역은 폐허로 만들었다.

네덜란드와 80년간에 걸친 전쟁 이후에 에스파냐는 다시 25년간 포르투갈과 전쟁에 말려들었다. 그럼에도 가라앉지는 않았지만, 국가파산에 이르고 정치적으로 쇠퇴했다. 이 엄청난 재정 부담이 오랫동안 치른 종교전쟁 시기에 형성된 에스파냐 사람들의 제조업 역량의 결핍과 맞물려, 처음 신세계를 획득했던 국가임에도 신이 내린 선물을 올바르게 이용하지 못하고 또 이익을 남기지 못한 결과를 초래했던 것이다.

프랑스에 관해서는, 이 나라가 식민지 확장과 유럽 정복이라는 두 정책 사이에서 항상 갈팡질팡했기 때문에 신세계를 잃었던 것이 좀더 분명하다. 1688~1815년 사이의 7차례 대(大) 전쟁들을 함께 비교할 경우, 대부분이 이중전쟁(double wars), 영국과 프랑스 간의 어떤 측면과 그리고 프랑스와 독일 간의 또 다른 측면을 포함하고 있다는 사실에 충격을 받을 것이다. 이 원인은 프랑스의 이중정책이며, 그 정책으로 고통을 겪은 것도 프랑스다. 영국은 대부분 그 목표가 하나여서 단일한 전쟁을 치렀다. 그러나 프랑스는 두 가지 뚜렷한 목표 때문에 한 번에 두 개의 전쟁을 치른 것이다. 윌리엄 피트27가 독일에서 아메리카를 정복할 것이라고 말했을 때, 그는 프랑스가 자국 군대를

---

27 윌리엄 피트(William Pitt Chatham, 1708~1778) : 조지 3세 시대에 두 차례 총리 역임한 영국 정치가이다. 후대에 총리를 지낸 아들 피트와 구별해 흔히 대(大) 피트(Pitt the Elder)로 불린다.

나누었다는 실수를 간파했고, 프리드리히 2세를 도와주면 어떻게 독일이 프랑스군대의 힘을 소진시키고, 다른 한편으로 아메리카의 프랑스 식민지를 저항 없이 수중에 넣을 수 있는지를 알았다는 것을 시사한다. 마찬가지로 나폴레옹도 신세계와 구대륙 사이에서 갈피를 잡지 못했다. 그는 영국을 얕잡아 보았을 것이다. 자국령 식민지와 인도의 손실을 만회하려고 했을 것이다. 그러나 독일을 정복하고 러시아를 침입하기에 이르렀다. 그의 위안이라면 독일을 경유하는 대영(對英) 무역에 철퇴를 가하고 러시아를 통해 인도까지 이르는 길을 만드는 것이었으리라.

영국은 두 가지 목표를 두고 우왕좌왕하지 않았다. 15세기 프랑스에서 철수한 이래 유럽 정치질서와 약간 관련을 맺었기에, 영국은 인접국과 만성적인 전쟁을 치르지 않았다. 영국은 황제의 관을 탐내지 않았고 베스트팔렌 조약을 보장하지도 않았다. 나폴레옹이 자신의 유럽 지배체제를 이용해 영국을 대륙에 접근하지 못하도록 했을 때, 영국은 유럽 없이도 꾸려나갈 수 있음을 보여주었다.

이리하여 영국인들은 항상 자유로웠던 반면, 무역 자체가 불가피하게 이들의 관심을 신대륙으로 쏠리도록 만들었던 것이다. 장기적으로, 이 이점은 결정적이었다. 영국은 이제 에스파냐와 프랑스의 경우처럼 유럽에서의 상승을 견지하지 않아도 됐다. 다른 한편으로, 그런 상승세를 타는 국가와 맞설 필요도 없게 됐다. 이를 위해서는 네덜란드와 포르투갈, 그리고 에스파냐가 겪었듯이 자국 영토 내에서 치명적인 전쟁을 벌여야 했을 것이다.

자 이제, 식민 정착지의 조용한 개척을 못하게 방해하는 것은 없었다. 한 마디로, 신대륙을 둘러싸고 경쟁한 다섯 국가 가운데 한 나라만이 성공을 거두었다. 이 나라는 처음부터 식민화의 가장 강력한 사명을 보여주지도 않았고, 대담성이나 발명 또는 활력 면에서 다른 나라를 능가하지도 못했다. 다만 구세계에 의해 가장 덜 방해받은 나라였을 뿐이다.

상업과 전쟁

서유럽 해양국가 5개국의 신세계를 둘러싼 경쟁은 이렇다. 이 양식은
17~18세기 이들 국가의 역사에서 아주 중요한 부분을 구성한다. 그
것은 단일 국가들의 역사를 연구하는 한 오랫동안 우리가 깨닫지 못
하는 '일반화' 중의 하나다.

역사학도가 근대 유럽을 고찰한다면 이미 그는 고대 그리스를 바라
보는 관행을 갖고 있기 때문에 많은 것들을 얻을 수 있다. 여기에서
그의 앞에는 서너 개 서로 다른 도시국가들 — 마케도니아와 페르시
아는 물론 아테네, 스파르타, 테베(Thebes), 아르고스(Argos) 등이
있다 — 이 한꺼번에 나타난다. 그리고 그는 대체로 어떤 일반적 경향
들에 대해 교훈이 되는 비교와 가장 유용한 성찰을 하게 된다. 그리스
가 단일국가가 아니라 국가연합이라는 사실은 전적으로 우연 덕분에
일어났다. 하지만 우리 역사가들은 그런 사실을 인식하지 못하기 때
문에, 지금까지 그래왔던 것처럼, 그리스의 역사가 아니라 아테네나

스파르타의 개별 역사를 써 왔다. 그리스 역사를 알고 있는 학생들에게 이미 스스로 익숙한 인식방법을 서유럽 국가들에 응용해 보라고 권유한다. 여러분은 습관적으로 공통의 바다〔지중해〕를 에워싼 일군의 국가들을 생각해 왔다. 이 바다에는 섬들이 흩어져 있고 반대쪽에는 잘 알려지지 않고 이상한 종족들이 거주하는 광대한 땅이 자리 잡고 있다. 여러분은 이들 국가를 각자 그 자체로서가 아니라 한 묶음으로 생각해 왔다. 여러 그리스 도시국가들 간의 이해관계가 복잡하게 작용한 것이 전체 그리스 세계에 야기한 일반적인 결과들을 추적해 왔다.

이제 우리가 보고 있는 5개국 ― 에스파냐, 포르투갈, 프랑스, 네덜란드, 영국 ― 은 대서양 북동해안에 똑같이 포진해 있었고, 대서양이 가졌거나 숨기고 있는 것에 대해서도 똑같이 공통의 이해를 지녔다. 이들 국가가 아주 커다랗게 보인다면, 대서양이 그만큼 무한하고, 정착지들이 도처에 흩어져 자리 잡아서 한눈에 포착할 수도, 그런 노력을 기울일 수도 없다. 산재한 정착지를 같은 지도에 그려 넣을 수도, 그리고 작은 크기로 지도를 그릴 수도 없다. 대단한 노력을 기울이면 틀림없이 단순한 연대기적 서사의 흐름을 넘어 머리를 치켜들고 어떤 확고한 원리를 사실들의 선택에 적용해, 시대적 인접성이나 개인 전기적 관계가 아니라 오직 인과관계의 내적 친화성에 의해 그들을 묶을 수 있을 것이다.

신세계를 둘러싼 5개국의 치열한 투쟁은 이런 점에서 고립되지 않은 그리스 도시국가들의 투쟁과 차이가 있다. 콜럼버스의 발견은, 충분히 복잡하고 유럽 국가 내에서 그간 진행된 다른 투쟁에 중첩된 것이다. 특히, 이 투쟁은 종교개혁기의 종교전쟁과 뒤얽혔다. 다 같이 뒤엉킨 그물망 아닌가! 자, 이 같은 경우에 학문적으로 무엇을 할 것인가? 확실히 첫 번째는 어떤 한 요인으로 연결될 수 있는 모든 결과들을 함께 떼어 정돈하는 일이다.

이를 위해 연대기적 순서를 분명히 무시해야 한다. 서사의 족쇄를 깨뜨려야 한다. 이런 방법을 따르면 17, 18세기에서 내가 지적했던 대로, 각기 무수한 결과들이 뒤따르는 두 거대한 원인들, 신세계의 흡인력〔쏠림〕과 종교개혁을 찾을 것이다. 이 두 거대요인은 각기 그것이 낳은 일련의 오랜 결과들을 탐색해 따로따로 연구될 것이다. 그리고 아마도 그러고 나서야, 서로에 대한 두 요인의 상호작용을 고려하게 될 것이다. 신세계의 흡인력이 서유럽 5개 국가에 야기한 결과들을 별도로 고찰한 것이 현재 우리의 연구일 뿐이다.

자, 신세계가 단순히 이들 나라에 상업활동을 자극하고 아마 더 점진적으로는 지식의 확산을 통해 자신들의 이념을 전파하는 것 이상으로 이들 국가에 더 중요한 영향을 미친 까닭은 무엇인가? 신세계는 지난 강의에서 내가 설명했던 그런 결과를 낳았다. 즉, 16세기 전 시기에 걸쳐 문명의 중심이 지중해에서 대서양 연안으로 어떻게 이동했는가, 또 그렇게 되면서 그 세기 초기에는 라파엘파와 미카엘 안젤로스(Michael Angelos), 아리오스토스(Ariostos)파, 마키아벨리파, 뒤러(Dürer)파와 휘텐(Hütten)파와 루터(Luther)파가 활동하는 이탈리아나 독일에 눈길이 쏠렸는데, 17세기 말에는 자연히 서쪽과 북쪽으로 눈길이 이동한 것이다. 에스파냐의 세르반테스와 칼데론(Calderon), 영국의 셰익스피어(Shakespeare), 스펜서(Spencer), 베이컨(Francis

Bacon), 네덜란드에서는 스칼리제르, 리프시우스, 그다음에 그로티우스가 나타났고, 프랑스의 몽테뉴(Montaigne), 캐서봉(Casaubon) 등이 활동했다. 그 당시 세계의 운명은 앙리 4세, 엘리자베스 1세, 오란예(Orange) 공 윌리엄의 수중에 있었다. 그리고 시간이 흐르면서, 우리는 이 서유럽 지역에서 모든 중대한 일을 기대하고 이탈리아와 지중해 지역을 낙후된 곳으로 바라보는 데 점차 익숙해졌다. 상당 부분은 자연스럽다. 신세계와의 접촉이 이런 결과를 가져왔으리라고 예상할 수 있다.

고대 문명이 지중해 세계에 미친 영향을 탐색하는 데 익숙하다면, 대서양, 일단 일종의 '지중해'가 된 대서양과, 그 연안에 펼쳐진 지역이 좀더 대규모로 이전의 사례와 비슷한 결과를 낳았다는 것을 곧바로 알아차릴 수 있다. 그러나 더 진일보한 결과들을 낳은 이유는 단번에 포착되지 않는다. 이를 이해하기 위해서는 신세계와 구세계의 접촉에서 특이한 성격을 고려해야 한다. 지금까지 근대 식민화를 조금 살펴보았는데, 이제 본격적으로 탐색할 수도 있다.

이전에 바라보았던 것과 꽤 다른 시각에서 신세계가 구세계에 대해 어떻게 작용했는지 살펴보자. 아메리카가 유럽 국가들처럼 아주 강력하고 통합된 국가라는 것이 알려졌을 경우 어떻게 되었을까? 그랬다면 아메리카와 우리 유럽의 관계는 현재 중국이나 일본과의 관계와 비슷했을지도 모른다. 우리의 선발대(*advance*)는 중국처럼 '대외교류에 소극적인' 나라와 대면했을 수도 있다. 그런 경우 그 결과는 교류를 못하거나 여러 번 시도해서 성공하거나 또는 그렇지 않으면 통상 교류를 강제했을지도 모른다. 또는 아메리카 국가들이 일본인처럼 개방적이고 자유로웠다면, 그때는 통상, 사상의 교류, 상호이익이 뒤따랐을 것이다. 그러나 어떤 경우든 중대한 정치적 결말이 뒤를 이었을 것 같지는 않다. 그 시대에는 커뮤니케이션〔교통〕이 아주 어려웠으므로, 유럽의 정치제도와 아메리카 제도의 혼합이나 유럽 국가와 아메리카 국가의 동맹 등이 발생하지 않았을 것이다. 두 세계는 그저 서로를 아는 정도로 지냈을 것이며 서로에 대해 사실상 폐쇄적이었을 것이다. 지금 우리가 보고 있는 영국과 중국 또는 일본의 관계였으리라. 이는 17세기 영국이 같은 나라들이나 또는 인도와 페르시아 등과 맺은 관계와 엇비슷했을 것이다.

멕시코와 페루를 제외하고는 아메리카 대륙에 어떤 통일 국가도 없었다. 그나마 멕시코와 페루마저도 에스파냐 선봉대에 의해 일순간에 정복당했다. 이와 같이 신세계는 그렇지 않으면 구세계와 적절한 거리를 두고 관계를 맺을 힘을 갖지 못했다. 그 결과로 구세계에서 신세계로 이민이 시작됐다.

이 자체가 아주 중요한 사실이다. 이민은 대서양이 단지 일종의 지중해라기보다는 그 이상의 대양이었다. 지중해는 그리스인들에게 외국인과의 무역과 교류, 이주, 사상의 변화 등을 가능케 했다. 그렇지만, 특정한 시기가 아니면 무한정한 이민 수단을 가져다주지는 못했다. 이민이 이뤄지긴 했지만, 아주 소규모였고 인구 비율에서도 소수였다. 강력한 도시국가들의 일부는 배타적이었는데, 그들은 지중해 건너편 해안지역을 방어해 주었다. 그러나 이런 사실조차도 정치적이라기보다는 오히려 사회적이었다. 이민이란 그 자체가 사적인 사건일 뿐이다. 그런 만큼 그것은 정부와 관련되지 않는다. 물론 이민이 정부에 중대한 결과를 초래하기도 한다. 그렇더라도, 예컨대 청교도의 뉴잉글랜드 이민이 우리의 내란(*civil troubles*)에 상당한 영향을 가져다주었지만, 이 영향은 오직 간접적인 것이다. 정부는 신세계의 온갖 사건들에 눈을 감을 수도 있다. 이 경우 위대한 개척자들은 아마 스스로 왕국을 수립했을지도 모른다. 구세계에 대한 신세계의 반응은 좁은 한계 안에 국한되었을 수도 있다. 아메리카 대륙은 너무 광활하고 인구가 적어서 개척자들의 활동이 무엇이건 그 활동은 그다지 중대한 결과를 가져오지 않았을 것이며, 유럽 각국 정부는 걱정 없이 바라보기만 했을 것이다. 예를 들어 지금 남미 국가들이 유럽에 영향력을 행사하지 못하는 것과 같이, 그 당시에도 신세계는 구세계에 커다란 영향력을 행사하지 못했을 것이다. 폭력혁명이 맹위를 떨치기도 하지만, 그에 대한 분노는 공허할 뿐이고 소수의 주민만 살고 있는 그 광활한 영토에서 허공에 증발해버리고 만다.

이렇게 해서 무엇이 될 수 있었는지를 고려함으로써 우리는 실제로 추구되었던 과정의 핵심을 파악하게 된다. 신세계는 강력한 영향력을 행사할 수 없었지만, 적어도 직접적으로 구세계에 대해 적절하게 정치적 영향력을 행사할 필요가 없었다. 신세계는 유럽 정부들의 개입에 의해, 그리고 그 영토 안에 자국 국민들이 세운 모든 국가들을 통제할 수 있다는 전제에 따라 가장 거대한 크기를 지닌 정치세력으로 만들어졌다. 이 정책의 필연적 결과는 물질적으로 유럽 5개국의 이해와 입장을 변경함으로써 유럽의 정치를 완전히 바꾸었다.

나는 이 사실을 크게 강조하고 있다. 내 생각으로 이 점은 너무 심하게 간과되었고, 또 이 강의가 근거를 두고 있는 근본적 사실이다.

한마디로 17, 18세기에 신세계는 무한한 정치적 변화의 원리로서 유럽 외부가 아니라 그 내부에 존재했다. 그것은 역사가 관심을 두지 않은 고립된 지역으로 남아 있지 않은 대신 역사가가 계속 알고 있어야 하는 극도의 중요성을 지닌 현재적 영향력인 것이다. 신세계의 영향력은 오랫동안 종교개혁의 그것과 경쟁했으며, 18세기 초부터는 이를 능가해 유럽 국가들의 정치에 그 자체의 영향을 끼쳤다.

17, 18세기 역사를 탐구하는 역사가들은 두 가지 또는 아마 세 가지 거대한 운동들을 고려해 왔다. 첫째, 종교개혁과 그 결과, 둘째, 각 나라에서 전개된 헌정(憲政) 운동이 그것이다. 이 운동은 영국에서는 자유(liberty)로 이어지고, 프랑스에서는 독재를 통해 혁명으로 연결되었다. 헌정운동은 또한 유럽에서 때때로 나타난 거대한 '복수'(Ascendencies), 이를테면 오스트리아 합스부르크 왕가, 부르봉 왕가, 다시 나폴레옹의 복수로 여겨지기도 했다.

이 거대한 운동들은, 말하자면 모든 특수한 사건들에 걸맞은 기본 틀인 셈이었다. 이 기본 틀은 불충분하고 또 전적으로 유럽 중심적이다. 그 틀은 아주 중요한 다수 사건들을 포괄할 수 있는 여지를 제공하지 않는다. 이 틀에서 간과하는 운동이 더 중시했던 운동들보다 아마도 더 중요하고, 확실히 더 계속되고 지속적일 것이다. 유럽을 별도로 보는 각각의 견해는 사실이다. 자신의 눈길을 종교개혁에 고정시킨 사람이 말하듯이, 유럽은 개별 왕국과 국민교회와 자발적 교회 집단으로 붕괴되고 있는 거대한 교회이자 제국이다. 또 유럽은 헌정운동을 하는 법률가가 말하듯이 대중의 자유가 점차 증진돼온 왕국들의 집합체인 것이다. 그것은 국제법 변호사가 말하듯이, 서로에 대해 어렵사리 균형을 취하고 그럼으로써 어느 한 국가의 우위만으로도 국제관계의 균형을 잃기 쉬운 국가들의 집합체다. 그러나 이 모든 설명은 불완전하며, 사실들의 절반은 설명하지 못한다. 우리는 다음과 같은 말을 덧붙여야 한다.

"유럽은 국가들의 집합체이지만, 그 국가들 가운데 서유럽의 다섯 나라가 점차 신세계로 이끌려 작용한 그런 국가 집합체다."

나는 이미 이런 시각을 18세기에 적용했으며, 같은 세기에 발생한 영국과 프랑스 간의 지속적 전쟁을 어떻게 설명할 것인지 여러분에게 보여주었다. 내가 보기에, 이 전쟁들은 너무나 배타적으로 유럽 중심적 관점에서 열강의 세력균형을 바라보는 역사가들에 의해 다뤄졌다. 나는 특히 나폴레옹 전쟁의 전개에 관한 역사가들의 묘사에 충격을 받는다. 그들은 나폴레옹을 단순히 전 유럽의 정복을 꾀하는 야망을 가진 지배자로 바라본다. 그는 이 활동에 대부분 성공을 거둔 천재였다.

자, 나폴레옹의 역정에서 중요한 특징은, 비록 그가 전 유럽을 상대로 정복전쟁을 했지만, 그는 그것을 의도한 것이 아니라 다른 목적을 추구했다는 점이다. 그는 대(大)정복을 의도했고 또 대정복을 했지만, 그가 행했던 정복은 원래 의도했던 것과 달랐다. 나폴레옹은 유럽에 관심을 두지 않았다. 그는 솔직하게 이렇게 말했다.

"나는 유럽에 짜증이 난다"(*Cette vielle Europe m'ennuie*).

그의 야심은 신세계에 쏠려 있었다. 그는 18세기 전쟁에서 몰락한 저 '대프랑스'를 복원하고, 대프랑스의 폐허 위에 세워진 대영국을 뒤집어버릴 꿈을 꾸는 '위인'(*titan*)이다. 그는 이 야망을 감추지 않고 포기하지도 않는다. 그의 유럽 정복은 말하자면, 우연하게 이뤄진 것이고 그가 제압한 정복지들을 항상 영국을 다시 공격하기 위한 출발점으로 삼는다. 그는 독일을 정복한다. 왜? 영국의 지원을 받는 오스트리아와 러시아가 그에게 맞서 행진하는 동안, 그는 볼로뉴(Bolougne)에서 영국 정복을 곰곰이 생각하고 있다.

독일을 정복할 때, 그가 처음 생각한 것은 무엇일까? 이제 그는 영국에 대해 새로운 무기를 갖게 된다. 전 유럽에 대해 대륙체제를 부여할 수 있기 때문이다. 그는 에스파냐와 포르투갈을 정복한다. 왜? 이나라들이 영국에 맞서 이용할 수 있는 함대와 식민지를 가진 해양 국가이기 때문이다. 러시아 원정과 같은 전쟁을 탐구할 때, 그것은 그 자체의 목적이 없었거나, 또는 영국에 적대하기 위한 것이었다고 인정해야 한다. 그러나 대부분의 역사가들은 이 견해를 피한다. 처음부터 그들은 이 역사적 요인, 구세계에 대한 신세계의 흡인력, 그 중요성을 과소평가했기 때문이다. 그들에게 식민지란 중요하지 않게 보였다. 식민지가 멀리 떨어져 있고 주민들도 많지 않아서, 말하자면 모국에게는 불모의, 거의 활기가 없는 부속물이었던 것이다.

식민지가 정치권력의 핵심부에서는 거의 직접적인 매력을 끌지 못했던 것은 사실이다. 런던이나 파리에서, 버지니아(Virginia)나 루이지애나(Louisiana)에 발생한 사건들로 머릿골 썩히는 사람은 분명 거의 없었다. 확실히 국내문제에만 관심이 쏠려 있었고 정치는 최근의 의회 파당이나 궁정의 음모를 중심으로 돌아가는 것으로 보였다. 그러나 사건의 이면보다는 그 외관에만 사로잡히기 마련이다. 그러나 정부각료의 입신과 몰락을 가져오고 유럽을 요동치게 만들어 급기야 전쟁과 혁명으로 몰아가는 배후의 요인은 생각보다 훨씬 더, 신세계의 이해를 둘러싼 끊임없는 경쟁에 있었다.

만일 그렇다면, 18세기뿐만 아니라 17세기에도 이런 시각을 적용해야 한다. 구세계와 신세계의 관계사(關係史)에서 16, 17, 18세기 동안 각 세기마다 그 나름의 분명한 특징을 가지고 있다. 16세기는 에스파냐와 포르투갈의 시대라고 부를 수 있다. 아직 신세계는 이 대륙을 발견한 두 나라, 즉 바스코 다 가마의 나라와 콜럼버스를 받아들인 나라에 독점되지 않았는데, 같은 세기 후반에 이르러서야 에스파냐와 포르투갈은 펠리페 2세가 지배하는 한 국가로 통합되었다.

17세기에는 다른 세 나라, 즉 프랑스, 네덜란드, 영국이 식민지 전장에 진출했다. 네덜란드인이 선두에 섰다. 에스파냐와 전쟁 와중에 네덜란드 인들은 이제 에스파냐령이 된 인도의 포르투갈 속령 대부분을 획득했다. 그들은 심지어 한동안 브라질을 합병하는 데 성공한다. 프랑스와 영국도 곧이어 북아메리카에 식민지를 건설한다. 그 이후로 또는 거의 이때부터 유럽 정치의 대전환을 추적할 수 있을 것으로 기대한다. 나는 이 전환이야말로 5개 국가에 부여된 새로운 지위의 필연적 결과임을 보여주었다.

17세기 동안 다섯 나라에서 식민지의 상대적 중요성 면에 어떤 변화가 발생했다. 포르투갈은 쇠퇴하고 그 후에 네덜란드도 쇠퇴한다. 에스파냐는 정지 상태로 남아 있고, 이 나라의 거대한 속령을 잃지는 않았지만 더 이상 추가하지도 못했다. 중국처럼 다른 세계와 교류에서 계속 고립된다. 영국과 프랑스는 두 나라 모두 확실히 전진한다. 콜베르1는 프랑스를 제 1급의 상업국가 대열에 올려놓았고, 프랑스는 미시시피강 유역을 탐사했다. 그러나 영국 식민지는 인구 면에서 분명 강점이 있었다. 이리하여 18세기는 신세계를 둘러싸고 프랑스와 영국 두 나라의 치열한 대결을 보여준다. 내가 이번 강의 앞부분에서 대결투를 보여준 것은, 영국의 확장이 평온한 과정도 아니고, 또한 가장 최근의 시대에도 완전히 속해 있지도 않다는 것, 즉 18세기 전반에 걸쳐 그 팽창은 동요의 적극적인 원리였고, 규모와 숫자 면에서 유례가 없는 전쟁의 원인이었다는 것을 눈에 띄는 사례를 들어 여러분에게 알려주기 위해서였다.

여기에서 더 나아갈 수는 없지만, 지금 나는 일반적으로 구세계, 그리고 특히 영국에 대한 신세계의 흡인력을 분석하고 그 흡인력의 본질 및 강도를 생각해 왔으며, 이제 영국에서 '대영국'으로의 확장을 추적해 거슬러 올라가 그 시작까지 밝히려 하고 있다.

내가 보기에, 영국이 처음 근대적 성격을 갖게 된 것은 엘리자베스 시대였다. 이와 동시에 내가 보여주었듯이, 처음 그 시작은 상업의 주된 흐름에 동참할 수 있게 되면서, 그리고 그 다음에 대양과 신세계에 그 힘을 쏟기 시작하면서부터다. 이 시점에서 우리는 확장의 시작, '대영국 등장'이라는 최초의 징후를 포착한다. 영국의 새로운 성격과 세계에서 자리할 새로운 위치를, 세계에 알린 사건이 바로 에스파냐 무적함대의 침입이었다. 단언컨대, 이것이 영국 근대사의 시작

---

1   장-바티스트 콜베르(Jean-Baptiste Colbert, 1619~1683) : 루이 14세 시대의 재무장관이다. 그의 경제정책은 콜베르주의라고 불리며, 중상주의 정책의 전형이다.

이다. 이 사건과 영국사의 이전 사례를 비교해 보라. 이 사건이 얼마나 새로운가를 곧바로 알아차릴 것이다. 정확히 새로운 점을 구성하는 것이 무엇인가를 조사한다면 그 사건이 바로 '해양적'(*oceanic*) 이라는 대답에 이를 것이다. 물론 우리는 항상 섬이었고 외국과 전쟁 또한 적어도 항상 바다에서 시작했다. 그러나 이전 시대의 바다는 해협이나 기껏해야 좁은 바다를 의미했다. 이제야 처음으로 무대가 달라진 것이다. 그 전반적인 투쟁은 대양에서 시작하고 전개돼 끝난다. 영국 연해가 아니라 대서양, 태평양, 멕시코만에서 연출된 것은 그 드라마의 마지막 장이었을 뿐이다. 침입자는 신세계의 지배자이며 콜럼버스와 바스코 다 가마 유산의 상속자다. 그의 주된 불만은 신세계 독점이 침해받아왔다는 점이다.

그 침입을 누가 대처할 것인가? 헨리 퍼시2 같은 중세 기사나, 크레시 전투에서 승리한 궁수들이 아니라, 중세 영국에서는 알지 못하는 새로운 사람들, 드레이크나 호킨스 같은 해적들이었다. 그들은 조상들이 탐험하지 못한 불모의 사막과도 같은 대양을 헤치며 살았다. 이제 처음으로 영국에 대해 "그 나라는 대양의 물결을 헤치며 앞으로 나간다"라는 말 — 대중가요에서 그 나라를 가리켜 항상 진실 되게 언급했던 구절 — 을 할 수 있게 된 것이다.

그러나 아직까지 '대영국'은 존재하지 않는다. 오직 이를 건설하려는 충동만 감지됐고 그 경로를 탐사했다. 이것이 후일 대영국 사람들

---

2 헨리 퍼시(Henry Percy. 1364~1403) : 흔히 헨리 핫스퍼(Harry Hotspur)로 불린다.

이 살아갈 대서양 건너편 땅으로까지 이어진 것이다. 드레이크와 호킨스는 약속된 땅으로 가는 길을 찾으려는 거친 영웅주의와 방랑벽의 본보기로 자리매김했지만, 험프리 길버트와 월터 롤리는 정착과 건설, 식민의 천재적 자질을 연출했다. 비록 길버트나 롤리도 진입을 허락받지는 못했지만 다음 치세기에 대영국이 건설된다.

1606년 제임스 1세는 버지니아 특허장에 서명하고 1620년 뉴잉글랜드 특허장도 발급한다. 이제 영국에 활력을 주는 새로운 생활, 새로운 대상, 새로운 자원들이 곧바로 눈앞에 나타나 모든 유럽의 관심을 끈다. 영국의 새로운 정책이 처음 대규모로 나타난 것은 국왕과 의회의 전쟁기와 그 이후 크롬웰 집권기다.3 크롬웰 집권기에 영국이 자태를 드러내지만 미성숙하고, 또 군건하지 않은 제국주의에 토대를 두고 있었다. 윌리엄 3세4 치세기에 영국은 분명하게 제국이 되었고 18세기 전 시기에 걸쳐 그런 방향으로 나아갔다. 이제 영국은 점차로 '대영국'으로 확장되고 있다.

내가 보기에, 이 국면에서 영국의 주된 특징은 상업적이고 전쟁 지향적이라는 점인 것 같다. 상업과 평화 사이에 자연스러운 연관성이 있다는 것은 오늘날에는 하나의 상식이다. 그래서 근대 영국의 전쟁

---

3   크롬웰 집권기(Protectorate) : 특히 그가 호국경 자리에 오른 시기인 1653~1658
     년을 가리킨다.
4   윌리엄 3세(William Ⅲ, 재위 1689~1702) : 제임스 2세의 장녀 메리의 부군이자
     네덜란드 오란예 가문 상속자이다. 명예혁명 이후 메리 2세와 공동 왕으로 왕위를
     계승했다. 1694년 메리 2세 사후, 단독으로 왕권을 행사했다. 그가 죽은 후에 제
     임스 2세의 차녀 앤이 왕위에 올랐다.

은 봉건귀족제도의 영향을 받았다고 생각해 왔다. 귀족은 그 태생이 군인이기 때문에 자연스럽게 전쟁을 선호하는 반면, 마찬가지로 자연스럽게 평화를 갈망한다. 그래야만 간섭받지 않고 거래를 할 수 있을 터이다. 이것이야말로 정치에서 선험적(a priori) 사유방식의 견본 아닌가! 왜 그런가! 우리는 어떻게 인도를 정복하게 되었나? 인도 교역의 직접적 결과가 아니지 않는가? 그것은 17, 18세기 영국사 전 시기를 지배한 어떤 법칙의 가장 두드러진 사례일 뿐이다.

이른바, 전쟁과 교역의 밀접한 상호의존성의 법칙이다. 전 시기에 걸쳐 교역은 자연스럽게 전쟁으로 연결되고 전쟁은 교역을 번창하게 만들었다. 나는 이미 18세기 전쟁이 중세의 전쟁들보다도 더 대규모로 그리고 더 부담이 컸다는 점을 지적한 바 있다. 정도는 덜하더라도 17세기 전쟁 또한 대규모였다. 이때는 정확히 영국이 갈수록 상업국가로 성장하는 세기였다. 영국은 좀더 상업적인 나라로 성장하던 그 시기에 이전보다 더 전쟁지향적인 나라였던 것이다. 전쟁과 상업을 함께 가열시키도록 작용하는 원인을 찾아내는 것은 어렵지 않다.

상업 자체는 평화를 선호한다. 그렇지만 정부의 법령에 의해 유망한 지역에서 상업이 인위적으로 중단될 때, 그때는 곧바로 자연스럽게 전쟁을 선호하는 것이다. 우리는 중국과 관련된 최근의 경험을 통해서 이를 알고 있다. 외국인과 교류에 개방적이고 자유로운 분위기의 여러 국가들로 구성되었거나 또는 똑같이 자유주의적 체제를 추구한 유럽인 식민지에 의해 지배받게 되었다면, 신세계는 전쟁을 원하지 않고 동시에 교역을 선호할 수도 있었을 것이다. 그러나 구 식민체제가 어떠했는가를 우리는 알고 있다. 구체제는 신세계를 속령으로 분할해, 그것들을 영지로 간주해 식민국가가 개개의 속령에서 이득을 누렸다. 그런 굉장한 영지들을 획득해 이들로부터 거둔 이익을 누리려는 희망이 익히 알려진 상업의 자극 가운데 가장 중요한 것이 되었으며, 여러 세기동안 멈추지 않고 작동한 자극이었던 것이다. 이 광범위한 역사적 운동은 점차로 옛 중세적 사회구조에 종언을 고하고 산업시대를 유도하는 결과를 가져왔다.

그러나 국제경쟁의 자극은 상업적 자극과 분리될 수 없었다. 각 나라의 목표는 이제 자국민에 부족한 것을 기다리지 않고, 아주 다른 방식으로, 이른바 신세계에 풍부한 어떤 상품을 배타적으로 소유함으로써 무역을 증진시키는 것이었다. 이제 무역의 정신과 전쟁의 정신 사이에 나타나는 자연스러운 대조점이 무엇이든 간에, 이 방법으로 추구하는 무역은 전쟁과 거의 동일하며, 전쟁으로 이어지지 않을 수 없다.

영토의 정복이 아닌 전유(appropriation)란 무엇인가? 이제 구 식민체제 아래 영토의 전유는 첫 번째 국가목표가 되었다. 서구 다섯 국가는 영토를 둘러싸고 치열한 경쟁을 시작했다. 즉, 이들 나라는 서로 부의 추구가 분쟁으로 연결되는 관계, 내가 언급했듯이, 상업과 전쟁이 분리될 수 없게 서로 뒤얽혀 있어서 상업이 전쟁으로 이어지고, 전쟁이 상업을 번창시키는 그런 관계에 빠진 것이다. 이제 개막된 새로운 시대의 성격은 아주 초창기부터 모습을 드러냈다.

영국과 에스파냐의 종잡을 수 없는 오랜 전쟁을 생각해 보라. 이 전쟁에서 무적함대의 파견은 아주 충격적인 사건이었다. 나는 영국인 선장들이 거의 해적이나 다를 바 없다고 말했다. 실제로 영국에게 그 전쟁은 완전히 하나의 산업, 부에 이르는 통로, 가장 번성하는 사업, 그 시대에 가장 이윤을 많이 남기는 투자였다. 에스파냐와 전쟁은 사실 영국 해외 무역의 유아기 때 일어났다. 영국인 중에서 자본에 투자한 첫 세대가 그 자본을 전쟁에 투입한 것이다. 지금 우리는 돈을 철도에 쏟아 붓거나 또 어디에 쓰지 않는가? 사업에 열중하는 사람이라면 존 옥스넘5이나 프랜시스 드레이크가 플리머스(Plymouth)에서 출항 채비를 하는 배, 또는 보물을 실은 갈레온 선을 기다리며 정박 중이거나 멕시코만에 있는 에스파냐 정착도시를 약탈하려는 선박의 지분을 매입했다. 두 나라는 공식적으로 서로 전쟁에 돌입하지는 않았다.

이와 같이 신세계 독점 체제가 무역과 전쟁을 서로 구별할 수 없는 것으로 만들었다. 이후에 나타난 네덜란드의 번영은 여전히 같은 법칙으로 설명할 수 있는 더 두드러진 사례다. 특히 작은 국가에 장기 전쟁보다 더 파괴적인 것으로 무엇이 있겠는가? 그러나 네덜란드는 에스파냐와 80년간에 걸친 전쟁 덕분에 세계 도처에 부를 일궜다. 이런 일이 어떻게 가능했는가? 전쟁에 힘입어 신대륙에서 적국의 헤아릴 수 없는 소유물을 쉽게 공격할 수 있었기 때문이다. 평화기라면 이 대륙은 네덜란드에게는 폐쇄돼 있었을 것이다. 이 나라는 정복을 통해 제국을 일궜으며, 그 제국으로 부유해졌다.

크롬웰 치세기 영국 정책을 결정짓기 시작한 것도 이 새로운 견해

---

5 존 옥스넘(John Oxenham, ?~1580): 영국의 해적 출신 탐험가이며 영국인으로는 처음으로 중남미 해안을 탐험했다.

다. 영국사를 바라보는 우리의 관점에 비춰보면, 1688년 이전 17세기의 중대한 사건들은 내란이나 국왕 찰스 1세의 처형이 아니라 크롬웰의 유럽 전쟁 개입이었다. 이 활동을 영국의 세계제국 건설의 토대로 간주할 수 있을 것이다. 그것은 에스파냐 국력의 쇠퇴를 결정지을 수도 있을 만큼 직접적으로 아주 중요했다. 에스파냐는 세계를 지배한 지 채 반세기도 지나기 전에, 곧 이어 루이 14세가 펼친 야망의 무력한 희생물이 되기에 이른다. 아마 전환점은 1640년에 일어난 포르투갈 혁명이었을 것이다. 그 무렵 에스파냐의 몰락이 시작되었다. 그로부터 20여 년간 에스파냐는 자국의 운명과 투쟁을 벌였고 경쟁국 프랑스의 내부 문제가 친(親) 프랑스 분위기에 대한 반발을 가져왔다. 당시 이 위기에서 크롬웰의 개입은 결정적이었다. 에스파냐는 몰락해 다시는 되살아날 수 없었다. 그 후 수세기 동안 영국이 취한 어떤 정책도 그만큼 중요하지는 않았다.

그러나 세계열강의 몰락뿐 아니라 등장도 있다. 이 시기에 영국은 네덜란드의 사례에서 이익을 얻는 법을 배웠다. 그리고 상업제국의 길을 가면서 네덜란드를 뒤따랐다. 〔내란 이전〕 스튜어트 왕조 시기에 최초의 식민지를 만들었지만, 내가 보기에 그때는 새로운 이념에 젖어들었다는 증거가 거의 없다. 지배자들은 엘리자베스 시대의 체제를 포기하고 신세계보단 구세계에 얼굴을 돌렸다. 그러나 이런 반발은 크롬웰 정파의 권력장악과 더불어 종국에 이른다. 분명 세밀하지는 않지만, 그래도 가능하고 단호하며 성공적인 정책이 개시된다.

그 정책은 엘리자베스 치세 말년의 정책처럼 해양지향, 서쪽방향으로 나가는 것이다. 여기에서 활동적인 개인의 영향으로 신세계가 처음으로 구세계에 반응하기에 이른다. 팔프레이 박사6는 우리 의회 정파(*party*)에 뉴잉글랜드적 요소라 할 수 있는 것을 아주 흥미로운 방법으로 추적했다. 뉴잉글랜드 자체는 청교주의(*Puritanism*)의 산물이었다. 청교주의 가운데 크롬웰 스스로 집착했던 독립파(*Independency*)의 두 번째 형태였다. 따라서 영국 내란기에 아주 직접적인 역할을 맡았다. 그 시대 영국의 여러 저명한 정치가들이 매사추세츠에서 살았다. 헨리 베인,7 조지 다우닝,8 그리고 크롬웰의 궁정목사 휴 피터스(Hugh Peters) 등이 그 예다.

이제 저 강력한 영국해군은 로버트 블레이크의 지휘 아래 대양을 지배하기 시작한 이래로 아주 유명해졌다. 해군은 이제부터 영국 국력의 강력한 도구다. 육군은 이전 어느 때보다 더 고도로 조직돼 사실상 이 나라 정부를 찬탈하고 자기 지도자를 수반으로 옹립했다. 그렇지만 이 육군은 파국을 맞아 공공의 저주에 시달리지만, 해군은 그 이후로 국민의 사랑을 받고 있다. 이후 이런 원칙이 생겼다. 영국은 육군 국가가 아니고 육군을 보유하지 않거나 운영하더라도 최소한으로 해야 한다. 그렇지만 해군은 세계에서 가장 강력해야 한다.

우리가 볼 때, 크롬웰의 식민정책은 도덕성이나 성공 면에서 왕정

---

6 존 팔프레이(John Palfrey, 1796~1881): 신학자 겸 역사가로 하버드대 교수를 역임했다.
7 헨리 베인(Henry Vane, 1613~1662): 영국의 청교도 정치가로 내란기에 크롬웰을 도와 정치활동을 했다. 후에 매사추세츠 총독으로 부임한다.
8 조지 다우닝(George Downing, 1624~1684): 청교도 정치가로 크롬웰을 도와 정치활동을 했다. 후에 외교관으로도 활약했다.

복고기의 정책에 비해 두드러지게 우월한 점이 없고, 오히려 찰스 2세[9]가 답습한 정책과 닮았기 때문에 그다지 관심을 끌지 못한다. 도덕적 청렴성은 그 시대의 특징이라고 할 수 없다. 종교적이기는 하지만, 호국경 크롬웰이 더 오래 살았다면 아마 극단적으로 위험한 지경까지 이르렀을 것이다. 이념을 앞세우거나 기치를 내걸고 행진하는 제국주의보다 더 위험한 것은 없다. 프로테스탄티즘과 영국의 '제왕' 올리버 크롬웰의 관계는 혁명 이념과 나폴레옹 및 그의 조카[10]의 관계와 마찬가지인 것이다. 이 정책의 성공 역시 나폴레옹의 형태와 동일하다. 영국은 그 순간에 군사국가가 되었으며, 이전에 육군을 해산하고 다시 헌정국가가 되었을 때의 위상보다 세계에서 훨씬 더 막강한 위치에 올랐다. 크롬웰 공화정은 그 진면목이 알려지기 전에 다행스럽게 종국에 이르렀다. 그 본질의 법칙에 따라 크롬웰 체제는 전쟁 쪽으로 휩쓸려갔다. 호국경이나 그 당파의 청교주의가 근대 자유주의와 비슷하고 전쟁에 대한 혐오감이 가득했다고 생각하면 환상이다. 시인 앤드루 마블(Andrew Marvell)의 크롬웰 예찬을 읽어 보라. 이 도덕적 시인은 크롬웰이 오래 전에 "갈리아로 가는 카이사르(Caesar), 이탈리아로 향하는 한니발(Hannibal)"이라고 예견한다.

---

9 찰스 2세(Charles Ⅱ, 재위 1660~1685): 찰스 1세의 아들로 왕정복고 후 왕위를 계승했다. 관용정책으로 내란 및 크롬웰 집권기의 사회 분열을 안정시키고 또 대(大) 역병과 대(大) 화재의 참사를 잘 수습해 국민의 사랑을 받았다.

10 루이 나폴레옹 보나파르트(Charles Louis Napoléon Bonaparte, 1808~1873): 나폴레옹의 장조카이다. 후일 선거에서 공화국 대통령으로 당선되었으나 1852년 스스로 황제가 된다. '나폴레옹 3세'로 불린다.

그 기대가 크롬웰에게 충격을 가져다줄까? 천만에. 시인의 영웅이 그 과정에서 불안해하지 않도록, 시인은 그에게 "꾸준히 계속 행진해 나가라"고 촉구한다. 그리고 "권력을 얻은 바로 그 행동이 그 권력을 계속 유지한다는 것"을 기억하라고 간청한다. 크롬웰의 외교정책을 살필 때 우리는 그가 이런 원칙에 무관심했는지는 알 수 없다. 그는 일종의 종교전쟁, 영국에서 그의 철기대[11]가 수행했던 것과 똑같은 역할을 잉글랜드가 수행할, 그런 종교전쟁을 기대했던 것으로 보인다. 근대 크롬웰 칭송자들은 이를 감지했다. 토머스 매콜리는 이렇게 말한다.

"진실로, 그 자신 및 가족의 입장으로 유럽에서 일반적 종교전쟁을 갈망할 만한 이유를 갖지는 않았다. … 불행하게도 그는 브리튼섬 주민들을 상대하는 경우를 제외하고는 칭송받을 만한 군사적 재능을 발휘할 기회를 얻지 못했다."

내가 보기에, 크롬웰의 몰락으로 사라진 그 위험을 생각했을 때 전율하는 것도 어쩌면 당연한 것이다.

대륙 쪽에서 보면 이 제국주의 정책은 펼쳐졌지만 불완전했다. 그러나 그 정책이 시대 조류를 타고 생겨난 신세계 쪽에서는 제국주의가 더 나아가 더 오래 지속되는 결과를 초래했다. 여기에서 사실 크롬웰의 정책은 그와 그 뒤를 이은 찰스 2세 이전에 장기 의회가 택한 정책에 지나지 않는다. 그것은 실제로 특별히 독재적이고 부도덕한 기미가 보였다. 직간접으로 주위 사람과 상의도 없이 오로지 그 자신의

---

11 철기대(*ironsides*): 크롬웰이 내란기에 조직한 기마병 부대이다.

의지에 따라, 그리고 추밀원의 반대를 무릅쓰고, 크롬웰은 영국을 에스파냐와의 전쟁으로 몰고 갔다. 이 전쟁은 이전 엘리자베스 시대 해적들의 방식을 답습해 사전 선전포고 없이 산타 도밍고(St. Domingo)를 급습함으로써 시작되었다. 나는 바로 이 자리에서 전임교수였던 스티븐(J. Stephen) 교수의 말을 들었던 기억이 난다. 만일 그의 강의를 들었던 학생이 우상 파괴의 기미를 느꼈다면, 스티븐 교수는 그 학생에게 해적 크롬웰에 그 우상 파괴의 방식을 구사하라고 권했을 수도 있다. 그 당시 모든 해상 전투의 무법성을 기억한다면, 이런 말은 아마 너무 신랄하게 여겨지기도 할 것이다.

여러분이 주목해야 할 것은, 크롬웰 시대의 정책과 엘리자베스 시대 정책, 그리고 똑같이 18세기에 영국이 추진했던 정책을 모두 하나로 이어주는 어떤 연속성이다. 1739년에 영국은 에스파냐의 독점을 깨뜨리기 위해 다시 전쟁에 돌입한다. 이 모든 사례에서 여러분은 똑같이 구 식민체제가 전쟁과 무역 간에 형성한 밀접한 관계를 본다.

그러나 크롬웰 공화정 시대, 실제로는 17세기 중엽 전쟁기의 중요한 특징은 에스파냐와 전쟁이 아니라 네덜란드와 전쟁이었다. 크롬웰이 일으킨 에스파냐와의 전쟁이 새로운 상업정책의 정신에 내포된 극심한 급작성을 두드러지게 보여준다고 한다면, 그것은 잘못 이해한 것일 수도 있다. 왜냐하면 에스파냐는 강대한 가톨릭 국가였고 그렇기 때문에 그 나라와 전쟁은 신세계가 아니라 그 당시 종교개혁에 의해 작용했던 다른 중요한 역사적 요인에 의해 촉발되었던 것이다.

그러나 네덜란드와의 전쟁은 어떤가? 17세기에 종교개혁이 지배적 요인이었다면, 영국과 네덜란드를 형제와 같은 항구적 동맹관계로 보아야 했을 것이다. 종교개혁이라는 요인이 다른 요인, 즉 신세계에 의해 나타난 중대한 무역경쟁에 빠르게 밀려난 것이 중요한 증거다. 17세기 중기 내내 영국과 네덜란드는 이전에 결코 보지 못했던 그런 해양 전투를 치렀다. 이 전쟁들은 대체로 충분히 고려되지 않고 있다. 그에 따라 사실상 오직 부차적 요인들이라 설명된다.

찰스 2세와 카발[12]이 치른 1672년 전쟁이 특히 그런 경우다. 이 전쟁은 영국 정부의 무모한 부도덕성의 증거로서 인용된다. 당시 영국 정부는 가톨릭인 루이 14세 정부와 결탁해 프로테스탄트 형제국가에 치명적인 타격을 가했다는 것이다. 왕조의 이익을 위해, 네덜란드의 과두적인 루베스테인 당파[13]를 전복하고 찰스 2세의 조카인 젊은 오란예 공(Prince of Orange)[14]을 옹립하려는 목적으로 전쟁을 감행했다는 것이다. 그럼에도 그 당시 네덜란드와 전쟁이나, 프랑스와 동맹에서 새로운 점은 없었다. 영국 외교정책의 갑작스런 전환 대신에, 찰스 2세는 공화정 시대와 그 다음 호국경 크롬웰이 수립한 선례를 뒤따랐을 뿐이다.

왜냐하면 크롬웰도 공화정 시대에 네덜란드와 치열한 전쟁을 벌였

---

12 카발(Cabal) : 찰스 2세 시대 프랑스와 비밀리에 협약을 맺어 네덜란드와 대적하려는 외교활동을 주장했던 당시 정부 각료의 이니셜에서 비롯한다. Sir Thomas Clifford, Lord Arlington, the Duke of Buckingham, Lord Ashley, and Lord Lauderdale 등의 이름 또는 칭호 첫 글자에서 유래한다.
13 루베스테인 당파(Louvestein faction) : 17세기 후반 네덜란드 민족주의 정파이다. 오란예 가문의 과두지배에 맞서 공화정을 주장했다.
14 후일 윌리엄 3세가 되는 인물이다.

고, 호국경이 된 후에 프랑스와 동맹을 맺었기 때문이다. 이런 이유로 찰스 2세 정부는 공화정 시대의 전통을 이어받은 일부 인사의 지지를 받았다. 크롬웰주의 이상을 가진 인물 앤서니 쿠퍼〔새프츠베리 백작〕는 '카르타고는 파괴되어야 한다'(*Delenda est Carthago*)는 옛말을 인용하면서 전쟁을 지지했다. 또 이렇게 말한다.

"네덜란드는 무역과 대양과 신세계에서 우리의 강력한 경쟁자다. 네덜란드를 분쇄하자. 비록 그 나라가 프로테스탄트 국가라고 하더라도, 가톨릭 국가의 도움을 얻어 그 나라를 쳐부수자."

이 말은 공화정과 호국경 크롬웰의 좌우명이다. 청교도로서 교황파에 대적해 봉기했어도, 그들은 자기들의 시대에 교회 전쟁이 세속적 문제로 전락하고 있고 무역과 신세계 제국을 둘러싼 대양 강국들의 경쟁이 그 시대의 첨예한 문제로 자리 잡고 있다는 것을 이해했기 때문이다.

이제 우리는 '대영국'의 역사에 개략적 줄거리를 채워 넣을 수 있다. 엘리자베스 시대 에스파냐와 전쟁에서 그 움직임, 대(大)영국을 솟아오르게 한 그 움직임을 보았다. 내란 전과 왕정복고기, 즉 두 스튜어트 왕조기에 버지니아, 뉴잉글랜드, 메릴렌드 정착지가 실제로 모습을 드러내는 것을 보게 된다. 그 후 18세기에 이르러 좀더 성숙한 상태로 '대프랑스'와 오랜 대결을 벌이는 것이다. 그러면 그 두 시기의 사이에는 무슨 일이 있었는가? 그 사이에 영국해군의 토대가 마련되고 네덜란드와 치열한 대결을 거친다. 그 시기가 17세기 중엽에 걸쳐 있고 최초의 대규모 해전과 그에 따른 획득지가 있다. 크롬웰 시대 에스파냐에게서 빼앗은 자메이카, 찰스 2세 시대 포르투갈에게서 얻은 봄베이, 또 찰스 2세 시대 네덜란드에게서 얻은 뉴욕이 이에 해당한다.

네덜란드와 치열한 전쟁 후에 오란예 공 윌리엄의 시대에 그 나라와 밀접한 동맹을 맺은 시기가 뒤를 잇는다. 이는 종교개혁 분쟁기의 일시적 재현처럼 보인다. 낭트 칙령을 취소하면서 세계는 다시 16세기 종교 전쟁기로 되돌아갔다. 신세계는 한동안 무대 배경으로만 남는다. 일단 다시 가톨릭 또는 종교 자유가 문제가 되었다. 그리하여 두 프로테스탄트 국가는 어깨를 나란히 하고 서서 프랑스에 대적했다. 윌리엄 3세는 두 나라를 다스리고 무역 경쟁은 한동안 멈춘다.

제 7강   확장의 국면들

이 강의에서 스스로 공언한 목적은 여러분에게 영국의 역사가 점진적
으로 쇠락하는 것이 아니라 끝까지 계속 증대해 나간다는 관점에서
영국사를 제시하겠다는 것이었다. 여러분은 아마 이번에 내가 어떤
방식으로 이 작업을 하려는지 감지할 수 있다. 한 국가가 어떤 식으로
든 발전하지 않는다면 그 나라 역사는 흥미로울 수 없다. 획일적 정치
생활은 제아무리 영속적이라 할지라도 역사를 갖지 못한다. 자, 영국
역사가들은 자국사의 후기 시대 연구에서 성공을 거두지 못한 것으로
보인다. 그들은 역사의 종결까지 이르는 하나의 거대한 발전을 추적
했지만, 좀더 전향적으로 나아가 일부 다른 발전을 찾아야 했기 때문
이다. 다소간 의식적으로 역사가들은 '헌정상의 자유'(*constitutional
liberty*)라는 개념을 염두에 두었다. 1688년 혁명이 도래할 때까지는
이 개념만으로 충분하다. 아마 브런즈윅 가문(*House of Brunswick*) 1이
왕위를 이을 때까지도 그럴 것이다. 그러나 그 이후에도 역사가들은

이 개념에만 집착해 역사를 바로 보지 못한다. 이 시점에서도 영국 헌정에서 그 발전은 멈추지 않는다는 것이다. 또 정치를 공부하는 학도들에게 그 발전은 아직도 흥미가 덜하지 않은 것이다. 그러나 그 발전은 이제 점진적이고 조용해지기 시작한다.

긴장은 이완된다. 극적인 사건들은 이제부터 다른 곳에서도 볼 수 있다. 우리 역사가들은 이런 점에 충분히 민감하지 않다. 조지 3세가 국왕의 영향력을 행사해 스튜어트 왕조가 특권이나 군사력으로 도달하려고 했던 것과 비슷한 목적을 은밀한 방법으로 달성했다는 것은 어느 정도 사실이다. 그러나 존 윌크스,[2] 헨리 홈,[3] 존 혼 투크,[4] 찰스 폭스,[5] 윌리엄 피트 등이 윌리엄 프린,[6] 존 핌,[7] 존 밀턴(John Milton), 섀프츠베리 경 등의 역할을 하기 위해 앞으로 불려나올 때,

---

1   하노버 왕가를 가리킨다.

2   존 윌크스(John Wilkes, 1725~1797) : 18세기 급진파 정치인이다. 네덜란드 라이덴 대학에서 수학하고 하원의원을 지냈다. 미국 독립을 지지했으며 급진적 정치개혁을 주장했다.

3   헨리 홈(Henry Home, 1696~1782) : 스코틀랜드 변호사, 최고법원 판사를 지냈다. 저명한 문필가로 철학에서 농업개혁에 이르기까지 다양한 활동을 펼쳤다. 스코틀랜드 법률 전통에 관한 저술 외에, 특히 Sketches on the History of Man (1734)로 주목을 받았다. 이 책에서 그는 환경, 기후, 사회 상태로 인종적 차이를 설명할 수 없다고 주장한다. 인종은 본래적이고 별개의 요소라는 것이다.

4   존 혼 투크(John Horne Tooke, 1744~1820) : 영국 국교회 목사, 하원의원. 문헌학자이다.

5   찰스 폭스(Charles James Fox, 1749~1806) : 토리파 정치인, 하원의원. 외무장관을 역임했다.

6   윌리엄 프린(William Prynne, 1600~1669) : 청교도 법률가이다.

7   존 핌(John Pym, 1584~1643) : 장기의회 시기 의회 지도자이다.

독자의 흥미는 줄어든다. 독자는 눈에 띄는 이야기 뒤에 시시한 제2편이라는 느낌을 받는다. 17세기에 아주 치열했던 의회의 대결이 18세기에 되풀이되기는 하지만, 인습적인 점만 있는 것으로 보인다.

내가 보기에, 무대의 전방을 가득 채운 이 의회 대결을 선택하는 데 실수가 깃들어 있다. 조지 3세 치세하의 영국이 다소 편협한 국왕의 침해에 저항하는 데 주로 몰두했다고 보는 것은 그릇된 설명이다. 이 사소한 대결의 중요성을 과장할 뿐이다. 그 당시 영국은 다르면서도 더 광범위한 활동에 전념하고 있었다. 이 나라는 이전에 했던 것만을 다시 그대로 반복하는 것에만 전적으로 집착하지는 않았다. 새롭고도 중대한 일을 아울러 하고 있었다. 이 새로운 일들이 광범위한 결과를 낳았으며, 이것이 세계의 면모를 변화시켰고 또 오늘날 변화를 가져오고 있는 것이다. 이 새로운 무대를 드러내고 전면에 새로운 배우들을 불러오는 것이 역사가가 할 일이다.

나는 영국사에서 이 새로운 발전을 강력하게 부각시킨 바 있다. 또 같은 17세기, 영국이 국내에서 고대 튜토닉(Tutonic) 전통에서 나온 자유를 근대 정치상황에 성공적으로 접목시키고 직업군인과 비(非)국교도에게 나라 안에서 입지를 마련해 주는 데 성공을 거둔 시기에도 해외에서 제국을 만들어 나갔음을 보여주었다. 유럽의 다른 4개국을 따라 영국도 신세계에서 제국을 건설하고 있었다.

나는 또한, 다른 나라들보다 이 작업을 뒤늦게 시작했고 상당기간 괄목할 만하게 급속한 확장을 이루지 못했음에도, 결국 영국이 경쟁국들을 제치고 지금은 혼자 거대한 신세계 제국을 소유하게 되었다는 것을 보여주었다. 이제 자유를 위한 투쟁이 끝난 18세기에 들어서,

영국은 신세계에서 선두를 잡기 시작했고 19세기에 들어와 영국은 자국이 소유한 제국에 어떤 새 정치형태를 부여할 것인지 고려할 필요를 느끼고 있다. 여기 우리가 고찰하고 있는 새로운 발전, 이 발전이야말로 역사가들이 헌정상의 자유가 완결된 발전이라는 점을 깨달을 때부터 그들의 주된 주제가 되어야 한다. 온 힘을 다해 연구해야 할 과제이다. 왜냐하면 이 발전은 일찍이 17세기 이래 점차 성장해 증대되었기 때문이다. 과거와 미래를 함께 연결하는 발전인 것이다.

자, '식민제국 건설'에 중요한 비중을 두어야, 우리는 역사가들 대부분이 빠져 있는 당황스러운 상황에서 벗어날 수 있다. 역사가들은 영국이 날이 갈수록 더 크게 성장하는데도 이상하게도 자국 역사가 갈수록 덜 흥미롭게 성장하는 것으로 알고 있다. 이와 동시에 우리는 많은 부분을 재정립할 필요가 있다고 느낀다. 사건들의 중요도에 대한 새로운 기준과 새로운 분류 원리를 받아들여야 하는 것이다. 식민지 사건들과 인도에서 일어난 사건들은 역사가들에 의해 보통 일방적으로 하찮은 것으로 밀려난다. 그 사건들은 보조적인 장으로 격하된다. 영국에서 멀리 떨어진 곳에서 발생한 사건들은 영국사에서 주도적 위치를 차지할 수 없다. 영국사 서술의 대상은 이른바 섬이다. 지구의 절반을 포섭할 만큼 확장된, 섬의 이름을 딴 정치연합체(*political union*)는 대상이 아니다. 우리에게는 영국인이 살고 있는 곳이면 어디나 영국이다. 우리는 영국인에게 아주 중요한 사건들을 볼 수 있는 곳이면 어느 곳이나 그 역사를 찾아볼 것이다. 그러므로 영국인의 자유가 위험에 처한 시대에는 의사당(*Westminster*)의 의회 토론에서 그 위험을 찾는 것과 같이, 영국이 대영국으로 확장되는 것을 그 특징으로 하는 시대에 확장이 있는 곳이면 어느 곳이나, 심지어 캐나다나 인도처럼 멀리 떨어진 곳까지도 영국사가 될 수 있는 것이다.

식민지 확장 후기의 시대에 우리는 일반적으로 영국의 역사를 의회의 역사와 혼동하는 실수를 저질렀다. 그런 변화를 포함시킨다는 합의는 특히 19세기와 18세기 〔연구에〕 영향을 줄 것이다. 그러나 비록 기존의 견해에서 이탈하지 않으려 하겠지만, 스튜어트 왕조의 국왕들을 상대로 자유를 둘러싼 투쟁을 벌였던 17세기에 대해서도 대영국 발전의 여러 단계를 특징짓는 원리에 기초를 둔, 또 다른 합의된 견해를 동시에 고려해야 한다.

기존에 합의된 견해는 국왕의 치세 및 왕조에 근거한 것이다. 각 국왕의 치세시에 군주가 의회를 다루는 방식을 주요 사건으로 분류한다. 이 체제에서 중요한 구분선은 하노버 왕조의 왕위계승, 그 이전에 스튜어트 왕조의 계승, 그 중간의 대공위시대(Great Interregnum)와 1688년 명예혁명 등이다. 심지어 차이가 없는 시기조차 이런 구분들을 너무 많이 만들어낸다. 조지 1세와 앤 여왕 치세, 윌리엄 3세와 찰스 2세 치세, 왕정복고기와 공화정 시대, 제임스 1세와 엘리자베스 치세 사이에 실제로 존재했던 것보다 훨씬 더 큰 차이가 있다고 상상하는 것이다. 흔히 상상하는 것처럼 혁명은 그렇게 혁명적이지 않았고 왕정복고 또한 그렇게 반동적이지 않았다. 영국을 엘리자베스 시대부터 확장과정에 들어서서 그 이래 결코 중단 없이 대영국으로 전화(轉化)한 하나의 살아 있는 유기체로 생각한다면, 우리는 이러한 구분선들 모두가 쓸모없다는 것을 알게 된다. 또한 그 확장의 계기적 단계를 특징짓는 완전히 새로운 일련의 구분선이 필요하다는 것을 느끼는 것이다.

나는 이미 이 시대 구분선들의 몇몇 주요 기준을 지적한 바 있다. 이 원칙에 따라 정리했을 때 나타나는 영국사의 일관성 있는 관점을 제시하는 게 좋을 것이다.

잉글랜드 확장의 역사는 반드시 헨리 8세 치세기 콜럼버스와 바스코 다 가마, 두 사람의 기념비적 항해와 더불어 시작돼야 한다. 그 순간부터 유럽 국가들 가운데 영국의 지위는 완전히 변했다. 비록 그 변화가 온 세계에 가시화되기까지는 한 세기가 걸렸지만 말이다. 이 재정리된 서술에서 시간의 범위는 한 시대를 이루며 그 특징은 영국이 대양에 걸맞은 능력을 점차 발견해 나가고 있다는 점이다. 저 혼란한 시대의 정치, 종교, 사회적인 국내 혼란을 스쳐 지나간다. 종교개혁과 그 결과에서도 아무것도 포착하지 않는다. 우리가 보는 것은 단지 영국이 느리게 그리고 점진적으로 용기를 가지고, 개방된 신세계에서 에스파냐 및 포르투갈 사람들에 맞서 자신의 몫을 챙기고 있다는 점이다. 뉴펀들랜드와 래브라도[8]로 몇 차례 항해가 있고 그 다음에 일련의 대담한 탐험이 이어진다. 그러나 이들 탐험도 순조롭게 계획한 것은 아니었다. 탐험가들은 자연스럽지만 불행하게도 극지방으로 관심을 돌렸다. 이로 인해 얼어붙은 대양 이외 아무것도 발견하지 못했다. 그동안 경쟁자들은 "그 시대의 관문에 있는 섬에서 섬으로" 승리의 행진을 하고 있었다. 그 다음에는 스페인 정착지에 대한 일련의

---

8   래브라도(Labrador): 뉴펀들랜드섬에 인접한 대륙 일부 지역으로 현재 캐나다 행정구역으로는 뉴펀들랜드 및 래브라도주로 되어 있다.

해적들의 약탈이 있다. 그 약탈 과정에서 영국인들은 적어도 선원생활과 뻔뻔함 같은 속성을 지니게 되었다.

에스파냐 무적함대는 이 준비기 또는 수업시기가 끝나가는 순간을 표시한다. 한 국가의 국제적 조정이 이제 완결된 것이다. 방향은 바뀌어 이제 더 이상 대륙이 아니라 대양과 신세계를 향한다. 항해와 산업의 시대가 되었다.

또 다른 기존 견해에서는 스튜어트 왕조 성립이 몰락을 가리키는 것으로 간주된다. 대중 지지를 받고 단호하게 정책을 펴고 통찰력 있는 튜더 왕조의 군주들은 현학적이면서도 또 반지성적인 신성한 군주정의 길을 연다. 그럼에도 우리가 보기에 어떤 쇠락도 없다. 지속적인 발전만 있을 뿐이다. 제임스 1세와 찰스 1세는 엘리자베스와 개인적으로 전혀 달랐지만 관심거리가 못된다. 이제 대영국의 기초가 마련된 것이다. 존 스미스,9 순례의 조상들,10 레너드 칼버트11가 버지니아, 뉴잉글랜드, 메릴랜드 식민지를 세웠다. 이 가운데 메릴랜드는 찰스 1세의 왕비 헨리에타 마리아(Henrietta Maria)로부터 따온 이름으로 정착 연대를 표시한다.

이리하여 대영국이 성립된다. 이후 영국인은 대서양 양안에 걸쳐

---

9 존 스미스(John Smith, 1580~1631) : 군인이자 탐험가이며 1607년 최초의 북미 영국인 정착지인 제임스타운 건설을 주도했다.

10 순례의 조상들(*Pilgrim Fathers*) : 1620년 메이플라워호를 타고 뉴잉글랜드로 이주한 일단의 청교도들을 가리킨다.

11 레너드 칼버트(Leonard Calvert, 1606~1647) : 최초로 메릴랜드 총독을 지낸 인물이다.

살고 있다. 대영국은 그 시대의 상황으로부터 일단 독특한 특징을 부여받는다. 대에스파냐는 인위적인 피륙이었다. 본국 정부가 여러 사상과 숙련된 고안물을 적용했다. 세속적·종교적 권위는 본국보다 아메리카에서 더 엄격했다. 지속적으로 수익을 창출했기 때문에 에스파냐 정착지들은 모국에 아주 중요했다. 영국 정착지들은 중요하지 않았기 때문에 무시되었다. 이런 경시는 영국에서 분출된 정치적 불화 때문에 중대한 결과를 가져왔다. 부의 원천은 아니라 하더라도, 식민지란 적어도 불온시 되는 견해들의 피난처로 유용한 것이다.

메이플라워호가 항해하기 반세기 전에 프랑스의 해군제독 가스파르 드 콜리니12는 '식민화'의 방향전환을 시도했다. 그는 경쟁적인 종파를 지방에서 분리해 관용을 편다는 생각을 가졌다. 이러한 생각은 후에 낭트 칙령으로 프랑스 국내에서 현실로 나타났다. 위그노 프랑스가 대서양 건너에 모습을 드러낸다면, 지나가는 말로 지금 세상은 얼마나 달라질 것인가! 콜리니의 생각은 영국에서 현실이 되었다.13 영국 정착지들은 결정적인 분쟁의 순간에 세워졌다. 그렇지 않았다면 나타나지 않았을 이민의 충동이 이 순간에 제공된 것이다. 그와 동

---

12 〔저자 주〕: 콜리니에 관련해서는 베산트(Besant)의 그에 관련한 탁월한 설명을 볼 것〔가스파르 드 콜리니(Gaspard de Coligny, 1519~1572): 프랑스 해군제독〕.

13 〔저자 주〕: 1663년 로드 아일랜드 특허장에는 분명하게 표현돼 있다. 종교적 자유는 "우리가 바라는 것처럼, 그런 먼 거리에 있는 곳에서도 우리나라의 통일성과 통일성을 위반하지 않을 것이기 때문에 부여받았다"는 것이다. 찰스 2세의 종교정책은 그의 외할아버지(헨리 8세)의 관용을 연상시킨다.

시에 신세계와 구세계의 대립(opposition)에 관한 미묘한 원리가 소개되었다. 이민자들은 내밀한 다짐을 안고 떠났다. 그것은 심은 후에 열매를 거둘 것이며, 자기들 품에 영국을 간직하지 않고 영국이 아닌 어떤 나라를 만들겠다는 다짐이었다.

대영국 형성의 두 번째 국면은 1648년 크롬웰의 군사혁명에 의해 초래되었다. 국내에서 공화정의 승리 후에, 크롬웰 공화정파는 바다에서 왕당파와 새로운 전쟁을 벌였다. 우리가 보기에, 이 두 번째 전쟁이 첫 번째보다 더 중요하다. 왜냐하면 크롬웰이 창설한 군대는 조만간 다시 해산될 예정이었는데, 헨리 베인이 조직하고 로버트 블레이크가 양성한 군사력이 후일 영국해군이 되었기 때문이다. 영국의 해양 우세는 여기에서부터 비롯되었다. 랑케는 이렇게 말한다.

"이 순간에 영국은 이전 어느 때보다도 더 분명하게 자국의 지리적 이점과, 그리고 천성적으로 해상 활동에 종사하라는 소명에 대한 새로운 인식의 자연스러운 결과다."

영국 근대사에서 가장 고압적인 조치로 기록된, 크롬웰의 에스파냐제국 공격 및 자메이카 점령은 영국이 스스로 군사국가라고 인식한 그 순간에 깨우친 이 새로운 인식의 자연스러운 결과였다.

다음 국면은 네덜란드와의 대결이다. 이는 특히 찰스 2세 집권 전반기에 있었던 일이다. 이 대결은 역사 무대의 전면을 가득 채운다. 그러나 대결은 1623년 암보이나 학살[14] 훨씬 전에 시작되었고, 공화

---

14 암보이나 학살(Amboyna Masssacre) : 네덜란드령 동인도(현 인도네시아) 말루쿠 제도의 암보이나섬에 있는 잉글랜드의 길드 사무소를 네덜란드가 습격해 길드

정 시대에 널리 알려졌다. 이 대결은 1674년에 종국을 고했다고 전해진다. 이때 찰스 2세는 네덜란드 공격을 중지하고 루이 14세와 연합했다. 그것은 네덜란드에게는 영예의 순간이기도 했다. 그런 극단적인 위험 속에서 네덜란드는 이전에 나라를 구했던 가문에서 새로운 군주를 찾았다. 새로운 국왕, 침묵의 왕 윌리엄 2세는 새로운 침략에 저항하기 위해 그 틈에 섰다. 그럼에도 불구하고 이것은 네덜란드 쇠락의 출발점이었다. 왜냐하면 두 번째 대(大) 전쟁에서 네덜란드공화국은 옛날의 영웅적인 분투를 보여주었지만, 그 시절의 행운을 모두 다 차지할 수는 없었다. 네덜란드는 이전에 그랬던 것처럼 전쟁을 통해서 다시 적극 번영할 수도, 부유해질 수도 없었다. 이번에 그 나라는 무한한 식민지를 소유한 에스파냐와 전쟁을 치르지는 않았다. 그때는 이 식민지들을 힘들이지 않고 약탈할 수 있었다. 그러나 이제 프랑스와 맞서 싸웠다. 네덜란드 함대는 대적할 상대가 없이 바다를 휩쓸지 못했으며 강력한 영국해군과 조우했다. 네덜란드의 상선대는 영국의 항해법(*Navigation Act*) 15에 타격을 입었다. 나라를 구하기는 했지만, 그 후에 또 다른 중대한 전쟁기가 있었고, 네덜란드의 쇠퇴는 이제부터 본격적으로 시작된다. 그것은 그 나라 왕계의 마지막 계승자이면서 위대한 국왕이자 동시에 영국왕인 윌리엄 3세의 죽음으로 전 세계에 알려진다. 처음부터 더 부유했던 영국이 침입을 시도하

사무소 직원을 살해한 사건이다.

15 1651년~1673년 여러 차례 제정된 중상주의적 무역입법으로 잉글랜드 및 그 속령지에 대한 무역 및 상품운송은 잉글랜드 국적 선박에 한정한다는 내용이다. 올리버 크롬웰 집권기에 이 법을 처음 제정하면서 네덜란드 전쟁이 일어났다.

지 않고서도 이제 선두로 나선 것이며, 네덜란드의 해상지배(θαλαδδο κρατία)가 끝난 것이다.

　찰스 2세 치세기는 대영국의 역사에서 괄목할 만한 진보의 시대로 두드러진다.16 특히 아메리카 식민지는 커다란 주목을 받고 대서양 연안을 따라 남부에서 북부까지 지속적인 일련의 정착지를 확장하던 18세기의 특징을 띠게 되었다. 이 시기에 캐롤라이나와 펜실베이니아 정착지들이 세워졌고 네덜란드인들은 뉴욕과 델라웨어에서 쫓겨났다. 대체로 이 시대의 기준을 고려해 판단하면, 아메리카 정착지는 아주 인상적으로 시작되고 있다. 영국 정착지가 다른 나라 정착지와 구별되는 것은 일단 다수의, 그리고 거의 순수하게 유럽인으로 구성된 인구가 거주한다는 점이다. 에스파냐 정착지 전역에서 유럽인들은 원주민 및 반-원주민 인구의 바다 속에 뒤섞여 사라졌다. 네덜란드 식민지는 당연히 거주민을 원했다. 네덜란드 모국이 매우 작았기 때문이다. 그들은 일반적으로 거의 상업 거점을 벗어나지 않았다. 프랑스 식민지는 이제 관심을 끌기 시작했는데, 이런 점에서는 역시 취약했다. 프랑스의 위대한 식민지시대 여명기에 이미 진정한 식민화 능력의 결함과, 아마도 프랑스 사람들의 특징이었던 인구의 느린 증가를 감지했을지도 모른다. 근대적 기준으로 보면 그렇게 대단하지 않겠지만, 대서양에서 영국 식민지군은 다른 유럽 국가들이 내세울

16　〔저자 주〕: 세인츠버리 씨는 이렇게 쓰고 있다. "기업의 정신과 식민지화에 대한 열망은 엘리자베스와 제임스가 살던 시대만큼 강력했던 것으로 보인다."

수 있는 식민화 방식 가운데 가장 단단한 성공을 거두었다. 찰스 2세 치세 말기에 식민지 전체 인구는 약 10만 명이었다. 그러나 한 세기 동안 25년이 경과할 때마다 그 인구는 두 배씩 늘었다.

이제 대영국의 다음 국면은 무엇인가? 네덜란드와 연합해 콜베르가 조성한 대프랑스의 공격에 저항하는 시대로 접어든다. 우리가 보기에, 콜베르의 조치는 신세계를 둘러싼 서구 국가들의 경쟁에 프랑스가 의도적으로 가담했다는 것을 의미한다. 프랑스는 초기 탐사에서 적어도 영국에 많이 뒤처지지는 않았다. 자크 카르티에17는 마틴 프로비셔18나 드레이크보다 더 일찍이 그 이름을 날렸다. 드 콜리니는 롤리보다 더 일찍 식민화의 체계를 수립했다. 그는 아카디와 캐나다를 개척했고 퀘벡 시는 메이플라워호 항해시기에 사뮈엘 샹플랭(Samuel Champlain)의 안내를 받아 건설되었다.

그러나 일반적으로 프랑스가 유럽에서 얽힌 문제들이 신세계에서 프랑스의 발전을 막았다. 30년 전쟁으로 프랑스는 유럽에서 우위의 기초를 닦을 좋은 기회를 잡았다. 17세기 중엽 전 시기에 걸쳐 프랑스는 거의 연속적으로 유럽 전쟁에 뛰어들었다. 해체과정에 있는 대에스파냐 영토 중에서 에스파냐는 식민지 속령을 네덜란드와 영국의 몫으로 남겼다. 국경 가까이 있는 곳, 부르군트인 거주 지역을 탐냈

---

17 자크 카르티에(Jacques Cartier, 1491~1557): 프랑스 탐험가로 1534년 이래 세 차례 항해를 통해 지금의 뉴펀들랜드, 세인트로렌스강 하구 및 내지 깊숙한 곳까지 항해하고 그 지도를 남겼다.

18 마틴 프로비셔(Martin Frobisher, 1535~1594): 영국 탐험가로 카르티에보다 늦게 1557년 뉴펀들랜드 인근을 탐사했다.

기 때문이다. 그에 따라 크롬웰 시대에 에스파냐는 식민지 경쟁에서 다소 뒤처졌다. 쥘 마자랭19은 그 시대의 대양 정책에 대해 별다른 이해가 없었던 것으로 보인다. 그러나 그의 퇴장과 함께 전쟁이 끝나고 조용한 시기가 전개되자마자, 콜베르가 등장해 프랑스를 이 새로운 경로로 이끌었다. 콜베르는 네덜란드공화국의 모든 중요한 상업적 발명, 특히 특허회사(chartered company)를 받아들였다. 그는 한동안 성공적으로 활동했다. 봉건제도와 귀족과 기사도의 나라인 프랑스에 산업적이고 근대적인 성격을 가져다주었다. 마치 신세계에 대한 매력이 해양 국가들에 깊은 인상을 심어주었듯이, 그는 애덤 스미스의 책에서 중상주의 체제의 전형적인 정치가로 그려지고 있다. 실제로 루이 14세의 신하로서 그는 유럽을 전쟁으로 가득 채웠던 상업정신의 타락을 구체적으로 보여주는 것 같았다. 그리하여 애덤 스미스는 이렇게 말한다.

"국가와 개인, 일단의 연합체와 친구집단 사이에 자연스럽게 이뤄져야 할 상업은 이제 분쟁과 적대의 가장 풍요로운 원천이 되었다."

우리는 17세기가 두 거대한 힘에 의해 지배받았음을 주목한 바 있

---

19 쥘 마자랭(Jules R. Mazarin, 1602~1661): 이탈리아 출생의 루이 14세 시대 프랑스의 추기경이자 정치가이다. 그는 전임 리슐리외의 정책을 계승하여 교묘한 외교수완으로 베스트팔렌 조약을 맺고 30년 전쟁을 유리하게 끝내어 합스부르크가를 눌렀다. 내정 면에서는 부르봉 왕조의 왕권 강화에 노력했는데, 이 때문에 이에 반대한 귀족들이 파리를 중심으로 반란을 일으키기도 했다. 흔히 '프롱드 난'(1648~1653)이라 불린다. 귀족의 난을 진압하고 그는 절대왕권의 강화에 성공했다. 루이 14세의 섭정으로 임종 때까지 절대적 영향력을 행사했다.

다. 하나는 점차 힘을 잃어가는 종교개혁, 다른 하나는 신세계의 매력이다. 이 힘은 증대하고 있다. 그리고 역사를 공부하는 학생이라면 어느 한 힘에 의해 야기된 결과들에 다른 힘이 미친 영향을 계속 잘 알아야 하는 것이다. 이리하여 크롬웰 이전 엘리자베스 치세 하에서와 마찬가지로 크롬웰 지배 아래서 상업의 영향은 종교성의 외관을 띠고 작동한다. 이제 17세기 후반에 이르러 두 대양강국〔네덜란드와 영국〕간의 대결은 대(對) 프랑스 동맹으로 이어진다.

우리는 일단 똑같이 뒤얽힌 인과관계의 실타래를 풀어야 한다. 이 동맹은 두 차례의 대전쟁과 두 명의 영국 국왕 치세기를 거쳐 지속되었다. 1674년부터 1688년 명예혁명까지 그 동맹의 성장을 추적해 보면, 가톨릭의 공격에 맞서 두 프로테스탄트 국가의 동맹이 계속된 것으로 보인다. 이 기간 중 역사에 기록될 가장 이상하고 파괴적인 반동 중의 하나가 전개됐다. 낭트 칙령의 무효화로 16세기의 정치질서가 되살아났다. 가톨릭 신앙을 가진 영국 제임스 1세의 즉위와 시기적으로 거의 일치하는 이 무효화 조치는 전 세계적 규모로 정치적 공황상태를 초래했다.

역사는 한 세기 전, 즉 펠리페 2세와 침묵의 왕 윌리엄의 동맹시대로 거슬러 올라간 듯이 보였다. 〔가톨릭과 프로테스탄트〕 종파 간의 균형이 베스트팔렌 조약 전 30년간 확고하게 자리 잡았다고 생각되던 시기에, 그리고 그 시대가 이제 식민지 확장이라는 다른 방향으로 물꼬를 트던 시기에 다시 과거로 회귀한 것 같았다. 콜베르의 정치이념은 갑자기 잊혀졌다. 그가 축적한 부는 다 없어졌고 그가 창설한 해군은 생바스트라우그(Saint-Vaast-la-Hougue)에서 해체될 지경에 이르렀다. 영국과 네덜란드가 처음 동맹을 맺은 것은 가톨릭의 재부흥에 맞서기 위해서다.

그러나 신세계가 뒤로 밀려난 것은 일순간에 지나지 않았고 겉보기에도 그렇지 않은 듯 했다. 만일 그 '이후'의 흐름 대신에 역사를 거슬러 올라가, 위트레흐트 조약20으로부터 그 당시에 승리를 거둔 해양강국들의 동맹을 되돌아보면, 상당히 다른 종류의 동맹을 보게 된다. 연속성의 어떤 틈도 없었다. 말버러 공작은 윌리엄과 동일한 자격을 가지고 있지만, 동맹은 아직도 루이 14세에 맞서는 방향인 것이다. 그러나 종교적 온정이 전쟁으로 시들해지자, 이제 전쟁은 위트레흐트 조약의 체결조항을 통해 고도의 상업성을 드러낸다. 그 전쟁이 우리 연대기에서는 화려한 이름을 갖고 있다. 우리가 붙인 이름, '에스파냐 왕위계승 전쟁'은 군주의 반지(monarchical ring)를 가지고 있다.

우리는 이 전쟁이 옛날 환상적이고 야만스러우며 낭비적인 전쟁들의 좋은 사례에 해당한다고 생각한다. '불쌍한 피터킨'이 그로부터 마침내 어떤 좋은 결과가 나왔는지 알고 싶어하는 것이 이 전쟁이다. 실제로 그 전쟁은 모든 전쟁 가운데 가장 사업친화적인 것이었고, 자기들의 무역과 생계가 그 승패에 달려 있는 영국과 네덜란드 상인들의 이익을 위해 싸운 것이었다. 신세계가 열린 이래 유럽을 분쟁으로 몰아넣은 그 모든 식민지 문제들은 프랑스와 에스파냐제국 연합을 예상

---

20 위트레흐트(Utrecht) 조약: 에스파냐 왕위계승 전쟁 후 1713년 체결된 국제조약이다. 이 조약으로 영국은 프랑스로부터 아카디 및 허드슨강 일대, 에스파냐로부터 지브롤터와 미노르카섬을 받았다.

하고 단번에 처리된 것이다. 그런 연합은 거의 모든 신세계에서 영국과 네덜란드를 배제시키고 그것을 콜베르의 국민, 그 당시에 미시시피강을 탐사하고 정착 중인 프랑스인들에게 던져줄 것이기 때문이다. 장기 18세기(Grand Siècle)의 모든 예의 바른 겉멋 부리기의 배후에는, 그들이 전에는 결코 그것을 지배한 적이 없었던 것처럼, 그리고 그 때 개시된 평범한 세기 대부분에 걸쳐 계속 지배한 것처럼, 상업적 고려사항이 이제 세계를 지배한다.

이 전쟁의 와중에 아주 인상적인 사건이 전개됐다. 그 사건은 완전한 의미에서 이런 발전에 속한다. 법적으로 잉글랜드와 스코틀랜드가 합병한 것이다. 존 버튼의 저술에서 합병의 역사를 읽어 보라.[21] 여러분은 무적함대가 영국 근대사의 시작인 것과 마찬가지로, 그 합병이 스코틀랜드 근대사의 시작을 알리는 일임을 알게 될 것이다. 스코틀랜드가 신세계를 둘러싼 경쟁에 진입한 것이다. 그 이후 인구에 비례해 스코틀랜드만큼 많은 수익을 거두어들인 나라는 없다. 그러나 합병 전에 스코틀랜드 사람들은 신세계에 어떤 위치도 점하지 않았다. 그들은 영국 무역에서 배제되었고 자국의 빈곤 때문에 자신의 이익을 위해 다른 나라와 성공적으로 경쟁할 수 없었다. 윌리엄 3세치세기 스코틀랜드 사람들은 그 당시 일반적인 개발계획에 국민적 노력을 기울였다. 그들은 신세계의 일정한 영토를 자신들의 것으로 만들려고 했다. 다리엔 회사(Darien Company)를 설립했다. 이 회사는

---

21 존 버튼(John Hill Burton, 1809~1881)의 《앤 여왕 시대사》(*History of the Reign of Queen Anne*, 1880)를 가리키는 것으로 보인다.

에스파냐가 자국 소유라고 주장한 광대한 영토로부터 스코틀랜드의 이익을 위해 그 일부를 개척할 예정이었다. 이 사업은 실패했고 합병으로 귀결된 협상이 수면 위로 떠오른 것은 이 실패로 야기된 소동과 실망 때문이었다. 합병으로 영국은 국내 적대세력과의 전쟁으로부터 안전을 확보했다. 스코틀랜드는 신세계로 진출할 수 있는 입장권을 얻었다.

잉글랜드 확장의 역사에서 가장 중대한 분수령 중의 하나는 위트레흐트 조약이다. 살펴보면 이 시기는 에스파냐 무적함대의 격파 시기만큼이나 아주 두드러진다. 이 조약 체결은 영국의 우위가 시작됐음을 나타내는 것이기 때문이다. 무적함대 전투 이후에 영국이 드디어 신세계 경쟁에 뛰어 들었다. 위트레흐트 조약이후 영국은 경주에서 이겼다. 그 당시 영국은 대담하게도 그 자신보다 훨씬 더 강한 힘을 허용하지 않았다. 영국은 성공을 거두어 전진했고 이에 힘입어 강대국들 가운데 유력한 자리를 차지했다.

그 이후 영국은 점차 앞으로 나갔지만 17세기 전반에 네덜란드가, 그리고 그 세기 후반에는 프랑스가 더 관심과 칭송을 받았다. 1660년부터 1700년까지 프랑스는 논쟁의 여지없이 세계 제일의 국가였다. 그러나 위트레흐트 조약으로 영국이 세계 일등국이 되었다. 이 나라는 한동안 경쟁국 없이 선두 자리를 유지했다. 이때부터 다른 나라의 영국에 대한 평판, 영국으로 향하는 존중은 문학, 철학, 학문, 과학분야의 발돋움에 보탬이 되었다. 영국이 만일 이전에 프랑스가 누렸던 것과 비슷한 종류의 지적 우월성을 가지게 되었다면 이 시기 이후의 일일 것이다. 이런 융성은 대부분 일시적인 것이나, 영국은 그 시기 이래 이전보다 더 높은 수준을 유지해 왔다. 세계적으로 영국보다 더 강력한 국가는 일찍이 없었다. 특히, 부와 상업과 해양의 힘에서 어떤 국가도 영국에 필적할 수 없었다. 이는 부분적으로 경쟁국들이 몰락한 탓이고, 부분적으로는 영국 자신이 앞서 나갔기 때문이다.

이 당시 네덜란드의 몰락은 예견할 수 있었다. 윌리엄 3세가 살아 있는 동안 네덜란드는 그 명성의 이점을 누렸다. 그러나 〔앤 여왕 치세 시의 실권자〕 말버러 공작의 시대와 그 이후부터는 계속해서 갈수록 무기력해지고 침체했다. 그 나라의 국력은 프랑스와 전쟁, 영국과 경쟁에서 지나치게 혹사당했던 것이다. 그 후로 다시는 이전의 활력을 보여주지 못한다. 이와 같이 옛 경쟁국〔네덜란드〕은 뒤처졌다. 새 경쟁국인 프랑스는 일순간에 전쟁의 참화에 압도당했다. 30년 전의 사건들은 그 시대 가장 부유한 재정 국가로서 수습할 수 있었지만, 이제 재정 파탄의 짐에 눌려 후에 혁명으로까지 몰린 것이다.

신세계 무역에서 프랑스의 대담한 강탈은 성공을 거둘 수 없었다. 프랑스는 어떤 점에서 에스파냐를 이겼지만, 자신들을 가치 있게 만든 것, 바로 아메리카 독점의 지분을 갖지 못했다. 프랑스가 입은 손실의 일부는 실제로 복원될 수도 있었다. 프랑스는 곧바로 식민 활동과 지적 능력을 보여주었다. 인도의 뒤플레, 캐나다의 라 게르스니에르,22 대양의 앙드레 드 쉬프랑23 등은 신세계에서 프랑스의 성과를

---

22 라 게르스니에르(Roland-Michel de La Galissonière, 1693~1756) : 프랑스의 해군제독으로 1756~1757년 북미의 새로운 프랑스 정착지 총독을 지냈다.

높였고 한동안 영국과 엇비슷한 경쟁을 가능케 했다. 그러나 위트레흐트 조약을 체결하는 순간, 그 많은 사후 결과를 예견할 수는 없었다. 승리한 직후 영국은 그 순간에도 이전보다 더 강대하게 보였다.

영국이 거둔 실질적 이득은 프랑스로부터 양도받은 아카디, 노바스코샤(Nova Scotia), 뉴펀들랜드, 그리고 에스파냐와 맺은 노예무역협정(Asiento Compact) 등이었다. 다시 말해, 아카디, 캐나다, 루이지애나 등 북미지역의 세 프랑스 정착지 중의 하나를 빼앗아감으로써 대프랑스 파괴의 첫걸음을 내디뎠던 것이다. 그리고 세계무역에서 중남미 지역의 문호를 닫았던 에스파냐의 일방적 무역독점에 최초의 균열을 만들어냈다. 영국은 에스파냐령 아메리카에 노예를 공급할 수 있게 됐으며, 노예와 함께 다른 상품의 밀수도 꾀했다.

나는 여기서 잠시 일반적인 개관을 멈춰야 한다. 여러분은 대영국 성장에 관한 개관에서 성공한 정복을 예찬하거나 또는 영국인이 원용한 수단을 정당화하려는 의도는 추호도 없음을 알아차릴 것이다. 영국이 4개의 라이벌 국가들을 경쟁에서 추월했음을 지적할 때에도, 나는 영국이 어떤 우월한 덕목이나 용기를 가졌다고 주장할 생각은 전혀 없다. 여러분에게 드레이크, 호킨스, 공화정, 크롬웰 또는 찰스 2세 정부를 칭송하거나 인정하라고 요구하지 않는다. 비록 그들의 성취에서 칭송할 만한 점들이 많더라도, 실제로 대영국을 건설한 사람

---

23 피에르 앙드레 드 쉬프랑 드 생 트로페(Pierre André de Suffren de Saint Tropez, 1729~1788): 프랑스 해군제독이었다.

들의 행위를 그저 긍정하는 것은 쉽지 않다. 에스파냐 탐험가들의 행위 못지않게 비난하거나 몸서리치는 일들이 많기 때문이다.

그러나 지금 이들의 전기를 쓰고 있는 것은 아니다. 지금 나는 전기 작가나 시인이나 또는 도덕론자의 입장에서 그들의 행위를 다루지 않는다. 언제나 단일한 문제, 즉 인과관계에만 관심을 두고 있다. 내 질문은 항상 이렇다. 이 활동은 어떻게 시작되었는가? 그것은 어떻게 성공을 거두었는가? 우리가 읽고 그 행동을 모방하기 위해서가 아니라, 단지 이 세계에서 국가들이 등장하고 팽창하고 빈영 혹은 몰락하게 되는 어떤 법칙을 발견하기 위해 이 질문을 던지는 것이다. 이 경우 나는 또한 더 원대한 목표를 가지고 있다. 즉, 지금 현존하는 대영국이 번영하고 지속하느냐, 아니면 몰락하느냐를 예견할 수 있는가의 문제를 밝히려는 것이다. 만일 대영국을 건설하는 데 범죄를 저질렀다면, 여러분은 그래도 대영국의 번영을 기대하거나 원하는지 여부를 질문할 것이다.

그러나 역사에 임재하는 신이라면 보통 이런 식으로 판별하지는 않는다. 역사는 한 세대에서 무법적으로 자행된 정복이 다음 세대에서 확실히 다시 상실되거나 심지어 거의 잃게 된다는 것을 보여주지 않는다. 정부는 재산〔토지〕과 혼동되지 않기 때문에, 국가가 다소 불법으로 얻은 획득물을 반환해야 할 권리를 가졌다고 보이지는 않는다. 노르만 정복은 아주 불법적이었다. 그러나 그 왕조는 항구적으로 번영을 거듭했다. 우리는 색슨인 해적으로부터 이 잉글랜드 땅을 이어받은 것이다. 한 국가의 영토에 대한 권리는 일반적으로 원시시대에도 추구했다. 그 권리를 다시 찾으려면, 폭력과 학살에 의존해야 할 것이다. 대영국의 영토는 역사를 통해 획득된 것이다. 부분적으로 불법수단을 자행하긴 했지만, 다른 강대국들의 영토보다는 덜 부당하고, 아마도 지금 그 힘이 가장 오래됐고, 입지가 단단한 국가들보다는 훨씬 덜 부당할 것이다. 대영국과 다른 제국들의 기원을 비교하면 똑같은 방식으로 등장했음을 알게 된다. 그 건국자들은 동일한 동기를 지녔다. 이 동기는 대체로 고상하지 않았다. 그들은 영웅주의와 뒤섞인 치열한 탐욕을 보여주었다. 비록 그들 중에서 이런 처리방식에 도덕적 자기부정을 가끔 보여주기는 했을지라도, 적어도 적과 경쟁자를 다루는 데에서 도덕적 양심으로 심각한 갈등을 겪지 않았다.

이런 의미에서 우리는 대영국이 다른 제국들과 비슷하다는 것을 알게 된다. 우리가 알게 된 기원도 다른 국가들과 마찬가지다. 그렇지만 대영국 연대기로 보면 다른 국가들보다는 대체로 더 나쁘지 않고 더 낫다. 연대기는 특히 대에스파냐보다 더 낫다. 에스파냐는 잔혹성과 탐욕으로 극도로 얼룩져 있다. 이 연대기의 몇 페이지들에는 적어도 올바른 처리를 하려는 생각과 의도가 실제 보이기도 하지만, 이런 것은 식민화의 역사에서 자주 마주치지는 않는다. 제국 건설자들의 일부는 아브라함(Abraham)과 아이네아스(Aeneas)를 떠올리게 한다. 다른 한편으로 범죄는 식민화에서 거의 보편적인 것과 같다.

내가 여기에서 이런 말을 하는 것은, 지금 내 앞에 이들 범죄 가운데 가장 극악한 것이 있기 때문이다. 영국은 존 호킨스가 두 손을 잔학행위로 물들인 최초의 영국인으로 두드러졌던 엘리자베스 시대에 이미 일찍부터 노예무역의 일정 지분을 취했다. 우리는 해클루트(Hakluyt)의 기록을 통해, 1567년 그가 어떻게 아프리카의 한 읍락

(邑落), 마른 팜나무 잎으로 지붕을 이은 오두막이 들어선 그런 읍락에 오게 되었는지, 그 집들에 어떻게 불을 지르고 "8천 여 주민 가운데 남녀 어린이를 포함해 250여 명을 생포했는지"를 알 수 있다. 그러나 우리는, 그때부터 노예무역 폐지까지 영국이 노예무역의 상당한 또는 주도적인 몫을 차지했다는 점을 별로 생각하지 않는 것 같다. 그 당시부터 그 후 거의 반세기동안 영국은 노예가 필요한 어떤 식민지도 갖지 않았다. 영국이 식민지를 획득했을 때 그 속령들은 에스파냐의 최초의 식민지들처럼 노예 수요가 절박한 광산 식민지기 아니었다. 우리 식민제국처럼 노예무역 참여도 17세기에 점진적으로 성장했다. 위트레흐트 조약으로 말하자면 '영국 정책의 핵심적 목표'로 설정되었다. 24 이때부터 두렵게도 우리는 주도적인 몫을 취했고, 노예무역의 극악무도하고 엄청난 잔학 행위를 저지르면서 다른 국가들보다 자신을 더 더럽혔다.

이는 단지 우리의 원칙이 이런 점에서 다른 나라보다 특별히 더 나을 게 없었고, 이제 세계의 무역국가들 중에서 〔노예무역이〕 가장 고도로 성행하는 곳으로 대두하고 또 군사적 성공으로 에스파냐로터 노예무역 협약을 쟁취함으로써, 우리는 이 사악한 상거래의 가장 커다란 몫을 획득했던 것이다. 후일 노예무역 폐지론자들이 간행한 소름끼치는 서술들을 읽는 동안에 이 점을 염두에 두는 것이 좋겠다. 이 문제에서 우리가 자행한 범죄는 물론 식민지를 개척한 국가들 모두가

---

24 〔저자 주〕: 이 구절은 다음을 보라. Mr. Lecky, *History of England in the Eighteenth Century*, ii, 13.

공유했다.

우리는 그 범죄의 고안자는 아니다. 어느 특정한 시기에 다른 나라들보다 영국이 더 심한 범죄를 저질렀더라도, 다른 한편으로 우리 자신의 범죄를 널리 알리고 뉘우치며 마침내 폐지한 어떤 경감과정도 있는 것이다. 이와 함께, 위트레흐트에서 절정에 이른 모든 성공적 발전은, 이전에 전혀 그렇지 않았음에도 불구하고 영국인을 세속화하고 물질을 추구하도록 만들었다. 비도덕적 동기가 그렇게 최우선이었던 적은 없었고, 종교가 그렇게 크게 훼손된 적도 없었으며, 그 후 30년 동안 그랬던 것처럼 모든 영향력이 그렇게 크게 약화된 적도 없었다. 이 부패를 예견하고 그것을 잘못된 어떤 요인의 탓으로 돌리려는 경향이 있었다.

냉소주의와 부패가 자리를 잡은 것은 왕정복고 이후가 아니라 명예혁명 이후, 특히 앤 여왕의 치세 이후다. 〈왕정복고기의 희극작가들〉이라는 유명한 글에서 토머스 매콜리는 윌리엄 위철리, 윌리엄 콩그리브, 존 밴브루, 조지 파쿼 등25 네 작가의 냉소주의를 왕정복고의 탓으로 돌렸는데, 이들 중 세 사람은 명예혁명이 일어난 지 7년이 지날 때까지 작품을 쓰지 않았던 것이다.

우리는 영국이 팽창과정에서 처음으로 세계 제일의 해양 및 상입국가로 모습을 드러낸 단계에 이르렀다. 영국이 이런 성격을 갖게 된 것

---

25 윌리엄 위철리(William Wycherley, 1640~1716), 윌리엄 콩그리브(William Congreve, 1670~1729), 존 밴브루(John Vanbrugh, 1670~1729), 조지 파쿼 (George Farquhar, 1664~1726) 등은 모두 왕정복고기에 활동했던 영국 극작가 이다.

은 분명 신세계와 관련된다. 그렇지만 영국은 적어도 보통 사람들의 눈에는 절대 최초의 식민국가로 보이지 않았다. 속령의 크기는 에스파냐와 그보다 좀더 못한 포르투갈 속령 쪽에서 보면 아직도 보잘 것 없었다. 영국 식민지는 북미의 대서양 연안, 카리브해 몇몇 도서, 인도의 몇몇 상업 도시에 불과했다. 이런 규모를 중남미 에스파냐의 강력한 부왕제(vice-royalty) 식민지와 비교할 수 있겠는가? 이전에 언급했던 대로, 식민지 세력으로서 프랑스는 어떤 점에서는 영국보다 더 우월했다. 프랑스의 식민정책은 더 유능하게 보였고 결국 더 성공을 거둘 것 같았다.

대영국 역사의 다음 단계는 내가 이미 개관한 바 있다. 네덜란드가 이제 몰락하면서 영국의 경쟁자는 이후 에스파냐와 프랑스가 된다. 당시 이 두 나라는 가족협정(family compact)으로 연합하고 있었다. 그러나 경쟁자에 대한 압력은 주로 프랑스에 가해졌다. 아메리카와 인도에서 영국의 인접 세력은 에스파냐가 아니라 프랑스이기 때문이다. 이미 서술한 바와 같이 이제 프랑스와 영국의 대결이 시작된다. 그 대결의 결정적인 사건은 7년 전쟁이며, 1762년 파리 조약으로 영국은 새로운 위치에 올라섰다. 이것이 18세기 영국 힘의 절정이다. 아니, 다른 나라에 비해 상대적으로 영국이 이전에 그렇게 강력한 적은 없었다. 당분간, 북아메리카 전체가 영국의 수중에 떨어져 대영국의 일부를 형성하게 될 것처럼 보인다. 그 제국은 에스파냐가 이미 장악한 것보다 단순히 넓이로는 더 크지 않지만, 본질적으로 강대함과 힘은 무한정으로 우월한 것이다. 에스파냐제국은 주민들이 유럽 혈통이 아니라는 근본적 결함을 가지고 있었다. 에스파냐 식민지 인구 가운데 유럽 혈통 주민의 일부는 유럽에서도 감소하는 것으로 보이는 종족[에스파냐]에 속할 뿐 아니라, 유럽인 혈통에 원주민[야만인]의 피가 섞인 주민과 순 원주민 혈통으로 그보다 더 많은 집단이 있었다. 영제국은 노예인구만 제외하면 완전히 문명인 혈통이었다. 그러나 고대의 사례가 보여주듯이, 온갖 고된 노동과 미숙련노동을 도맡는 분리된 노예-카스트제도가 고도의 문명과 병존한다. 원주민[야만인] 과 혼혈로 국민형질의 퇴화가 아주 심각한 문제가 된다.

에스파냐와 그다음 프랑스가 17세기에 그랬듯이, 이 최전성기의 국면에서 영국은 전 유럽에 질시와 두려움의 대상이 된다. 대양의 전제 군주(tyrant)로서 영국에 반대하는 외침이 터져 나오기 시작한 것은, 프랑스와 식민지 대결에서 영국이 최초의 승리를 거둔 바로 그때였다. 1745년 루이스버그(Louisburg) 함락 직후에 상트페테르부르크 주재 프랑스 대사는 한 쪽지를 전했는데, 여기에서 그는 영국인들의 해양 지배와 다른 모든 국가의 무역과 항해를 못하게 하려는 목적에 대해 불평을 늘어놓았다. 그는 해양활동의 균형을 유지할 수 있는 연합의 필요성을 주장했다. 영국의 이전 동맹국이 그 불평에 가담한다. 그와 동시에 '암스테르담 시민의 투표권'(La voix d'un citoyen à Amsterdam)이라는 제목의 한 팸플릿이 간행되었는데, 여기에 이전에 섀프츠베리 경이 네덜란드에 대항해 제출한 "카르타고는 파괴되어야 한다"(Delenda est Carthago)라는 외침이 이제 다시 영국에 맞서 모베르(Maubert) 출신 인사에 의해 다시 반복되고 있는 것이다. 그는 이렇게 주장한다.

"프랑스에 있는 프랑스인들과 함께 프랑스에 가서 그들 자신의 과

오를 자책하고 자만심에 맞서 자만심을 불러일으킵시다."

그런 후에 그는 항해법의 폐지를 추구할 목적으로 연합을 제안한다. 이때부터 1815년까지 영국에 대한 질시는 유럽 정치에서 중요한 동기 중의 하나가 된다. 그것은 아메리카에서 프랑스의 간섭, 무장중립안(*Armed Neutrality*) 등으로 연결되었고, 후에 나폴레옹의 마음속에서 〔영국을 이기겠다는〕 열정으로 변해, 나중에는 그의 의지에 반해 점차로 유럽 정복까지 도모하게 되었던 것이다.

지금까지 〔영국의〕 부단하고 지속적인 확장 과정을 추적했다. 느리지만 확실하게 영국은 갈수록 더 크게 성장했다. 그러나 이제 완전히 새로운 유형의 사건, 갑작스런 충격이 발생해 신세계에서 유럽 경쟁국 외에 또 다른 적대적인 국가가 나타날 수도 있다는 점이 드러난다. 아메리카 식민지의 이탈은 그 사건들 중의 하나다. 그 사건의 엄청난 중요성은 절대 간과해서는 안 된다. 그 당시에는 측량할 수 없는 중대한 결과로 가득할 것이라 여겨졌고, 그 결과가 예상했던 것과 정확히 일치하지는 않았지만 이런 예상은 이미 입증되었다. 콜럼버스가 이 대륙을 발견하고 에스파냐 탐험가들이 그 대륙에 있는 미성숙한 문명의 배아(胚芽)라면 무엇이든 잔혹하게 잘라버린 이래, 그것은 신대륙 쪽에서 나온 최초의 자유의지의 분출이었다. 그러나 이제 그것은 자명하다. 그것은 유럽 문명의 모든 원리에 호소함으로써 유럽풍의 혁명을 성취하기에 이른다. 이는 그 자체가 거대한 사건이었다. 아마도 그 직후에 모든 인류의 관심을 집중시킨 프랑스 혁명보다도 더 엄청났을 것이다. 그 당시 대영국은 몰락할 것 같았다. 그때 떨어져 나간 13개 주는 영국 식민제국의 거의 전부였다. 이들 주의 이탈은 그 순간에는 이런 성격의 대영국은 언제나 부자연스럽고 수명이 짧다는 것을 입증하는 증거로 보였다. 그럼에도 한 세기가 지나고 나서도 여전히 대영국은 남아 있고 규모 면에서 이전보다 더 크다. 이 사건은 다음 강의의 주제가 될 것이다.

제8장　　대영국의 분열

관찰자가 자신의 관점을 바꾸면 관찰대상의 윤곽도 변하기 때문에, 한 국가의 역사도 여러 형태로 서술될 수 있다. 17, 18세기 영국사에서 내가 제시한 개요는 우리에게 익숙한 개요와 아주 다르다. 이전에 사소하게 여겼던 많은 사건들을 중요하게 보게 되고, 중시했던 사건들을 사소하게 보는가 하면, 그림자〔배경〕였던 것을 핵심 개요로, 또 핵심 줄거리로 생각했던 것을 그 배경으로만 보는, 이런 식의 관점을 채택하고 있기 때문이다.

　사람들은 대부분 역사의 개요는 상당히 고정적이고 변경할 수 없다고 생각한다. 그들 생각에, 세세한 사실들은 이 역사가 또는 저 역사가의 서술에서 다소 정확할 수도, 또 다소 생생할 수도 있다. 그러나 그 틀은 모든 역사가에게 똑같은 것이다. 실제로 어린이들이 암기해 배우는 것은 바로 이 틀, 중요한 사건들의 목록이다. 그 틀이 무쇠로 만들어진 것처럼 보이지만, 그것은 고정돼 있지 않고 불안정하며 바꿀 수 있는 것이다. 그렇다면 사건을 중요하게 또는 하찮게 만드는 것은 무엇인가? 국왕의 즉위가 꼭 중요한 사건인가? 즉위하는 순간에는 중요하게 보이지만, 그에 따른 흥분이 가시고 나면 그 나라의 역사에서 중요한 사건으로 보이지 않을 수도 있다. 대체로 일관성 있게 적용되는 이 원리는 역사에 대한 우리의 관념에 일대 '혁명'(revolution)을 초래한다. 한 국가의 실제 역사는 인습적 역사와 매우 다른 것이다. 중요하다고 여겨온 모든 사건, 또는 많은 사건들이 사실상 중요하지 않고, 실제로 중요한 사건은 경시되었거나 전혀 기록되지도 않은 것들에 속할 수도 있다.

그래서 우리는 사건들의 역사적 중요성에 대해 검토해야 한다. 그리고 이 검토하는 일이 역사가의 과제에서 중요한 일부가 돼야 한다. 자, 어떤 검토를 할 것인가? "역사가는 자신에게 '흥미로운' 사건들을 부각시켜야 한다"고 말할 수 있을까? 확실히 어떤 사건이 전기적으로나 도덕적으로, 또는 시적으로 흥미로울 수 있다. 그러나 역사적으로는 흥미롭지 않을 수 있다. 그렇다면, "역사가는 사건이 발생한 그 순간에 중요하다고 여겨지는 그런 사건들에 중대한 의미를 부여해야 한다. 그는 그 시대의 정서를 재현해야 한다"고 말할 수 있을까?

우리가 흔히 듣는 것처럼, 독자를 과거로 되돌아가게 하고 그 독자가 특정 사건을 동시대 사람들이 바라보는 것과 같이 바라보게 만드는 일은 나로서는 역사가의 과업이 아니라고 본다. 그렇다면, 이〔역사 연구〕용도는 어디에 있을까? 동시대 사람들은 흔히 중대한 사건들을 꽤 그릇되게 판단한다. 우리가 과거 그 시대의 정서를 공유하도록 만드는 대신에, 일어났을 당시 대중의 관심을 받았던 그 사건이 실제로는 우리에게 별로 중요하지 않다는 것, 그리고 또 어떤 사건이 거의 주목받지 않고 지나갔지만 아주 중대한 결과를 가져왔다는 점을 지적하는 일이 역사가의 임무다.

영국사의 여러 사건들 가운데 이 잘못된 검토 결과를 적용함으로써 극도로 어려움을 겪은 것은 프랑스 혁명일 것이다. 단순한 이야기 전개나 서사(romance)로 보면, 이는 아주 흥미롭지는 않다. 어떤 놀라운 지휘력도 보이지 않고 양측에 영예로운 승리도 없다. 모든 영웅 중에서 조지 워싱턴은 극적인 면모가 가장 덜하다. 우리는 '이야기'로서 별다른 감흥을 주지 않는 것은 '역사'로는 깊이 흥미롭지 않을 수도 있다는 점을 잊는다. 우리는 맹목적으로 프랑스 혁명을 대단한 사건으로 분류하는데, 이는 미국 혁명이 있기 훨씬 전부터 나타난 그 많은 개인적 사건들 때문이다.

그러나 이 경우에 내가 언급한 잘못의 또 다른 요인이 더 치명적으로 작용한다고 본다. 역사가는 작가가 돼서는 안 된다. 이는 신문기자가 되는 것보다 더 나쁘지는 않겠지만 그만큼 나쁜 것이다. 중대한 사건에 대한 동시대 사람들의 평균적 견해는 거의 피상적이고 그릇된 것이다. 우리 역사가들은, 노스(North) 정부 시절에 의회 의원이었다면 했음직한 것과 똑같이 미국 혁명을 평가하려는 야심이 있는 듯하다. 미국 혁명에 철학을 덧붙이고 세계사에서 그것이 가진 고유의 중요성을 부여하는 대신에, 그들은 사건 진행의 이 단계, 또는 저 단계에서 인지법(印紙法)[1] 폐지나 보스턴 항만법안,[2] 또는 절충법[3]에 대

---

1   1765년 인지법(Stamp Act): 신문, 책자, 법적 문서, 카드놀이용 카드, 학위증서

해 그들의 표결 의무가 어떻게 될 것인가를 항상 염두에 두는 것처럼 보인다. 나는 이런 태도를 사건에 대한 '신문 스타일의 취급'이라 부른다. 의회 토론을 기다리고 내각의 운명과 다음 표결 결과를 저울질 하는 것이다. 특히 그런 태도는 현안 문제가 닥쳐올 때 이를 취사선택 하고, 각각의 문제에 대해 토론 중인 짧은 시간에 충분한 그런 피상적 인 정보에 만족한다. 이 모두는 의회 토론공간에서는 충분하겠지만, 역사서술에서는 가장 우울한 결과를 낳는다. 영국사에서 '근대'는 어떤 중요한 순간에 대해 그런 평범하고 피상적인 견해를 영속화하는 데 목적을 두는 것 같다. 이런 태도는 정당정치의 진부한 사건들 전체 에 걸쳐 깊이 만연해 있고, 가장 중요한 문제들을 토론하는 경우에도 항상 신문 스타일의 주요 논문을 그 모델로 정하는 듯하다.

그러면 도대체 사건의 역사적 중요성에 대한 진정한 검토는 무엇이

에 이르기까지 인지를 첨부할 것을 규정한 법령이다. 이에 뉴잉글랜드 9개 식민지 대표들은 뉴욕에서 인지법 회의를 열고, 이의 폐지를 요구하고 영국 상품 불매운 동을 벌였다. 그 후 인지법은 곧 폐기됐다.

2 1774년 보스턴 항만법(Boston Port Bill) : 1773년 보스턴 차(茶) 사건에 대한 영국 정부의 징벌적 조치로, 식민지인이 동인도회사에 손해를 배상할 때까지 보스턴 항구를 폐쇄한다는 내용이었다. 이 법에 따라 보스턴 항은 모든 선박의 출입이 금 지됐는데, 곧바로 식민지인의 분노를 불러일으켰다.

3 절충법(Compromise Act) : 본문에서는 이 법이 무엇을 가리키는지 불분명하다. 그 러나 미국 혁명기라는 점을 고려하면 이른바 1787년 5분의 3 절충법안을 가리키 는 것으로 보인다. 미국 헌법 제정을 논의할 당시 각 주의 인구를 산정할 때 노예 를 어떻게 계산할 것인지의 문제를 둘러싸고 논란이 있었다. 남부 모든 주의 경우 노예 추산방식에 따라 연방의회 의석수가 증감할 수 있었다. 논의과정에서 노예 숫자의 5분의 3을 주민 수에 가산한다는 절충안에 합의하였고, 이 절충안은 추후 미국헌법 제1조 2절 3항에 반영되었다.

란 말인가? 나는 사건들이 가진 '함의'(*pregnancy*)를 언급하려고 한다. 달리 말해 그 사건들로부터 뒤이어 일어날 것 같은 결과들의 중대성이라고나 할까. 이런 원칙에서, 나는 18세기 영국의 확장은 다른 모든 국내 문제와 움직임보다 역사적으로 훨씬 더 중요하다고 주장했던 것이다. 18세기 중기 전 시기에 걸쳐 영국 정치를 지배하는 저명인사, 피트(William Pitt, the Elder)를 보라. 그의 위대함은 전적으로 영국의 확장과 일치한다. 그는 대영국의 정치인이다. 그가 정치적으로 입지를 굳힌 것은 에스파냐와 해적 전쟁을 벌이던 때다. 그의 영예는 프랑스와 식민지 대결에서 얻어졌다. 그는 대영국의 분열을 막는데 진력하며 노년을 보냈다.

이제 미국 혁명을 살펴보자. 의미상으로 이 사건은 아주 독특하다. 그래서 그 사건은 항상 먼 거리에서 공정한 관찰자들을 괴롭히곤 했다. 그 시대의 신문기자 스타일의 정치가들은 이 같은 대국적 견해를 가질 여유가 없었다. 그들에게 이 혁명은 의회에서 편을 나누게 될 일련의 문제들로서 오직 세세하게만 나타난다. 이들 문제는 다른 문제들, 때로는 가장 사소하지만 그 순간에는 당파정치(*party politics*)의 실제 문제만큼 중요하게 보이는 그런 다른 문제들과 뗄 수 없이 뒤섞인 채로 그들 앞에 다가온다. 인지법이 처음에 주목도 받지 않고 통과됐다는 것은 잘 알려져 있다. 의회는 어느 날 밤에는 국왕의 칙어(*Address*)를 둘러싸고 논의하고, 다른 날 밤에 뷰트 총리4의 막후 영

---

4 존 스튜어트(John Stuart, 1713~1792): 제 3대 뷰트(Bute) 백작을 가리키며, 조지 3세 시대 1762~1763년간 총리를 지냈다.

향력에 관한 장광설과 국왕 조지 3세의 모후에 대한 은밀한 비난을 듣고, 또 다른 날 밤에는 존 윌크스와 일반 영장에 대해 흥분하면서 의사일정에 따라 식민지 과세에 관한 법안을 확인했다. 그 다음에 오늘날 인도 예산을 다룰 때와 같이 아무런 주목도 하지 않고 당연한 것처럼 그 법안을 통과시켰다. 비록 바로잡기는 어렵겠지만, 이는 아주 개탄스러운 일이다. 그렇지만 사소한 일과 중대한 일을 혼동하는 이 황당무계한 사태를 역사에 초래한 것에 대해 어떤 변명을 할 수 있겠는가? 역사가들이 의회가 정한 활동일정을 서툰 연대기적 서술방법이나 노예 같은 아첨발린 소리로 뒤따라가는 것을 생각하면, 거의 논란 없이 인지법을 통과시킨 저들 때문에 일어난 미국 혁명을 평가하면서 똑같은 실수를 실제로 저지를 수는 없다.

우리 역사〔서술〕에서 미국〔혁명〕 문제는 그 당시 의회에 소개되었던 것 못지않게 비합리적으로 다뤄지고 있다. 어떤 사전 준비 없이 끼워 넣고 그것과 아주 판이한 다른 문제들과 함께 단순히 연대기적 순서대로 다룬다. 과거를 성찰함으로써, 당대 정치에 근대국가의 광범함과 복합성에서 필연적으로 발생하는 놀랄 만한 사건으로부터 우리를 보호해 주지 못한다면, 도대체 역사의 유용성이란 무엇인가? 미국 혁명은 발생 당시에 우리 선대들이 놀랐던 것 못지않게 지금 그 역사를 읽어도 놀라운 일이다. 역사서를 읽을 때 우리는 뷰트 총리의 영향력, 국왕의 결혼, 국왕의 질병, 윌크스와 일반 영장으로 머리를 가득 채운다. 그때 갑자기 아메리카 식민지의 과세 문제가 등장하는 것이다. 그 후 곧이어 식민지에서 불만의 소리를 듣는다. 그러면 우리 선대들이 말했던 것처럼 이렇게 말한다.

"그런데, 이 식민지는 무엇이고, 어떻게 생겨났고 그들이 어떻게 통치받았지?"

일간신문이 보도하듯이, 역사가는 우리가 이 주제에 관심을 갖도록 할 책임이 있다. 그는 이 시점에 멈춰서 회고적인 한 장(章)을 끼워 넣는다. 이 장에서 우리에게 영국이 북아메리카에 식민지를 가지고 있으며, 그것도 오랫동안 가지고 있었다는 사실을 알려주는 것이다. 그는 인지법의 폐지를 둘러싸고 시작된 논란을 이해할 수 있도록 우리에게 식민지에 관해 많은 정보를 전해준다. 그런 다음에, 연대기적 순서에서 이탈한 것을 사과하고서 재빨리 원래 서술로 되돌아가는 것이다. 이런 서술의 경우 역사가는 항상 하원 기자 관람석에서 진행 과정을 지켜보는 것처럼 보인다. 여러분은 사실 혁명이 하원에서 일어났다고 생각할지도 모르겠다. 아메리카는 로킹엄 내각5과 그리고 그 다음 노스 내각6의 가장 중대한 문제였다. 최종적으로 아메리카를 상실한 것은 아주 중요하다고 생각된다. 노스 내각의 몰락을 가져왔기 때문이다.

1783년 파리 조약 체결을 설명할 때, 역사가는 또 의심할 바 없이

5　로킹엄 내각(Rockingham Cabinet, 1765~1766): 총리는 휘그파 정치가 찰스 왓슨-웬트워스(Charles Watson-Wentworth, 1730~1782)다. 그가 1750년 제2대 로킹엄 후작 작위에 올랐기 때문에 이렇게 불린다. 로킹엄 후작은 1882년 다시 총리에 취임했다가 3개월 후에 사망한다.

6　노스 내각(North Cabinet)은 프레드릭 노스(Frederick North, 1732~1792)가 총리였다. 노스는 2대 길퍼드(Gilford) 백작이지만, 흔히 존칭으로 노스 경(Lord North)이라 불렀다. 미국 독립전쟁기인 1770~1782년 총리를 지냈다.

잠깐 멈춘 다음 그 사건에 대한 장중한 문단을 삽입할 것이다. 그 문단에서 그는 아마 식민지 상실을 중대한 사건으로 볼 것이다. 그는 식민지란 항상 독립할 여건이 무르익었다고 느끼자마자 떨어져나가며, 아메리카의 이탈은 손실이 아니라 영국에 이득이라고 설명할 것이다. 그리고 이 주제를 이만 끝낸다. 복잡한 문제가 시작되기 전까지는 아메리카에 관해 여러분이 들었던 것만큼도 그 역사가로부터 별로 듣지 못할 것이다. 하원에는 새로운 안건들이 쌓였다. 역사가는 인도법안, 소 피트(Young Pitt)의 연합파(the Coalition)에 대한 투생, 하원 선거, 섭정 논쟁 등을 다루느라 바쁘다. 프랑스의 구식 역사가들이 루이 14세의 개인적 움직임을 따라가는 모습을 보이듯이, 영국 역사가들은 하원에 흠뻑 빠져 있으며 하원의 모든 움직임을 경건한 마음으로 탐색하기 때문이다.

드디어 역사가는 프랑스 혁명기의 대(對)불전쟁, 영국의 대(對)나폴레옹 전쟁에 도달할 때, 중간에 존 버고인[7]과 찰스 콘월리스[8]의 명예롭지 못한 전투는 뒤에 남겨두고 지나간다. 그리고 실제 대사건과 위인들의 행위를 기록해야 할 때 다시 환호하는 것이다. 이제 나는 이 모든 것에 상충되는 다음과 같은 말을 해도 어떤 위험에 빠지지는 않는다고 생각한다. 즉, 미국 혁명은 아주 간략한 서술로 끝내버릴 성가시고 불행한 일이라기보다, 아주 중요할뿐더러 영국 근대사에 다

---

7 존 버고인(John Burgoyne, 1722~1792) : 영국의 군인으로 1777년 새러토가 전투에서 패배해 항복했다.
8 찰스 콘월리스(Charles Cornwallis, 1738~1805) : 영국의 군인으로 1802년 미국-프랑스 연합군에게 최종 항복했다.

른 어떤 사건보다도 그 중요도가 더 높은 그런 사건이다. 또 그것은 원래부터 혁명기 프랑스와의 대전쟁보다도 우리가 더 깊이 기억해야 할 전쟁이다. 프랑스 혁명기의 전쟁은 실제로 대규모로 오래 지속되는 대전쟁에 필연적으로 뒤따르는 광범한 간접 결과들을 통해서만 미국 독립전쟁에 비교할 수 있는 것이다. 나일(Nile) 전투, 트라팔가르(Trafalgar) 해전, 이베리아반도 전쟁(*Peninsula War*), 워털루 전투 서술을 읽는 것이 미국의 독립전쟁 당시 벙커힐(Bunker's Hill) 전투, 브랜디와인(Brandywine) 전투, 새러토가(Saratoga) 전투, 요크타운 전투 등보다 훨씬 더 장쾌하다. 이는 패배보다 승리를 더 좋게 생각하기 때문일 뿐 아니라, 군사적인 면에서 프랑스와의 전쟁이 아메리카 전쟁보다 더 장대하고 더 흥미롭기 때문이다. 또 나폴레옹, 넬슨, 웰링턴이 미국 혁명 당시 활동했던 인물보다 더 위대한 지휘관이었다. 그러나 역사에서 사건들의 등급을 높이 매기는 것은 장쾌함과 흥분 때문이 아니다. 그 사건들이 우리를 만족시키기보다는 중요한 결과들을 내포하기 때문이다.

미국 혁명은 새로운 국가, 즉 영국의 언어와 전통을 계승했으나 어떤 면에서는 그 자신의 계보를 이어받아 영국은 물론 유럽의 선례와 다르게 출발한 새로운 국가를 탄생시켰다. 이 나라는 그 당시에 영토는 매우 넓었지만 인구가 많지는 않았다. 다시 해체되고 또 결코 강력하게 성장하지 못할 가능성이 많았다. 그러나 그 나라는 해체되지 않았다. 점진적으로 발전했으며, 이제는 내가 언급했던 대로 영토뿐 아니라 인구면에서도 러시아를 제외한 유럽 국가의 인구를 모두 합한 것보다 더 우위에 있다. 이제 이 결과를 가지고서 나는 미국 혁명의 역사적 중요성을 평가하는 것이다. 역사가 취급하는 것은 국가의 등장과 발전이기 때문이다.

나는 에스파냐 무적함대, 버지니아 식민, 뉴잉글랜드, 영국해군 및 무역의 성장, 크롬웰의 에스파냐 공격, 네덜란드와 해전, 프랑스의 식민지 확장과 네덜란드 몰락, 위트레흐트 조약 이후 영국의 해상 우위, 신세계에서 영국과 프랑스의 대결 등 일련의 사건들에 주의를 환기한다. 함께 선택한 이 사건들이 영국의 확장을 가져왔고, 17세기에 이 발전이 다소간 영국 국민과 스튜어트 왕조 국왕들 간의 내란 때문에 다소간 불가피하게 가려져 있으며, 그러나 18세기에 그 확장은 역사의 전면에 나타났다는 것을 이미 보여주었다. 이제 이 일련의 사건 계보에서 다음 사건은 분열, 즉 미국 혁명이다. 그리고 대영국이 영국보다 더 확장됨에 따라 이 사건의 역사적 중요성은 이전 대다수 사건들의 중요성보다 훨씬 더 우위에 있는 것이다.

그 중요도는 리처드 하우[9]와 콘월리스가 위대한 장군인가 여부, 또는 워싱턴이 천재인가 아닌가를 따져서 평가하는 것이 아니다. 그 사건은 세계사보다 영국사에서 더 중대한 것이다. 새 영토에서 5천만 명의 인구가 사는 국가의 건설 — 오래 전에 1억 인구에 도달했을 것이다 — 자체가 모든 기존 역사의 수준을 훨씬 넘어서는 것이다. 신세계나 구세계의 역사에서 백주 대낮에 이런 사건이 발생한 적은 없다. 이 국가는 1688년 명예혁명 당시 영국 인구의 10배이고, 1789년 혁

---

9 리처드 하우(Richard Howe, 1726~1799) : 미국 독립전쟁 당시 영국의 해군제독이었다.

명기 프랑스 인구의 2배이다. 만약 미국이 그 자체로 유지된다면, 이 사실은 시간이 흘러 과거 역사가 다루었던 것보다 더 큰 영토와 더 많은 인구를 보여주는 시기로 우리가 오게 되었다는 것을 여실히 보여준다. 그러나 그 나라는 저절로 존재하지는 않았다. 국가의 거대함이 꼭 위대함을 뜻하지 않는다는 것은 분명하다. 비록 유럽은 아니지만 아시아 역사에서 인도의 경우 훨씬 더 많은 인구가 있고, 중국 인구는 미국 인구의 5배에 이른다. 그러나 미국의 특이성은 그 크기보다 그 질적 측면에 깃들어 있다. 지금까지 중국같이 불완전하게 알려진 경우까지 포함해서, 거대한 국가는 모두 조직화 정도가 낮았다.

고대 그리스와 이탈리아의 도시국가에서나 알려졌던 자유가 근대적 형태의 국민국가(nation-state)에서 어떻게 유지되고 있는가를 보여주는 것이 영국의 자랑거리였다. 이제 아메리카에 건설된 이 새로운 국가가 이 발견, 자유의 이론과 실제를 둘 다 이어받았다. 그리고 더 넓은 영토에 이를 적용하는 데 필요한 온갖 변형들을 고안했다. 그 결과, 이 새로운 거대한 나라는 영토 면에서 인도나 러시아와 같은 부류에 속하면서도, 규모가 정반대인 나라들에서 나타나는 것과 같은 자유의 관점을 보여주는 것이다.

헤겔은 세계의 역사를 인간 자유의지의 점진적 발전으로 묘사했다. 그에 따르면, 한 사람만이 자유로운 몇몇 국가가 있고 소수만이 자유로운 국가, 그리고 다수가 자유로운 국가가 있다. 이제 자유로운 정신의 확산에 따라 국가들을 일렬로 정돈한다면, 세계에서 가장 커다란 나라 대부분을 그런 규모의 맨 밑에 두어야 한다. 그렇지만 이 거대한 국가 미국을 반대쪽 끝에 놓는 것은 아무도 주저하지 않을 것이다. 미국은 틀림없이 자유의지가 모든 개인에게서 아주 활발하게 살아 있는 나라이기 때문이다.

이 결과는 단순히 크기만 한 것이 아니라 굉장한 것이다. 그러나 영국인에게 미국적 현상은 여타 인류에게 보다 더 아주 흥미롭고 중요한 것이어야 한다. 영국인이 미국에 대해 취하는 특별한 관계 때문이다. 역사적으로 영국과 미국이 맺고 있는 관계처럼 두 거대한 나라가 서로 관계를 맺고 있는 사례는 없다. 확실히, 남아메리카 공화국들은 에스파냐로부터 태어났다. 브라질은 포르투갈에서 같은 방식으로 나왔다. 그러나 이들 국가는 대국이라 불릴 수 없다. 게다가 내가 말했듯이, 남아메리카 인구는 상당수가 원주민 혈통이다. 그러나 영국으로부터 떨어져 나온 이 거대한 국가는 영국인 혈통이 지배적이다. 에스파냐와 포르투갈의 이전 식민지들이 너무 멀리 떨어져 있기 때문에 모국으로부터 분리된 것과 달리, 미국인은 실제로는 영국인과 분리되지 않았다. 두 나라 국민의 엄청난 확장과 도처의 활동 때문에 미국인은 항상 우리와 가까이 있고, 항상 우리와 접촉하고, 그 나라가 겪은 색다른 경험과 시도 중인 참신한 실험들로 우리에게 강한 영향력을 행사한다. 이와 동시에 미국은 여러 방식으로, 특히 우리 문헌을 통해 우리의 영향을 받고 있다.

영국인 두 분파의 상호 영향만큼 의미심장한 주제는 없다. 지구의 온 미래가 여기에 달려 있다. 만일 그렇다면, 미국 혁명이 우리 역사가들에게 받아온 취급방식에 대해 어떻게 생각해야 할까? 혹자는 영국사와 세계사에서 이 사건의 중요성은 그들의 관심사가 아니라고 생각할지 모른다. 그들은 미국 혁명을 아주 간략하게 요약해 처리한다.

그들은 우리에게 과세권(課稅權)에 관한 헌장상의 토의와 윌리엄 피트의 웅변술에 대한 최상의 상찬을 제공해준다. 그리고 적절한 때에 그들은 전쟁을 묘사하고 우리의 패배를 유감으로 여기며, 우리의 성공을 최대한 이용하고 벤자민 프랭클린의 예화를 말하며 조지 워싱턴의 장점을 평가한 다음에 그 주제 전체를 끝낸다. 마치 그 사건이 지루하고 자기들에게 흥미롭지 않은 것처럼 말이다. 장기간에 걸친 스튜어트 왕조의 분란에서 아주 사소한 문제도 그들은 오래 몰두할 것이고 왕자 찰스 에드워드의 모험은 그들의 상상력을 더 불러올 것이며, 유니우스 서한10의 저자가 누구인가를 조사하는 것은 더한 호기심을 자극할 것이다. 여기에 잘못된 점이 없는가? 역사란 무엇인가를 배워야 한다는 것은 분명하지 않은가?

우리가 지금까지 역사라고 부른 것은 사실 역사가 아니라 다른 이름, 아마도 전기, 정당 정치로 불려야 하지 않을까? 나는 말한다.

"역사란 헌정적 법률이 아니고 의회의 입에 발린 소리(*tongue-fence*)도 아니며, 위인의 전기도 또 도덕철학도 아니다. 역사는 국가를 다룬다. 그것은 국가들의 대두와 발전, 상호영향, 그들의 번영을 촉진하고나 몰락을 가져온 원인을 탐사한다."

그러나 영국의 확장에 관한 이번 강의에서 미국 혁명은 오직 한 측면에서만, 즉 우리 영국의 첫 번째 확장 시도의 마지막 단계로서만 논

---

10 유니우스(Junius) 서한: 〈퍼블릭 애드버타이저〉(*Public Advertiser*) 지에 1769~
    1772년 '유니우스'라는 익명으로 일련의 공개서한이 실렸다. 이들 서한은 1772년
    *Letters of Junius*라는 제목으로 출판되었다.

의돼야 한다. 거품처럼 대영국은 급속하게 팽창했다가 어느 순간 터져버렸다. 그 이후 다시 확장하고 있다. 이 명확한 추론을 외면할 것인가?

마치 논란의 대상이 되지 않는 것처럼 다음과 같은 설명이 끊임없이 반복된다. 즉, 아메리카 식민지의 이탈은 모든 식민지를 자극하는 자연법의 필연적 결과다. 식민지가 성숙하면 독립한다. 그러므로 조지 3세 시대에 미국 독립에 책임이 있는 정치가들 ― 조지 그랜빌,11 찰스 톤젠드,12 노스 경 ― 은 조금 불가피한 파국을 앞당겼다는 것 외에는 어떤 신랄한 비난도 받을 수 없다. 이제 내가 이미 말했던 것에 추가할 사항은 거의 없다.

식민지를 모국이 특별한 이익을 거두는 단순한 영지로 간주하는 한, 물론 모국에 대한 식민지의 충성은 극도로 불안정하고 가능한 한 빨리 벗어나려 할 것이다. 장성한 아들에게서 이끌어 낸 사례는 그런 경우의 절반도 되지 않는다. 그 체제에서 식민지는 어린아이가 아니라 노예로 취급된다. 그리하여 장성한 아들이 가진 것과 달리 감사한 마음이 아니라 나약했을 때 노예로 취급당했다는 분노로 가득 차서 예속을 벗어날 것이다. 아메리카 식민지의 이탈은 아마 불가피했겠지만, 그것은 구 식민체제 아래 있었기 때문이고 그런 체제 아래 있는

---

11 조지 그랜빌(George Granville, 1712~1770) : 영국 휘그파 정치가로 1763~1765년 내각 총리를 지냈다.

12 찰스 톤젠드(Charles Townshend, 1725~1767) : 영국 정치가로 하원의원, 육군장관, 재무장관을 역임했다. 미국 식민지에서 수입되는 유리, 종이, 차에 수입세를 부과하는 톤젠드 법을 발의해 미국 혁명의 계기를 제공했다.

한 불가피했던 것이다.

　나는 그 당시에 더 나은 체제로 대체하는 것이 얼마나 어려운지를 설명해 왔다. 그러나 더 나은 체제가 있고 지금은 실행할 수 있다. 이제 그 특정한 시대〔미국 혁명〕이래 식민지가 당연히 해방을 추구해야 할 이유가 존재하지는 않는다. 아니, 그 시대에도 식민지 정부의 운영은 이론보다 훨씬 더 나았다. 식민지가 식민 지배를 받기 때문에 영국의 지배에 반발했다고 생각해서는 안 된다. 아메리카 식민지가 대항해 싸운 정부는 조지 3세 시대, 그의 재위 첫 20년간의 정부였다.

　이제 우리 연대기에서도 그 시대는 정부의 편협함과 무모함으로 특징짓고 있다. 식민지뿐만 아니라 국내에서도 정부에 대한 불만이 일었다. 그 당시 정계 한쪽에서는 맨스필드 백작13이, 다른 쪽에서는 그렌빌이 실제로 식민지인들에게서 박탈한 우리의 자유에 관한 해석을 내놓았다. 어디에서든지 똑같이 불만을 불러일으키고 대서양 건너편 식민지 저항운동과 거의 동시에 영국에서 윌크스파 소요를 촉발한 것은 영국 정부의 정상적 체제가 아니라, 새롭게 등장한 혼란스러운 체제였다. 그러나 영국에서의 불평분자들은 매사추세츠와 버지니아의 불평을 무마할 수 있는 그런 단순한 해결책을 갖지 못했다. 그들은 피해의식을 일깨운 정부를 비난할 수 없었다.

　아메리카 식민지가 반란을 일으킨 것은 단지 그들이 식민지였기 때문만은 아니었다. 그것은 그들이 구 식민체제의 지배를 받는 식민지

13　윌리엄 머리(William Murray, 1705~1793) : 스코틀랜드 출신 영국 법률가이자 정치가로 재무장관과 대심원장을 역임했다. 1대 맨스필드 백작 작위를 받았다.

였기 때문이다. 그리고 구 식민체제 자체가 비정상적으로 편협하면서도 지나치게 세세한(*pedantic*) 방식으로 행정입무를 보았던 시기였다. 다음에 나는, 아메리카 식민지가 정상적이지 않고 아주 특별한 것이었기 때문에 이들 식민지의 행위로부터 도출한 일반적 결론에 이의를 제기할 여지가 있다는 점을 살필 것이다.

식민지에 관한 근대적 개념은 그것이 다른 사회의 인구과잉에 의해 형성된 사회라는 점이다. 한 나라에서 인구과잉과 빈곤은 더 인구가 희박하고 더 부유한 다른 나라로의 이민을 유발한다. 나는 이 점이 우리 아메리카 식민지의 본질이 아니라고 설명해 왔다. 한편으로 영국14은 그 당시 인구과잉이 아니었다. 다른 한편, 식민 정착지가 형성된 북아메리카 동부해안은 부의 매력이 없었다. 동부해안은 엘도라도,15 포토시16가 아니었고 그 북부는 심지어 빈곤했다.

그러면 식민지인들은 왜 거기에 정착했을까? 그들은 한 가지 두드러진 동기가 있었다. 그것은 모세가 이집트 국왕 파라오에게 이스라엘 민족의 출애굽(*Exodus*)을 간청한 것과 같은 동기였다.

"우리는 우리 주께 헌신하기 위해 저 황야로 7일간 여행을 떠나야 한다."

종교가 그들을 떠밀었다. 그들은 신앙에 의거해 살고 영국에서 관

---

14 〔저자 주〕: 애덤 스미스, 《국부론》의 다음 장 "새로운 식민지를 개척하려는 동기에 관하여"를 비교해 보라.

15 엘도라도(Eldorado): 지금 콜롬비아에 전해지는 전설상의 황금도시이다.

16 포토시(Potosi): 자메이카 북부 지방으로 이전에 설탕 플랜테이션 중심지였다.

용되지 않는 종교의례를 실천하기를 원했다. 이 점이 다른 사례와의 차이점이다. 버지니아는 물론 영국 국교도 위주였다. 그렇지만 뉴잉글랜드 식민지는 청교도로 이뤄졌다. 펜실베이니아는 퀘이커교도, 매릴랜드는 가톨릭, 반면 사우스캐롤라이나에서 우리는 "교회 신도는 주민의 제3부류가 아니며", "온갖 부류와 종파의 여러 교사와 설교자들이 무수하게 다양한 교설을 가르쳐왔다"라는 글을 읽는다.

이같이 옛날 동부로의 이민은 진짜 엑소더스였다. 즉, 그것은 종교적 이민이었다. 여기에 큰 차이가 있다. 단순히 재물을 얻기 위해 해외로 빠져나온 이민자는 시간이 지나면 그의 고국을 잊을 수도 있다. 그러나 그렇게 될 것 같지 않다. 떠났기 때문에 고국을 사랑하며, 멀리 있으면 고국을 이상화한다. 그는 돈을 벌어 고국에 돌아가기를 열망한다. 기쁘게 그곳에 묻힐 것이다. 이 주술을 깨뜨릴 수 있는 것은 오직 한 가지뿐이다. 종교다. 종교야말로 이민을 엑소더스로 바꿀 수 있다. 신을 모시고 트로이를 떠난 사람들은 되돌아가고 싶은 갈망에 단호하게 저항한다. 그들은 확신을 갖고 이전에는 신성하지 않았던 새로운 땅에 라비니움이나 알바 또는 로마를 건설할 수 있다.[17]

종교야말로 국가 건설의 중대한 원리라고 나는 항상 주장한다. 이 식민자들은 그들이 이미 회중(church)이기 때문에 새로운 국가를 건설할 수 있다. 적어도 내가 주장했듯이, 교회는 국가의 영혼이기 때문이다. 교회가 있는 곳에는 시간이 흐르면 국가가 성장한다. 그러나

---

17 라비니움(Lavinium)과 알바(Alba)는 베르길리우스의 아이네이스에서 이주민들이 개척한 식민도시이다.

어떤 점에서 교회가 없는 국가를 발견하더라도, 그것은 이 세계에서 오래 존속하지 못할 국가에 지나지 않는다.

자, 이런 점에서 아메리카 식민지들은 아주 특이했다. 그 식민지 역사에서 식민지 일반에 관한 결론을 도출할 수 있을까? 특히 여러분은 이런 사례에서부터 그 이후 성장해 온 우리 현재 식민지들의 사례까지 어떻게 논의를 전개할 수 있을까? 이들 식민지에서는 처음부터 영국에서 자기들을 분리하려는 어떤 정신, 그들을 끌어들여 그들 스스로 새로운 연합으로 만들려는 어떤 원리가 있었다. 나는 얼마나 일찍부터 뉴잉글랜드에서 이런 정신이 나타났는지 주목해 왔다. 그 정신이 전혀 남아 있지 않다는 것은 분명하다. 버지니아에는 없었지만, 그렌빌과 노스 경의 현학적 태도에 들끓어 오른 식민지 불만이 폭발했을 때는 버지니아가 뉴잉글랜드 쪽으로 기울어졌던 순간이었다. 순례자의 아버지(Pilgrim Fathers) 정신은 분노한 식민지인들을 새 국가에 관심을 갖게 하는 힘을 찾았다.

그러나 우리 현재의 식민지에서 이와 비슷한 어떤 사례를 찾을 수 있을까? 현 식민지들은 종교적 엑소더스에서 비롯되지 않았다. 그 개척자들은 어떤 신을 옹립해 떠나지 않았다. 그와 반대로, 그들은 단지 물질주의의 황야로, 아직 어떤 이상적인 것이나 신성한 것이 없는 땅으로 나갔다. 도대체 고국이 아니면 그들의 신은 어디에 있을까? 그런 상황에서 식민지인들이 국가 건설자로서 우뚝 설 용기를 찾을 수 있다면, 즉 그들이 영국사에서, 그들의 조상이 수천 년간 살았던 섬의 온갖 전통과 기억들에서 자신을 분리할 만한 용기를 지녔다면, 유감스럽게도 영국은 실제로 매력적인 힘이 없는 이름이라고 생각할 수 있을 것이다.

미국 혁명으로부터 옛날의 나쁜 식민제도하의 종교적 피난처인 식민지뿐만 아니라 모든 식민지는 성숙해지자마자 원래 나무로부터 떨어져 나간다고 추론한다면, 미국 혁명의 교훈을 잘못 이해하고 있다고 본다. 마찬가지로 우리는 독립 이후 미국이 겪어온 번영으로부터 잘못된 추론을 하고 올바른 추론을 생략했는지도 모른다.

내가 생각하기에, 미국에서와 같이 그렇게 행복을 누리고, 거의 타락하지 않은 그런 식의 행복을 지닌 사회는 결코 없다. 이 행복의 원인은 정치적인 것이 아니다. 그 원인은 그 나라의 정치제도보다 훨씬더 깊다. 어떤 철학자가 한 사회에서 최대의 행복을 낳을 수 있는 비결이 무엇이냐는 질문을 받는다면, 그는 이렇게 말할 것이다.

"여러 세대에 걸쳐 합리적 자유, 진지한 신앙, 분투적인 노동으로 인성을 형성해 온 사람들을 많이 확보하라. 이런 사람들을 어떤 고통스러운 압력도 받지 않고 누구나 번영할 수 있는 그런 넓은 땅에서 살게 하라."

역경은 고통을 주지만 지혜와 강건함을 가져다준다. 번영은 쾌락을 주지만 게을러지게 한다. 역경의 시간이 지나면 번영이 뒤따른다. 이것이 건강한 행복의 비결이다. 열정의 급속한 이완이 없이 기쁨을 가져다주기 때문이다. 끝내 번영을 누리더라도 너무 쉽게 무조건 얻어지지 않는다면 그것이 더 좋은 비결이다. 온대지역에서 형성된 기질, 튜튼(Tuton)인의 자유와 프로테스탄트 신앙, 자유롭게 그러나 지나치지 않게 얻을 수 있는 번영, 근면한 노동뿐 아니라 지성과 재주를 겸비한 조건, 이것이 미국적 행복을 낳은 조건들이다.

이 비결은 당분간 행복을 낳겠지만, 그 영토에 비해 인구가 많지 않은 기간에만 그럴 것이다. 오랫동안 사람들은 미국이 유럽의 악덕을 회피하는 어떤 마법의 비밀을 간직하고 있다고 생각했다. 그 비밀은 단순했다. 삶의 번영조건들과 강한 품성이 그것이다. 근래에 미국인들 스스로 자기 나라가 유럽의 범죄와 어리석음으로 결코 더러워지지 않았다는 환상에서 깨어났다. 그들은 적이 없지만, 그들의 영토만큼이나 거창한 대규모 전쟁〔남북전쟁〕을 치렀다. 웰스(Mr. Wells) 18의 계산으로는, 4년간 1백만 명의 희생자가 발생했고 전쟁비용으로 20억 파운드를 썼다. 그들은 국왕이 없지만, 그들 가운데 국왕 살해의 모반자들〔내란기 크롬웰 지지자〕이 섞여 있었다는 것을 우리는 알고 있다. 그럼에도 미합중국의 평판과 강대함은 이제 이전보다 더 나아졌다. 그러나 눈에 띄지 않지만 그들의 자부심 (pretension) 이 그 속성을 변모시켰다. 일찍이 어떤 나라도 미국만큼 그렇게 강력하지 않았고, 미국은 현재 세계를 주도하는 국가이며 미래도 그럴 것이라고들 한다. 달리 말해, 미국은 다른 나라들과 함께 분류되더라도 그중에서도 수위에 있다는 것이다.

미국의 자부심은 전적으로 달랐었다. 미국은 특이한 유형이라는 주장이 있었다. 미국은 권력의 자랑스러운 장식과 거만한 정부와, 전쟁과 부채를 지닌 유럽 국가들이 완전히 잘못된 길로 들어섰다는 명백한 증거라는 것이다. 행복과 덕목은 더 온건한 경로를 취한다. 한 국가에 가장 좋은 행운은 역사에서 위대한 것이 아니라 오히려

---

18 불명의 인물이다.

역사 자체가 전혀 없다는 점이다.

미국의 행복은 식민지로부터 이탈해서 얻은 결과는 아니다. 그렇지만, 미국의 그 엄청난 강대함은 식민지로부터의 독립에 힘입은 것인가?

미국의 발전단계를 돌아보면, 이 나라가 여러 면에서 행운을 누렸다는 것을 쉽게 알 수 있다. 예컨대, 원래 식민지가 해안을 따라 빽빽하게 들어서지 않고 대륙에 걸쳐 산재해 있고, 유럽 국가 크기의 다른 식민지와 분리돼 있다는 것을 생각해 보라. 이런 차이 때문에 합병된 국가의 성장은 불가능하다. 또 비참하게 실패하지도 않고 프랑스령 루이지애나가 그 건설부터 미국 혁명까지 100여 년간에 점진적으로 발전해 왔다는 점을 생각해 보라. 이 식민지는 미시시피강 계곡을 포함했다. 그것이 성공을 거두었다면, 쉽게 대프랑스 국가로 성장해 이 거대한 강의 긴 유역 전체를 통합했을 것이다. 또 그 지역이 다시 영국의 수중에 떨어졌다고 생각해 보라! 루이지애나를 미국에 팔아넘김으로써 이 합중국이 우리가 보고 있는 거대한 강국으로 발전할 수 있게 만든 것은 나폴레옹이었다.

미국이 대규모로 팽창하는 중요한 문제의 해결책을 발견한 것은 분명하다. 서유럽 다섯 나라가 극복하지 못했던 문제를 해결한 것이다. 우리는 그 다섯 나라들이 국가의 무한정한 확장이라는 개념으로 출발한 것을 보았다. 그렇지만 그 나라들은 어느 순간에 이 개념으로 얻은 것을 상실하고 그 대신 극단적으로 정반대인 국가 개념을 채택해, 그로부터 구 식민체제가 자라나는 것을 보았다. 다섯 나라가 식민지를 공식 국가로 취급했고 그로부터 얻은 이익을 모국 인구가 차지하는 것을 목격했다. 이와 동시에, 이 식민체제가 결코 임시방편 이외에 다른 형태로 재현될 수 없으며, 그리하여 그 체제 아래서는 식민지에 대한 항구적 소유를 바랄 수 없다는 사실을 보았다. 이런 요인이나 또 다른 요인 때문에 신세계에서 제국들은 잇달아 해체됐다. 우리 영국의 1차 제국도 여기에 속했다. 그러나 그 이후 우리는 새로운 식민지를 소유하게 되었다. 이를 관리하면서 옛날의 잘못을 범하지 않을 만큼 충분히 조심스러워졌다. 구 식민체제는 사라졌다. 그러나 이를 대신해서 뚜렷하고 합리적인 새 체제가 채택되지는 않고 있다.

잘못된 이론은 버리지만, 올바른 이론은 무엇이란 말인가? 오직 하나의 대안이 있을 뿐이다. 만일 식민지가 옛 표현으로 영국의 소유물 (*possessions*)이 아니라면, 그렇다면 그것은 영국의 일부분이 되어야 한다. 우리는 이런 견해를 진지하게 받아들여야 한다. 우리는 영국이 유럽 북서해안에 위치한, 면적 12만 평방마일에 인구 3천만 명 남짓되는 하나의 섬이라고 말하는 것을 다 같이 멈춰야 한다. 이민자들이 식민지로 떠날 때 그들이 영국을 떠나거나 또는 영국이 그들을 잃는 것이라는 생각을 멈춰야 한다.

우리는 영국사가 웨스트민스터궁에 자리 잡은 의회의 역사라는 것, 의회에서 논의되지 않은 사건들은 영국사에 속할 수 없다는 생각도 그만두어야 한다. 우리가 제국 전체를 함께 성찰하는 데 익숙해진다면, 여기에 또 하나의 합중국(United States)이 있음을 깨닫게 될 것이다. 혈통, 언어, 종교, 법률 면에서 아주 동질적이면서도 무한한 공간에 걸쳐 산재해 있는 아주 동질적인 국민이 있다. 이 식민지들은 강한 도덕적 결합으로 이어져 있으면서도, 어떤 심한 외부의 충격에 저항할 수 있게 보이는 어떤 국체(國體, *constitution*)나 체제로 불릴 수는 없다. 그러나 서로 멀리 떨어진 사회들을 함께 이을 수 있는 체제의 고안을 쉽게 의심한다면, 미합중국의 역사를 회상할 시간이 되었다. 미합중국이 그런 체제를 만들었기 때문이다. 그들은 현시대에 세계에서 정치 연합체가 이전 시대에 가능했던 것보다 더 큰 규모로 존재할 수 있음을 보여주었다. 분명히 우리 문제는 그 자체의 어려움, 막대한 어려움을 가지고 있다. 그러나 이 어려움이 제아무리 크더라도 우리가 만들어나가야 할 것이다. 우리는 이 문제를 잘못된 선입견으로 대했다. 즉, 이 문제는 해결 불가능하고, 일찍이 어떤 것도 이뤄지지 않았으며 앞으로도 이뤄지지 않으리라는 선입견이다. 이는 미국 혁명에 대한 우리의 오해이다.

미국 혁명에서 우리는 멀리 떨어진 식민지들이 조만간 모국으로부터 독립해 나간다고 추론한다. 우리는 식민지들이 구 식민체제 아래 지속되었을 때 그들이 이탈하는 것만을 생각했던 것이다.

이제 우리는 한 나라에서 대양의 다른 쪽 나라로 유입된 과잉인구가 모국과 맺고 있는 결합을 깨뜨리고 새로운 이익을 획득하며 새로운 국가의 핵심을 형성하는 것을 필요로 한다고 생각한다. 우리는 종교적 배타성 때문에 특이한 형태의 종교개념을 지닌 채 대양을 가로질러 온 피난민들이 새로운 국가의 핵심을 이룰 것이라 생각한다. 이런 관점은 예기치 못한 방식으로, 에스파냐 및 포르투갈로부터 중남미 지역이 이탈하는 역사에 의해 더 굳어졌다. 확실히 대서양 양안에 가톨릭이 있기는 하다. 그렇지만 게르비누스(Gervinus)는 실제로 이들 지역의 종교가 예수회 교단이며 따라서 예수회 교단의 억압이 그 인구에 도덕적 충격을 주었다고 주장한다. 그가 보기에, 이 점이 제국 해체의 주된 요인에 들어간다.

마지막으로, 우리는 이탈 이후 미합중국의 강대함을 보고서, 너무 커지면 국가의 분리가 적절하다고 생각한다. 그러나 미국의 광대성(廣大性)은 한 국가가 아주 거대해지면서도 번영할 수 있다는 가장 좋은 증거다. 연합(Union)은 여러 지방들을 우리 제국에서 느껴왔던 어떤 불편도 없이 분명히 함께 연결할 수 있는 체제의 좋은 사례다. 그러므로 그러한 불편은 대제국과 불가분의 관계가 아니라 오직 구식민체제 아래에서 일어난 일이었다.

영국의 확장은 이중적으로 전개됐다. 지금까지 우리는 식민지를 통한 영국 민족과 국가의 확장만을 함께 고려해 왔다. 우리는 엄청난 인구를 가진 인도가 영국인 지배를 받는 또 다른 그리고 아주 이상한 확장에 대해서 어떻게 생각해야 하는가?

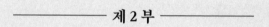

제 2 부

역사와 정치

역사가들은 때때로, 어떤 사건이 다르게 일어난다면 역사에서 어떤 일이 뒤따를 것인지 추측에 빠진다고 조롱을 당한다. "사실은 그렇지 않아!"라고 우리는 주장한다. 추측이 위험하다는 것은 실제적인 면에서가 아니라 이론상으로 그렇다. 역사가들은 그들이 하는 것보다 훨씬 더 많이 그런 추측을 다룰 수 있어야 한다. 거창한 공적 사건들이 대규모로 이뤄진다고 해서, 평범한 사적 사건들보다 더 그들에게 긴요하다고 생각하는 것은 착각이다. 그리고 이 착각이 판단을 억누르는 것이다. 거창한 국가 정책에 대한 어떤 의견이나 평가를 내놓는 것은 추진 중인 다른 정책을 상상조차 하지 않는 한 불가능한 일이다.

이런 관점은 영국의 확장처럼 강대하고 복잡한 사건에 특히 적용될 수 있다. 잠시, 영국과 신세계에 어떤 연관성이 없었다고 생각해 보라! 엘리자베스 시대 이후 영국 역사의 보잘 것 없는 과정이 얼마나 달라졌겠는가! 에스파냐 무적함대가 우리를 괴롭히지도 않았을 것이고 이와 맞서 싸운 드레이크와 호킨스도 없었을 것이다. 영국해군은 성장하지 못했을 것이고, 블레이크는 반 트롬프나 드 루이와 싸우지 않았을 것이다. 장기 의회와 찰스 2세 시대에 네덜란드와 벌인 전쟁, 크롬웰의 대에스파냐 전쟁도 결코 일어나지 않았을 것이다. 영국은 자신을 지키는 데 필요한 자본을 축적하지 못했을 것이고 그에 따라 결국 루이 14세에게 굴복했을 것이다. 거대 무역회사들이 등장해 토지귀족 세력의 수입을 보충해 주고 국가 정책의 대대적인 전환도 이뤄지지 않았을 것이다. 영국은 앤 여왕의 통치시기에 세계 모든 나라 중에서 으뜸가는 지위를 차지하지 못했을 것이고, 우리는 실제와 전적으로 그리고 완전히 다른 18세기를 겪었을지도 모른다. 간단히 말해서 모든 것이 달랐을 것이다. 그리고 여러분은 이 모든 추측이 비현실적이라고 비웃고 싶을 것이다. 전개과정이 무한하기 때문이다.

그러나 그것은 모든 추측들 가운데 가장 실용적이며, 이 때문에 그런 것이다. 이 모든 거대한 확장, 3세기 동안 원래 영국 쪽으로 집중된 이 거대한 속령(accretion)들은 아직 영국과 완전히 통합돼 있지 않다. 그 때문에 우리는 그것들로부터 벗어나 다시 엘리자베스 여왕 치세기의 평범한 잉글랜드로 되돌아가는 것을 상상할 수 없다. 사실 우리 제국의 성장은 어느 면에서 자연스러운 것이었을지도 모른다.

옛 영국과 비교하면 '대영국'은 건장한 소년 모습에서 다 자란 거인으로 보일 수도 있다. 그러나 둘 사이에는 차이가 있다. 영국이 편의에 따라 식민지를 해방시키고 인도를 포기하는 것을 고려할 수 있는 반면, 어른은 다시 소년이 될 생각을 하지 않는다는 점이다. 사실 우리는 캐나다를 우리가 생각하는 켄트로 여기지 않는다. 노바스코샤를 스코틀랜드로, 뉴사우스웨일스를 웨일스로, 인도를 아일랜드로 생각하지 않는다. 우리는 그곳들이 우리와 분리되는 것을 아주 쉽게 상상할 수 있다. 만일 우리가 선택하기만 하면, 쉽게 분리할 수 있다. 게다가, 많은 당사자들(authorities)이 실제로 그렇게 하라고 권하고 있다.

그런 다음에, 우리는 전체로서 생각하는 잉글랜드의 확장에 대해 몇 가지 판단을 내려야 한다. 그것은 에스파냐의 팽창과 같은 일시적인 발전이었을까? 심지어 그 확장은 처음부터 방향을 잘못 잡은 에너지의 산물, 잘못된 실수였을까? 국가는 실수를 저지를 수 있고 또 실수한다. 국가는 가끔 맹목적인 열정이나 본능의 지시에 따라 나가기도 한다. 사건의 성격상 그 일탈이 오래 지속되지 않고 또 무한정 나라를 그 방향으로 이끌지 못할 이유도 전혀 없는 것이다. 그러므로 영국이 처음부터 신대륙의 유혹에 빠지지 않고 셰익스피어의 시대, '큰 웅덩이에 있는 백조의 둥지처럼' 자급자족하는 섬으로 남아 있어야 했다고 상상할 수도 있다. 또는 적어도 프랑스처럼 제국을 잃었거나, 처음의 식민제국을 상실했을 때 새로운 식민지를 건설하지 않았던 것은 다행한 일이었다고 생각할 수 있다.

하지만 만일 그렇다면, 또는 비록 그렇게 될지라도, 얼마나 거대하고 복잡하며, 그리고 그와 동시에 얼마나 중대한 문제가 우리 앞에 놓여 있는가! 만일 우리가 이렇게 올바른 길을 벗어났거나 지금 완전히 새로운 길로 들어가야만 한다면, 얼마나 엄청나게 중요할 것인가! 우리들 가운데 많은 사람들이 매우 혼란스러운 논쟁을 불러올까 우려한 나머지 이 문제를 생각하려고 하지 않았다. 우리는 이렇게 말한다.

"먼 나라들의 문제에 신경 쓰지 말고 우리 자신의 문제에 관심을 가져라. 우리의 이해 바깥에 있는 먼 나라 문제에 우리가 끼어들게 된 것이 불행이었다."

그러나, 만일 이것이 정말 불행한 일이고, 우리 제국이 실제로 우리에게 너무 광대하다면, 그것은 그렇지 않았을 경우보다 훨씬 더 급박하고 긴급한 문제가 될 것이다. 그때에는 우리에게 재앙이 확실하게 닥쳐 올 진퇴양난에서 벗어나기 위해 너무나 빨리 결단을 내릴 수는 없다.

그러면 우리는 이 제국을 파괴하는 거창하면서도 아주 미묘한 문제가 상당 부분 해결될 때까지 관심을 쏟아야 한다. 그러므로 어떤 경우에도 우리에게는 모든 정치적 문제들 가운데 가장 중대한 문제가 있다. 만일 우리 제국이 추가적인 발전을 할 수 있다면, 우리는 발전해야 한다. 그리고 그것이 거추장스러운 것이라면, 우리는 여전히 해결해야 할 더 걱정스러운 문제를 가지고 있는 것이다. 그리고 어느 경우든 우리는 너무나 급속하게 증가하는 광대한 영토와 인구를 다루어야 하고, 그 미래의 향배가 너무나 중요한 것이다.

이것은 정치적 문제이지만, 역사적 문제가 아닐까? 그렇다. 그리고 내가 이 주제를 택한 가장 주된 이유는, 그것이 다른 어떤 주제보다 역사와 정치 사이의 연관성에 대한 나의 견해를 잘 보여주기 때문이다. 여기서 내가 강의하는 모든 것의 궁극적 목표는 이 근본적 관계를 확립하는 데 있다. 정치와 역사는 단지 같은 분야의 다른 측면일 뿐이라는 것이다. 정치란 단지 정치세력과 정당들의 투쟁에 빠져들도록 만들 뿐이고, 멋진 역사란 시와 산문 사이를 오가는 기분 좋은 저술을 낳는 문학적 표현이라는 속설이 있다. 내가 말하려는 것은, 이런 왜곡이 서로 겹치는 두 분야 간의 부자연스러운 분리에서 비롯됐다는 점이다. 정치는 역사를 통해 자유로워지지 않으면 천박해지고, 역사는 현실 정치와 관련을 맺지 않으면 단순한 문학으로 전락한다. 이를 분명히 보여주기 위해, 확실하게 역사와 정치에 함께 속하는 주제를 선택하는 것이 좋은 계획일 것 같다. 그런 주제는 무엇보다도 '대영국'이다. 왜 인도와 한 지붕 아래에 있어야 하는가? 우리 식민지를 어떻게 해야 할 것인가?라는 질문보다 더 정치적인 질문이 있는가? 하지만 그것들은 역사의 도움이 필요한 질문들이다. 우리가 독점판매권이나 세금에 관한 국내 질문에서 그러하듯이, 여기 있는 우리 자신을 속일 수는 없다. 그래서 상식과 상도덕이 우리를 진실한 견해로 이끌기에 충분할 것이라고 상상하는 것이다.

예를 들어, 우리는 특별한 연구도 없이 인도 문제에 어떤 판단을 내릴 수 있다고 생각하지 않는다. 인도의 주민이 신체적, 지적, 도덕적인 모든 조건에서 우리와 아주 멀다고 볼 수밖에 없기 때문이다. 여기에서 우리는 정치가 어떻게 역사 속으로 통합되는지를 알게 된다. 영제국의 설립은 비교적 현대적 사건이다. 우리가 잃어버린 식민지를 무시하고 아직도 우리가 소유하고 있는 제국에 대해서만 생각한다면, 거의 전적으로 조지 2세와 조지 3세에 세워진 제국을 떠올린다.

지금, 그 시기는 학생들이 공부하기에는 너무 현대에 가깝다는 이유로 회피하는 시기다. 그에 따라 대중의 마음에는 [잉글랜드-스코틀랜드] 합병에 따른 번영과 문명의 평온한 시기로 각인된다. 나는 이런 불만을 제기해 왔다. 우리 역사학자들은 이 시기에 가까워질수록 나

태해지고, 그 시기에 대한 설명은 아무런 특징이 없으며, 따라서 독자들이 영국 역사를 무색한 것으로 여기고, 도덕이 없는 이야기, 또는 그 마지막 권조차 지루하고 진부한 월터 스콧의 《미들로디언의 심장》(*Heart of Midlothian*)[1]처럼 영국사를 무색한 것으로 여기도록 만드는 것이다. 그러면 여러분은 내가 어떻게 이 악덕을 치유할지 보게 될 것이다.

나는 미래의 아주 중대한 사건을 보여주려고 한다. 그 사건들의 특징으로는, 곧 닥쳐올 것이고 틀림없이 중대하다는 것 이외에 아무것도 모른다는 점이다. 이 사건들은 영국과 그 식민지, 특히 영국과 인도의 관계에서 더 발전된 것이다. 내가 말하려고 하는 것은, 분명히 현재의 단계는 분명치 않지만 아직 그 발전이 무엇인지 알 수 없다는 것이다.

대분열이 일어날 것인가? 캐나다와 호주가 독립국가가 될 것인가? 우리는 인도를 포기해야 할 것인가, 그리고 현재로서는 거의 상상할 수 없지만 원주민 정부가 부왕(*viceroy*)을 대신하고 의회역할을 맡게 될까? 아니면 그 반대가 일어날까? 대영국은 더 높은 조직으로 대두할 것인가? 여러 대양으로 분리된 영국 인종이 현대 과학적 발명을 충분히 활용하면서, 완벽한 자유와 공고한 국가연합이 무한정한 영토확장과 조화를 이룰 수 있는, 미국의 사례와 같은 그런 조직체를 만들어갈 것인가? 그리고 둘째로, 우리는 여전히 더 어려운 문제를 해결

---

1 월터 스콧(Walter Scott)의 연작소설 《웨이벌리》 가운데 일곱 번째 소설이다. 모두 4권으로 구성돼 있다.

하는 데 성공을 거둘 수 있을까? 우리는 인도를 통치할 수 있는 만족스러운 방법을 찾아낼 수 있을까? 그들이 식민화될 수 없었던 지난 한 세기동안 지배민족인 영국인들과 극단적으로 정반대인 삶의 양식(*modus vevendi*), 무수한 아시아적 전통과 생활방식을 지닌 엄청난 수의 아시아 인구를 통치하는 것 말이다. 우리는 이 문제들이 어떻게 해결될지 알지 못한다.

하지만 우리는 그것들이 어떻게든 해결되리라는 것, 그리고 문제의 본질 면에서 그 해결이야말로 절대적으로 중요하다는 것을 확신할 수 있다. 영국의 역사 변화 목표는 바로 이것이다. 역사가들 대부분이 그러하듯이, 우리는 〔인류의〕 모든 발전이 영국 역사에서 멈추었고, 우리의 안보와 번영이 항구적인 상태에 도달했다고 생각하지 않는다. 전혀 그렇지 않다. 움직임은 훨씬 더 큰 규모이기 때문에 인지할 수 없을 수도 있다. 그러나 그 움직임의 변화와 투쟁은 또한 더 큰 규모일 것이다. 그리고 위기가 도래하면, 그것은 우리의 과거 역사에 놀라운 빛을 비출 것이다. 조지 2세 이후 일어나고 있는 놀라운 제국 확장, 우리가 당혹할 만큼 놀랍게 읽은 그 확장이 이제야 전혀 다르게 우리에게 감동을 주기 시작할 것이다.

오늘날 '영국인'(*English race*)이기를 포기한 캐나다와 호주가 무한정으로 영토를 확장하는 것을 보면서, 우리는 놀라워하면서도 명확한 의견을 나타내지는 않는다. 영국의 한 무역회사가 인구 2억 명의 인도를 정복한 내용을 읽을 때, 우리는 놀라고 감탄하지만, 명확한 견해를 갖지는 못했다. 모든 것이 너무 이상하고 이례적으로 보여서 거의 흥미를 잃게 되는 것이다. 우리는 그것을 어떻게 판단해야 할지, 무엇을 생각해야 할지 모른다. 지금 그렇지 않아도, 아마 그런 식으로 될 것이다. 시간이 지나면 이 모든 성공에서 무엇이 정말 확고한지, 그리고 무엇이 그렇지 않은지 알려질 것이다. 그 사건이 다음과 같이 여겨질 때, 즉 위대하고 견고한 세계 국가를 형성한 것, 구에스파냐와 같이 허망한 무역제국이 등장했다가 다시 몰락하는 것, 동양과 서양의 견고한 결합에 의해 가장 크고 심원한 결실이 인도에서 맺어졌다는 것, 클라이브와 헤이스팅스가 엄청난 사업에 착수하고 한 세기 동안의 분명한 성공 뒤에 실패로 끝났다는 것 등으로 여겨질 때, 신대륙을 차지하기 위한 18세기의 저 위대한 투쟁을 어떻게 생각해야 할 것인지를 알게 될 것이다.

이 강의는 모두에게 똑같이 가르쳐 줄 것이다. 그러나 역사는 그것이 가치 있는 것이라면, 시간의 교훈을 어느 정도는 확실히 예견해야 한다. 우리는 그 사건이 일어난 후에 틀림없이 현명해졌을 것이다. 또 우리는 그 사건의 역사를 탐구하기 이전에도 현명했을지 모른다. 왜 우리는 지금 우리의 식민지와 인도제국의 운명에 대해 의견을 개진하면 안 되는가? 그 운명은 자의적으로 결정되지는 않을 것이다. 그것은 어떤 법칙들이 작용한 결과일 것이다. 이 법칙이야말로 정치학의 발견 대상이다. 사건이 일어날 때쯤 이 법칙이 뚜렷이 보인다. 사람들 모두가 이미 발생한 일은 필연적으로 일어날 수밖에 없음을 다소 분명하게 알 수 있으리라. 그렇더라도, 정치학도라면 미래의 일을 적어도 개괄적으로라도 예견할 수 있어야 한다.

자, 이런 고려사항들이 최근 영국 역사를 새로운 시각에서 바라보도록 하지 않는가? 나는 16세기 후반에 완전히 새로운 길로 접어드는 영국을 여러분에게 보여주었다. 이 여정에서 17세기에 걸친 진보의 단계와 18세기에 뒤이은 엄청난 결과들을 추적했다. 나는 영국사의 해석이 여전히 잠정적 상태에 머물러 있음을 지적했다. 그 가운데 몇 가지는 조만간 분명히 엄청나게 수정될 것이다. 이 모든 것들로 미루어 볼 때, 영국사의 현대 부분은 정치학에서 가장 큰 문제들 중 하나인 과제를 안겨준다. 그렇기에 나는 여러분에게 정치와 역사의 수렴을 보여주려고 한다. 조지 2세와 조지 3세 치세 시기는, 그 기이한 생활방식과 유행 때문에 상상으로 되돌아보아도 즐거움을 안겨준다. 그렇지만 그 치세기를 단지 지나간 과거의 시대로 제시하려는 것이 아니라, 모든 정치 문제 가운데 가장 중요하고 시급한 문제를 해결할 수 있는 자료의 저장고로서 제시하려는 것이다.

무엇이 영제국이 되었는가라는 문제를 이해하기 위해 우리는 제국의 본질과 그것을 지탱한 원인 및 제국을 부양한 뿌리를 연구해야 한다. 그리고 제국의 본질을 탐구하는 것은 제국의 역사와 특히 제국의 시작에 대한 역사를 공부하는 것을 뜻한다.

널리 알려진 문필가로부터 오랫동안 들어온 이야기가 있다. 역사란 너무 엄숙하고 오만하므로 오히려 이를 미세하고 친숙하며 생생하게 다뤄야 한다. 사실 역사는 소설 같은 스타일로 써야 한다는 것이다. 최근에 널리 퍼져 있는 이런 견해에 대해 내가 어떻게 생각하고 있는지 다시 한 번 말하려고 한다. 나는 그 견해가 기반을 두고 있는 비판을 부인하지 않는다. 역사가 엄숙하고 오만해서는 안 된다는 지적을 전적으로 인정하며, 오랫동안 역사가 그래왔다는 점을 받아들인다. 그렇지만 엄숙함과 진지함은 전혀 다르다. 이 학파 사람들은 역사가 엄숙해서는 안 되며, 그렇기 때문에 심각해져서도 안 된다고 주장한다. 그들은 역사가 견고하거나 중요한 진실을 밝혀낼 수 있다는 것을 부정한다. 그들은 과거를 다시 삶으로 불러들이고, 우리 조상들이 살았을 때 옷을 입은 모습을 보고, 그들의 잘 알려진 행위를 하는 바로 그 활동만으로 그들을 놀라게 만드는 것이 아주 재미있고 즐겁다는 것만을 알 뿐이다.

나는 그들의 이론이 극작가 리처드 스틸[2]에 관한 이야기를 처음 시작할 때 윌리엄 새커리[3]가 가장 순수한 솔직함으로 이런 이론을 폈다는 것을 알고 있다. 새커리의 소설 첫 부분은 거의 모든 이들이 읽어 왔으며 나는 거의 모든 사람들이 정확하고 진실하게 받아들였기를 바라고 있다. 그는 이렇게 말한다.

---

2 리처드 스틸(Richard Steele, 1672~1729): 아일랜드 더블린 출신 극작가이다. 옥스퍼드 머튼 칼리지에서 수학한 후 해군에 복무하고 하원의원을 역임했다. 조지프 앤더슨(Joseph Anderson)과 함께 1709년 잡지 〈태틀러〉(*The Tatler*), 1711년 일간지 〈목격자〉(*The Spectator*)를 공동 창간했다. 작품으로《크리스천 영웅》(*The Christian Hero*, 1701), 《장례식》(*The Funeral*, 1701), 《자상한 남편》(*The Tender Husband*, 1705) 등이 있다.
3 윌리엄 새커리(William M. Thackeray, 1811~1863): 빅토리아시대 소설가, 시인이다. 널리 알려진 작품으로 《베리 린던의 행운》(*The Luck of Barry Lyndon*, 1844), 《허영의 시장》(*Vanity of Fairs*, 1838), 《헨리 에스먼드의 역사》(*The History of Henry Esmond*, 1852) 등이 있다. 본문의 리처드 스틸에 관한 묘사는 《헨리 에스먼드의 역사》에 나오는 것으로 보인다. 헨리 에스먼드는 고아 출신으로 후에 해군 대령, 정치인 등을 지낸다. 그의 생애를 다룬 이 소설에서 새커리는 리처드 스틸을 점잖고 예의 바른 젊은이로 묘사한다.

"과거 시대의 역사를 공부할 때 우리는 무엇을 찾는가? 주요 정치가들의 정치적 본성을 알려는 것인가? 그 시대의 삶과 존재 자체를 알기 위해서인가? 만일 우리가 앞의 목적을 가지고 연구에 착수한다면, 진리는 어디에 있는가, 그리고 그가 가진 것이 전부라고 믿는 이는 누구인가?"

그다음에 계속 자신의 의견을 개진하면서, 그는 공공 문제를 다룬 역사책에서 우리가 발견한 엄숙한 진술은 모두가 말도 안 되며, 어떤 회의적인 검토도 받아들이지 않을 것이라고 선언한다. 그는 그 사례로 조너선 스위프트의 《동맹국들의 행위》(1711)4와 윌리엄 콕스5의 《말버러 공작 전기》6를 들고 있다.

그리고 지금 여러 학생들은 그가 역사에 대한 자신의 관점을 아주 낡은 배우들의 저술을 통해 형성했다는 것을 알게 된다. 하지만 지금, 정치사가 도대체 말도 안 되는 것이라면, 우리는 그 역사를 무엇으로 대체해야 할 것인가? 새커리는 우리가 "그 시대의 삶과 존재에 대해 우리 자신이 친숙해지도록 해야 한다"고 말한다. 이는 무엇을 의미하는가? 그는 계속해서 설명한다.

---

4   이 소설의 원제는 *The Conduct of the Allies and of the Late Ministry in Beginning and Carrying on the Present War*(1711)이다. 이 소설에서 조너선 스위프트(Jonathan Swift, 1667~1745)는 에스파냐 계승 전쟁기 유럽 강대국 외교의 술수와 전략을 다루면서, 특히 영국 휘그파 정치가들의 책략을 공격한다.
5   윌리엄 콕스(William Coxe, 1748~1828): 역사가로 18세기 정치가들의 전기나 시대사 저술을 여러 권 남겼다. 케임브리지 킹스 칼리지를 수학했다.
6   《말버러 공작 전기》의 원제는 *Memoirs of John, Duke of Marlborough*(1818~1819)이다.

"우리가 〈태틀러〉(*The Tatler*)와 〈목격자〉(*The Spectator*) 같은 즐거운 신문을 읽을 때, 지난 과거가 귀환하고 우리 선조들의 잉글랜드가 재생된다. 런던의 스트랜드가7에서 오월제 나무기둥8이 다시 세워지고, 교회는 매일 예배하는 사람들로 가득 찬다. 커피하우스에 멋쟁이들이 모이고, 신사들은 응접실을 메우며, 숙녀는 장난감 가게로 몰려간다. 의장은 거리에서 떠밀리고, 보병들이 마차 앞에 고리를 달고 달리거나 극장 문을 에워싸고 싸운다. 나는 그 소설들이 모든 것을 진실이라고 주장하는 책보다 더 많은 양의 진실을 포함한다고 말한다. 허구적인 책, 소설에서 나는 예절, 운동의 표현들, 사회의 의상이며 쾌락이며 웃음과 조롱거리들과 같은 그 시대 삶의 표현을 포착한다. 즉, 옛 시대가 다시 살아나고, 나는 오래된 나라 잉글랜드를 여행하는 것이다. 가장 진지한 역사학자라면 나를 위해 이보다 더 많은 일을 해줄 수 있을까?"

위대한 소설가라면 그렇게 생각하겠지만, 그 자체가 거의 당연한 일이다. 위대한 기술자 브린들리9는 어떤 목적으로 강이 만들어졌을 것이라 생각하느냐는 질문을 받자, 조금도 망설이지 않고 대답했다.

7　스트랜드(Strand)가: 트래펄가 광장에서 동쪽으로 템플바(Temple Barr)까지 템스강과 나란히 뻗어 있는 도로를 말한다. 18세기 이 도로와 강 사이에 고급 주택단지가 세워졌고, 런던 도심의 대표적인 고급 상점가였다.

8　오월제 기둥(*Maypole*): 오월제 축제 때 높이 세운 나무기둥을 가리킨다. 이 기둥을 중심으로 민속춤과 축제가 열렸다.

9　제임스 브린들리(James Brindley, 1716~1772): 18세기 토목 기술자로 브리지워터 운하, 트렌트-머지강 운하 등을 개통시켜 운하열광 시대의 주역이었다.

"운하를 건설하기 위해서입니다."

앤 여왕 치세시, 말버러 공작10 통치 시기의 영국군이 왜 프랑스군과 싸웠느냐는 질문을 받은 새커리는 솔직히 답했다.

"저의 유쾌한 소설 《헨리 에스먼드》(Henry Esmond)를 집필할 수 있게 하려고요."

물론 그는 그렇게 생각했지만, 그 날카로운 유머 감각으로 어떻게 그가 그렇게 말할 수 있었을까? 알다시피, 그는 우리의 회의적 태도에 호소한다. 만일 그것이 사실이라면 역사가 중요할 수도 있다는 것을 부인하지는 않는다. 그렇지만 그는 그것이 진실이 아니라고 말한다. 그는 그것에 관해 단 한 마디도 믿지 않는다.

글쎄, 만일 그렇다면, 나는 어떻게 해야 하나? 우리는 그가 우리에게 지적한 과정을 따라가야 하는가? 진지한 탐구로서의 역사를 포기하고 다만, 역사를 즐거운 유희로서 공부해야 하는가. 그래서 유럽 전쟁을 외면하고 장난감 가게로 몰려가는 여성들의 모습을 바라보아야 하는가? 우리 선대가 이룩한 정부 형태가 어떠했는지를 살피는 것 대신에 그들이 어떤 종류의 저녁 식사를 했는지 탐사해야 하는가? 나는 학생들에게 정반대 방향으로 나아가는, 전혀 다르면서도 훨씬 더 좋은 코스가 있다는 점을 말하려고 한다. 만일 역사가 오랫동안 사실이 아니었고 불만족스러웠다면 그것을 바로잡고 수정하면 된다. 진

---

10 말버러 공작(Duke of Marborough, 1650~1722) : 본래 이름은 존 처칠(John Churchill)이며 에스파냐 계승 전쟁에서 영국 승리를 이끈 장군이자 정치가이다. 그의 저택 블레넘(Blenheim) 궁은 에스파냐 계승 전쟁기 블레넘 전투 승리를 기념한 데서 따온 이름이다.

실하고 신뢰할 수 있는 것으로 만들라는 것이다. 이런 일을 이룰 수 없는 이유는 세상에 없다. 오히려 역사의 대부분 시기에 걸쳐 이미 행해졌고, 역사학도들이 그런 작업을 소홀히 해 온 최근의 역사만이 미완성인 채로 남아 있을 뿐이다.

역사에 대한 연구가 최근 몇 년 동안 얼마나 많이 바뀌었는지는 일반적으로 알려져 있지 않은 것 같다. 역사적으로 천박하게 만들어진 거만하고 공허한 관습에 대한 이런 비난들은 한때는 근거가 있었지만 지금은 주된 근거가 없다. 역사는 많은 부분이 다시 서술됐다. 그 대부분은 지금 사실이다. 그리고 정치학이 이를 토대 삼아 추론할 수 있는 그런 자료로서 과학 앞에 놓여있다. 지금은 이전처럼 거만하고 엄숙하지는 않지만, 그러면서도 매우 심각하고, 그 어느 때보다도 더 진지하다. 그렇다면 여기 역사학도 앞에 어떤 대안이 놓여 있는 것이다. 새커리가 충고하듯이, 역사를 그저 진지하게만 생각하지 말고 전보다 더 심각하게 생각하라는 것이다. 여러분이 진실을 찾을 수 없고, 따라서 그것을 찾는 일을 그만두는 게 더 낫겠다고 생각하지 말고, 진실은 찾기 힘들며 따라서 더욱더 부지런히, 그리고 더 열심히 찾아야 한다고 생각하라.

만일 우리가 일단 역사적 진실을 얻을 수 있다고 인정하고 그것을 이룰 수 있다면, 그것의 가장 중요한 점에 대해서는 더 이상 논쟁이 있을 수 없다. 역사는 가장 크고 가장 중대한 종류의 사실들을 다루고 있으며, 전쟁과 평화, 수백만 명의 고통이나 행복과 함께 제국의 쇠퇴와 성장의 원인을 다룬다. 이 점을 고려해 볼 때 나는 역사를 정치에 통합한다. 나는 여러분 역사학도에게 영국사를 공부할 때 영국의 과거만이 아니라 그 미래를 탐구하길 권한다. 그것이 우리나라의 복지를 위한 것이며, 시민으로서 학생들의 전적인 관심사이며, 역사를 공부하는 동안 제기하는 질문인 것이다.

나는 학생들에게 영국의 팽창에 관한 주제를 제시하여 어떻게 그렇게 된 것인지 설명하려고 한다. 학생들에게 이제 결정을 내려야 할 오래된 질문, 그리고 그 결정에 우리나라의 미래가 걸려 있는 그런 문제를 보여주려는 것이다. 이 문제는 정치생활에서 논의해야 할 다른 모든 질문들을 훨씬 능가한다. 그렇지만 그것은 전적으로 역사적 질문이다. 이 질문을 탐사하려면 약간의 지식을 필요로 할 뿐만 아니라, 나는 영국의 근대사에 관련된 거의 완벽한 지식을 거론할지도 모르겠다. 내가 지적했듯이, 잉글랜드는 대영국(Greater Britain)의 확장을 위해 지난 3세기 동안 몰두해 왔다. 그러므로 만일 여러분이 대영국의 미래를 대충이라도 파악하려면, 지난 3세기의 영국사 대부분을 숙지해야 할 것이다.

오직 이런 탐구 작업에 들어섰을 때, 식민지 문제와 인도 문제에 대한 여러분의 견해를 결정할 것을 권한다. 여러분은 근대사에 관련된 이 두 가지 질문들을 찾아내기 전까지는, 질문에서 질문으로, 일단의 사건들에서 또 다른 사건들로 되돌아가기를 계속할 뿐임을 알게 될 것이다. 그리고 이것이 영국 역사를 이해하는 한 가지 방법일 뿐만 아니라, 가장 좋은 방법이다. 역사에서 모든 것은 이야기를 문제제기로 바꾸는 데 달려 있다. 역사를 단지 연대기적 서술로만 생각하는 한, 학생들은 낡은 문학의 틀에 빠져 헤어날 수가 없다. 믿을 만한 지식은 없고, 진지한 사람들마저 모두 피곤하게 만드는 인습적 낭만주

의로 이어질 뿐이다. 졸음만 오는 서사를 깨뜨리고 벗어나라. 스스로
자문하라. 여러분 스스로 문제를 설정하라. 여러분의 적〔이야기로서
의 역사〕은 곧 새로운 태도를 취할 것이다. 여러분은 일종의 조사관이
될 것이다. 그러므로 장중한 태도를 그만두고 진지해야 한다. 엄숙함
을 멈추고 진지해지기 시작할 것이다.

이제 영국 근대사는 두 가지 커다란 문제로 나뉜다. 식민지 문제와
인도 문제다. 더욱이, 대중의 지지를 받는 정부가 있는 모든 나라에
서 역사에 대한 보편적 연구를 필수적인 것으로 만드는 고려사항들은
모두 다른 나라보다 영국에서 훨씬 더 강력하게 작용한다. 우리 영국
인의 거대한 확장이 영국 정치를 가장 당황스러울 정도로 곤란하게
만드는 그런 영향을 미치고 있기 때문이다. 나는 프랑스, 독일, 미국
등 러시아를 제외한 다른 모든 나라들은 영국이 직면한 문제들과 비
교할 때 간단하게 해결할 수 있는 문제들을 안고 있다고 생각한다. 이
들 국가는 대부분 응집력이 강하고 굳건하다. 고대 도시국가들보다
훨씬 더 넓기는 하지만, 그에 못지않게 인구가 조밀한 편이다. 이들
국가는 국토 내에서만 공격을 받을 수 있기 때문에 군대는 일종의 시
민군이나 마찬가지다.
그러나 이제, 멀리 떨어져 있는 속령은 이러한 응집성을 무너뜨리
고 국가 이익이 무엇인지 식별하기도, 그리고 보호하기도 어렵게 만
든다. 우리 식민지가 흩어져 있기 때문에 적국이 우리를 공격하는 것
은 쉽다. 만일 우리가 미국과 전쟁을 한다면, 우리는 캐나다에서 이
를 절실하게 느낄 것이다. 러시아와 싸울 때 아프가니스탄에서도 그

렇다. 그러나 이런 외부의 어려움은 제국의 산재된 영토에서 발생하는 내부의 어려움보다는 덜 심각하다. 어떻게 하면 지구의 절반 거리만큼 멀리 흩어져 있는 광대한 영토들에 도덕적 통일성을 부여할 수 있겠는가. 심지어 그 영토들이 주로 한 국가에 의해 억압당하고 있다 하더라도 말이다! 그러나 이조차도 영국의 가장 큰 걱정은 아니다. (자치) 식민지 외에 인도가 있다. 여기에는 하다못해 우리와 동질적인 인종 또는 종교 공동체도 없다. 이민과 식민화에 의해 형성된 탄탄한 토대가 아주 부족한 것이다. 여기 자치령 못지않게 심각하고 어려우며 훨씬 더 희망적이지 않은 또 다른 문제가 있다. 어느 문제든 그 자체만으로도 이전에 우리가 수중에 넣었던 속령 못지않다. 두 민족이 동시에 같은 나라에 속해야 한다는 것은 사실 너무 지나쳐 보인다.

이 두 가지 반대되는 질문에서 공공정신이 얼마나 상충된 영향을 받는지 생각해 보라. 다른 자치 식민지와 인도는 양 극단에 있다. 자치 식민지에 가장 적절한 정치적 원리가 있더라도 그것은 인도에 적용할 수 없는 것이다. 자치 식민지에서는 모든 것이 새롭다. 그곳은 가장 진보적인 사람들이 사회의 진보에 가장 유리한 상황을 맞고 있는 것이다. 그곳은 과거가 없으며 무한한 미래만 있을 뿐이다. 정부와 제도부문은 모두 영어를 사용한다. 모두가 자유, 산업, 발명, 혁신 그리고 정숙함만 있을 뿐이다.

자, 만약 이게 오직 대영국이라면 동질적이고, 모두가 하나가 될 것이다. 영역이 넓고 무한하더라도, 우리는 그 문제를 이해할 수 있다. 그러나 동시에 영토는 아니지만 인구 면에서 전자를 능가하는 또 다른 대영국이 있다. 이는 모든 점에서 앞의 것과 다르다. 인도는 이미 지난 과거이고 나는 그 미래가 없다고 말한다. 가장 현명한 사람에게 그 것이 어떻게 다가올지 상상하기조차 두렵지만, 그러나 과거에 인도는 경이로운 고대의 경관을 보여준다. 가장 오랜 종교, 가장 오랜 모든 관습들이 원래 모습대로 존속한다. 대중의 지지를 받는 어떤 정부형 태도 아직까지 존재하지 않는다. 유럽과 그리고 신대륙에서는 명맥만 겨우 유지하는 것들이 인도에서는 활기를 띠고 번창하는 것이다. 미 신, 숙명론, 일부다처제, 가장 원시적인 사제직, 원시적인 전제정치 등이다. 그리고 광활한 아시아 스텝지역의 우즈벡인11과 투르코만 인12이 북부 변경을 위협하고 있다. 그리하여 세계의 미래를 향해 한 손을 뻗어 유럽과 신대륙 간의 중재자가 되고, 다른 한 손은 가장 먼 과거로 뻗어 아시아의 정복자가 되고 무굴제국의 계승자가 된다.

같은 나라가 어떻게 혼란 없이 근본적으로 다른 두 가지 정책을 추 구할 수 있는가? 아시아에서 독재적이고 오스트레일리아에서는 민주 적인 나라가 될 수 있는가? 일단 동양에서 세계의 가장 강력한 무슬림 국가, 수천 여 신전 재산의 수호자이자, 동시에 서구에서 자유사상과 영적 종교의 최고 영도자로 자리매김하고, 러시아의 중앙아시아 남 진을 막는 강력한 군사 제국주의를 내세우는가 하면, 다른 한편으로 퀸스랜드와 마니토바에 자유로운 정착민들을 가득 채운단 말인가? 세계가 시작된 이래로, 분명 어떤 나라도 그렇게 엄청난 책임을 떠맡

---

11 우즈벡(Uzbeg) 인: 중앙아시아에 산재한 투르크 계열 민족이다. 지금 우즈베키 스탄 인구의 다수를 차지한다. 원 책에서는 'Osbeg'라 표기하고 있다.
12 투르코만(Turkoman) 인: 중앙아시아 투르크인을 말한다. 'Turkoman' 또는 'Turkmen'으로 표기한다.

지 않았다. 지구상의 전 지역에서 그렇게 방대한 문제들, 온갖 종류의 특별한 지식과 특별한 훈련을 필요로 하는 문제들을 단일한 공중(公衆)의 결정에 의존한 적은 없었다. 이 영국의 공적 대중이 그 중대한 책임을 가볍게 지고 있다는 점을 인정해야 한다!

우리 영국인은 심지어 식민지나 인도의 문제들을 연구하지도 않는다. 그들이 정치의 전면에 나서는 드문 경우를 제외하고, 이들을 흥미롭게 여기지도 않는다. 한 부처의 운명이 걱정되면, 그제야 영국인들은 인도의 인구, 지구의 광대한 지역의 운명, 그리고 영국 국가의 미래와 관련될 경우에만 흥미를 갖게 된다. 매콜리는 다음과 같이 쓰고 있다.

"역사의 어느 부분인가에 관심을 갖는 모든 영국인들은 거대한 대양 때문에 고국과 분리된 소수의 동포들이 몇 년 사이에 역사상 가장 거대한 제국에 어떻게 예속되었는지 관심을 가질 것이라 예상할 수도 있다. 그러나 우리가 큰 잘못을 저지르지 않는 한, 이 주제는 대부분의 독자들에게 무미건조할 뿐만 아니라 확실히 혐오스러운 것이다."

지난 두 세기에 걸쳐 우리나라를 근본적으로 변화시킨 그 확장의 일환으로 영국의 인도 획득은 다음 강의에서 검토할 것이다.

제 2강 인도제국

이전의 식민제국과 마찬가지로, 이제 영국 근대사에 널리 퍼져 있는 '확장'이라는 일반 법칙을 보여주는 한 인도제국을 중요하게 고려해야 한다. 그 자체로서가 아니라 오직 우리 영국과 관련지어 고려해야 한다. 인도제국을 역사적으로, 즉 제국을 창출한 원인들에서, 그러나 또한 정치적으로, 즉 우리나라의 가치나 안정성과 관련지어 고려할 것이다.

이런 관점에서는, 연대순으로 관찰하면 오히려 불편할 것이다. 인도 획득은 거의 맹목적으로 이뤄졌다. 영국인들이 어떤 위대한 작업을 하지 않았는데도 아주 의도치 않게, 우연히 인도를 정복한 것이다. 식민화 과정에서 계산적인 일이나 술책은 거의 없었다. 최초의 영국 정착민들이 신세계 버지니아와 뉴잉글랜드에 갔을 때, 강력한 공화주의 국가의 토대를 세우려는 의도는 없었다. 그러나 이곳에서 벌어진 사건은 의도적인 계획과 어느 정도 차이가 있는 것이다. 우리는 새로운 공동사회를 건설할 의도를 가지고 있었고, 그 사회가 공화주의 경향을 띠게 되리라는 것도 알았다. 우리가 알아차리지 못한 것은 그 식민지의 광대한 규모였다. 그러나 인도는 우리에게 한 가지 내용만을 의미했고, 그것은 이전 사례와 아주 다른 것이었다. 우리의 목표는 무역이었는데, 이 점에서는 특별히 성공적이라고 할 수도 없었다. 처음 정착한 지 100년이 지날 때까지 우리는 원주민과의 전쟁을 전혀 생각하지 않았다. 그 후에 우리는 토후국(土侯國)들과의 전쟁이 우리의 무역에 도움이 되리라고 생각했다. 이 시기 이후 다시 반세기가 조금 더 지나서야 상당한 영토 획득을 고려했다. 19세기에 이르러 토후국에 대한 지배권을 획득하려는 정책이 도입되었다.

이제 우리의 절정은 25년 전 댈하우지 경1이 총독을 맡을 때에서야 비로소 달성했다고 말할 수 있다. 우리는 줄곧 한쪽을 바라보며 다른 쪽으로 움직였다. 이 같은 경우, 연대기적 연구방법을 택하는 것은 가장 나쁘다. 만일 우리가 매년 동인도회사의 역사를 추적하고, 관리자들의 관점에 서서 바라본다면, 그것은 온갖 노력을 다해 우리 자신의 눈을 가리는 것이나 다름없다. 왜냐하면 임원들의 의지가 아니라, 그들의 의지를 제약하는 다른 세력들, 즉 수포로 돌아갔지만 임원들의 의지에 반발해 투쟁했던 세력들, 그들에 의해 인도제국이 존재하게 된 것이다. 이런 까닭에, 다른 쪽 끝에서 탐구하기 시작하는 것,

---

1 제임스 앤드루 브룬-램지(James Andrew Broun-Ramsay, 1812~1860) : 스코틀랜드 귀족 출신 정치가이며, 1848~1856년 인도 총독을 지냈다. 댈하우지 백작 작위를 계승했으나 1849년 댈하우지 후작(Marquess of Dalhousie)이 됐다.

또 제국이 어떻게 현재의 광대한 속령으로 성장했는가를 고려하기 전에 지금 이 순간에 제국이 실제로 어떠한가를 탐구하는 것이 필요하며, 또 다른 이유로는 그런 작업들이 편리하기도 한 것이다.

우리는 이 제국을 '정복지'(conquest)라고 부르는데, 이 제국이 어느 정도 정착이나 식민화를 통해 얻은 것이 아니라, 동인도회사가 일련의 전쟁을 거쳐 토착 제후국으로부터 영토를 양도받아 획득하게 되었다는 점을 나타내기 위한 것이다. 그러나 그 말의 좀더 정확한 의미에서, 우리는 어떻게 인도가 정복지라는 사실이 당연하다고 생각하게 됐는지 고려해야 한다. 앞에서 나는 식민지를 가리키는 '영국의 속령'(possession of England)이라는 표현을 비판했다. 나는 이렇게 물었다. '영국'이 그 나라에 사는 사람들을 의미하고, 동시에 식민지가 해외에 거주하는 특정한 영국인을 가리킨다면, 어떤 점에서 한쪽이 다른 쪽에 속한다고 말할 수 있는가? 또는 영국이 궁극적으로 식민지 정부이기도 한 '영국인 정부'를 의미한다면, 왜 우리는 그 식민지 정부 아래 사는 주민을 소유물이나 재산으로 언급하는가? 그들이 정복되어 그 주민이 되지 않았는데도 말이다. 인도는 정복에 의해 여왕의 통치 아래 들어갔기에, 이제 이런 비판은 인도에 직접 적용되지 않는다. 따라서 인도는 식민지에 해당되지 않는다는 점에서 영국의 소유라고 불릴 수도 있다.

그럼에도 전쟁에 관련된 어휘들 대부분이 그렇듯이, 원시적 야만 시대에서부터 우리에게 이어져 온 '정복'이라는 말은 쉽게 오해를 일으킬 수 있다. 우리는 어떤 면에서 영국이 인도를 소유하고 있는 것인지 질문할 수 있다. 우리가 가진 것은 어떤 식으로든 우리의 즐거움을 위해 사용한다. 만일 내가 땅을 가지고 있다면 나는 수확해서 이익을 취하거나, 그 땅을 농부에게 맡길 경우에는 임대료를 받는다. 그리고 원시시대에는 국가의 정복이 대개 문자 그대로 소유로 이어졌다. 우리가 〈여호수아서〉에서 읽은 팔레스타인의 정복지나 몰수한 토지가 종종 로마 시민에게 분배된 로마 정복지에서 그러했듯이, 종종 정복자들은 실제 정복한 땅이나 또는 그 땅 일부의 소유자가 되었다. 인도는 이런 점에서 확실히 정복된 국가가 아니다. 영국은 인도에서 토지를 점유하지 않았다. 토착 지주들이 대체된 뒤에야 토지를 영국인에게 할당했다.

우리는 정복지의 상태를 또 다른 의미로 인식하기도 한다. 정복지를 공물 또는 공물 상납의 대상으로 생각하는 것이다. 정복지를 어떻게 표현하느냐에 관해서 우리는 특히 유의해야 한다. 그것은 국민이 그들의 국경을 보호하는 군대에 정부가 지불하는 비용을 충당한다는 것, 달리 말해 정복당한 사람들에게 달리 특별하게 부과하는 것은 없다는 것을 의미할 뿐이다. 어떤 형태로든 거의 모든 사람들이 정부가 지출하는 비용을 지불한다. '공납'(tributary)이라는 단어가 '정복된'이나 '예속된'이라는 뜻을 가지고 있다면, 그것은 정부의 실제 비용보다 더 많은 금액을 지불한다는 것을 의미한다. 우리는 근대 이집트에서 그와 같은 공납의 사례를 찾을 수 있다. 이집트 정부는 〔오스만제국〕 케디브2의 지배를 받고 있으며, 그는 국민의 호주머니에서 아낌없이

---

2   케디브(Khedive): 투르크어로 부왕(viceroy)을 뜻하며, 19세기 후반에 이집트 및 수단 총독을 맡은 오스만제국의 봉건제후 무하마드 알리 파샤(Muhammad Ali

거액을 빼내 본국에 납부한다. 그러나 이집트는 오스만제국의 술탄에 예속돼 있다. 즉, 그 나라는 어떤 형태로든 자기 나라에 돌아가지 않는 초과액을 그에게 지불하는데, 이는 이집트가 술탄에게 예속된 관계임을 보여주는 것이다.

이 같은 공납은 차지농이 지주에게 지불하는 지대와 비슷하게 보이기 때문에 그것을 바치는 나라가 받는 국가의 소유임을 나타낼 것이다. 그렇다면 인도는 이런 점에서 영국에 속하는가? 적어도 직접적으로나 또는 인정되지는 않았다는 것은 확실하다. 영국에서는 세금이 인상되면, 인도에서도 세금이 당연히 인상되지만 인도가 영국 그 자체가 아니듯이 그 세금은 공물이 아닌 것이다. 인도에서 끌어온 돈은 인도 정부에서 사용하고, 이 목적에 필요하다고 생각되는 것 이상의 돈을 부과하지도 않는다.

물론 인도는 여러 면에서 영국에 희생당하고 있으며, 특히 그럴듯한 구실을 붙여 화폐를 갈취당하고 있다는 주장이 제기되었다. 나는 지금 이 질문에 관심이 없다. 왜냐하면 나는 인도와 영국 사이에 법적으로 확립된 관계가 무엇인지, 그리고 그 관계가 얼마나 왜곡돼 남용되었는지를 살피고 있을 뿐이기 때문이다. 인도는 영국의 다른 어떤 식민지보다 더 영국의 소유물이 아닌 것이다.

사실은, 비록 현재의 인도와 영국의 관계가 역사적으로 전쟁에 의해 맺어졌다 하더라도, 영국이 적어도 공개적으로는 이런 점을 이용하여 인도에 대해 어떠한 권리도 주장하지 않았던 것은 분명하다.

———

Pasha) 가 처음 사용했다.

1858년 11월 1일, 정부의 공개적 견해를 알린 빅토리아 여왕의 선언에서, "우리는 우리와 다른 신민들을 함께 묶는 동일한 의무를 함으로써 인도 대륙의 주민들과 서로 결합돼 있다"고 표현한다. 즉, 정복은 원주민에게 특별한 권리를 주지 않는다. 인도는 실제 목적을 위해 정복된 국가가 아닌 것이다.

사실, 문명의 진보가 전쟁을 아직 완전히 없애지 못했거나 심지어 그 빈도를 줄이지도 못했지만, 그것은 그들의 성격을 매우 많이 변화시켰다. 정복은 명목상으로는 여전히 가능하지만, 그 말의 뜻이 바뀌었다. 그것은 더 이상 신성모독이나 억압적인 지배권의 획득을 의미하지 않으며, 그래서 정복하려는 유혹은 매우 줄어들었다. 그러므로 인도를 소유하는 것은 우리에게 엄청나고 거의 견딜 수 없는 책임을 부과한다. 이 점은 명백하다. 그러나 우리가 인도로부터 어떤 이익을 얻으리라는 것은 명확하지 않다.

그러므로 우리는 인도가 어떤 실질적 의미에서 영국의 소유물이라는 말을 무시해야 한다. 일상 언어에서 재산과 정부라는 두 가지 개념은 서로 뒤섞여 있어서 무수한 혼란을 불러일으킨다. 인도를 '우리의 중요한 속령'(dependency) 또는 '영국의 가장 밝은 보석'이라고 말할 때, 우리는 원시시대부터 우리에게 내려온 은유법을 사용한다. 인도는 실제로 영국에 의존한다. 이는 영국이 그 조건과 정책을 결정하고 지배한다는 점에서 그런 것이지, 영국에 서비스를 제공하고 영국을 더 부유하거나 더 강력하게 만든다는 점에서 그렇지는 않다.

그리하여 다른 식민지와 마찬가지로, 인도와 관련해서도 우리는 이 문제의 초입에서 다음과 같은 질문에 봉착하는 것이다. 인도를 이용한다는 것은 무엇인가? 왜 우리는 아시아의 2억 인구를 통치하는 것을 걱정하고 그 책임을 져야 하는가?

자, 식민지와 관련해 나는 다음과 같은 문제를 제기했다. 우리 식민지가 너무 멀리 산재해 있기 때문에 우리와 서로 연결한다고 해서 그로부터 어떤 이점도 서로 주고받을 수 없지 않은가라는 문제다. 식민지인들은 우리와 같은 혈통이기 때문에 단순히 새로운 땅으로 영국 국적이 확장된 것이다. 만일 이 땅들이 영국과 인접해 있다면, 영국의 인구 증가에 따라 그 영토를 점유하는 것은 물론, 정치적 분리 없이 그렇게 하는 것이 바람직해 보인다. 그 땅들이 인접해 있지 않고 멀리 떨어져 있기 때문에 특정한 어려움이 발생하지만, 증기나 전기를 사용하는 이 시대에 극복할 수 없는 것처럼 보이지는 않는다.

이제 여러분은 이 주장이 전적으로 영국과 그 식민지 간의 혈통 공동체 문제에 달려 있음을 알 수 있다. 따라서 이 문제는 인도에 적용되지 않는다. 영국인과 힌두인보다 더 서로 판이한 두 인종은 거의 없을 것이다. 비교 언어학을 통해 이전에는 한 번도 생각하지 못했던 연관성을 발견했다. 인도의 지배인종이 사용하는 언어는 실제로 우리와 같은 어족이라는 것이다. 그러나 그밖에 다른 모든 점에서는 극단적으로 서로 동떨어져 있다. 그들의 전통은 어느 시점에서나 우리 전통에 영향을 미치지 않는다. 그들의 종교는 심지어 이슬람교보다 더 우리 종교로부터 더 멀리 떨어져 있다.

내가 지적했듯이, 우리 식민지는 지구의 빈 지역에 주로 세워졌다. 이로 인해 그 주민은 모두가 영국인이거나 대부분 그렇다. 나는 중앙 아메리카와 남아메리카 에스파냐 식민지의 경우는 이렇지 않다고 말한 적이 있다. 그 지역에서 에스파냐 정착민들은 일종의 농노 처지로 전락한 더 많은 아메리카 원주민들 틈에서 살았다. 여기 두 종류의 속령이 있다. 그 가운데 하나는 다른 하나보다 모국과 훨씬 더 밀접하게 관련돼 있다. 그러나 둘 다 실제 혈통상 모국과 연결된다. 현재 인도는 두 종류 가운데 어느 것에도 해당되지 않는다. 인도 주민이 영국인과 혈통상으로 전혀 관련이 없기 때문이다. 비록 영국에서 인도로 식민이 진행되었더라도, 식민지들은 엄청난 수의 원주민들과 비교했을때 여전히 미미하기 짝이 없었을 것이다. 그나마 그와 같은 식민지조차 없었다. 영국은 자연이 두 나라 사이에 세워놓은 가장 강력한 장벽 중의 하나에 의해 인도와 분리돼 있다. 자연조건이 영국 어린이들이 대체로 자라날 수 없는 기후를 인도에 부여함으로써 영국인들의 인도 식민화는 불가능했던 것이다.

따라서 영국과 다른 식민지(자치령)의 연결은 아주 자연스럽지만, 인도와의 연결은 얼핏 보기에도 아주 부자연스럽다. 이 두 나라 사이에는 어떠한 자연적 유대감도 없다. 혈연 공동체도 아니며 종교 공동체도 아니다. 우리는 기독교인으로서 힌두교와 이슬람교로 분열돼 있는 종족 사이에 들어왔다.

그리고 마지막으로, 모든 국가들 사이에 당연히 존재하는 것 이외에, 각자 상대국의 상품을 받아들일 만한 이해 공동체가 아닌 것이다. 그렇지 않다면, 영국과 인도 사이에 어떤 이해를 공유한단 말인가? 영국의 이해는 유럽 대륙과 신대륙 사이에 놓여 있다. 이렇게 고립된 한 나라가 외국과 이해를 함께하는 경우가 있다면, 인도는 아프가니스탄, 페르시아, 중앙아시아 쪽을 바라보아야 한다. 이들 나라와 우리는 인도를 통한 경우를 제외하면 거의 교류가 없었다.

영국의 인도 정복은 에스파냐의 아메리카 정복보다 훨씬 더 이상한 결과를 낳았다. 비록 내가 보기에, 그 상황이 놀랍고 로맨틱하지는 않았지만 말이다. 우리가 만족스럽게 생각하든 그렇지 않든, 그 정복은 영국 근대사에서 가장 주목할 만한 사건이다. 영국 근대사에서 그것은 주요 서사에서 아주 중요한 부분을 차지할 가치가 있으며, 단순히 우리 역사가들이 일반적으로 이에 대해 일시적 일탈 사례나 간혹 약간 관심을 표명하는 식의 그런 사례가 아닌 것이다. 그러나 우리가 그 사건의 기이한 측면만을 고려하는 한 그것이 얼마나 중요한지 알아낼 수 없다.

우리는 또한 그것이 엄청나다는 점을 새겨두어야 한다. 우리가 인도에서 수행한 과업의 중대성을 보여주는 문헌이 많이 작성되었지만, 놀랄 만한 반향은 별로 없었다. 원래 수치들은 특정 규모를 넘을 때 상상력을 마비시키는 것 같다. 따라서 국내 정치에서는 해당되는 문제가 더 크게 부각될수록 더 커다란 관심을 불러일으키는 반면, 우리는 훨씬 더 중대한 제국의 문제가 우리 앞에 나타나더라도 별다른 관심을 나타내지 않는다.

이 인도제국은 로마제국이 가장 넓게 확장되었을 때와 비슷한 것이며 우리도 그 확장에 책임이 있다는 점을 지적하라. 여기에서 나오는 유일한 결과 그 주제에 대한 참가를 외면하는 것이다. 우리가 이를 진지하게 정당화할 수 있을까? 나는 우리가 바깥 세계에서는 거대함이라는 차원은 당연한 것이고 아무런 차이가 없다는 식의 인상에 의해 어느 정도 잘못 나아가고 있다고 본다. 그에 따라, 인도가 넓다면,

캐나다와 오스트레일리아도 훨씬 더 광대하지만, 우리는 캐나다와 오스트레일리아에 관련된 문제에만 더 많은 관심을 가진다는 점을 깨닫지 못한다. 그러나 실제로, 우리는 중요한 차이점을 간과하고 있다. 캐나다와 오스트레일리아는 영토가 넓지만 인구가 매우 적다. 인도처럼 우리와 단지 멀리 떨어져 있는 것만이 아니라, 우리와 전쟁을 벌일 가능성이 있는 모든 강대국들과 멀리 떨어져 있다. 인도는 사실 유럽에서 가장 인구가 많은 지역보다도 인구수가 더 많은 나라다.

그곳은 우리가 계속해서 대규모 전쟁을 치러야 했던 나라다. 그리하여 1818년 3차 영국-마라타 전쟁3에서 헤이스팅스 장군4은 10만 이상의 병력을 야전에 투입했던 것이다. 그리고 멀리 떨어진 것처럼 보일지라도, 인도는 결코 유럽 정치의 범위를 벗어나지 않았다. 따라서 18세기 내내 인도는 프랑스와 영국이 그들의 기술을 구사하여 경기를 벌인 체스판의 일부였던 것이다. 1830년경부터 우리는 인도에서 차이가 있기는 하지만, 거의 유일하게 러시아와 서로 연루되었고,

---

3 '마라타인'이란 마라티어를 사용하며, 군역을 맡은 농민과 전사들을 중심으로 하는 집단을 가리킨다. 1674년 무굴제국 쇠퇴기에 독립왕국을 수립한 후, 18세기에 인도 아대륙 상당 지역을 지배하는 제국으로 성장한다. 1817~1818년 3차 영국-마라타 전쟁에서 결정적으로 패퇴한다. 이 전투에서 동인도회사는 11만 명 이상의 군 병력을 직접 투입했다.

4 프랜시스 로던-헤이스팅스(Francis Rawdon-Hastings, 1754~1826): 영국계 아일랜드 출신 귀족으로, 미국 독립전쟁에 영국군 장교로 참전하여 벙커힐 전투를 비롯해 당시 주요 전투에 참가했다. 1813~1823년 인도 총독을 지내며 3차 마라타 전쟁을 직접 지휘해 승리로 이끌었다. 후에 1대 헤이스팅스 후작 칭호를 받았다.

인도 때문에 동방문제의 해결에 더 직접적 관심을 갖게 되었다.

그러므로 인도는 저 바깥, 인구가 희박한 신대륙 국가들보다는 유럽 국가와 비교되는 것이다. 그러면 이 제국의 규모를 조금 더 생각하고, 우리가 익숙한 다른 나라의 크기와 비교함으로써 그 실상을 파악하기로 한다. 이제 러시아를 제외한 유럽을 생각해 보자. 이는 몇 세기 전까지 '문명화' 역사의 거의 모든 국면을 형성했던 국가들의 체제, 즉 로마제국의 판도에서 유래된 모든 유럽 국가들, 여기에 독일 전체와 스칸디나비아반도의 나라와 슬라브 계열의 국가들을 포함한다. 인도는 영토나 인구 면에서 어림잡아 이 모든 나라와 거의 같다고 말할 수 있다. 우리가 현재 다우닝가에서 통치하고 있는 제국, 그 예산부담 때문에 매년 하원에 골칫거리와 절망을 형성하고 있는 이 인도제국은 최전성기의 경우 나폴레옹 제국보다 훨씬 더 넓고 인구가 많았다. 그리고 이미 언급했듯이, 이 제국은 남아메리카의 오랜 에스파냐 식민지처럼 광대하고 인구가 적은 지역이 아니라 인구가 많으면서도 고대 문명과 그 자신의 언어, 종교, 철학, 문학을 간직해 온 지역인 것이다.

이 엄청난 전체를 조각내어 쏟아놓는다면, 아마도 그 광대성을 인식하는 데 도움을 주리라고 생각한다. 의심할 여지 없이, 유럽 전체를 생각하기만 해도 아주 인상적으로 다가오는 것은, 그 유럽 전체를 맞추기 위해 함께 추가해야 할 6~7개 위대한 나라들이 차례로 마음속에 떠오르기 때문이다. 유럽에 대해 우리가 가진 개념은 영국, 프랑스, 독일, 오스트리아, 이탈리아, 스페인, 그리고 그리스를 포함한 것이다. 아마 인도라는 이름이 마찬가지로 우리에게 거대한 복합체의 이름이었다면, 그것은 우리 귀에 지극히 웅장하게 들려올 것이다. 우선 인구가 러시아를 제외한 유럽 국가들을 훨씬 능가하는 지역이 있다. 이곳이 바로 벵골 총독이 지배하는 주다. 면적으로는 프랑스보다 훨씬 더 좁은 곳에 실제 인구는 6,600만 명이 넘는다. 그 다음에 유럽 국가들과 비교할 수 있는 두 주(州)가 있다.

이 주들은 북아일랜드를 제외한 영국과 대응할 만한 인도 북서부다. 면적으로는 영국보다 더 좁지만 인구는 좀더 많다. 그 다음으로, 마드라스 섭정지(presidency)가 있다. 이곳은 아일랜드를 포함한 브리튼에 맞먹을 정도지만 인구는 더 적다. 이 세 지역 모두 인구가 2천만 명을 훨씬 상회한다.

그 다음으로 인구가 2천만 명에 육박하는 펀자브와 봄베이 두 주를 꼽을 수 있다. 펀자브주는 에스파냐보다 인구가 약간 적고 봄베이는 면적상으로는 브리튼과 아일랜드를 합한 넓이지만 인구는 약간 적다. 그 다음으로는, 아와드(Awadh) 지역이 있다. 네덜란드와 벨기에를 합친 인구보다 조금 더 많은 인구가 사는 오우드주5와, 그 두 나라와 비슷한 수의 인구가 거주하는 중부주다.

이 주들은, 그보다 덜 중요한 다른 주들과 함께, 영국 정부가 직접 통치하는 인도지역을 구성한다. 그러나 사실상 영국 지배 아래 있는 지역은 그보다 더 넓다. 나폴레옹 제국에 대해 말할 때, 우리는 그의 관리들이 직접 지배하는 영토만을 생각하지 않는다. 우리는 명목상

---

5   저자 실리는 오우드(Oude)라는 옛 표기방식을 사용하나 지금의 아와드(Awadh)
주다. 인도 북동부 네팔 접경에 있는 주다.

주권을 가진 국가도 포함한다. 이들 국가도 실제로는 나폴레옹의 지배를 받았다. 라인연방은 공식 조약으로 나폴레옹을 그들의 후견자로 기꺼이 인정한 독일연방 국가들로 구성되었다. 지금 영국은 인도에 그와 비슷한 동맹지역을 가지고 있다. 이들을 추가하면 인구상으로도 미국보다 우월하다고 생각된다.

가장 불안한 정치상황을 초래하는 우리 영국의 엄청난 인구 이외에, 그리고 우리 광대한 식민제국뿐만 아니라, 인구밀도가 높고 규모가 유럽에 버금가는 다른 제국을 아울러 관리하는 것이 가능할까? 우리가 이 제국에 대해 가장 기본적인 정보를 가지고 있지도, 얻으려 하지도 않았을까? 그런 정보를 얻으려 했더라도, 우리가 그토록 멀리 떨어져 있고 복잡한 문제들에 대해 합리적 의견을 형성할 수 있을까?

지금까지 위대한 제국은 있었지만, 그들 정부는 일반적으로 소수의 전문가들에 의해 좌우되었다. 로마는 제국을 무책임한 정치인 한 사람의 보호에 맡겨야 했고, 유구한 역사를 지닌 시민의 자유조차도 스스로 지킬 수 없었다. 우리는 미국의 사례에서 민주주의 체제 아래 성공적으로 발전한 엄청나게 넓은 지역을 실제로 볼 수 있다. 그러나 이 경우 영토는 광범위하지만 모두 인구가 조밀하고 지역들이 서로 이어져 있다. 그리고 인구는, 아무리 많더라도 여전히 동질적이다. 만일 미국이 대양으로 서로 분리된 국가들의 소유가 된다면, 세계에서 그 나라의 위치는 곧바로 변모할 것이다.

영국과 인도 사이의 관계에서 전례가 없는 특징은, 전문가들에 의해서가 아니라 여론에 기반을 둔 체제를 통해 단지 멀리 떨어져 있을 뿐 더러는 완전히 이질적이고 사고방식도 아주 다른 인구를 주권자로 통치하려 시도한다는 것이다. 여론은 반드시 광범위하고 평범하며 간단한 아이디어에 의해 이끌린다. 국가의 막대한 이익이 명백하고 정부의 원칙이 분명할 때, 그것은 심지어 중차대한 문제에 대해서도 안전하게 판단할 수 있을 것이다. 그러나 여론은 세세한 부분까지 들어가야 하고, 분명한 구별을 지어 여기에 특정한 원칙을 적용하고 저기에 또 다른 원칙을 적용하도록 요구받을 때 당황하기 쉽다. 인도제국은 그와 같은 당혹감을 자아낸다. 그것은 영국 자체 또는 아주 다른 정책원리를 필요로 하는 다른 식민제국과 성격이 매우 다르다. 그러므로 공공여론은 그 정부에 무엇을 해야 할지 모르지만, 완전히 영국인도 아니면서 관료적이고 소수 지배 인종이 장악한 정부에 대해 분노와 절망을 지니고 있다. 그 정부는 군사력에 주로 의존하고 유럽 국가의 방식과는 다르게 소금과 아편을 독점하며, 일반 지주층을 대신해 조세를 거두는 등 백여 가지 다양한 방식을 동원해 영국의 전통을 벗어나고 있다.

그리고 "무슨 목적으로?"라는 질문이 나올 수도 있다. 내가 언급했듯이, 인도와의 관련 자체는 영국에 직접적으로 이익이 되지는 않는다. 그러므로 우리는 간접적으로 얻을 수 있는 이점에 주목해야 한다. 비로소 우리는 두 나라 사이의 무역이 점차 아주 엄청나게 성장했다는 것을 알게 된다. 만일 인도가 다시 무정부 상태에 빠지거나 우리 상인들에게 항구 입항을 막는 정부 아래 들어갈 경우 뒤따를 수 있는 인도 무역의 손실액은 매년 6천만 파운드에 이를 것이다. 그러나 이 이익을 지키기 위해 우리 외교 정책의 필요에 따라 인도에게 맡긴 막대한 부담은 우리가 져야 한다. 이 세계의 현재 상황에서 군사력에 대한 의존은 한 나라의 목을 조이는 맷돌이 되기 쉽다.

왜냐하면 한 나라가 다른 목적 또는 심지어 자국 방어에 아주 긴요한 군대를 가두어 놓는 꼴이 될 수도 있기 때문이다. 우리 모두는 현재 비스마르크가 아시아 및 아프리카 정복계획을 수행하는 프랑스를 보고 어떤 만족감이 있음을 느낀다. 만일 군사국가가 아닌 영국이 실제 영국군대만으로 2억 명의 인구를 억압하려고 한다면, 두말할 필요도 없이 그런 부담은 우리를 짓누를 것이다.

그러나 뒤에 내가 설명할 인도제국의 근본적 특이성, 이른바 주로 영국이 인도를 정복하고 그 후에 지금은 인도의 돈으로 확충한 인도군이 나라를 지킨다는 그 특이성 때문에 실제로는 그렇지 않다. 우리는 인도에 영국군 6만 5천 명만 파견하고 있다. 그러나 우리가 인도에 들이는 부담은 결코 이뿐만이 아니다. 우리 군대가 인도에 묶여 있는 것과 동시에, 영국 외교정책의 어려움은 두 배 이상 가중된다. 물론한 나라의 가장 큰 행복은 자립적 상태, 다른 나라들이 무엇을 하는지 살필 필요가 없는 상태에 있다. 아주 현명하게도, 토머스 워싱턴은 자국민에게 가능한 한 오랫동안 이 행복을 유지하라고 당부했다. 영국은 이와 비교해서 그런 여건을 누릴 수 없다. 영국의 식민지는 대부분 평화롭지만 보잘 것 없으며 야만적 투쟁만이 그쳤을 뿐이다. 영국의 식민지는 대부분 평화롭거나 보잘 것 없거나 야만적 이웃뿐이고, 유럽 대륙의 전쟁에 대해 우리가 오랫동안 지녔던 각별한 관심도 사라졌다.

그렇지만 우리는 계속 동방문제에 우려의 눈길을 보내고 있다. 터키의 모든 움직임, 이집트의 모든 새로운 징후, 페르시아, 트란스옥시아나,6 버마 및 아프가니스탄에서 나타나는 어떤 움직임에 대해서도 우리는 경계심을 갖고 지켜봐야 한다. 그 이유는 우리가 인도를 소유하고 있기 때문이다. 이 때문에 우리는 아시아 강대국 세계에서 선두 위치를 고수하고 있고, 인도 항로 인근 모든 나라의 문제들에 깊은 관심을 가지고 있다. 바로 이 때문에 우리는 러시아와 영구적으로 경쟁하고 있다. 19세기 러시아와 영국의 경쟁은 18세기 신대륙을 둘러싼 프랑스와 영국의 경쟁과 흡사하다.

이 강의에서 내 목적은 학생들 앞에 인도 문제를 개괄적으로 제기하려는 것이다. 나는 처음에 그것에 대해 걱정하거나 낙담하도록 만드는 몇 가지 유의사항을 정리했다. 만일 우리가 인도제국으로부터 균형 있는 어떤 이익을 거둘 수 있을지 의심스럽다거나, 우리가 도리어 막중한 책임만 뒤집어쓰고 헤쳐 나갈 희망도 없는 어려운 문제에 마음만 쏟는 것이 분명하다고 하자. 어쩌면 우리는 클라이브 같은 대담한 천재가 일개 무역회사를 정치적으로 강력한 국가로 만들고 100년간 지속적으로 정복에 착수했던 그 시기가 영국에게는 나쁜 때였다고 소리치고 싶지 않을까? 인도 문제에 일생을 바친 유명한 정치가들 가운데 많은 사람들이 그랬듯이, 우리는 적어도 제국이 덧없고 우리가 그 나라에서 철수해야 할 때가 멀지 않다는 것을 알고 있어야 하지 않을까?

---

6 트란스옥시아나(Transoxiana): 중앙아시아에서 발원해 아랄해로 흐르는 옥수스(Oxus) 강 주변 지역을 가리킨다. 지금의 우즈베키스탄, 타지키스탄, 서남 카자흐스탄을 포함하는 지역이다.

반면에 가장 현명한 사람들은 그런 주제에 대해 추측할 때 쉽게 오해받을 수 있다. 인도제국의 종말은 아마도 그 시작만큼 계산하기 어려운 일이었을 것이다. 역사적으로 이쪽이나 다른 쪽, 어느 쪽에도 유사점이 없다. 외딴 섬에서 온 인도 식민정부가 절대로 영원할 수 없는 것처럼 보인다면, 우리는 그 일이 성립될 때까지는 결코 나타날 수 없는 것으로 보였음을 알고 있다.

어쨌든, 제국이 무너지게 된다면 우리는 한발 앞서 제국 쇠퇴의 증거들을 포착할 수 있어야 한다. 이 증거들은 확실히 우리가 싸울 경우 직면하는 엄청난 어려움을 보여줄 수 있지만, 쇠퇴라고 불릴 만한 어떤 징후도 거의 없다. 그리고 인도 식민지 경영에서 영국이 비용을 치르도록 만든 곤란한 문제들에 대해 어떤 식으로든 보상받지 않았음을 우리가 인정하거나 또는 부정하지 않는다 하더라도, 그런 인정 자체는 실질적으로 중요하지 않을 것이다. 그런 인정과 제국 포기 같은 실제 계획 사이에는 일정한 차이가 있다.

영국이 이런 제국을 아예 세우지 않고 단지 지금 중국의 문턱에만 있는 것처럼, 상인으로서 인도 출입구에만 있었다면, 영국이 지금보다 더 나았을 것이라고 주장할 수도 있다. 그러나 인도를 포기하는 것은 그 일이 언젠가 우리가 해야 할 일이라고 믿는 사람들조차 실용적 계획이라고 보기 어려운 생각일 뿐이다. 하지 않는 편이 낫지만 돌이킬 수 없는 행위도 있다. 인도 스스로 남겨두어도 좋은 시기가 다가올 수도 있겠지만, 현재로서는 영구적으로 지배라도 할 것처럼 통치할 필요가 있다. 왜 그런가? 주로 우리만을 위한 것은 아니다. 어떤 사람들은 우리의 명예가 우리에게 조상이 피를 흘려 얻어내고 우리나라의 위대한 전리품인 그 획득물(속령)을 지키도록 요구한다고 말한다. 내가 보기에, 명예에 대한 모든 관념에는 무엇인가 터무니없는 것이 깃들어 있다. 그것들은 내가 전에 말했던 원시적이고 완전히 구시대적인 개념들에 속한다. 그것은 정부와 사적 재산 개념 사이의 혼란을 초래한다. 그 어느 것도 잠시 동안 고려되지 않을 것이지만, 인도와 영국 각자의 행복과 그리고 두 나라의 행복은 훨씬 더 큰 것에 의해, 그리고 훨씬 더 가난한 사람들에 의해 영국보다 앞서 고려돼야 한다. 그러나 이러한 원칙들, 특히 인도의 이익 때문에, 현새 우리가 그곳에서 수행한 과업의 포기를 염두에 두는 것은 불가능하다. 우리 자신의 이익만 고려한다면 그렇게 할 수도 있다.

이제 이처럼 방대한 교역이 이뤄졌고, 특히 최근 몇 년간 이와 같이 엄청난 양의 영국 자본이 이 나라에 투자됐기 때문에 포기란 쉽지 않을 것이다. 그렇지만 가능할 수도 있다. 그 반면, 인도의 이익을 생각하면 이는 전적으로 불가능해 보인다. 우리의 인도 통치 체제를 비난하는 많은 주장들이 제기될 것이다. 불필요하게 비싸지 않은지 의심스러워할 것이다. 우리는 이 전례 없는 실험의 마지막 순간에 무엇이 다가올 것인지 불안스러워할 수도 있다.

그러나 나는 우리의 인도 통치가 이슬람 정복 이래 인도에 나타났던 어떤 통치보다 낫다는 점을 부인하는 것은 지나치게 극단적인 견해라고 본다. 만일 인도 통치가 결국 상상 이상으로 실패한다면, 우리가 발견한 것만큼이나 개탄스런 상태로 남겨두고 인도를 떠날 수는 없을 것이다. 아주 온건한 선한 정부라면 없는 것보다 비교할 수 없을 정도로 낫다. 심지어 전제적 정부도 갑자기 철수하는 것은 위험천만

한 시도다. 분명히 어떤 나라들은 무정부 상태에 빠지지 않고 그러한 시험을 통과할 수도 있다. 인구가 적은 나라들, 또는 주민들이 오랫동안 행동의 자유에 익숙해져 있었던 나라들은 필요한 만큼 신속하게 스스로 정부를 세울 수 있다고 믿을지도 모른다. 그러나 인도에 대해 그런 제안을 한다는 것은 얼마나 어리석은 짓인가! 우리가 인도를 차지하기 시작했을 때, 그 나라는 이미 유럽이 아마 전혀 알지도 못했던 무정부 상태에 처해 있었다. 인도의 기존 정부는 거의 변함없이 독재적이었고, 일반적으로 군벌들의 수중에 달려 있었다. 이들의 군대는 약탈을 일삼는 산적들로 채워졌다. 마라타 세력이 인도 대부분 지역을 장악했고 한때는 푸나7에서 위협적이었지만, 이 세력은 단지 약탈 조직에 불과했다.

한편 북쪽에서 나데르 샤8는 이전 훈족 아틸라나 티무르9에 버금갈 정도로 원정지를 파괴했다. 이는 몽골제국이 붕괴되면서 야기된 일시적 무정부 상태였다고 말할 수 있다. 그렇더라도 인도는 통치권의 철수를 감내할 수 있는 나라가 아니라는 점이 드러날 것이다. 그렇지만 우리는 몽골제국에 대한 다소 과장된 인상을 가지고 있지 않은가?

---

7 푸나(Poonah) : 인도 중서부 마하슈트라(Maharashtra) 주에 소재한 도시로 현재 도시명은 푸네(Pune)다. 뭄바이 다음으로 인구가 많은 제2의 도시다.
8 나데르 샤(Nadeir Shah, 1688~1747) : 이란의 강력한 지배자로 전성기에 아르메니아에서부터 파키스탄과 인도 북부에 이르는 서아시아 대부분의 지역을 지배했다.
9 아미르 티무르(Amir Timur, 1336~1405) : 지금의 이란과 중앙아시아 일대를 지배한 티무르제국의 창건자이며, 영어로는 'Tamerlane'로 표기되기도 한다.

몽골제국의 위력은 매우 짧게 끝났고, 데칸고원 지대에서는 실제로 제국 지배를 관철하지 못했다. 클라이브와 헤이스팅스가 인도에서 발견한 무정부 상태는 보기만큼 예외적 상태는 아니었다. 아마 그 어느 때보다도 더 심각했을 것이다. 그러나 무정부 상태는 가즈니의 마흐무드10 시대 이래 인도에서 거의 만성적이었던 것으로 보이며, 북부지역에서는 아크바르와 샤 자한11에 의해 잠시 그치기도 했다. 그 당시 인도는 안정된 정부 아래서 발전할 가능성이 가장 낮은 나라들 가운데 하나였다. 그리고 우리의 통치가 이들이 원래 가졌던 이 미미한 힘마저 위축시키지 않았을까 두려워할 수도 있다. 영국의 우월한 힘이 통치의 재능과 관행을 가졌던 계급들을 필연적으로 위축시켰다. 옛 왕족과 귀족 계급, 특히 대몽골 아래 공식 계급 대부분을 이루고 있었던 이슬람 세력이 가장 큰 고통을 겪었고, 영국의 통치에서 가장 혜택을 누리지 못했다. 이들의 쇠락은 영제국을 비관적으로 보는 사람들 사이에서는 애도의 주된 주제이다.

그러나 그것이 바로 제국을 계속 영위해야 할 추가적 이유가 아닐까? 그런 다음에 인도라는 나라의 엄청난 규모를 생각해 보라. 서구의 과학을 브라만적 전통의 한가운데에 도입하여 지적 계층이 기존에

---

10 가즈니의 마흐무드(Mahmud of Ghazni, 971~1030) : 가즈나비드(Ghaznavid) 제국의 지배자로 제위에 오른 997년부터 사망할 때까지 정복 활동을 펴 지금의 이란 동부, 아프가니스탄, 북인도 일대에 거친 제국을 세웠다. 술탄이라는 칭호를 처음 사용했다고 전해진다.
11 샤 자한(Shah Jahan, 재위 1628~1658) : 무굴제국 5대 황제로 그의 치세기가 제국의 최전성기에 해당한다. 사후에 묻힌 타지마할로 더 유명하다.

가졌던 도덕 및 종교의 고착된 관념을 약화시켰다는 점을 생각해 보라. 이런 성찰을 한다면, 여러분은 우리에게 예속된 나라, 다른 수단에 의존할 수조차 없는 나라에서 식민정부를 철수하는 것이야말로 상상할 수 있는 범죄 가운데서도 가장 용서할 수 없는 죄라는 것, 그리고 상상할 수 있는 재앙 가운데서도 가장 참혹한 것임을 깨닫게 될 것이다.

이 전반적인 개관에서 보았듯이, 현재 인도 문제는 이렇다. 그런 문제는 어떤 방식으로 더 커졌는가? 우리는 어떻게 이 거대한 속령을 소유하게 되었는가?

제3강   영국은 어떻게 인도를 정복했는가

영국은 인도를 어떻게 정복했는가. 이 질문은 지난 강의에서 내가 제기한 물음과 전혀 다르다. 새로운 세계의 식민지 개척자들은 확실히 광대한 영토를 차지했지만, 비교적 인구가 적은 지역이었다. 그들이 맞닥뜨린 어려움은 원주민들로부터가 아니라 다른 유럽 국가들과 경쟁에서 비롯되었다. 어느 정도까지, 그리고 어떤 이유 때문에 이들 경쟁국에 대해 우위를 차지했는가를 부분적으로 논의했다. 단번에 명백하지는 않은 질문이기는 하지만 그 해답을 얻는 것이 아주 어렵지는 않았다. 그 반면에, 우리가 어떻게 인도를 정복할 수 있었는가를 이해하는 것은 처음에는 매우 당혹스럽다. 인도는 인구 밀도가 높고, 그 문명은 다른 문명 전통의 유입에 따라 퇴색하기는 했지만, 우리 자신의 문명만큼 실질적인 동시에 오래되었던 것이다.

유럽 역사의 여러 사례로부터, 우리는 침입자들이 언어와 종교 면에서 아주 이질적인 지적 능력을 가진 사람들을 완전히 정복하기란 실제로 거의 불가능하다는 것을 배웠다. 에스파냐는 모든 권력을 동원하고도 80년 만에 인구도 적은 네덜란드 주들을 정복할 수 없었다. 스위스는 다른 시대에 그리스가 그랬듯이 오래 전부터 정복되지 않았다. 그게 아니라, 인도 정복의 첫 걸음을 내딛었을 바로 그 무렵에, 우리는 영국 왕실에 대한 충성을 던져버린 미국 내 우리 동족 300만 명을 완전히 복종시킬 수 없다는 것을 보여주었다. 이 얼마나 독특한 대조인가?

영국이 미국 독립전쟁에서처럼 그렇게 무기력한 모습을 보여준 적은 결코 없었고, 그래서 그들의 위대한 시대가 끝장났으며 영국의 쇠퇴가 시작되었다는 것이 명백히 보였다. 그러나 정확히 바로 그 시기에 그들은 인도에서 저항할 수 없는 정복자로 등장했고, 그들 스스로 영웅들의 나라라는 환상을 가질 만큼 우월함을 과시했던 것이다. 이 모순을 어떻게 설명할 수 있을까?

역사는 별다른 진지함이 없이, 어떠한 확고한 결과에 도달하려는 욕망이나 기대가 거의 없이 연구된다. 그럼으로써 모순을 주목하지 않고 간과하거나 기껏해야 결국 아직 우리가 아직 숨이 붙어 있구나 하고 약간 의기양양한 생각에 빠질 뿐이다. 그리고 실제로 아무리 설명하기가 어렵더라도, 그 사실은 의심의 여지가 없는 것처럼 보일 수도 있다. 인도, 플라시 전투1와 아사예 전투2를 비롯해 그 밖의 수백

---

1   플라시(Plassey) 전투: 1757년 6월 23일 동인도회사 군대가 벵골 지배자 나와브와 그 동맹군 프랑스군대와 싸워 대승을 거둔 전투다. 이 싸움에서 특히 로버트 클라이브의 지휘가 탁월했다. 이 전투 이후 동인도회사는 벵골지방의 지배권을 차지했으며 그 후 인도 대부분의 지역을 실질적으로 지배하게 된다.

여 다른 전쟁터에서 영국군은 참으로 큰 역경에 맞서 승리를 거두었다. 적어도 여기에서만큼은 거침없이 국민적 자만에 빠져 있으며, 여하튼 힌두인과 비교해 우리가 실제로 가공할 만한 민족임을 느끼는 것 같다.

하지만 이 가설이 정말 어려움을 없앨까? 영국인 한 사람이 힌두인 10명 내지 20명과 대등하다고 가정해 보자. 그렇다고 해서 인도 전체가 영국인에게 정복당했다는 것을 인정할 수 있을까? 정복이 시작되던 당시 영국 인구는 1,200만 명을 넘지 않았다. 또 그 시기에 영국은 또 다른 전쟁을 치르고 있었다. 로버트 클라이브의 참전 경력은 부분적으로 유럽 7년 전쟁 중에 겪은 것이었고, 아서 웰즐리 경우 그가 쟁취한 엄청난 합병은 나폴레옹 전쟁의 와중에 이뤄졌다. 우리 군대는 육군 위주도 아니었다. 따라서 유럽 전쟁에서 우리는 보통 해군 함대 활동에만 국한했으며, 육지에서 대적하는 일은 때로는 오스트리아, 때로는 프러시아처럼 육군이 강한 동맹국에게 군자금을 지원하는 것이 관행이었다.

그렇다면 육지에서 이 모든 약점이 있음에도, 이 시기에 어떻게 우리는 거의 1백만 평방마일에 이르고 2억 명의 주민이 거주하는 이 거대한 인도를 정복할 수 있었단 말인가! 그런 일을 치르느라 우리의 군사력이 얼마나 손실을 입었을까, 얼마나 재정을 탕진했을까. 그러나

---

2 아사예(Assaye) 전투: 1803년 제 2차 영국-마라타 전쟁의 주요 전투다. 1803년 9월 23일 아사예 근처에서 벌어진 이 전투에서 아서 웰즐리(Arthur Wellesley)가 지휘한 영국군이 수적으로 우세한 마라타 군대에 결정적 승리를 거둔다.

어찌됐든, 그런 구멍은 전혀 감지되지 않는다. 유럽 전쟁에서 영국은 결코 갚을 수 없을 만큼의 부채를 지게 되었다. 그러나 인도 전쟁은 국가부채의 증가를 가져오지 않았다. 우리의 유럽 전쟁은 우리가 결코 지불할 수 없었던 빚을 지게 했다. 하지만 인도의 전쟁은 국가채무를 증가시키지 않았다. 우리가 거기에 쏟아야 했던 노력은 그들 뒤에 아무런 흔적도 남기지 않았다. 많은 군인들이 영국에서 인도로 건너가 용기와 지력에서 우월한 능력으로 나라 전체를 정복했다는 식의 현재 견해는 뭔가 잘못된 것처럼 보인다. 1818년 마지막 마라타 대전투3에서는 10만 명 이상의 병력이 운집했던 것 같다. 하지만 뭐! 그 시기는 나폴레옹 전쟁에 뒤이어 치명적으로 전력을 소진했을 때였다. 워털루 전투4가 끝난 지 3년 만에 웰링턴 경이 에스파냐에서 지휘했던 군대보다 훨씬 더 많은 병력을 동원해 대규모 전쟁을 다시 벌이는 것이 가능한 일인가? 현재 다시 인도 주둔군은 20만 명에 달한다. 아니, 영국군 병사가 20만! 우리는 육군 국가가 아닌데 말이다.

물론 여러분은 내가 지적한 사실이 무엇인지 알고 있다. 주지하다시피, 이 인도 주둔군은 영국인이 아니라 주로 원주민으로 구성된 것이다. 20만 명 가운데 6만 5천 명 또는 3분의 1미만이 영국인이다. 그나마 이 비율은 영국군 부대가 증가하고 원주민으로 구성된 부대

---

3 마라타(Maratta) 대전투: 1817~1818년에 벌어진 영국-마라타제국 간의 전투이다. 이 전투로 마라타제국은 붕괴되고 영국령 인도에 편입되었다.

4 워털루(Waterloo) 전투: 1815년 6월 18일 벨기에 워털루 근처에서 벌어진 나폴레옹 전쟁의 마지막 전투. 웰링턴 공작이 지휘하는 영국군이 나폴레옹의 군대를 격파한다.

수가 감소한 이후에 나온 것이다. 세포이 반란 당시 인도에는 백인 병력 4만 5천 명에 원주민으로 구성된 병력이 23만 5천 명이 있었다. 영국인은 전체 병력의 5분의 1 미만이었다. 1808년경에는 백인 군대 2만 5천 명, 원주민 병력 13만 명 규모였다. 즉, 5분의 1에도 미치지 못했던 것이다. 1773년 영국령 인도(British India)가 처음 들어서서 통치법(Regulating Act)에 의해 구성된 비율과 동일했다. 그 때 동인도회사의 군대는 백인 9천 명과 원주민 4만 5천 명으로 이뤄졌다.

그나마 그 이전에는 백인 병력 비율이 7분의 1로 더 낮았다는 것을 알고 있다. 만일 처음으로 되돌아간다면, 그때 인도 주둔군은 백인 군대라기보다는 오히려 원주민 군대였음을 알게 될 것이다. 체스니 대령은 그에 대한 역사적 견해를 이렇게 밝히고 있다.

"동인도회사 최초의 인도군 창설은 1748년까지 거슬러 올라갈지도 모른다. 그 해에 프랑스군이 만든 사례를 모방한 소규모 용병조직이 정착지 보호를 위해 마드라스에 창설되었다. 그와 동시에, 소규모 백인 군대가 해안에서 창설되었는데, 이들은 모집책의 주선으로 회사 선박에 태워 이송해 온 백인들로 구성되었다."

아르코트(Arcot) 포위작전과 부크자르(Buxar) 및 플라시(Plassy)에서 벌어진 동인도회사 초기 전투의 경우 거의 언제나 인도인 용병이 더 많았던 것 같다. 인도인 용병이 잘 싸우지 못했다거나 영국군이 전투의 공격을 도맡았다는 말을 들어보지 못했다는 것을 생각해 보자. 오만한 국가주의에 사로잡힌 역사가들의 유치한 열정을 간파한 사람이라면 이들 전투를 묘사하면서 우리 문필가들이 인도인 용병을 구분할 수 없었다는 사실을 알았더라도 놀라지 않을 것이다. 클라이브 장군에 관한 매콜리의 글을 읽어 보라. "제국 사람들"(*imperial people*), "막강한 대양의 아들들", "어느 누구도 클라이브와 그의 군대에 저항할 수 없었노라" 등의 표현들이 어디서나 나타난다. 그러나 일단 인도인 용병의 수가 영국인 군인보다 우세하고 또 효율적으로 영국군대와 보조를 맞췄다는 점을 인정하게 되면, 영국의 성공을 헤아릴 수 없는 자연스러운 우월성의 탓으로 돌리는 이론 전체는 완전히 추락하고 말 것이다.

우리 군대가 1 대 10으로 적을 향해 싸웠던 전투에서, 만일 영국군 한 명이 원주민 열 명과 대등하다는 것을 보여준다고 말한다면, 우리는 또한 용병 한 사람도 그 같은 전투를 했다고 말할 수 있을 것이다. 그 결과, 비록 그 차이가 있다는 것은 의심의 여지가 없지만, 그것이 인종적 차이가 아니라 훈련의 차이, 군사 과학의 차이, 그리고 많은 경우 지도력의 차이 때문이라는 것은 의심의 여지가 없다. 인도 정복에 대한 존 스튜어트 밀(J. S. Mill)의 요약 설명이 영국인들의 타고난 우월성을 전혀 말해 주지 않는다는 점을 유의하라.

인도를 정복하기 위한 두 가지 중요한 발견은 다음과 같다. 첫째는 유럽인의 군사훈련과 대비되는 토착인 군대의 약점, 둘째는 그 훈련 방식을 유럽인 군대에 복무하는 원주민에게 전달하는 능력이다. 그는 "이 두 가지 발견이 프랑스인에 의해 이루어졌다"고 덧붙였다.

그리고 설혹 영국군이 원주민 병사들보다 더 잘 싸웠고 공동으로 이뤄낸 성취에서 그들이 맡은 몫 그 이상을 했다는 것을 인정하더라도, 영국군이 인도라는 나라를 정복했다고 말한다면 완전히 잘못된 것이다. 인도의 토후국들은 평균적으로 영국인이 병력의 5분의 1도

안 되는 그런 군대에게 정복당했다. 그러나 우리가 거둔 성취에 관해 우리의 몫을 과장할 뿐만 아니라 성취 그 자체를 완전히 오해하고 잘못 묘사한다. 병력의 나머지 5분의 4는 어떤 종족에서 충원했는가! 인도의 원주민들이다! 인도는 외국인에게 정복당했다고 말할 수 없다. 실제로는 그렇지 않지만, 만일 프랑스나 영국을 의인화하는 것과 같이 인도를 올바르게 의인화한다면, 우리는 인도가 외적들에게 압도당했다고 서술할 수 없다. 인도는 비록 중앙정부가 외국인의 장악 아래 들어가더라도 자신을 그 단일 정부에 맡김으로써 마침내 무정부 상태에 종지부를 찍는 길을 선택했다고 말해야 한다.

그러나 그런 서술은 다른 서술, 또는 인도를 자의식적이고 전체적인 정치체(政治體)로 가정하는 다른 표현과 마찬가지로 그릇되고 오해한 것이다. 정치적 맥락에서 인도에 그 같은 체제는 없었다고 보는 것이 맞다. 인도라는 말은 지리적 표현일 뿐이다. 그렇기 때문에 인도는 쉽게 정복당했다. 마치 이탈리아와 독일이 나폴레옹의 손쉬운 먹잇감이 되었듯이 말이다. 19세기 초 전체로서 이탈리아와 독일은 없었기 때문이다. 심지어 이탈리아나 독일이라고 하는 강력한 국민 감정도 없었다. '독일'이 존재하지 않았기 때문에 나폴레옹은 독일의 특정한 영방국가(領邦國家)가 다른 영방국가에 맞서게끔 할 수 있었고, 그럼으로써 오스트리아나 프로이센과 전쟁을 벌일 때 그는 바이에른과 뷔르템베르크를 동맹국으로 끌어들일 수 있었던 것이다. 나폴레옹이 중부 유럽에서 이 정복 수단을 활용할 수 있다는 것을 알았듯이, 프랑스인 뒤플렉스(Dupleix)는 일찍이 인도제국으로 가는 이 길이 그 지역에 무역지부들을 설치한 유럽의 어느 나라에게나 열려져 있다는 것을 깨달았다. 그는 한 인도 토후국이 다른 나라와 만성적인 전쟁을 벌이고 있는 것을 보았고, 그들의 싸움을 방해함으로써 외국인들이 그들 사이의 균형을 잡아갈 수 있음을 알게 되었다. 그는 이런 견해에 입각해 행동했고, 이에 따라 유럽 국가들이 세운 인도 식민제국의 모든 역사는 위대한 하이데라바드토후국5 군주 '니잠 울 물크'6의 죽음으로 촉발된 왕위계승 전쟁에 대한 프랑스군의 간섭으로 시작되는 것이다.

그 당시 근본적인 사실은 인도가 외국인에 대해 별다른 질투심을 갖지 않았다는 점이다. 왜냐하면 인도는 어떤 형태로든지 국민통합이라는 인식이 없었기 때문이다. 인도 아대륙에 '인도'는 아예 없었다. 그러므로 적절히 말해서 '외국인'도 없었던 것이다. 내가 지적했듯이, 유럽에서도 비슷한 사례들을 찾을 수 있다. 그러나 만일 현재 고려중인 사실, 즉 영국이 인도인 용병을 통해 인도를 정복했다는 사실을 이해하려 한다면, 80년 전 독일보다는 인도에서 훨씬 더 심각했던 '정치의 소멸'(political deadness)을 염두에 두어야 한다. 독일에서는 독일 국민감정은 거의 없었지만, 프로이센인이라는 감정, 오스트리아인의 감정, 바이에른인의 감정, 슈바벤7인의 감정 등은 어느 정

---

5   하이데라바드(Hyderabad) : 무굴제국 말기 각지에서 대두한 토후국 중 가장 강력한 군주국의 하나였다. 지금의 텔랑가나(Telangana) 주 일대를 지배했다.

6   니잠 울 물크(Nizam ul Mulk, 재위 1724~1748) : 하이데라바드토후국 군주로, 그의 치세시에 지배영역을 최대로 확장해 전성시대를 맞았다.

7   슈바벤(Schwaben) : 독일 남서부에 위치한 중세 영방국가의 하나이다. 1803년 신성로마제국 내 제후국 영토를 재조정하는 과정에서 일부는 바이에른에, 다른

도 있었다. 나폴레옹은 바이에른이 오스트리아에 대항하거나 두 영방국가(領邦國家)가 프로이센에 대항하도록 만들었지만, 바이에른이나 오스트리아로 하여금 그 자체의 정체성에 대적하도록 만들지는 않는다.

좀더 분명하게 말하면, 그는 조약을 통해 바이에른 선제후(選帝侯)의 군대에 분대 병력을 파견해 급료를 주고 독일인으로 구성된 군대를 조련한 후에 이들을 이용해 다른 독일 지방을 점령하는 방식을 추구했다. 이는 인도에서 목격한 것과 정확하게 일치한다. 인도가 병력의 5분의 4가 토착인이고 나머지가 영국인으로 구성된 군대에 의해 정복당했다는 것과 비슷한 사례를 유럽에서도 찾을 수 있을까? 만일 영국이 프랑스를 침공했다면, 급료를 받는 프랑스인으로 구성된 군대를 양성해 프랑스를 정복했을까? 이런 생각은 터무니없다. 뭐라고? 그대는 이렇게 말하고 있는 거야? 프랑스인으로 구성된 군대가 그저 묵묵히 프랑스 정복전쟁을 수행한다고! 하지만, 만일 여러분이 곰곰이 생각해 본다면, 그런 생각이 추상적으로 꽤 가능성이 있다는 점을 알게 될 것이고, 프랑스의 과거사가 달라졌을지도 모른다는 점을 인정할 것이다.

우리는 프랑스에서 민족감정이 결코 싹트지 않았다고 생각할 수 있다. 이 점은 아주 쉽게 상상할 수 있다. 왜냐하면 12세기에는 파리를 지배한 국왕과 루앙을 지배한 다른 지배자 사이의 전쟁이 끊이지 않았음을 알기 때문이다. 더 나아가 프랑스 영토의 다른 지역에 수립된

일부는 뷔르템베르크에 흡수되었다.

다른 정부들은 대부분 외국인 정부나 마찬가지였다는 점을 생각해 보라. 실제로 이 나라는 이전에 정복당했고 그후 외국 지배자들의 압제 아래서 살고 있었던 것이다. 극도로 혼란스러운 상황 때문에 전쟁이 용병을 돈벌이 되는 직업으로 만들고, 이내 그 나라는 그런 직업으로 가득하게 될 것이며, 그런 나라는 토착 정부이건 외국 정부이건 이들 정부에 협조하거나 적대하는 일을 맡는 직업적인 용병으로 가득찰 것이다.

현재 인도의 상태는 이렇다. 영국은 이미 해외 속령이 있었기 때문에 인도에 다시 속령제도를 도입하지 않았다. 사실 우리는 동질적인 유럽 국가, 즉 분명한 인종 — 한마디로 국민국가(nation-state) — 이 소유하는 명확한 영토를 당연한 것으로 생각하지만, 그것은 우리 생각보다 훨씬 더 예외적인 것이다. 애국과 공적 덕목이라고 하는 우리의 모든 이상은 그런 동질적 사회라는 가정에 의거하고 있다. 인도에서는 국적 개념이 아주 혼란스러운 것 같다. 인도 국민과 외국인의 구분이 없는 것으로 보인다. 11세기 이래로 이슬람 침공의 물결이 전국을 뒤덮었을 뿐만 아니라, 초기 시대로 되돌아간다고 해도 우리는 여전히 인종간의 혼합, 인종 상호간의 지배에 직면할 것이다.

인도에서 어떤 인종 단위로 여겨지건 간에 브라만교의 창시자로서 산스크리트어를 사용하는 아리아인은 침략자, 특히 이전의 오래된 민족들을 완전히 삼키지도 또 흡수하지도 못한 침략자로 스스로를 나타낸다. 인도-게르만 어족이 아닌 이전의 종족은 유럽에서 거의 사라졌지만, 여하튼 유럽어에서 어떤 흔적도 남기지 않았다. 그러나 인도에서는 더 오랜 종족이 도처에 있다. 산스크리트어의 단순한 변형이 아니라 완전히 다른 더 오랜 언어들과 혼합된 구어(口語)들이 있다. 그리고 인도 남부의 언어는 전혀 산스크리트어가 아니다. 첫눈에 보편적인 것으로 보이는 브라만교 또한 조사해 본 결과 단순히 모호한 절충형으로 판명되었으며, 이는 서로 완전히 다르거나 서로 관련이 없는 미신들의 종합임을 보여주었다. 따라서 인도에서는 서양 정치 윤리의 기반이 되는 기본적 가설이 성립되지 않는다. 이른바 국가라 불리는 정치체를 낳는 동질적 사회는 인도에 존재하지 않는다. 사실 이 점에 스스로 만족하기 위해서는 먼 과거로 여행할 필요가 없다.

가즈니의 마흐무드 때부터 이슬람 침공의 꾸준한 물결이 인도로 쏟아져 들어온 것을 확인하기만 해도 충분하다. 16세기 무굴제국의 성립 훨씬 이전에 인도에 있었던 국가 다수는 이슬람이었다. 그러므로 이때부터 인도 대부분의 토후국에서 민족성의 연계는 깨졌다. 정부는 권리를 포기했고 국가는 애국심에 호소할 권리를 잃었다.

이런 상황에서 이른바 영국인에 의한 인도 정복은 토착 인도인이 다른 인종에 비해 열등하다고 간주하지 않고서도 설명할 수 있다. 마치 영국인이 다른 인종보다 우월하다고 생각할 필요가 없는 것과 같다. 우리는 외국인에 맞서 조국을 위해 싸우는 것이 사람들의 의무라고 생각한다. 그렇지만 조국이란 무엇인가? 이 개념을 분석할 때, 우리는 이 남성이 대규모 가족처럼 여겨질 수 있는 한 사회에서 자라났다고 가정하는 것을 발견한다. 그러므로 그가 그 땅 자체를 어머니라고 생각하는 것은 자연스러운 일이다. 그러나 그 사회가 가족적 성격을 전혀 갖지 않고 서로 증오하는 두세 종족으로 이루어져 있다면, 그 마을을 나라가 아니라 고작해야 고향으로 여길 정도라면, 그들이 애국심보다 애향심을 갖는 것은 토착인의 잘못이 아닌 것이다. 처음으로 외국인의 멍에를 뒤집어쓰는 것과 특정 외국인의 멍에를 다른 외국인의 멍에로 바꾸는 것은 아주 다르다.

하지만, 내가 지적했듯이, 영국의 인도 정복에서 드러나는 놀라운 특징은 그 정복이 힘들여 쟁취한 것이 아니라 아무런 노력도 혼란도 없이 영국이 관련됐다는 점이다. 영국인들은 이를 위해 세금을 내지 않았고, 영국 정부는 비용을 감당하기 위해 빚을 내지도 않았으며, 징병제도도 도입하지 않았다. 아니, 사람들은 남성인구의 감소를 전혀 감지하지 못했고, 그 시기에 또 다른 전쟁을 치른다는 사실을 어려움으로 여기지도 않았다. 유럽 인구에 버금가는 인구를 정복하기 때문이다. 언뜻 보기에 이는 믿기지 않지만, 나는 이미 이에 대해 설명했다.

모든 정복전쟁의 재정 부담에 관해 생각해 보자. 그 부담은 모든 정복전쟁에 적용되는 일반적 원칙에 의거한다. 정복은 스스로 비용을 지불한다. 나폴레옹은 그가 굴복시킨 사람들로부터 받아낸 대가에 의존했기 때문에 어떤 경제적 곤란도 겪지 않았다. 그와 마찬가지로, 인도 정복 또한 당연히 인도가 그 비용을 감당하는 식으로 이뤄졌다. 그 당시를 이해하는 데 한 가지 어려운 점은 어떻게 군대를 창설했는지에 대한 것이다. 그리고 이 군대의 5분의 4가 원주민 부대로 구성돼 있다는 사실을 알게 되면 이 어려움도 사라진다.

만일 이 모든 중요한 사실에 주의를 기울인다면, 내가 실수하지 않는 한, 동인도회사의 인도 주권 획득에 사용되는 '정복'이라는 표현이 모호할 뿐만 아니라 완전히 잘못된 것임을 알게 될 것이다. 그리고 그 표현 때문에 우리는 그 사건을 진행 중인 비슷한 사건들 속에 분류해 넣으려고 한다. 나는 실제로 이 표현을 사용할 때마다 그것이 일반적으로 인식되는 것보다 훨씬 더 많은 정의를 필요로 하며 몇 가지 다른 의미를 가질 수 있다고 이전에 여러 번 언급했다. 그러나 한 토후국이 다른 토후국에 가하는 침략행위를 언급할 때에는 이 표현을 분명히 적용할 수 있다. 토후국 간의 전쟁은 있다. 한 국가의 군대는 다른 국가들을 침략하고 정부를 전복한다. 또는 적어도 정부가 실질적으로 독립을 박탈당하는 굴욕을 당하도록 강제한다. 이것이 본래 의미의 정복이다.

영국이 인도를 정복했다고 말할 때, 우리는 이런 종류의 일이 영국과 인도 사이에서 일어났다는 것을 의미해야 한다. 알렉산더 대왕이 페르시아제국을 정복했을 때, 마케도니아와 페르시아 사이에는 전쟁이 있었고, 후자 페르시아가 정복된 것이다. 율리우스 카이사르8가 갈리아(Galia) 지역을 정복했을 때, 그는 로마공화국의 이름으로 전쟁을 벌였다. 원로원이 그에게 부여한 직위가 있었고, 로마의 군대를 지휘했다. 그러나 이런 일이 인도에서는 일어나지 않았다. 영국 국왕은 무굴제국, 인도의 나와브9 또는 라자10에 대해 선전포고를 하지

---

8   카이사르(Julius Caesar, BC 100~44) : 로마의 군인 겸 정치가로 기원전 60년
     크라수스, 폼페이우스와 함께 1차 3두 정치에 참여했다. 기원전 53년 크라수스
     사후 로마에 진격해 폼페이우스를 격퇴하고 로마의 1인자가 됐다. 스스로 종신
     독재관(Dictator perpetuo) 자리에 올랐으나 반대파에 의해서 기원전 44년 암살당
     했다.
9   나와브(Nawab) : 무굴제국 황제가 지방의 토후국 제후들에게 하사한 칭호로서 부

않았다. 영국이라는 나라 자체는 아마 인도 정복의 처음부터 끝까지 별다른 관심을 두지 않았을 것이다. 그러나 이런 상황 때문에, 영국은 프랑스의 정착지가 상당히 늘어난 후에 다섯 차례 프랑스와 전쟁을 벌였다. 이 전쟁은 부분적으로는 인도에서 돈을 벌기 위한 것이었고 어떤 점에서는 동인도회사와 인도 토후국들 간의 전쟁과 뒤섞인 전쟁이었다. 만일 이 현상의 본질을 명확히 이해하길 바란다면, 우리는 한편으로는 우연히 일어난 이런 상황을 고려해야 한다. 그후 이른바 정복이라 불리는 어떤 일도 벌어지지 않았지만, 인도의 특정 항구 도시에 사는 어떤 상인들은, 무굴제국의 몰락으로 초래된 무정부 상태에서 어찌할 수 없이 군사적인 일에 말려들어 병사들을 고용했다는 것을 알아야 한다. 이들 병력을 이용해 상인들은 영토를, 그리고 마침내 인도 거의 모든 지역을 획득했다. 이 상인들은 우연하게도 영국 출신이 많았으며 이에 따라 대단한 비율은 아니지만 자신의 부대에 영국인 군인들을 고용했던 것이다.

자, 이것은 외국의 정복이 아니라 오히려 내부의 혁명인 셈이다. 어느 나라에서나 정부가 무너져 무정부 상태에 빠질 때 그 나라에 잔존한 조직적 세력들 사이의 투쟁이 뒤따르고 그 가운데 가장 강력한 세력이 정부를 세우는 것이 바로 일반적 철칙인 것이다. 예를 들어 프랑스에서는 1792년 부르봉 왕조가 무너진 후 주로 파리 자치정부의 영향 아래 새 정부가 들어섰다. 그 몇 년 후에 새 정부는 나폴레옹이

왕(viceroy)에 해당한다.

10   라자(Rajah) : 전통적으로 지방 토호나 제후를 가리키는 칭호다.

주도한 군사정권으로 대체되었다.

자, 1750년경의 인도는 1707년 아우랑제브[11]의 사후 무굴제국의 붕괴로 야기된 일종의 무정부 상태에 빠져 있었다. 그렇게 광대한 영토에서 제국의 권위가 힘을 잃게 되면 어느 곳에서나 일반법(*general law*)이 작동되기 시작한다. 어느 곳에서든 소규모로 조직을 갖춘 세력이 최고 지배자가 되기 시작했다. 이들 세력은 몰락한 제국의 일부 지방 주지사가 지휘하거나 또는 군대의 지휘관으로 상승할 기회를 잡은 일부 모험적인 인물이 거느리는 용병 집단이 가장 일반적이었다. 또는 무굴제국이 패권을 장악하기 전부터 있었고 제국에 완전히 굴복한 적이 없는 지방 세력이 이들을 지휘하기도 했다.

다양한 세력의 사례를 들어보면 이렇다. 하이데라바드토후국은 니잠(Nizam)이라 불리는 위대한 무굴제국의 한 포병부대가 세웠고, 마이소르국[12]은 무슬림 모험가 하이데르 알리[13]가 건국했다. 알리는 군사적 능력으로 무슬림 권력이 아니라, 무굴제국 이전 시기에 구 인도를 대표했던 브라만 권력층 페슈와[14]가 이끄는 족장들의 연합체, '위

---

11 아우랑제브(Aurangzeb, 재위 1658~1709): 무굴제국 제6대 황제이며 치세기에 중부 및 남인도 공략, 인도 아대륙 대부분을 지배했다. 종교적 불관용과 탄압, 잦은 전쟁으로 그의 사후 제국은 급격하게 쇠락한다.

12 마이소르(Mysore)국: 14세기부터 존속했던 남인도 토후국이다. 18세기 후반에 경제적으로나 군사적으로 번영했다

13 하이데르 알리(Hyder Ali, 1720~1782): 장군 출신으로 마이소르국의 사실상의 지배자였다. 두 차례 동인도회사 군대와 전투를 벌였다.

14 페슈와(Peshwa): 마라타제국의 지배 엘리트로서 구체적으로는 행정 각부의 장관을 가리켰다.

대한 마라타'제국15 신분에서 두각을 나타냈다. 그러나 이 모든 토후세력은 똑같이 용병에 기대어 존속했다. 그들은 만성적인 전쟁과 상호약탈 상태에 빠졌다. 내 추측으로, 유럽에서는 카롤링거 제국의 해체기를 제외하고 이런 상태는 없지 않았나 싶다.

이같은 상황은 특히 새로운 권력이 대두하는 데 유리하게 작용했다. 이와 다른 상황에서 정복은 내가 말하는 식으로라면 '권력 장악을 위한 자본'을 전제로 한다. 아무런 권한이 없고 군대를 가지고 있지 않은 인물은 그 누구도 권력을 장악할 수 없다. 그런 상황에서는 또 다른 방법이 있었다. 하이데르 알리는 뛰어난 머리와 심복만 가지고 마이소르국의 술탄이 됐다. 용병부대는 어디에나 있었고, 그들은 자신에게 돈을 주거나 영향력을 행사할 수 있는 사람이면 누구에게나 봉사할 수 있었다. 그리고 용병부대를 지휘하는 사람은 누구나 인도에서 가장 강한 세력가의 반열에 들어섰다. 기존 권위가 해체된 후에는 군사력만이 유일한 힘이었기 때문이다.

이제 이런 특이한 상황에 무굴제국과 투쟁에서 성공적 변화를 거둔 여러 지방 권력들 가운데 항구 도시의 작업장을 운영하는 상인들도 있었다. 그들은 실제로 이국인이었지만, 이미 지적했듯이 외국인이라는 사실은 인도에서 아무런 차이가 없었다. 이미 역대 인도 정부 대부분이 이국 세력이고 무굴제국 자체도 외국 세력이었기 때문이다. 동인도회사의 불가사의한 재력에 여러 수식어구가 덧붙여졌다. 그와

---

15 마라타(Mahratta) 제국: 공식적으로 1674~1818년 인도 중남부 광범위한 지역에 존속했던 토후국 연맹 또는 제국이었다.

같은 부의 사례가 이전에 없었고, 이런 이유 때문에 누구도 그와 같은 막대한 부를 예견할 수 없었던 것은 사실이다. 그러나 그 원인을 설명하기 어렵거나 가시적인 원인이 보이지 않더라도 그것은 불가사의한 일이 아니었다. 동인도회사는 실제로 축적을 시작하는 데 충분한 자본이 있었기 때문이다. 회사는 요구되는 돈을 가졌고, 바다를 지배하는 두세 개의 요새가 있었으며, 법인체(*corporation*)라는 이점을 지녔다. 즉, 전투에서 쉽게 죽임을 당하거나 열병으로 사망하지 않았다.

우리는 한 개인이 사적 지위를 벗어나 거대한 영토를 거느린 한 제국에서 상승하는 것을 보고 별반 놀라지 않는다. 이런 사례는 자주 발생하기 때문이다. 그러나 본질적으로 이런 사례야말로 훨씬 더 놀라운 것이다. 코르시카의 한 가난한 귀족의 젊은 아들이 독재적 권력으로 유럽 대부분을 지배하는 것은 기본적으로 동인도회사가 호주머니 돈 한 푼 들이지 않고 인도를 정복한 일보다 훨씬 더 놀라운 것이다. 마찬가지로, 하이데르 알리(Hyder Ali) 또는 신디아16나 홀카르토후국17의 등장은 동인도회사의 등장보다 더 놀라운 것이었고 더 특별한 행운[부]의 이점이 필요한 것이었다. 보다시피, 이런 사건은 흔히 나타나는 사건과 다른 종류로 구분되기를 바란다. 그것은 한 국가가 다른 나라를 정복하는 것과 다르다. 적어도 두 나라에 직접 관련된 사건

---

16 신디아(Scindiah) 국: 18세기 마라타 연맹의 토후국으로 괄리오르(Gwalior) 국이라 불린다.
17 홀카르(Holkar) 국: 당가(Dangar) 씨족을 근간으로 형성된 토후국이며 마라타 연맹의 일원이었다.

이 아니며, 외국의 일에만 속한 사건도 아니다. 그것은 인도 사회의 내적 혁명이며, 한 사회의 혼란의 시기에 종지부를 찍는 그런 갑작스러운 정권 찬탈 또는 쿠데타와 비교될 수 있다.

권력을 잡은 상인들이 전혀 외국인이 아니지만, 그 때문에 사건의 본질도 변하지 않았다고 생각해 보자. 봄베이에서 조로아스터교를 믿는 파르시 상인들18이 그들의 상업 활동에 방해되는 무정부상태에 지친 나머지, 성채(城砦)를 세우고 군대를 양성하려고 함께 기금을 모아 능력 있는 장군들을 고용할 만한 막대한 부를 가진 경우를 싱싱할 수 있다.

그런 경우에 그들 또한 플라시 전투나 부크자르 전투19에서 승리를 거뒀을지도 모른다. 그들은 또한 무굴제국에게서 재정권(Dewannee)을 찾아오거나 해당 주의 재정 행정을 맡아 무굴제국의 기초를 다져 인도 전역에 대한 지배권을 확장하도록 했을지도 모른다. 그 경우에 우리는 실질적으로 같은 사건을 겪었어야 했지만, 그것은 분명히 사실 그대로를 보여주었을 것이다. 우리는 그 사건이 내적 혁명의 성격을 띠고 있다는 것을 인식했어야 했다. 모든 사회가 그 자체를 파편화하는 무정부 상태를 종식하려고 노력한 자연스러운 투쟁의 결과였던 것이다.

그런 사건에 불가사의한 점은 전혀 없다. 동인도회사의 등장도 훨

---

18 파르시(Parsi) 인: 636~651년간 아랍인의 페르시아 침입기에 종교 박해를 피해 인도의 구자라트 지역으로 이주한 조로아스터 교도들을 가리킨다.

19 부크자르(Buxar) 전투: 1764년 10월 22일 헥토르 먼로(Hector Munro) 가 이끄는 동인도회사 군대와 나와브-무굴제국 연합군 사이에 벌어진 전투이다.

씬 덜 기적적인 사건이었다. 그 회사는 유럽과 밀접하게 연결돼 있었고, 분명히 인도의 그것보다 월등히 우수한 유럽의 군사학과 규율을 이용할 수 있었기 때문이다. 같은 프랑스인 조지프 뒤플렉스는 인도 정복론을 분명하게 규정한 사람인데, 그는 원주민 군대가 짧은 기간에 유럽 군대와 맞설 수 없다는 것을 깨달았지만, 다른 한편 인도 원주민들이 유럽식 군사훈련을 받고 유럽 군대와 같이 효율적으로 전투하는 법을 배울 능력이 있다는 것을 인지했던 것이다(인도인의 조련).

이것이야말로 동인도회사가 가진 일종의 부적(符籍)이었다. 이 방법으로 동인도회사는 인도의 권력층 가운데서 자신의 몫을 챙길 수 있었고 그들을 능가하기에 이르렀다. 우리가 상상하듯이, 유럽인만이 원천적으로 신체적·정신적 우월성을 가진 것은 아니었다. 뛰어난 훈련과 군사제도를 인도 토착인들에게 전수할 수 있었던 것이다.

이외에도 영국인(영국 동인도회사)들은 또 다른 커다란 이점이 있었다. 그들은 확실히 영국 국가를 대표하지는 않았지만, 영국과의 관련성이야말로 그들에게 엄청난 도움을 주었다. 그들은 사실 그들만의 힘으로 군자금과 인도 정복에 투입할 인력을 조달해야 했다. 그러나 인도 및 중국과 영국 간의 무역을 독점한 특허회사[20]로서 그들은 영국 정부와 의회의 관심대상이었다. 인도의 영토를 차지한 동인도회사의 전쟁이 영국인들에게 영국 대 프랑스 전쟁의 모습을 띠게 되면서 국민의 지지를 받는 경우가 여러 차례 있었다. 이 점은 아주 중요

---

20 특허회사(chartered company): 국왕의 허가장을 받아 영업하는 회사. 특정 영업활동의 독점권을 가진 경우가 많았다. 동인도회사가 대표적이다.

한 사실인데도 충분히 고려되지 않았다. 영국의 인도 정복은 동인도회사와 인도 토착권력 간의 갈등에서 시작되지 않았다. 그것은 프랑스군이 데칸고원 지역을 장악하려는 시도와 마드라스와 봄베이의 영국인 정착지를 파괴하기 위해 수도 하이데라바드토후국 계승 문제에 개입하려는 놀랄 만한 시도 때문에 촉발되었다.

동인도에서 영국의 첫 번째 군사 조치는 프랑스의 공격으로부터 자신을 보호하는 것이었다. 그로부터 거의 70년간 — 즉, 나폴레옹과의 전쟁이 끝날 때까지— 인도에서 벌인 영국의 선생은 끝까지 어느 정도 프랑스에 대한 방어전의 성격을 띠고 있었다. 이 결과, 비록 그들이 국가 이름을 내세우거나, 또 국가 재정비용으로 전쟁을 치르지는 않았지만, 어느 정도까지는 국가적 전쟁, 즉 영국이 깊이 우려했던 전쟁이 되었다.

이로 인해 동인도회사 군대는 영국육군의 도움을 상당히 받았고, 찰스 콘월리스 경21이 총독으로 발령받은 1785년 이후부터, 영국의 저명한 정치인들이 정치와 군사 업무를 관장하기 위해 파견되었다. 영국 의회가 회사에 가한 공격들, 이를테면 클라이브 경에 대한 불신임 투표, 헤이스팅스 탄핵 등이 있었다. 22 이 중 한 공격은 1783년 영

---

21 찰스 콘월리스(Charles Cornwallis, 1738~1805): 영국의 육군장군으로 이튼, 케임브리지에서 수학하고 1757년 육군에 입대했다. 미국 독립전쟁에서 용맹을 떨쳤고 여러 전투에 참가했다. 부친 사망 후 콘월리스 백작 작위를 계승 받았고, 1786~1793년 인도총독, 1798~1801년 아일랜드 총독을 지냈으며, 1805년 다시 인도총독으로 임명받아 부임한 직후 사망했다.

22 로버트 클라이브, 워런 헤이스팅스 등 동인도회사 당시 인도 공략에 큰 공훈을 세

국 정계 전체를 소용돌이로 몰아넣었고 이 모든 간섭은 인도 정복전쟁을 국가적 차원의 전쟁으로 여기도록 조장했다. 이런 식으로 동인도회사는 사실상 유럽 일등국가의 신용과 명성을 후원받았다. 물론 그와 동시에 그 국가는 동인도회사의 영토 획득 전쟁에 직접 기여하지는 않았다.

'놀라운'(wonderful) 또는 '이상한'(strange)이라는 단어는 종종 위대한 역사적 사건을 묘사하는 데 쓰이지만, 영국의 인도 정복보다 더 자유롭게 이 표현을 사용한 사건은 없을 것이다. 그러나 애써 설명할 필요가 전혀 없어도 훌륭하거나 이상한 사건이 있을 수 있다. 이전에 그와 비슷한 사례가 없었고 그에 따라 한 세기 반 동안 동인도회사의 행정 업무를 담당한 사람들이 예견할 수 있는 유사한 사례가 전혀 없었다는 점에서 인도 정복은 참으로 놀라운 일이다. 조브 차녹,23 조지아 차일드,24 마드라스의 총독 토머스 피트(대피트의 조부),25 새뮤얼

운 인사들이 후일 부패혐의로 모두 재판에 넘겨진 사건을 말한다. 1772년 클라이브의 부패혐의에 대한 의회 조사가 시작되었으나 무혐의로 종결됐다. 1783년 의회는 헤이스팅스의 부패혐의도 조사했으며 이 조사는 10년 이상 지속돼 그를 파산 상태로 몰아넣기도 했다.

23 조브 차녹(Job Charnock, 1630~1692) : 동인도회사 직업 행정관을 역임했고 캘커타 도시 건설자로 알려졌다.
24 조지아 차일드(Josiah Child, 1630~1699) : 인도 무역상인 출신으로 후에 동인도회사 지배인을 역임했다.
25 토머스 피트(Thomas Pitt, 1653~1726) : 인도 무역에 종사했고 1696~1709년간 마드라스 시장을 지냈다. 윌리엄 피트(대피트)의 조부이다.

로렌스26 장군 등 그 어느 누구도 우리가 후에 보듯이, 마라타제국의 지배자들인 페슈와(Peshwa)나 무굴제국 같은 권력을 굴복시키리라고는 꿈에도 생각하지 않았을 것이다.

그러나 인도 정복이라는 사건은 적절한 유발 요인들을 찾아내기 어렵다는 점에서 보면 그리 놀라운 일은 아니었다. 만일 인도의 권위가 무굴제국의 붕괴를 통해 땅에 떨어졌고, 그 권위는 누군가 집어들기를 기다리는 형국이었으며, 그 시대에 인도 전역에서 이런 저런 모험가들이 '제국들'을 세우고 있었다는 말로 시작한다면, 군대를 양성할 만한 자금을 가진 상인조직이 다른 모험가들과 경쟁할 수 있었다고 해도 실제로 전혀 놀라운 일은 아니다. 그 상인조직〔동인도회사〕이 영국의 군사지식과 지휘력을 야전에 응용함으로써 경쟁자들을 모두 추월할 수 있었다는 것, 특히 그때 그 회사는 영국의 전 국력과 신용을 후원받고 또 영국 정치가들의 지시를 받았다는 것 또한 놀라운 일이 아니다.

인도가 그런 상태였다면 일반적 의미에서 정복이 아니라는 것, 이것이 내가 강조하는 요점이다. 왜냐하면 인도는 국가로서 작동하지 않았고 한 국가의 군대와 재정에 의거해 실현되지 않았기 때문이다. 나는 영국이 인도 — 즉 전 유럽의 인구만큼 수많은 인구와 수천 마일 떨어진 곳 — 를 정복했다는 기술로 야기될 수도 있는 당혹감을 없애기 위해 이 점을 지적한 것이다. 그리고 이 엄청난 정복이 사력을 다

---

26 새뮤얼 힐 로렌스(Samuel Hill Lawrence, 1831~1868): 아일랜드 출신으로 영국 육군장교를 지냈다. 인도 세포이 반란을 진압하는 데 커다란 공훈을 세웠다.

한 노력이나 희생비용을 들이지 않고 이뤄졌다 할지라도, 어쨌거나 영국은 군사대국이 아니었다. 이런 모순된 설명은 엄밀한 의미에서 영국이 인도를 정복한 것은 아니지만, 무굴제국이 몰락했던 그때에 인도에 거주하던 일단의 영국인들이 하이데르 알리나 란지트 싱27처럼 행운을 부여잡아 그곳에서 강력한 권력자로 대두했음을 의미하는 것이다.

그러나 물론 실제적 결과에서 그 사건은 영국의 인도 정복으로 귀결되었다. 이제 그 과정이 끝나면서 동인도회사가 밀려났기 때문에, 빅토리아 여왕은 인도 여황제가 되었고, 영국 내각의 한 장관이 하원 의석을 차지한 채 인도 행정의 책임을 맡게 되었다. 영국이라는 국가가 인도를 인수한 것이 아니지만, 어쨌든 인도는 영국의 수중에 떨어진 것이다. 이는 내가 앞에서 지적했듯이, 콜럼버스 시대 이래 유럽 외부의 유럽인 정착지를 지배한 일반 원리의 사례에 지나지 않은 것이다. 아무리 멀리까지 떠돌아다니고, 그들의 성공이 제아무리 신기하고 경이로운 것이었다고 해도, 그들은 애초에 유럽인으로서의 시민권을 떨쳐버릴 수 없었다. 코르테스와 피사로는 아메리카 대륙에서 발견한 국가의 정부를 짓밟았다. 그들은 거의 노력을 기울이지 않고서도 그들이 도착한 곳에서 최고 권력의 자리에 올랐다. 그러나 그들은 멕시코 몬테수마28의 권력을 무너뜨렸지만, 대서양의 반대편에

27 란지트 싱(Ranjit Singh, 1780~1839) : 펀자브주 시크제국의 지도자이다.
28 몬테수마(Montezuma, 재위 1502~1520) : 에스파냐 침입 당시 아즈텍제국의 황제이다.

있는 칼 5세의 권위에 저항하거나 저항을 꿈꿀 수도 없었다. 그 결과 그들이 자신의 독자적인 모험과 노력으로 이룬 정복지는 무엇이건 곧바로, 그리고 아주 당연하게도 에스파냐 몫으로 돌아갔다.

인도에서 영국인들의 활동도 마찬가지였다. 1765년 이후 동인도회사는 명목상으로 무굴제국 고위 권력자 지위에 올랐다. 그러나 곧바로 영국 의회는 동인도회사가 획득한 영토는 무엇이든지 의회의 통제 아래 있어야 한다고 주장했다. 무굴 황제의 이름은 논의에서 거의 언급되지 않았고, 황제가 그의 속주인 벵골, 베하르(Behar), 오리사(Orissa) 등을 외국 정부의 지배 아래 두는 데 동의할 것인가라는 문제는 전혀 제기되지 않은 것으로 보인다. 동인도회사는 두 국가의 일부가 되었다. 그것은 영국 국왕의 특허장을 받아 설립된 회사였다. 회사 자체가 무굴 황제의 재무장관(Dewan) 격이었다. 그러나 코르테스가 몬테수마를 쓸어낸 것과 마찬가지로 회사는 무굴제국을 쓸어버렸다. 다른 한편, 동인도회사는 영국의 통제 아래 무수한 인수 합병안을 제출했으며, 마침내 한 세기가 지나는 사이에 그 회사는 폐업하고서 인도를 영국 정부에 양도했던 것이다.

영국은 어떻게 인도를 통치했는가

나는 인도가 영국과 맺은 관계의 성격을 생각했고 어떻게 이 관계가 기적도 없이 이뤄졌는지를 설명하려고 했다. 우리는 한 걸음 더 나아가, 이 관계가 기적 없이 만들어진 것처럼 어떻게 기적 없이 지속될 수 있는지, 또 영국인들이 관장하는 인도 정부가 놀라운 문제이기는 하지만 일종의 정치적 최고권위(*tour de force*)로서 간주될 수 있는지 여부에 관해 몇 가지 견해를 이끌어 내고자 한다. 그 정부가 지속되기는 하겠지만 아주 오래 지속될 수 없다는 것은 분명하다. 인도 문제를 공부하면서 학생들이 씨름해야 하는 가장 커다란 어려움은 너무 이상하고, 너무나 멀리 떨어져 있고, 너무 규모가 큰 사건들 때문에 인도에서는 사건의 정상적 인과관계를 예견할 수 없으며, 그 지역에서는 모든 것이 불가사의하다는 생각에 빠지기 쉽다는 점이다. 역사 연구에서 채택하는 수사적 어투는 이런 환상을 선호한다. 역사가들은 인도제국의 이상하고 기괴한 면모들을 모두 늘어놓기 좋아한다. 일어난 일을 설명하는 것보다 설명할 수 없는 일이 더 많아 보이도록 하는 것이 그들의 작업이라도 되는 것처럼 말이다.

따라서 우리는 인도에서 영국이 지닌 우월한 위상을 모든 통상적 규칙들의 예외라고 생각하기에 이른다. 정치에서 두드러진 기적과 같은 현상은 영국인의 영웅적 자질과 통치를 위한 뛰어난 자질의 결과로 설명될 뿐이다. 이런 견해를 가지고 있는 한, 인도 통치의 지속에 관해 어떤 일반적 견해를 이끌어내는 것은 물론 불가능하다. 처음부터 기적 같은 일이었으니까 끝까지 그렇게 흘러갈 것으로 보인다. 만일 일반 법령의 시행이 중지된다면, 얼마나 오랫동안 그런 상태로 계속될 것인지 누가 말할 수 있겠는가? 이제껏 나는 처음 출발 당시의 인도제국을 침착하게 바라보려고 노력했다 — 아시아 사회의 혁명이 유럽 사회의 그것과 다른 것은 자연스러운 일이다. 그러나 설명할 수 없다는 점에서 또는 심지어 설명하기 어렵다는 점에서 보면 그것은 기적이 아닌 것이다. 이제 영국의 인도 통치가 이런 점에서 과연 기적 같은 일인지 여부를 검토하려고 한다.

만일 인도가 단순히 정복당한 나라이고 영국인이 정복자라고 생각한다면, 확실히 그렇게 보일 것이다. 정복당한 국민의 불만을 억압하는 일이야말로 극도로 어렵다는 것을 누가 모르겠는가? 부대 병력수와 군사적 효율성 면에서 정복자들이 결정적으로 유리했던 지역에서조차 반발을 완전히 억압하는 것은 여전히 불가능하다고 여겨졌다. 에스파냐 사람들이 저지대에서 실패했을 당시, 그들은 기독교세계 (Christendom)에서 단연 최고의 군인이었고, 가장 강력한 국가였다. 국민성이나 개별 종교 같은 본능적 속성은 용기나 훈련의 토대에 더 많은 것들을 가져다준다. 그것은 전 인구에 퍼져 나가며 전투 부문에만 국한되지 않는다. 이탈리아의 비슷한 사례를 비교해 보자. 유럽지도에서 이탈리아는 아시아 지도의 인도에 해당한다. 그것은 대륙의 남쪽에 있는 반도이고 그 위로 높은 산맥이 에워싸고 있으며, 아래쪽에는 서에서 동으로 흐르는 큰 강이 있다. 여러 세기에 걸쳐 외부침입자들의 먹잇감이었다는 점에서도 비슷한 상황에 처해 있었다. 얼마 전까지만 하더라도 이탈리아는 오스트리아의 속령으로 있거나부분적으로 간접 지배를 받았다. 이탈리아 주민들은 오스트리아인들에 비해 전쟁을 싫어했으며 그 군대도 훨씬 더 비효율적이었다. 여러불리한 점들을 안고 싸웠음에도 스스로 자유를 얻었다. 전쟁에서 이탈리아는 일방적으로 패배했지만, 그동안 내부적으로 국민감정이 강력해지고 대외적으로는 동정을 얻었다. 그리하여 자신의 독자적인길을 걸었고 해외 국가들은 그것을 용인했다.

지금 모든 면에서 인도는 영국에 대한 관계에서, 오스트리아에 대한 이탈리아의 관계보다 훨씬 유리한 위치에 있다. 인도는 영국보다8배나 많은 인구가 있다. 또 지구 반대편에 있다. 게다가 영국 스스로 군사 국가를 표방하지 않는다. 그러나 어느 모로 보나 인도는 멍에를 이고 있다. 영국은 반란 소식을 듣지 못한다. 인도 정부를 지휘할때 어려움을 겪지만, 그것은 주로 재정적이고 경제적인 문제다. 이탈리아에서 오스트리아가 직면한 특별한 어려움 같은 것을 우리 영국은별로 느끼지 않는다. 우리는 정복당한 국민들이 표출하는 적개심을억압하는 데 곤란을 느끼지 않는다. 이는 정말 기적 같은 일이 아닌가? 이 경우에는 모든 보통법이 중지된 것처럼 보이지 않는가, 아니

면 힌두인의 굴종적 태도나 영국의 뛰어난 통치술에 한계가 없는 것
으로 보이지 않는가?

내가 앞에서 촉구한 것이 부분적으로는 여러분을 위해 이 질문에
대해 내가 준비한 대답일 수 있겠다. 이 질문에서는 두 가지 가정, 즉
먼저 인도가 민족의식을 형성했다는 것, 그리고 다음으로 이 국민이
영국에게 점령당했다는 것, 바로 두 가지 가정이 필요하다. 그러나
이 둘은 모두 근거가 없다.

첫째, 인도가 국민국가(nationality)라는 견해는 정치학이 주로 근
절하고자 하는 저속한 오류에 의거하고 있다. 유럽에서, 우리는 유럽
지도가 각기 개별적 국민과, 그리고 각기 그 자신의 특별한 언어를 내
세운 국가들로 분할돼 있는 것을 보는 데 익숙하기 때문에 심각한 오
류에 빠지게 되는 것이다. 우리는 유럽 안팎의 어느 곳이든 자신의 이
름을 가진 국가가 있다면, 그 나라에는 반드시 국민이 있어야 한다고
생각한다. 그와 동시에, 우리는 국민이라고 불리는 개념을 정확하게
인식하거나 정의하려는 노력을 기울이지 않는다. 우리는 영국에 사
는 영국인들이 프랑스인의 지배에 가장 반발하고, 프랑스인은 독일
인의 지배를 한탄한다고 말하면서, 이런 사례로부터 인도인들이 영
국인의 지배에 심한 굴욕감을 느낄 것이라는 결론을 내린다. 이런 견
해는 단지 게으름과 부주의에서 나온 것이다. 모든 인구가 국민을 구
성하지는 않는다는 것, 이는 증명할 필요가 없이 그저 그렇게 기술하
는 것으로 충분하다. 영국인과 프랑스인은 단순한 인구가 아니다. 그
들은 매우 특별한 방식으로, 그리고 매우 특별한 힘에 의해 결합된 주

민들이다. 이에 해당하는 요인〔힘〕일부를 생각하고 난 다음에, 그 힘들이 인도 주민에 어떤 작용을 가했는지 살피기로 한다.

첫째는 동질적인 인종으로 구성된 사회 또는 그런 사회에 대한 믿음을 뜻한다. 그것이 큰 규모로 나타날 때 언어공동체와 일치한다. 영국인은 영어를 말하는 사람이고, 프랑스인은 프랑스어를 말하는 사람들이다. 자, 인도 주민은 하나의 언어로 말하는가? 그 대답은 유럽 거주자들이 같은 언어를 사용하지 않는다고 말하는 것 못지않게 더 다양한 언어로 말한다고 해야 한다! 언어학자들이 산스크리트어와 다른 언어들의 유사성에 관해 무수히 언급해 왔듯이, 분명한 언어 공동체의 경우 그 검사가 이해가능하고 그 친연성(親緣性)이 일부 숨겨진 유사성이 아니라 통합력으로 작용한다고 언급할 필요가 있다. 따라서 이탈리아인들은 독일어를 이해하지 못하기 때문에 오스트리아인을 외국인으로 간주한다. 이탈리아인이나 독일인이 다 같이 인도-유럽어족에 속한다고 생각하는 데 아무런 곤란을 느끼지 않고도 그렇게 여기는 것이다. 유럽 언어들과 마찬가지로 인도의 몇몇 언어들 사이에도 유사성이 있다. 힌두어는 로망스어와 비교될 수 있지만 벵골어(Bengali), 마라티어,1 구자라티어2 등은 이들을 사용하는 사람들을 하나의 국민으로 묶는 데 도움이 되지 않는다. 힌두스탄 사람들은 페르시아 침략자들과 힌두어를 사용하는 원주민들의 통합에 의

---

1 마라티어(Marathi) : 인도 아대륙 남서부 마하라슈트라(Maharashtra) 지역 토착어이다.
2 구자라티어(Guzarati) : 인도 중서부 구자라트 지역 토착어다.

해 이슬람 정복에서 벗어났다. 하지만 인도 남부에서 우리는 유럽의 어느 실태보다도 더 커다란 언어상의 차이를 발견한다. 왜냐하면, 타밀어, 텔루구어, 3 칸나다어4 등 대언어들은 전혀 인도-유럽어에 속하지 않으며, 이들 언어는 유럽에서 인도유럽어족에 해당하지 않는 핀란드어나 마자르어를 사용하는 인구보다 훨씬 더 많은 인구가 사용하고 있는 것이다.

이 사실은 그 자체만으로도 인도가 영국이나 프랑스와 같이 국민과 일치하는 국가 이름으로 분류되기보다 오히려 유럽과 같이, 이떤 지리적 구분에 따른 일반 명칭을 우연히 획득한 여러 국민집단을 나타내는 이름임을 보여주기에 충분하다. '인도'라는 명칭은 유럽과 마찬가지로 단지 지리적 표현일 뿐이지만, 그럼에도 그 말은 유럽이라는 이름보다 훨씬 더 동질적이지 않은 의미로 사용됐다. 헤로도토스 시대 이래 유럽은 어떤 식으로든 거의 같은 의미로 사용되었지만, 현재 우리가 사용하는 '인도'라는 말은 아마도 그렇게 오래지 않을 것이다.

우리에게는 히말라야산맥과 술레이만산맥5의 거대한 장벽에 의해 아시아에서 떨어져 나온 나라 전체가 단일한 이름을 갖는 것이 정말 자연스러운 것처럼 보인다. 그러나 항상 그렇게 보이지는 않았다. 그리스인들은 이 나라에 대해 아주 막연한 생각밖에 가지고 있지 않았다. 오랫동안 그들에게 인도(India)라는 말은 실용적 목적, 어원상으

---

3 텔루구어(Telugu) : 인도 아대륙 중동부 안드라프라데시(Andhra Pradesh), 텔랑가나(Telangana), 야남(Yanam) 주의 토착어이다.

4 칸나다어(Kannada) : 인도 남서부 토착어로서 드라비다 어족에 속한다.

5 술레이만(Suleiman) 산맥: 힌두쿠시산맥에서 서남쪽 인도양으로 뻗은 산맥.

로는 인더스강 유역이라는 뜻으로 쓰였다. 그들이 알렉산더가 인도를 침략했다고 말할 때, 그들이 가리키는 것은 펀자브 지역이다. 후대에 그들은 갠지스강 계곡에 대한 정보를 얻었지만, 데칸고원에 관해서는 거의 또는 전혀 알지 못했다. 한편 인도 자체에서도 인도라는 말은 우리가 그 지역 전체에 하나의 이름을 붙이는 것 못지않게 부자연스럽게 보이는 것이다.

인도의 북부와 남부 사이에는 뚜렷한 차이가 있기 때문이다. 산스크리트어를 말하고 브라만 종교를 만든 위대한 아리안 사회는 주로 갠지스강 계곡을 따라 펀자브 지방으로부터 밖으로 퍼져나갔지만, 처음부터 남쪽으로 향하지는 않았다. 따라서 힌두스탄이라는 이름은 당연히 이 북쪽 지역만 해당하는 것이다. 비록 브라만교가 남쪽까지 확산되었음에도, 인도반도와 남부지역에서는 다른 인종과 비-아리안 언어를 발견할 수 있다. 심지어 무굴제국 전성기에도 이 지역에 언어와 종교가 깊이 들어서지 못했다.

인도라는 말은 국가를 나타내는 정치적 이름이 아니라 단지 유럽이나 아프리카와 같은 지리적 표현으로 보인다. 그 말은 국가와 언어의 영역을 표시하지 않고, 많은 나라와 많은 언어의 영역을 포함한다. 여기에서 인도와 이탈리아 같은 나라들 사이에 근본적 차이가 있는 것이다. 그동안 인도와 이탈리아는 많은 소국으로 나뉘었고 외국에 대한 저항도 약했다. 그러나 이탈리아는 국가조직상으로는 여럿으로 분열돼 있었지만, 국민이라는 점에서는 하나였다. 하나의 언어가 널리 퍼졌고, 이 언어로부터 위대한 문학이 탄생했다. 그 문학은 이탈리아반도 전체, 공동의 소유였다. 이미 지적했듯이, 인도는 유럽만큼 언어에 의해 통합되지 않았다.

그러나 국민은 여러 요소로 구성된다. 동질감은 그중 하나일 뿐이다. 공통의 관심사와 단일한 정치체를 구성하는 관행은 또 다른 요소를 구성한다. 인도에서는 이 요소들이 모두 결핍되지는 않았을지라도, 어쨌든 이 요소 또한 매우 취약했다. 이 나라는 국가적 통합을 거의 원하지도 않았지만, 인도와 다른 세계를 분리시킨 지리적 장벽이 인도 지역 내부의 지리적 장벽보다 훨씬 더 영향이 컸다. 그 때문에 인종 및 지방 차원의 분열이 있었음에도, 적어도 인도를 가능성 있는 전체로 인식하는 애매한 개념은 고대 이래 존재해 왔다.

가즈니의 마흐무드 치세 이전 시대의 알려지지 않은 전통적 역사에서 국민이라는 말은 한 군주와, 그리고 동시에 인도 전 지역의 지배자로서 군주 모두에 애매하게 관련된다. 최초의 이슬람 왕조 지배 시기의 일부 군주들, 마지막으로 무굴제국은 대체로 인도 전체를 대상으로 지배했다. 그러나 무굴제국의 위대성을 너무 과장하거나 인도에서 그 제국이 유럽의 로마제국과 같다고 상상해서는 안 된다. 제국의 지속기간이 얼마나 짧았는지 살펴보라. 우리는 바부르6가 라호르를 점령한 1524년, 즉 영국의 헨리 8세 치세와 같은 시기 그 이전에 제국이 시작했다고 볼 수 없다. 또 바스코 다 가마가 인도에 상륙했을 때 무굴제국은 태동하지도 않았으며, 제국이 눈에 띄게 빠른 속도로 쇠

---

6   바부르(Babur, 1483~1530) : 무굴제국의 건국자이자 초대 황제로 티무르의 직계 후손으로 알려졌다. 지금의 아프가니스탄과 카불을 지배한 후 1524년 펀자브 지방의 라호르(Lahore)를 공격, 점령했다. 그 후 일련의 전투에서 승리를 거두어 북인도 일대를 지배하는 제국을 이뤘다.

퇴하기 시작한 것은 1707년, 즉 앤 여왕 치세기였다. 이렇게 보면 제국이 지속된 기간은 두 세기에도 미치지 못한다. 그러나 다음으로 바부르가 인도 대륙에 진입한 그 순간부터 무굴제국이 존재했다고 말하는 것보다는, 오직 무굴인의 인도 지배가 확장되던 그 순간에 비로소 존재했다고 보는 것이 적절하다는 점을 살펴보라. 1559년, 엘리자베스 즉위 다음해, 아크바르7가 즉위할 당시, 이 나라는 단지 펀자브 지방과 델리 및 아그라8 주변지역으로 이뤄져 있었다. 1576년에 이르러서야 아크바르는 뱅골 지역을 정복하고 1591∼1594년 사이에 신드9와 구자라트10를 점령했다. 제국의 시작 시기를 1524년 대신에 1594년으로 잡는다면, 그 존속기간은 한 세기도 안 되게 줄어드는 것이다.

다음으로, 이 시기조차 무굴제국이 결코 인도 전체를 포괄하지 못했다는 것을 살펴보라. 제국이 인도 전체를 지배했다고 상상하는 것은 인도와 힌두교도를 혼동한 데 따른 것이다. 1595년 아크바르의 지배는 나르마다강11 북쪽에 국한되었고 그는 아직 데칸고원에 발을 들

7　아크바르(Akbar, 재위 1556∼1605) : 무굴제국 황제로 흔히 아크바르 1세 또는 아크바르 대제로 불린다.

8　아그라(Agra) : 북인도 네팔 접경의 우타르 프라데시(Uttar Pradesh) 주를 흐르는 야마나(Yamana) 강변에 위치한 도시이며 현재 인구는 약 150만 명 규모다.

9　신드(Sindh) 주 : 현재 파키스탄을 이루고 있는 4개 주 가운데 하나로 인도와 국경을 접하고 인도양에 맞닿아 있다.

10　구자라트(Guzarat) 주 : 인도 북서부, 인도양에 돌출된 반도에 자리 잡고 있다. 일찍부터 면직업이 발달하여 인도양을 통해 이슬람세계 및 유럽과 무역하면서 번영했다.

여놓지 못했다. 그는 힌두스탄(Hindustan), 즉 북인도의 황제였지만 결코 전(全)인도의 황제가 아니었다. 치세 말년에 그는 데칸고원을 침략했고, 이때부터 무굴제국은 인도 아대륙 남부까지 확장되기 시작했다. 그러나 1683년 아우랑제브12의 위대한 원정 이전에 데칸고원 정복 같은 일을 이루었다고 할 수는 없다. 이때부터는 무굴제국이 데칸고원 지대를 포함하며 인도 전 지역을 단일 정부 아래 통합했다고 말할 수 있다. 물론 데칸고원 지배는 명목에 지나지 않았다. 마라타 세력이 빠르게 대두하고 있었기 때문이다. 그러나 여기에서 무굴제국 황제들이 지배영역의 확장으로 인해 제국의 멸망을 앞당기면서, 제국의 존속기간은 매우 짧아졌다고 할 수 있다. 그 24년 이내에 멸망이 가시화되었으며, 내가 말하듯이, 이는 직접적으로 야심찬 원정의 결과였다. 무굴제국은 항상 충분한 중심지를 원했는데, 국력은 중심지를 확장하려는 현명치 못한 시도 때문에 소진되고 말았다.

대체로 그 무렵 인도는 영국인의 지배를 받던 시기를 제외하고는 결코 한 국가를 형성할 만큼 통합된 적이 없었다고 말할 수 있다. 지금부터 30년 전 댈하우지 경이 총독 직을 맡아 펀자브, 아와드, 나그푸르 등13을 영국 속령으로 편입할 때까지는 그런 통합이 이뤄졌다고

---

11 나르마다(Narmada) 강: 인도 중부에서 발원하여 인도 서북부 구자라트주 인근 인도양으로 흐르는 강으로 길이는 1,312km이다.

12 아우랑제브(Aurangzeb, 재위 1658~1707): 제6대 무굴제국 황제로 정복활동을 계속해 인도 아대륙 거의 대부분을 지배했다.

13 아와드(Awadh) 주는 네팔 국경 지역의 주이고, 나그푸르(Nagpur) 시는 인도 중서부 마하라슈트라주에 있는 도시다.

말할 수 없는 것이다.

국민의 또 다른 주요 요소는 공통의 종교다. 인도에서 이 요소는 확실히 부족한 편은 아니다. 브라만교는 인도 전역으로 확장되고 있다. 물론 그것만이 인도의 유일한 종교는 아니다. 5천만 명 이상의 무슬림이 있다. 이 숫자는 투르크제국의 신자보다 훨씬 더 많다. 또한 그보다 적은 시크(Sikh) 교도 집단이 있다. 이들은 모하메드의 가르침과 브라만교 신앙이 혼합된 종교임을 공언한다. 소수의 기독교도가 있고, 실론과 네팔에는 불교도가 있다. 그러나 브라만교는 엄청난 다수의 교의로 자리 잡고 있으며, 실질적으로 활력을 가졌기 때문에 가공할 만한 외부 공격에 한 차례 이상 저항할 수 있었다. 가장 강력하게 교의를 전파한 종교 중 하나인 불교는 인도 자체에서 탄생했으며 널리 먼 데까지 퍼졌다.

우리는 불교가 예수 탄생 전 두 세기에 걸쳐 활기차게 번창했다는 사실을 알고 있다. 그러나 불교는 브라만교에 압도당했고, 이 종교를 낳은 나라보다는 외부의 다른 아시아 여러 지역에서 번성했다. 불교에 승리를 거둔 후에 브라만교는 또 다른 강력하고 호전적인 종교 세력의 공격에 저항해야 했다. 이 호전적인 종교 대두 이전에 조로아스터교가 몰락했고, 심지어 기독교조차 동쪽에서 몇 걸음 퇴각해야 했다. 바로 이슬람교다. 여기서 다시 한 번 말하지만, 무슬림 정권은 인도에서 활개치고 있었지만, 인도 사람들을 개종시킬 수는 없었다. 이제 종교는 국민〔국가〕을 구성하는 모든 요소들 가운데 가장 강력하고 중요한 것으로 보인다. 그리고 이 요소가 인도에 존재하는 것이다. 인도가 프랑스나 영국보다는 오히려 '유럽'과 비교된다고 할 때,

우리는 기독교세계로 간주되던 유럽이 특정한 지역단위였고 지금도 그렇다는 점을 염두에 두고 있을지도 모르겠다. 유럽이 중세 시대에 야만적 종교가 없는 적들의 위협을 여러 차례 받았듯이 브라만교 또한 위협을 받는다면, 그 스스로를 분명하고도 신속하게 드러낼 것이다. 브라만교는 인도가 조만간 국민을 배태할 수도 있는 종균을 가지고 있는 것처럼 보인다. 아마 그럴지도 모르지만, 그럼에도 우리는 그 경우에도 국민은 그 후에 오래도록 발전해야 한다는 점을 살필 것이다. 수세기에 걸쳐 서로 계승해 온 무슬림의 침입은 정확하게는 국민이라는 배아의 종균이 자라는 데 유리한 압력을 제공했다. 왜 브라만교는 이슬람 종교에 맞서 스스로를 지키는 데 만족했을 뿐 침략자들에 대항해 인도를 동원하고 결집하지 않았을까? 사실 결코 그렇지 않았다. 인도에서 브라만 세력은 승승장구했다. 17세기 중엽 시바지[14]라는 한 족장이 등장해 봄베이 배후 산지에 있는 성채를 하나, 둘 점령하고 마라타국[15]을 세웠다.

이것은 진정한 힌두교 조직체였고, 그 세력이 증가함에 따라 인도는 점점 더 브라만 계급의 통제 아래 들어갔다. 무굴제국이 쇠퇴하면서 이 세력이 발전하기에 유리한 여건이 조성되었고 17세기 중기에는 마라타연맹을 결성하면서 그 파장이 전 인도를 뒤덮었다. 이 연맹에 인도 국가의 핵심이 있었을지도, 그리고 종교가 여러 종족들을 위해

---

14 시바지 보슬레(Shivaji Bhosle, 1627~1680) : 마라타제국의 창건자이다. 마라타 부족의 전사로 활동해 후에 마라타연맹의 군주 자리에 올랐다.

15 시바지가 국왕으로 즉위한 해가 1674년이며 그 후 무굴제국, 영국, 네덜란드, 프랑스 식민세력과 경쟁 갈등을 겪다가 1818년 영국과 전쟁에서 패퇴했다.

행했던 것과 같은 일을 힌두인을 위해 행하려 했을지도 모른다. 그렇지만 그런 일은 발생하지 않았다. 브라만교는 애국주의에 빠져들지 않았다. 아마도 그 포괄적 기능을 통해 실제로는 하나의 종교가 아니라 여러 종교들 간의 느슨한 타협을 이끌어내 이를 통합된 교의로 삼을 수 있었을 것이다. 어쨌든 마라타연맹 운동에는 애국적 면모가 없었고, 처음부터 끝까지 약탈조직으로 계속 남아 있었다.

그로부터 인도 국민의 발전을 인지할 수 있는 종균은 있었지만, 인도인이라는 국민은 없었다. 영국인이 엄청난 우위를 차지하지 않았음에도 인도에 우리 제국을 세울 수 있었던 것은 바로 이런 사실 때문이다. 이탈리아에서 목격한 바와 같은 유사한 민족운동(nationality-movement)이 인도에서 일어날 수 있었다면, 오스트리아가 이탈리아에서 직면한 것과 같은 저항을 감당하지 못해 영국은 곧바로 굴복했을 것이다. 심지어 군사국가도 아닌 영국이 2억 5천만 인구의 반란에 맞설 수단으로 무엇이 있었겠는가? 이전에 그들을 정복한 것과 같이 다시 정복할 수 있다고 말하면 될까? 그러나 나는 영국이 그들을 정복하지 않았다고 설명했다. 영국에 승리를 안겨준 육군의 5분의 4는 토착 원주민 부대로 구성되었음을 보인 바 있다. 인도에서 군사작전을 위해 이 원주민 부대를 충원할 수 있었던 것은 바로 국민감정이 어느 곳에도 존재하지 않았기 때문이었다.

이제, 만일 공통된 국민감정이 미약하게나마 있었다 하더라도 외국인을 몰아내려는 적극적 열망을 자극하지 않고서는, 병력의 3분의 2가 원주민으로 구성된 군대에 들어가 영국 지배를 지키는 데 조력하는 것이 조금 부끄럽다는 감정만 생겼을 뿐이었다. 그 시기에 유럽에 그런 감정은 더 이상 존재하지 않았다. 만일 〔그들이〕 쫓아내려고 하는 오스트리아 정부가 오스트리아인이 아닌 이탈리아 병사에 의존했다면, 이탈리아 애국자들에게 맡겨진 과업이 얼마나 용이했겠는가를 상상해 보라! 심지어 용병이 아닌 경우, 원주민 병력을 더 이상 동원할 수 없다고 가정해 보자. 조만간 인도 정복이 불가능하다는 사실이 분명해질 것이다. 왜냐하면 어떤 커다란 노력을 기울이지 않고서 획득해야 한다는 것이 인도제국 획득의 조건이기 때문이다. 영국 쪽에서는 많은 노력이 없이 획득했기 때문에 또 동일한 방법으로 유지돼야 할 것이다. 우리 영국은 획득지를 방어하기 위해 수백만의 군대를 땅에 파묻을 준비가 돼 있지 않은 것이다. 우리가 한가로이 인도를 당연히 정복된 국가라고 상상하는 동안 인도가 실제로 자기 스스로를 나타내기 시작하는 그 순간, 우리는 인도를 유지할 수 없다는 것을 인정할 수밖에 없다.

이리하여 이 제국을 둘러싼 불가사의와 기적의 신비로운 후광은 면밀한 조사를 거치기도 전에 사라진다. 그것은 비록 우리가 외국에서 온 인도의 지배자이기는 하지만, 우월한 힘에 의한 정복자가 아니라는 점을 인식했을 때 사라진다. 우리가 인도 국민의 뜻에 따라 통치하지 않기 때문에 그들의 뜻에 반하는 통치를 해야 할 것이라는 생각은 단지 유럽인이 가진 편견일 뿐이다. 독립에 대한 희구는 정치의식을 전제로 한다. 이런 의식이 부족한 곳, 외국 정부는 소극적으로 여겨질 것이고, 그런 정부는 어떤 특별한 기법을 행사하지 않고도 오랫동안 지속되고 번영할 것이다. 정부에 대한 이와 같은 소극적 감정은 자주 정복당한 나라에서 고질적인 것이다.

대부분 억압적인 정부들이 여러 세기동안 존속해 왔다. 그리고 만일 반란이 일어난다면 그에 대항할 방도가 없었음에도 오래 존속한 것은 주민들이 단지 복종하는 데 익숙해서 저항하는 습관을 갖지 못했기 때문이다. 16세기 러시아 황제들의 역사를 읽어보라. 왜 그 많은 사람들이 공포왕 이반(Ivan the Terrible)16의 광포한 변덕에 굴복한 것일까? 그 대답은 명백하다. 그들은 두 세기 동안 몽골인들에게 짓밟혔고, 그 사이에 수동적으로 복종하는 습관에 젖었기 때문이다.

이제 우리는 인도의 주민들이 비슷한 감정상태에 있었으리라고 기대하지 말아야 할 것인가? 자유에 관해서, 그리고 민중적 제도에 관해서는, 인도의 역사나 전통 전반에 걸쳐 거의 흔적을 찾을 수 없다. 이탈리아인들에게는 과거 역사 속에 로마공화국이 있었다. 콜라 디 리엔초(Cola di Rienzo)17가 그들을 부추겨 반란을 일으켰던 것은 리비우스18를 읽었기 때문이다. 어떤 인도 선동가도 국민들에게 읽힐

---

16 이반 4세(Ivan IV, 1530~1584) : 어린 나이로 러시아 짜르의 자리에 올라 군주 절대 권력을 강화하고 정복활동으로 영역을 확대하는 데 성공했지만, 집권 후반기에는 정적들을 가차 없이 숙청하는 등 공포정치를 폈다. 그의 별칭은 이를 말해준다.

17 니콜라 가브리니(Nicola Gabrini, 1313~1354) : 로마 출신으로 고대 로마 문필가들의 저술을 탐독하며 로마 공화정의 번영과 영광에 관심을 가졌다. 민중을 선동해 권력을 장악한 후 고대적 전통을 되살려 로마 호민관의 자리에 취임하고 이탈리아 통일운동을 폈다가 실패한다.

18 티투스 리비우스(Titus Livius, BC 59~AD 17) : 제정 로마 시대의 역사가이다. 북이탈리아 파도바 출신으로 로마 건국에서 아우구스투스 시대에 이르는 로마 역사를 서술했다. 전 142권으로 구성된 《로마사》 가운데 현존하는 것은 1~10권과 21~45권, 총 35권뿐이다.

만한 비슷한 문헌을 찾을 수 없었다. 영국인이 도래했을 무렵, 7백 년간에 걸쳐 인도인들은 그 자체 폭군은 물론, 외부에서 온 전제군주의 지배까지 받았다. 그런 나라에서 정부가 주민을 위해 존재하고 또 주민에 의존한다는 감정이 분출된다면, 그리고 정부를 비판하고 정부를 전복하고 그 반대세력을 조직하는 움직임이 나타난다면 이는 참으로 놀라운 일이라 할 것이다. 말하자면, 국가들은 별로 교류하지 않는다. 이들은 새로운 움직임을 쉽게 인지하지 못한다. 심지어 가장 독창적인 시기에도 여전히 조상들이 했던 일들을 할 뿐이다. 프랑스혁명조차도 프랑스 역사의 일부 초기 국면들과 이상하리만큼 비슷하다는 지적을 받아왔다. 확실히 이탈리아 민족주의운동은 단테의 시대로 거슬러 올라가는 이전의 이탈리아 운동과 유사하다. 이제 이런 원리에 의거할 때, 어떤 정부가 들어서든지, 심지어 현재 영국인 지배정권처럼 외국 정권이 들어서더라도, 심지어 그것이 야만스러운 폭압정권일 경우에도 인도 주민이 조용히 굴복하리라고 예견되는 것이다. 물론 우리는 영국인 지배정권이 폭압적이지 않다고 생각하지만 말이다.

영국인이 인도에서 세운 정부는 두 가지 점에서 불가사의한 일이라고 할 수 있다. 첫째, 만일 힌두교도들이 그들 자신의 동족에 의한 지배에만 익숙했다면, 그리고 권력에 대한 저항이라는 관념에 친숙했다면 어떻게 되었을까. 그러나 힌두교도는 그렇지 않았다. 따라서 그들은 역사적으로 엄청난 인구에도 불구하고 그들 스스로 쉽게 뒤집을 수 있는 정부에게도 굴종하는 습관을 지녔다. 마치 중국인들이 몽골 지배에 굴종했듯이 말이다. 인도인들 자신이 영국인들이 들어오기 전에 몽골제국에 예속되었다. 사실 무굴제국의 사례도, 힌두교도에 대한 우리의 지배가 우리에게 내재한 탁월한 정치력의 증거가 결코 아니라는 점을 쉽사리 보여주는 것이다. 무굴제국의 역사를 읽을 때 영국의 인도 통치의 역사에서 우리가 놀랐던 것과 아주 똑같은 사실을 보고서 충격을 받지 않을 수 없다. 즉, 무굴제국 또한 어떤 강력한 수단도 거의 없이 인도를 정복했던 것이다. 제국을 건국한 바부르는 강력한 국가를 등에 업고 침입하지 않았으며 강력한 국가조직을 습득하지도 않았다. 그는 중앙아시아의 작은 몽골 왕국을 물려받았지만, 오스베그(Osbeg)인의 침략을 받아 나라를 잃었다. 그는 한동안 집을 잃은 모험가로 방랑하다가 아프가니스탄의 또 다른 소국을 장악했다. 제국을 낳은 최초의 종균은 가장 보잘 것 없는 세력이었다. 카불에서 아프가니스탄인들을 지배한 이 몽골 출신의 모험가가 세운 제국은 그 후 약 70여 년간 인도 지역의 절반, 그리고 적어도 100여 년간은 명목상이기는 하지만 그보다 더 확장된, 인도 거의 전역을 지배하는 국가가 되었다.

나는 무굴제국이 영국이 인도 지배를 위해 세운 정부에 비견될 만큼 강력하고 견고했다고 말하지는 않겠다. 그러나 영국인 정부와 마찬가지로, 그리고 심지어 그보다 더 별다른 수단을 동원하지 않고도 세워졌던 것으로 보인다. 사실 동인도회사는 적어도 영국의 자본, 영국의 군사력과 과학기술, 그리고 지속적인 회사조직이라도 갖추고 있었다. 바부르와 그 후계자들은 이러한 자원 중 어느 것도 갖지 못했다. 무굴제국의 성장에 도움을 준 요인들을 찾아내기가 아주 어렵다.

고작해야 우리는, 당시 중앙아시아에 용병을 직업으로 삼은 사람들, 즉 돈을 받고 카불의 지배자를 섬기는 그런 유랑하는 사람들로 넘쳐 났다는 점을 말할 수 있을 뿐이다.

둘째, 만일 2억의 힌두교도들이 단일한 민족(nation)처럼 모두 같은 생각을 하는 습관을 지녔다면 영국의 인도 지배는 놀라운 일이었을 것이다. 그러나 그렇지 않다면, 그 지배에 놀라운 점은 없다. 공통의 감정이나 이해도 없이 서로 연결되지 않은 개인들로만 이뤄진 집단은 쉽게 정복된다. 서로에 적대적 행위를 하도록 유인당하기 때문이다. 이제껏 나는 힌두교도를 하나로 묶는 연대감이 얼마나 약하고 불충분했는가를 지적했다. 이 내적 통합의 결여가 영국의 인도 지배에 얼마나 유리하게 작용했는가를 알려면 [1857년] 용병반란19의 역사를 훑어보기만 해도 된다. 이 원주민 부대에서 반란이나 심지어 그보다 작은 소요가 발생해도 영제국에 곧바로 치명적일 수 있다고 내가 말했을 때, 그런 사태가 발생할 수도 있었을 것이다. 그러나 1857년 실제로 용병반란이 일어났지만, 영제국은 아직도 번영을 누리고 있다.

그러나 여러분은 내가 사람들 사이에 퍼져 마침내 군대의 지지까지 확보한 민족운동, 그것에 의해 일어난 반란을 언급했다는 점을 주목해야 한다. 1857년 반란은 이런 종류의 사태가 아니었다. 그것은 군대에서 시작되었고 국민들은 소극적으로 바라보았다. 그것은 군대

---

19 1857년 용병반란: 1857~1859년에 인도 여러 지역에서 벌어진 용병들의 반란을 말한다. 흔히 '세포이 반란'이라 불린다.

내의 특정한 불만에서 비롯되었지만 외국 정부의 지배에 저항하는 민족감정에서 비롯된 불만으로 야기되지 않았다. 그렇지만 이제 한 가지 질문을 하겠다. 이 반란은 어떤 방식으로 일어났는가? 일단 반란 이후에 영국에서 나타난 유일한 견해는 영국의 두드러진 영웅주의와 힌두교에 대한 그들의 무한한 우월의식에 의해 진압되었다는 것이다. 체스니[20] 대령의 《인도의 정치》[21]에서 이 문제에 대해 설명한 내용을 읽어 보겠다. 벵골군에 매우 강한 '집단정신'(*esprit de corps*) 이 생겼다는 점을 주목한 후 봄베이와 마드라스 부대는 그 반란에 대해 약간의 우려를 언급한다. 그 집단정신은 순전히 군사적이고 실제로 민족감정과 대비된다. 그것은 힌두교와 이슬람적 요소를 함께 연결하고 있기 때문이다.

"열악한 훈련, 상관에 대한 쓰디쓴 적대감, 그들을 힘으로 물리칠 수 있다는 자신감 등에서 힌두교도와 무슬림 사이에 선택할 수 있는 것은 아무것도 없었다."

그는 계속해서 이 운동이 반 운동에 직면했음을 지적한다.

"정말, 이른바 벵골 총독은 정규군에 의해 완전히 감금되지는 않았다. 네팔 원주민 병사〔구르카스(*Gurkhas*)〕 4개 부대는 나머지 용병부대와 거리를 두었으며, 부대에 활력을 불어넣을 계급감정을 받아들이지 않았다. 한 가지 예외는 충성심이었다. 이들 부대 중 한 연대가

---

20 조지 체스니(George Chesney, 1830~1890) : 체스니는 영국의 육군장군 출신으로 정치가, 소설가로 활약했다.

21 아마 다음 책을 가리키는 것 같다. Chesney, G. T. (1870), *Indian Polity*, London.

보여준 대로 영국군을 위한 뚜렷한 용기와 헌신적 태도는 특히 영국군의 찬사를 많이 받았다. 펀자브와 그 인근 지역에서 충원, 추가된 두 연대 병력도 굳건했다. 그러나 영국군은 펀자브의 비정규군, 이른바 비정규군이지만 정규군 못지않게 훈련을 잘 받고 규율이 더 잘 잡힌 군대에게 가장 커다란 도움을 받았다. 이들 부대는 6개 보병연대와 5개 기병연대로 구성되었으며, 보통 그 지방 정부의 명령에 따라 시크교도 4개 보병연대를 추가로 보충할 수 있었다. 그러나 이들은 중앙집권화 된 행정체계에 예속되지 않아 성규군의 기강을 해칠 수도 있었다. 반군이 처음 조우한 것은 북인도 지역의 이들 부대와 소수 유럽 출신 병력이었다. 그 무렵 펀자브 지방의 주민들은 그들의 지배자를 동정한 나머지 그들의 편을 들기 위해 입대했다. 군대 해산 때문에 최근에 정복된 지역 주민들은 기존의 익숙한 직업 대신에 병사가 되었다. 그들은 자기 나라를 점령한 힌두교도 병영에 호의를 갖지 않았고 무장 호소를 재빨리 받아들여 기존의 오랜 숙적을 격퇴하는 데 가담한 것이다. 필요한 병력 수가 충족된 후에 징수한 세금으로 그들의 무장을 갖추어 훈련을 끝내자마자 곧바로 전쟁터로 보냈다. 벵골군대를 재조직할 때에도 펀자브 지방에서 거둔 세금은 그 재조직 비용의 중요한 부분을 차지했다."

알다시피, 그 반란은 인도의 종족들을 서로 분열시킴으로서 크게 줄어들었다. 이것이 가능하다면, 어떤 정부더라도 주민들이 그 정부를 비판하고 또 반기를 드는 습성을 갖추지 못하는 한, 영국은 인도 정부를 세울 수 있으며 그것이 기적적인 일도 아닌 것이다.

그러나 내가 말했듯이, 만일 이 상황이 바뀌려면, 어떤 과정을 거치든지 간에 인구가 하나의 국민으로 묶여야 한다. 영국과 인도의 관계가 오스트리아와 이탈리아 사이의 관계를 닮지 않게 된다면, 물론 영국의 인도 지배를 염려하기 시작해야 한다는 말을 하지는 않겠다. 나는 다만 이를 바란다면, 지배를 즉각 멈추어야 한다고 말하려 한다. 우리가 두려워하는 위험이 대중소요임을 상상하지는 않는다. 예를 들어, 존 엘리엇22의 《존의 인도 문제에 관하여》(*Concerning John's Indian Affairs*)에서 나는 가난한 농민층의 불행을 다룬 끔찍한 그림을 발견한다. 그런 다음에 이 문제에 관해 내린 결론은, 이 불행이 절망의 폭발로 이어지면 우리는 쫓겨나게 되리라는 것이다. 이 묘사의 사실 여부를 여기서 조사할 수는 없다.

그렇지만 논의를 위해 그 진실성을 인정하더라도, 나는 역사에서 혁명이 이런 식으로 일어난다고 보지는 않는다. 수세기에 걸쳐 인도인들은 모두가 비참한 불행에 빠져 있지만 반란을 일으키지는 않았다. 아니, 만약 그들이 살 수 없다면 그들은 죽는다. 그리고 만일 그들이 단지 살 수만 있다면, 그들은 그저 살아갈 뿐이다. 그들의 감각은 둔화되고 그들의 소망은 가난에 의해 무너진다. 인도 주민, 반군은 위를 향해 쳐다보고 있는 주민이다. 이제 그들은 희망을 가지고 그들의 힘을 느끼기 시작했다. 그러나 그런 봉기가 일어나더라도, 그들이 힌두교도와 그들을 지배하는 영국인들에게서 형제애를 느끼고 그들을 지배하는 영국인을 외국인으로 여기지 못한다면 다른 원주민 군

---

22 존 엘리엇(John Eliot, 1604~1695): 북미 식민지 청교도 목사이다. 아메리카 원주민 전도활동으로 널리 알려졌다.

대에 의해 진압당할 것이다.

그러나 다른 한편으로 이런 감정이 분출되고 현실로 나타날 경우, 그리하여 인도 전체가 단일국가로 활동하기 시작하더라도 — 특히 현 정부가 이전 정부보다도 훨씬 더 이를 가능하게 하더라도 — 그런 절망적인 폭발은 없을 것이다. 비록 우리가 의존하는 토착인 부대, 그 부대에서 이런 감정이 다시 나타나더라도 말이다.

영국은 1857년의 반란을 진압할 수 있었다. 그런 감정은 일부 군대에만 퍼져 있었기 때문이다. 사람들은 반란에 석극석으로 동조하시 않았고, 우리 편을 들어 싸울 인도 원주민들을 물색할 수 있었던 것이다. 그러나 반란이 위협적이게 되는 순간, 단순한 반란이 아니라 보편적 국민감정을 표명하는 순간 우리의 모든 희망은 일순간에 끝난다. 제국을 지키려는 우리의 모든 희망은 끝장나는 것이다. 영국은 실제로 인도의 정복자가 아니기 때문에, 인도를 정복자의 자격으로 지배할 수 없다. 만일 우리가 그런 일을 벌인다면, 성공 여부는 따질 필요도 없다. 단지 그런 시도만으로도 재정 파탄에 이를 것이기 때문이다.

제5장   영국과 인도의 상호영향

이전 두 차례 강연에서 나는 인도 정복과 영국인의 인도 정부수립이 어떤 점에서는 놀라울 게 없음을 보여주려고 했다. 우리는 인도에서 영국인들이 수행한 여러 행위와, 그 정부에서 보기 드문 열정과 재능을 보여준 많은 인물들에 대해 자랑스러워할지도 모르겠지만, 인도제국 자체를 인도인보다 영국인이 아주 우월하다는 증거로 보는 것은 잘못된 일이다. 그렇게 엄청난 우월성을 가정하지 않고서도 우리는 〔인도 지배에 대한〕 요인들을 설정할 수 있는데, 제국의 성장과 지속에 대해서도 같은 요인들로 설명할 수 있다. 단순히 기적으로 여기거나, 평범한 인과관계로 설명하는 것과 다르다고 여기는 것은 놀라운 일이 아니다. 그럼에도, 그 정복은 경이적일 뿐만 아니라 일반적으로 이해되는 것 이상으로 훨씬 더 그렇다는 느낌을 준다. 원인보다 오히려 결과가 더 놀라운 것이다. 달리 말하면, 특히 역사적 측면에서 인도 지배는 대단한 일이지만, 이미 언급했듯이, 사건들이 배태되는 순간 이미 역사적 지위를 부여받았기 때문이다. 이 시험을 적용함으로써 우리는 영국사에서 몇 가지 사건들, 특히 미국 혁명의 중요도를 올릴 수 있었는데, 사실 이 주제는 극적이거나 낭만적 흥미를 불러일으키지 못해 별로 연구되지 않았던 것이다. 그러나 처음 볼 때보다 세밀하게 조사하면 덜 신기해 보일지 모르지만, 인도제국은 그 낭만적 면모를 잃는 것 못지않게 역사적 흥미를 얻게 되리라는 것에 주목하자.

광대한 동양제국이 반드시 흥미롭거나 특별히 중요한 것은 아니다. 아시아에는 그런 제국들이 많이 있는데, 역사적으로 그리스나 투스카니1 도시 공화국보다 덜 중요하게 여긴다. 그들이 광대하고, 또는 심지어 오랫동안 존속했다는 점은 흥미를 끌지 못한다. 일반적으로 이들 제국을 탐사하면, 그들이 수준 낮은 조직이고, 제국의 무게 아래 개인은 으스러져 행복을 누리지 못하고 진보도 결여되어 있으며, 기억할 만한 것을 만들어내지 못한다는 점을 알게 된다. 그리고 아마도 이런 생각을 가지고 인도제국을 돌아볼 때, 만일 인도가 너무 광대한 아시아적 전제국가라면, 우리는 그 흥미의 정도가 본질적으로 평균 이하라는 인상을 받을지도 모르겠다.

영국 공공여론의 통제 덕분에, 인도제국이 실제로 그 전신인 무굴제국보다 지적인 면, 도덕, 박애 등에서 더 높은 수준에 도달할 수 있다고 믿는다. 그러나 기껏해야 우리는 인도제국을 나쁜 정치체(政治體) 가운데 선한 표본 정도로 생각한다. 우리는 위대한 무굴제국을 계승한 사실에 대해 자랑스럽게 여기지 않는다. 인도 통치가 온갖 장

1 　투스카니(Tuscany) : 이탈리아반도 중부에 있으며, 중심도시는 피렌체다.

점을 보여주고 있음에도, 우리는 인도 주민이 과연 행복하게 여길까 의심한다. 우리는 심지어 영국의 인도 지배가 그들을 더 행복한 상태로 나가도록 하기 위해 준비하고 있는지, 그들이 더 비참한 불행으로 빠져들지는 않는지 의심할지도 모른다. 우리는 힌두 인구 자체에서 진정한 아시아인의 정부, 좀더 민족적인 정부가 출현하면, 그것이 장기적으로는 그들에게 더 이롭지 않을까하고 생각하는 것이다. 비록 덜 문명화되었다고 할지라도, 토착인 정부가 영국인이 세운 친밀감 없는 외국 정부보다 더 지지를 받을 테니 말이다.

그러나 꼭 모든 제국이 이와 같이 흥미가 없지는 않다는 점을 고려해 보자. 예를 들어 로마제국만 하더라도 그렇지 않다. 나는 이 점을 거리낌 없이 말할 수 있다. 역사에 대한 우리의 견해는 최근 몇 년 동안에 배타성이 상당히 약해지고 있기 때문이다. 로마제국은 독재체제였고 어떤 시기에는 불행하고 거의 야만적이나 다름없어서, 재미없다고 생각하던 때가 분명히 있었다. 한 세대 전만 해도 정치에는 자유밖에 좋은 것이 없고, 그에 따라 역사에서 모든 시기는 그저 스쳐지나갈 뿐이며 자유는 발견되지 않는다는 것이 지배적 견해였다. 이런 견해와 더불어, 단지 즐거움을 위해 시를 읽듯이 역사서를 읽는 습관이 지배적이었고, 이 습관은 어느 시대건 영광스럽거나 찬미할 만한 것이 없는 시대에 이르면 책을 덮기 십상이었다. 그 당시에는 로마제국도 의심의 여지없이 비난만 받았다. 로마공화정은 그 자유를 기리기 위해 주목받았다. 초기 로마제국은 여전히 그 안에서 식별할 수 있는 자유의 흔적들을 찾으려고 연구되었다. 그러나 우리는 2세기 말에 이르면 책을 덮곤 했다. 마치 그 이전 10세기 동안 이어진 모든 것이 부패하고 몰락했다는 것처럼 말이다. 그리고 우리는 그 자유의 흔적이 영국과 이탈리아 공화국들에서 다시 나타나기 시작할 때까지의 역사 흐름을 만족스럽게 받아들이지 않았던 것이다.

내가 보기에, 역사에 대한 이런 식의 관점은 이제 시대에 뒤떨어진 것이다. 우리는 이제 단순히 즐거움을 위해 역사서를 읽는 것이 아니라, 정치적 성장과 변화의 법칙을 발견하기 위해, 그에 따라 우리가 직면한 시기가 영광스러운지 아니면 암울한 시기인지, 그 여부를 탐사하는 작업을 멈추지 않는다. 그 시기의 역사가 유익하고 다른 시기에서 배울 수 없는 어떤 교훈을 가르치고 있다면 그것으로 충분하다.

우리는 또한 정치에는 자유 외에도 다른 좋은 점들이 많이 있다는 것을 배웠다. 예를 들어 '국민'(nationality)이 있고 '문명'(civilization)이 있다. 그럼에도, 자유를 허용하지 않는 정부가 가장 가치 있고 다른 목표를 향해 나아가는 데 가장 유리한 경우가 가끔 나타난다. 이에 따라 로마제국은 그 건국 초기뿐 아니라 그 후 13세기에도 발전했는데, 지금은 그 모든 야만성, 미신, 그리고 모든 비참함에도 불구하고 가장 흥미로운 역사 현상 가운데 하나로 간주된다. 왜냐하면 이 제국이 내적 진보나 창조적 사유, 또는 기억할 만한 결과가 없이는 결코 존속할 수 없기 때문이다. 우리는 로마제국에서 가장 위대하고 가장 경이로운 것, 즉 문명화된 국가들의 근대적 형제애나 느슨한 연방제의 싹을 발견한다. 그러므로 로마가 거대한 제국이었고 독재체제로 통치되었지만 무한한 호기심과 관심을 가지고 연구하는 것이다.

로마제국과 정복에 기반을 둔 다른 제국 간의 차이는 정복자의 문명이 정복당한 지역의 문명에 비해 우월했다는 점에서 비롯된다. 강력한 정복 종족은 일반적으로 문명권에서 발전하지 않는다. 전형적인 정복자라면 사이러스(Cyrus)[2]나 칭기즈칸(Zinghis Khan)이다. 즉, 가난에 찌들어 약탈의 유혹을 받는 형편이 나쁜 부족의 족장인 것이다. 그러한 공격자 출현 이전에 이미 선진적 문명권은 쇠퇴하는 경향이 있다. 그리하여 역사상 종종 문명이 정복당하고, 때로는 그 토대까지 잠식당하는 사례를 본다. 그러나 최근에 발명의 진보가 무척 빨라져 새로운 무기를 갖춤으로써 거대한 정복은 흔하게 이뤄지지 않는다.

역사적으로 위대한 정복 민족은 가장 후진적 종족의 하나인 투르코만(Turcomans)인이었다. 이들이 바로 중앙아시아에서 야심만만한 군주들에게 용병을 제공한 부족집단이었다. 바부르와 아크바르는 이들 병력을 동원해 인도를 정복했던 것이다. 이것이 일반 법칙이지만 예외적인 경우도 발생한다. 높은 수준의 문명이 정복으로 확장될 경우는 각별한 흥미를 자아낸다. 이에 걸맞은 사례가 바로 알렉산더 대왕의 오리엔트 정복이었다. 왜냐하면 그리스와 긴밀한 관계를 통해 마케도니아인들은 모든 헬레니즘 문명을 그들의 차량에 실었기 때문이다. 따라서, 비록 알렉산더 대왕에 예속된 무장들이 발호한 디아도쿠스[3] 왕국들은 수준이 낮은 군사독재체제였지만 그리스와 오리엔트 사상의 혼합이라는 가장 강렬하고 기억할 만한 결과를 낳았다. 더욱

---

2   고대 페르시아의 사이러스 대왕(BC 600?~530?)을 가리키는 것 같다.
3   디아도쿠스(Diadochus) : 알렉산더 휘하 장군들을 의미한다. 라틴어 'diadochus'는 후계자라는 의미다.

주목할 만한 것은 그 헬레니즘 시대가 훨씬 더 오래 지속되었고 더 잘 알려졌기 때문에 로마 문명이 유럽 여러 나라들에 큰 영향을 끼쳤다는 점이다. 사실, 이 엄청난 현상은 인류사의 한 가운데 나타나 있으며, 현재 인류의 문명의 기초라고 불릴 만하다.

이제 영국의 인도 정복이 투르크 인의 정복이나 무굴제국과 함께 분류되지 않고, 그리스의 동방 정복과 로마의 갈리아 및 에스파냐 정복과 같은 부류에 속하게 된다면, 그들 간에는 큰 차이가 나타날 것이다. 영국의 인도 지배가 전자의 부류에 해당한다면, 그 화려함이니 광대함에 현혹되지 않고, 문명의 역사보다는 오히려 야만족의 역사에 속하기 때문에 부차적 관심만 끌게 될 것이다. 그러나 만일 후자에 속한다면, 우리는 영국의 인도 정복을 세계의 탁월한 사건들에 포함시킬 준비를 할 수 있다. 이 사건들이야말로 문명사의 평균 이상 수준으로 올라갈 것이다. 이에 비해 다른 일반적인 동방 정복은 평균 이하로 떨어져 있다.

영국령 인도에서 지배민족이 원주민보다 더 높고, 더 활력이 있는 문명을 가지고 있다는 일반적 사실에 대해서는 의심의 여지가 없다. 우리는 자기중심적인 면이 없이도 자신 있게 이 사실을 말할 수 있다. 영국인들은 아마도 헬레니즘 시대의 지성이나 천재적 능력을 가진 종족은 아니겠지만, 그들이 계승한 문명이 그들 자신의 전통만으로 이루어진 것은 아니다. 그것은 고대 세계의 정신을 함께 보존하고 활력을 불어넣은 유럽인들의 결합노동의 산물, 유럽 문명인 것이다. 그러면 저 반대쪽에 무엇을 볼 수 있는가? 인도의 토착문명에 대해 우리는 어떤 평가를 내릴 수 있을까?

이미 자주 언급했듯이, 인도는 하나의 국가가 아니다. 따라서 인도
는 단일한 문명을 가지고 있지 않다. 그것은 단일한 형태의 문명이 아
니라 브라만교가 흡수와 동화라는 특이한 속임수로, 실제로는 다양
한 형태의 문명을 하나의 이름으로 통합한 것처럼 보이게 될 뿐이다.
표면 아래를 보면 주민에게서 뚜렷한 두 개의 층, 흰 피부와 검은 피
부를 가진 두 인종을 볼 수 있다. 이 두 층은 모든 곳에서 나타난다.
남부는 검은 층이 지배적이다. 이는 아마도 갠지스강 상류로 갈수록
더 진해질 것이다.

실제로 두 인종이 인도의 거의 모든 곳에서 섞여 산다고 해서, 라
틴어 방언인 프랑스어나 이탈리아어와 달리, 산스크리트어의 변형이
나 방언에 해당하는 언어가 사용되는 것은 아니다. 모든 힌두어는,
심지어 그 어휘가 대부분 전적으로 산스크리트어에서 비롯된 것일 때
에도, 비(非)아리아어 계통의 어절(어조, *inflection*)과 형태를 갖추고
있다. 이제 인도 문명을 추정할 때에는 인종들 간의 근본적 차이를 고
려해야 한다. 피부가 검은 인종은 여러 부문에서 문명화되지 않았으
며, 야만적인 것으로 분류돼야 한다. 브라이언 호지슨[4]은 이렇게 말
한다.

"인도의 광활한 대륙 전지역에 걸쳐 온갖 광대한 정글과 산록의 산
길마다 타키투스가 묘사했던 게르만인과 다르지 않은 물질생활 상태

---

4   브라이언 호지슨(Brian H. Hodgson, 1801~1894) : 동인도회사 직원으로 근무
    하면서 인도 및 네팔 지역을 탐사하고, 그 자료를 토대로 연구와 저술활동을 계속
    한 민속학자이자 인류학자이다.

에 있는 수많은 주민들이 존재한다. "

우리는 힌두교를 믿는 종족과 수많은 무슬림 이민자들을 서로 구별해야 한다. 인도에는 5천만 명 이상의 이슬람교도들이 살고 있으며, 이들 가운데 상당수는 아프가니스탄인이나 파키스탄인, 아랍인, 페르시아인, 그리고 투르코만인이나 타타르족(Tartars)이다. 이들은 각기 다른 시대에 인도에 이주해 왔거나 또는 이동하기 위해 무슬림 정복자들의 군대에 들어갔다. 여기서 우리는 무슬림 세계의 어느 곳에서나 볼 수 있듯이, 일종의 준(準) 문명(semi-civilization), 특정의 강한 덕목, 원시적 유형을 발견한다. 요컨대 근대적 형태의 사회에서는 걸맞지 않는 일단의 관념과 견해를 보게 되는 것이다.

이제 마침내 우리는 독특한 인도 주민에까지 이른다. 펀자브에서 비롯된 아리아인종, 입술로 산스크리트어를 말하는 인종이다. 이들은 주로 갠지스강 골짜기를 따라 퍼져 나갔는데, 인도 전역에 걸쳐서 그 자신의 신정(神政) 체제를 퍼뜨리는 데 성공했다. 아마 어떤 인종도 자기 문명에 이보다 더 탁월한 적성을 보여주지는 못했을 것이다. 심지어 베다 문학에 반영돼 있듯이 그 야만성조차 인간 중심적으로 지적 면모를 띤다. 인도에 정착한 후, 아리아인은 보통 문명의 경로를 따라 발전해 나갔다. 그 관습은 법률이 되었고 법규로 공고해졌다. 아리아인들은 분업을 상상했다. 그들은 시와 철학, 그리고 원초적 과학을 창조했다. 그 문명의 꽃에서 '불교'라 불리는 위대한 종교 개혁이 분출했으며, 이 종교는 오늘날까지도 세계에서 주도적 종교 중의 하나로 남아 있다. 그때까지 그들은 우리 자신의 문명을 창출한 재능 있는 인종들과 비슷했다.

그러나 아리아인은 인도에서는 유럽처럼 커다란 진보를 이룩하지 못했다. 인도에서 역사를 서술하지 못한 극도의 무능함을 보여주었기 때문에, 그리스인이나 무슬림 침입자들과 만난 곳 외에는 그들에 대한 어떤 기록도 남아 있지 않다. 그래서 우리는 진보하지 못하고 퇴행한 원인들을 추측만 할 수 있을 뿐이다. 그러나 종교개혁 이후 몇 세기 동안은 여러 요인에 힘입어 성공을 거두었고 나머지 시기는 실패했으며 불교는 추방됐다. 사제계급의 폭압이 공고하게 확립되었다. 강력하고 견고한 정치체제는 자라나지 못했다. 도시문화도 거의 없었다. 그 후에 외국인의 정복이라는 재앙이 닥쳤다. 오랫동안 외국인의 멍에에 예속되는 것이야말로 국가 쇠퇴의 가장 강력한 요인 가운데 하나다. 그리고 우리가 고대 힌두교에 대해 알고 있는 몇 가지 사실들은 그들의 불행이 가져다준 도덕상의 영향에 관해 추측해야 할 것이 있음을 입증한다.

　그리스 작가 아리아누스5의 작품에 인도 인물에 관한 서술이 있는데, 이 글을 읽어보면 놀라지 않을 수 없다. 그는 이렇게 말한다.

　"그들은 매우 용감하고, 어떤 아시아인들보다 전쟁에서 더 뛰어나다. 그들은 그 단순성과 진실성 때문에 주목할 만하다. 소송에 의지하지 않을 만큼 합리적이고, 그들의 문에 자물쇠를 달지 않아도 되고, 그들의 합의에 의무를 부여하는 글을 쓰지 않아도 될 만큼 정직하

5　아리아누스(Arrianus, 86~160) : 기원후 1세기에 활동한 그리스 역사가 겸 문필가이다. 저자가 인용한 부분은 아리아누스의 《알렉산더의 원정》에서 발췌한 것으로 보인다.

다. 어떤 인도인도 거짓말을 한다고 알려진 바 없다."

이 기술에 과장된 면이 있다는 것은 분명하지만, 엘핀스톤6이 말했듯이, 이는 그 글이 쓰인 후, 힌두인의 성격에 엄청난 변화가 있었음을 보여준다. 과장된 표현은 실제 특징을 원래 있는 그대로 것보다 더 확대해 보여준다. 그러나 이 묘사는 현대 힌두인의 성격에서 부족한 특징들을 비정상적일 만큼 정확하게 보여준다. 그리하여 현대의 여행자들은 그 정반대의 특징을 과장하는 것으로 밝혀졌다. 그들은 힌두인이 진실성이 부족하고 용기도 없으며 극단적으로 소송을 벌인다고 비난한다. 그러나 그 변화는 정확하게는 오랜 기간 외국인에게 예속되었기 때문에 그와 같이 자연스럽게 나타났다고 할 수 있다.

그 이후 대체로 인도에서는 3단계의 문명을 발견하게 된다. 첫째, 야만적인 고산부족의 문명, 그다음은 아마 무슬림 단계로 묘사하는 것으로 충분할 것이다. 셋째, 재능을 갖춘 종족의 구금되고 반파된 문명이 있다. 이 종족은 처음부터 주목할 만한 방식으로 이 세계의 지배적이고 진보적인 문명으로부터 고립되었다. 이 종족이 낳은 시는 어느 것이든 서구의 가장 훌륭한 시가에 비견될 수 있다. 이들의 시가는 생각보다는 오래되지 않았을지 모르지만 철학체계와 과학적 문법 또한 뛰어나다. 그 나라는 근대에 이르러 아무런 성취도 거두지 못했다. 이는 유럽과 비교될 수 있다. 만일 야만인의 부패와 고대 문명의

---

6   마운트스튜어트 엘핀스톤(Mountstuart Elphinstone, 1779~1859) : 스코틀랜드 출신 정치가 겸 역사가다. 영국령 인도에서 활동했고 후에 봄베이 총독을 지냈다. 주요 저술로 《인도의 역사》(*The History of India*, 1841)가 있다.

몰락 후에 그것이 부활하지 않았다면, 그리고 11세기와 13세기 몽골인의 침입에 맞서 스스로를 보호할 수 없었다면 유럽은 근대의 성취를 이루지 못했을 것이다. 10세기의 상황에서 현재까지 유럽이 식물화됐다고 가정해 보자. 아시아로부터 주기적인 침략에 노출되었고, 강력하고 두드러진 민족과 활력 있는 국가들이 부족했다. 그 언어들도 단지 방언 외에는 문학용으로 사용되지 못하고 전통적 지혜는 사어(死語)로만 기록되었으며 전제적인 사제계급이 이를 민중에게 조금씩만 나눠주었다. 그 모든 지혜, 아리스토텔레스, 4세기 후반 라틴어 번역 성경(Vulgate), 기타 성직자들의 오랜 성스러운 텍스트들, 여기에는 주석 이외에 아무것도 덧붙여지지 않았다. 이것은 바로 인도 아리아인의 상황처럼 보인다. 이 상황은 야만성과는 전혀 닮지 않았지만, 서양 문명의 중세 시대와 두드러지게 비슷한 것이다.

서유럽 종족에 대한 로마의 지배는 야만에 대한 문명제국의 지배였다. 갈리아인과 이베리아인 사이에 로마는 등불을 밝히며 서 있었다. 그 종족들은 그 빛을 알았고 그 등불에서 나오는 조명에 감사함을 느꼈다. 영국의 인도 지배는 오히려 중세에 대한 근대 제국의 지배와 같다. 그러나 우리가 가져오는 불빛은 로마의 그것 못지않게 진정한 것임에도, 아마 인도인들은 매력을 덜 느끼고 감사한 마음도 덜할 것이다. 그것은 어둠 속에 빛나는 영광스러운 빛이 아니다. 다소 차가운 한낮의 빛이 온화하고 아름다운 황혼녘으로 흘러들어온 것이다.

많은 인도 여행자들은, 유식한 힌두교도가 영국의 힘을 인정하고 철도를 이용하더라도, 영국을 존중하기는커녕 내심으로는 경멸할 것이라고 말해 왔다. 이것은 자연스러울 뿐이다. 우리는 힌두인보다 더 영리하지 않다. 우리 정신은 힌두인의 정신보다 더 풍요롭거나 심원하지 않다. 우리가 야만인을 보고 놀라는 것과 달리, 인도인이 꿈에도 생각하지 못할 개념들을 그 앞에 제시하더라도 우리는 그를 놀라게 할 수 없다. 인도인은 우리의 가장 정교한 사상에 대해 자신의 시구(詩句)를 가지고 대응할 수 있다. 심지어 우리 과학도 그가 신기하게 여길 만한 내용을 별로 갖추지 못했다. 우리의 자랑거리는 더 많고 더 뛰어난 생각들을 가지고 있다는 점이 아니라, 그 아이디어가 더 잘 검증되고 더 믿을 만하다는 점이다. 중세 또는 고대 문명과 비교할 때, 근대 문명의 위대성은 더 많은 양의 입증된 진실을 가지고 있고, 그에 따라 실질적인 힘을 무한정 가지고 있다는 점에 있다. 그러나 시인이거나 신비적인 철학자라면 결코 입증된 진실을 존중하지 않는다. 그는 오히려 그것을 천박하다고 말하고, 그 힘의 실제 승리를 조롱하기 쉽다.

그 반면에 그 자신 스스로는 몽상과 무한한 명상이라는 사치를 즐기는 것이다. 그러나 우리 유럽인은 서구 문명의 핵심을 이루는 이 진리의 보고가 그와 다퉈 온 브라만교의 신비주의보다 비할 바 없이 더 훌륭하다고 생각한다. 그것은 심지어 근대 유럽국가들에 계승된 옛 로마제국의 계몽지식보다도 더 뛰어난 것이다. 그러므로 우리는 정복 인종이 도입한 더 우월한 문명이 인도에서 펼쳐지고 있는 지금의 광경이 옛날 로마제국이 펼쳤던 것 못지않게 흥미롭고 중요하다고 주장한다. 게다가 그 실험은 똑같이 대규모로 시도되고 있다.

이 제국은 보통 주민의 복지에 미치는 즉각적인 영향으로 판단된다. 어떤 이는 영국의 지배가 인도에서 오랫동안 지속되어 온 악폐를 없앴다고 말하고, 또 다른 이는 새로운 악덕(惡德)을 들여왔다고 말한다. 이 모든 논란은 우리 제국의 가장 특징적인 작업을 무시하는 것이다. 그것은 브라만교의 한가운데에 유럽의 우주관을 소개하는 것이다. 이만큼 흥미로운 실험은 현재 지구 표면 어디에서도 시도되지 않고 있다. 그리고 이렇게 기억할 만한 일을 성취하기 위해 국가의 힘을 기울이는 경우가 얼마나 드문 일인가를 고려할 때, 우리는 그 실험에 대한 열성적 관심을 가지는 법과, 그리고 우리가 태양 아래에서 해온 이 모든 노동을 통해 과연 우리 자신에게 어떤 이익이 있는지 되묻는 회의적 태도를 억제하는 법을 배우게 될 것이다.

그리고 이제 이 일을 하면서 누릴 수 있는 큰 이점에 주목해 보자. 우리의 제국을 로마와 비교하면 알 수 있다. 로마는 제국의 한가운데에 파묻혔고, 제국으로부터의 강력한 반응에 영향을 받았으며, 로마를 위협하는 온갖 위험에 노출돼 있었다. 그 반면에 영국은 지배하고 있는 이 거대한 제국과 완전히 떨어져 있으며, 그로부터 약간의 반응을 느낄 뿐이다.

역사를 공부하는 모든 학생들은 로마에서 자유를 파괴한 것은 제국이라는 망령이었음을 알고 있다. 로마의 위대성을 보살피고 서구세계에 전수해야 할 모든 문명에 기여한 오랜 시민적 제도들은 문명 전달의 조건으로 포기해야만 했다. 로마는 비교적 저급한 형태의 시민조직만 받아들여야 했다. 로마의 문명은 서구에 전수했을 때 이미 몰락 중이었다. 제국의 대부분 지역에서 로마의 언어는 마르쿠스 아우렐리우스7 황제 자신이 그의 수상록을 그리스어로 서술할 만큼, 그 언어와 경쟁에서 최악의 상태까지 밀려났다. 로마의 종교는 다른 이

교도를 개종시킨 것이 아니어서 오히려 무시당했고, 결국 제국의 변방 속주에서 탄생한 종교에 자리를 내주었다. 로마적 사상과 감정 모든 것이 로마제국에서 죽은 것처럼 보이는 때가 다가왔다. 로마제국의 황제들은 오리엔트의 군주와 비슷했고 군복을 입었다. 우리는 이제 그렇지만은 않다는 것을 알고 있다. 로마의 영향, 로마의 전통은 여러 세기에 걸쳐 유럽의 정신을 흔들었다. 그러나 이 움직임은 비록 법과 가톨릭을 통해 조용하게 작용했지만, 좀더 후대 르네상스기에 이르러 문학과 예술에서 발산되었다.

만일 유럽 국가를 교육시킨 그 모국-도시(*mother-city*) 로마가 불화와 경련으로 고통을 당하지 않았다면, 어떻게 되었을까. 유럽 국가들에게 문명을 전해준 것처럼 그 국가들로부터 야만성을 받아들이는 대신에 외부에 굳건하게 서고 독자적 번영을 누리고, 지속적 젊음의 활력을 가지고 그 자신의 문명을 더욱더 발전시켰다면, 그리하여 내내 예속국가들을 지도해나갔다면, 유럽 근대사의 흐름이 얼마나 달라졌을 것인지 생각해 보라.

이 점에서 보면 로마제국은 다소 극단적인 사례다. 왜냐하면 로마의 정복력은 그 도시가 거느린 제국의 크기에 비해 상당히 작았기 때문이다. 문명의 빛은 한 나라가 아니라 한 도시로부터 퍼져갔는데, 그것은 빛나는 한 지역이 아니라 강렬한 빛을 발하는 하나의 지점이

7　마르쿠스 아우렐리우스(Marcus Aurelius, 재위 161~180): 로마제국 제16대 황제이다. 5현제 가운데 마지막 황제이며 후기 스토아학파 철학자로 알려졌다. 저서로 《명상록》을 남겼다. 당시 경제적·군사적으로 어려운 시기였고 페스트의 유행으로 제국이 피폐해 그가 죽은 후 로마제국은 쇠퇴했다.

었다. 공화정 로마는 본질적으로 시민 중심의 제도들을 가지고 있었고, 그 제도들은 이탈리아 전체로 확장되자마자 무너지기 시작했다. 그러나 정복력이 훨씬 더 넓은 기반을 지닌 곳에서조차 대체로 공화정은 정복활동 노력에 의해 완전히 변했다. 정복을 이루려는 전쟁과, 그다음 정복을 유지하는 데 필요한 시설들은 정부와 재정의 새로운 체제를 요구한다. 인도에서 영제국이 보여주는 대단한 특징들 가운데 영국에 연결 통합된 제도(machinery) 및 그에 대한 영국의 반응이 아주 미미했다는 것만큼 특이한 것도 없다.

나는 이 특이성이 어떻게 발생했는지 이미 설명했다. 나는 영국의 인도 획득이 너무 특이한 과정이어서 거의 비용이 들지 않았다는 것을 보여주었다. 영국이 거대한 무굴제국을 전복하기 위해 국가로서 취급했다면, 그 과정에서 영국은 자신의 헌정을 파괴했을 것이다. 로마는 유럽을 정복하면서 자신의 공화정을 무너뜨리지 않았던가. 분명히 영국도 스스로 애매하지만 절대국가 형태의 군사국가로 전환하지 않을 수 없었을 것이다. 그러나 영국은 무정부 상태의 인도에서 정치적 지배자 자리에 오른 특정한 영국인들이 세운 왕위를 넘겨받은 것에 불과하기 때문에, 인도를 인수했음에도 국내 문제에서 동요를 겪지 않았다.

물론 이미 언급했듯이 외교 정책에서 상당한 변화를 겪은 것은 분명하다. 그러나 영국이라는 국가의 내적 성격상의 변화는 전혀 없었다. 이런 점에서 인도는 근대에 영국과 결합된 대륙국가들, 이른바 개인적 결합이라고 할 수 있는 18세기 조지 왕들 치세기의 하노버8나

윌리엄 3세[9] 시기의 네덜란드처럼 영국에 어떤 영향을 끼치지 않았던 것이다. 그 결과, 이 사례에서 하급 문명에 대한 고급 문명의 지배 및 경영은 로마제국이나 그리스의 오리엔트 경영의 사례보다 훨씬 더 활력이 강하고 지속적인 것으로 보인다. 로마나 그리스의 경우, 고급 문명이 하급 문명을 그 자신의 수준까지 높이는 순간에 후자〔하급 문명〕가 전자〔고급 문명〕를 멸망시켰다. 헬레니즘은 오리엔트를 뒤덮었지만 그리스의 위대성은 종국을 맞았다. 모든 나라들이 로마 시민권을 향해 운집했지만, 원래 로마인들은 어떻게 되었는가? 다른 한편, 영국은 자신에게서 비롯된 덕목들 때문에 전혀 약화되지 않았다. 영국은 인도를 중세사회에서 근대사회로 끌어올리려고 노력하며, 그 과업 때문에 어려움을 겪고 심지어 위험이 뒤따르기도 한다. 그럼에도 영국은 인도가 더 낮은 수준으로 전락하거나, 또는 심지어 자국의 자연스러운 발전에 잠깐 제동을 가하기도 하는 그 무엇이건 간에, 그 때문에 위험을 초래하지는 않는다. 이것이 바로 인도 지배의 결과다. 그러나 오랫동안 그 결과가 이렇게 될지는 불확실했다.

---

8 하노버 왕가(House of Hanover): 1701년 영국 의회에서 통과된 왕위계승법은 앤 여왕이 후사 없이 타계할 경우, 왕위는 독일권 하노버 백작이 계승한다는 내용을 담고 있다. 1715년 앤 여왕이 타계하자 당시 하노버 백작 게오르그가 영국의 왕위에 올라 조지 1세가 됐다. 이 하노버 왕계가 오늘날까지 이어지고 있다.

9 윌리엄 3세(William III, 재위 1689~1702): 영국 스튜어트 왕조의 왕이다. 명예혁명으로 제임스 2세가 망명하자 찰스 2세의 딸 메리와 그의 남편 네덜란드의 오란예 공 윌리엄이 공동 왕으로 영국 왕위를 계승해 각각 메리 2세와 윌리엄 3세가 되었다.

영국령 인도의 역사에서 가장 흥미로운 두 개의 장이 있다. 아마 나는 세계 역사상 이보다 더 교훈을 주는 것은 없다고 감히 말할 수 있다. 우리는 우선 인도로부터 영국에 대한 적대적 반응을 어떻게 막았는지, 그리고 둘째로 유럽 문명이 오랜 지연과 망설임 끝에, 어떻게 결연히 인도를 지배하게 되었는지를 알게 된다. 첫째 장은 조지 3세 시대 전반기를 연대순으로 다루고 있는데, 이 시기는 영국사에서 폭풍우가 몰아치는 격변의 시기다. 같은 시기에 영국은 아메리카를 잃었고 인도를 얻었다. 이 장은 로버트 클라이브와 워런 헤이스팅스, 두 위대한 인물을 다루고 있으며, 그 투쟁은 1785년에 시작된 콘월리스 경의 통치로 막을 내린다.

두 번째 장은 19세기 전반 40년을 포함하고 있으며, 이 발전의 가장 중요한 점은 윌리엄 벤팅크10의 인도 총독 취임이다. 인도제국에서 콘월리스 경과 벤팅크는 헤이스팅스 전투 이후의 가장 뛰어난 두 입법자들이었다. 웰즐리 경, 헤이스팅스 경, 댈하우지 경은 클라이브 이후 위대한 정복자들이었다. 지금 우리가 하고 있는 것처럼, 제국 문명의 진보를 고려할 때, 위대한 입법자들이 우리의 관심을 가장 많이 끄는 것은 당연하다.

그러면 먼저 처음에 인도가 영국을 위협하려고 취한 반응과 이런 위험을 어떻게 회피했는지 생각해 보자. 1770년대와 1780년대 문헌

---

10 윌리엄 벤팅크(William Bentinck, 1774~1839): 영국의 군인 겸 정치가이며 1828~1835년 인도 총독을 지냈다. 재임 중 사티(sati)를 비롯한 전통적 악폐를 폐지하는 개혁을 단행했다.

은 인도에 대한 경종으로 가득 차 있다. 이런 경종은 특히 워런 헤이스팅스에 반대하는 에드먼드 버크의 연설에서 가장 강한 표현이 나타난다. 영국은 힌두교도 정치라는 미지의 심연 속으로 갑자기 뛰어들었다. 영국인들은 무슬림 지방토후 나와브(Nawab)의 재무장관이나 용병부대 지휘관이 되었으며, 무굴제국의 약탈물을 영국으로 돌려보내서 아무도 어떻게 하는지 알지 못했다. 여기에는 두 가지 위험이 있었다. 첫째, 영국인이 부패하지 않도록 하는 것, 즉 힌두교 인물에 대해 가장 호의적인 관점을 가진 사람들조차도 지난 세기에 힌두교 정치가 말할 수 없을 정도로 부패했다는 것을 인정했기 때문이다. 둘째, 부를 쌓은 모험가들이 영국으로 돌아가 아시아에서 형성된 관념으로 정계에 진출해 헌정의 균형을 깨뜨리지 못하도록 막아야 했다. 이는 특히 구 선거제도에서 우려할 만했다. 구제도 아래서 의회의 많은 의석을 매수할 수 있었던 것이다. 더욱이 정부가 인도의 후견인으로부터 최고 권력을 얻은 시대에, 그 권력이 국왕이나 또는 휘그파에 넘겨지든지 간에 그 권력의 소유자가 영국의 최고 지배자가 될 것이다.

지도층 인사들이 즐거워했을 그 공포의 사례를 보여주기 위해, 나는 1872년 의회개혁안을 발의하면서 윌리엄 피트(William Pitt)가 행한 연설을 읽으려고 한다. 그는 이렇게 말했다.

"우리 법은 극히 조심스럽게 어떤 외국인도 의회 대표에게 단 한 표도 주지 못하도록 하고 있습니다. 그러나 이제 우리는 외국의 왕족(prince)들이 투표하지 않고도 하원 의석을 매수하고, 그들의 대리인들을 보내, 이 국민의 대표로서 우리와 나란히 앉도록 만드는 것을 봅니다. 제가 암시하는 바를 의심할 분은 아무도 없습니다. 우리들 사이에 탄자부르11의 족장(Rajah)들과 아르코트12의 토후(Nawab), 동방의 소 전제군주의 대표들이 앉아 있습니다. 그리고 이런 일은 악명 높고, 공공연히 무심결에 말하고 듣습니다. 우리의 부끄러운 모습이 백주대낮에 해외에서 펼쳐지고 있습니다. 이는 이미 너무나 일반적인 일이어서 놀라움을 불러일으키지도 않습니다. 우리는 영국의 선출직 의원들 일부가 그들의 부패에 반역죄까지 저질러, 그들의 표를 외국 권력자들에게 팔아넘긴 것을 사소한 문제라고 생각합니다. 상원의원 일부는 멀리 있는 전제군주의 명령을 받고 있습니다. 상원은 이제 더 이상 영국 공공선(virtue)의 대표가 아니라, 동양의 악덕과 부패의 대행자인 것이지요."

이러한 투쟁의 큰 사건들은 폭스의 인도 법안을 둘러싼 연합내각의 균열,13 윌리엄 피트의 인도 법안14 통과, 워런 헤이스팅스 재판,15

11　탄자부르(Thanjavur) : 인도 최남단 도시로 타밀족이 분포한 지역 도시다.

12　아르코트(Arcot) : 인도 남단 타밀족 분포지역의 도시로 탄자부르보다 좀더 북동쪽 해안에 위치해 있다.

13　1783년 4~10월까지 단기간 동안 연립내각이 존속하였다. 휘그파의 찰스 폭스 (Charles J. Fox)와 토리파의 프레드릭 노스(Frederick North)지지 의원들의 연립정부였다. 당시 총리는 윌리엄 벤팅크가 맡았다. 동인도회사 국유화를 위한 법안을 제출했으나 조지 3세가 반대, 이를 둘러싸고 토리파와 휘그파의 대립이 내각 균열로 이어졌다.

14　연립내각 붕괴 후 총리로 지명된 윌리엄 피트(Young Pitt)가 1784년 제출한 동인도회사 관련 법안(The East India Company Act)이다. 흔히 '인도법안'(India Bill)으로 알려졌다. 이 법은 동인도회사 활동을 영국 정부가 감독하기 위해 제정된 1773년 규제법(Regulation Act)의 여러 결함을 보완하는 내용이다.

15　워런 헤이스팅스(Warren Hastings)는 1772~1784년간 벵골 및 인도 총독으로 봉직한 후 은퇴하고 귀국했으나, 하원에서 그의 부패행위를 이유로 기소했다. 에

콘윌리스 경의 인도 총독직 계승 및 인도에서 그가 추진한 행정개혁 등이다. 나는 다만 이들 사건의 발생을 짚어보면서, 그 중요성을 표시하고 그로부터 어떤 결과가 나왔는지를 보여주려고 한다.

자세히 설명하면, 폭스 의원의 인도 법안에 반대하는 소동에 비이성적인 면이 있다는 것과 헤이스팅스에 가해진 공격에도 비합리적 측면이 많다는 점을 보여줄 것이다. 나는 윌리엄 피트의 인도 법안에 도입된 이중체제16에 비판을 가할지도 모르겠다. 그러나 넓은 시각에서 보면, 염려했던 특정한 위험은 성공적으로 모면했으며, 콘윌리스는 자신에게 두려움을 안겨주었던 특정한 위험을 성공적으로 피할 수 있었다. 그는 감사의 칭호를, 그리고 에드먼드 버크는 불멸의 영광을 얻었다고 말할 수 있다. 콘윌리스의 관할 아래 동인도회사의 행정에서 부도덕한 오점들은 마법처럼 사라졌기 때문에, 인도 총독은 결코 잊을 수 없는 교훈을 얻었고 그와 동시에 인도와 연관돼 나타난 정치적 위험도 사라졌다.

영국은 자신을 잡아넣겠다고 위협하는 올가미를 깨뜨렸다. 그러나 인도로부터의 영향을 완강하게 거부해 온 영국이 이번에는 인도에게 영향을 줄 만한 역량이 얼마나 있었을까? 우리는 틀림없이 영국 문명

드먼드 버크(Edmund Burke)를 비롯한 여러 의원들이 기소안을 발의해 그 재판은 7년간 계속되다가 1795년 상원은 그를 무죄로 판결했다.

16 이중체제(*double system*) : 피트의 인도법안에는 정부 장관을 포함하는 6인의 자문위원회(*privy council*)를 두어 동인도회사를 감독하도록 하는 한편, 영국령 인도의 실질적 통치와 행정은 그대로 동인도회사를 통해 이뤄지도록 했다. 이것을 '이중체제'(*double system*)라고 부른다.

과 인도 문명 간의 엄청난 차이를 볼 수 있다. 우리는 대체로 우리 자신의 문명을 훨씬 더 선호할 것이다. 그렇다고 해서 원주민에게 우리의 견해를 강요할 권리가 있는가? 우리는 기독교와, 그리고 철학, 역사, 과학에 대한 우리의 견해가 확고하지만, 원주민과 일종의 암묵적 계약을 맺고 이 모든 것들을 공식적으로는 보류하지 않았는가? 이것이 처음에 가졌던 견해다.

영국이 그 제국에서 로마의 역할을 맡으리라고 여겨지지는 않았다. 아니, 영국은 자신의 문명을 한쪽에 제쳐두고 인도인의 견해에 따라 통치했다. 산스크리트어를 학습하는 새롭고 신비한 세계가 인도에 진출한 영국인 첫 세대에게 모습을 드러냈기 때문에, 이러한 견해는 더욱더 우세했다. 인도의 영국인들은 원대한 철학과 환상적 역사에 푹 빠져 있었다. 그들은 브라만화 되었고, 기독교나 서양의 어떤 학문도 동양의 울타리 안에 받아들였다는 말을 들어보지 못했다.

나는 이 강의에서 우리가 어떻게 점차로 이런 견해를 버리고 대담하게 교사들과 문명화론자로 자처하게 되었는지 보여줄 수 있을 뿐이다. 이 변화는 1813년에 시작되었다. 이때 동인도회사 헌장을 갱신했는데, 그 주요내용은 지식의 부흥과 유용한 예술 및 과학의 도입에 적합했다. 이 법의 제정을 두고 교육위원회는 20년 동안 논쟁을 벌였다. 우리는 자신의 판단을 사용해야 했을까, 아니면 동양적 의미에서 학문과 과학을 이해해야만 했을까? 우리는 산스크리트어와 아랍어, 또는 영어를 가르쳐야 했을까?

이 세상에서 가장 중요한 문제는 논의되지 않았다. 1835년 윌리엄 벤팅크 경의 통치시기에 그 논쟁은 끝났다. 그리고 놀라운 우연의 일

치로 한 저명인사가 기억에 남을 논쟁에서 두각을 나타냈다. 그 문제
에서 영어를 선호하는 쪽으로 결론지은 것은 토머스 매콜리의 의사발
언(minute)이었다. 그 의사발언이나 찰스 트리벨리언의 인도 교육에
관한 저술17에서 이를 탐구할 수 있다. 단지 이상하게 간과한 점이 있
다는 것을 주목하라. 그 문제는 한편으로는 산스크리트어 및 아랍어
교육, 다른 한편으로는 영어 교육, 둘 사이에서 선택하는 것처럼 논
의되었다. 이 모든 언어들은 인구 다수에게 아주 낯선 것이었다. 아
랍어와 영어는 외국어이다. 산스크리트어와 힌두인의 관계는 라틴어
와 유럽 토착인의 관계와 같다. 산스크리트어는 그로부터 주요 구어
(口語)가 형성되어온 본래의 언어이지만, 사실상 사어(死語)다. 그
것은 라틴어보다 훨씬 더 오래 전에 사어가 되었다. 이미 기원전 3세
기에 더 이상 구어로 사용하지 않았기 때문이다.

철학적이건 신학적이건 지금까지 전해지는 유명한 산스크리트어
시와 저술은 《비다》18에 실린 라틴어 시나 야코포 산나차로19가 쓴
라틴어 시와 마찬가지로, 예술적으로 그리고 학습 노력으로 작성되
었다. 이제 산스크리트어에 대해 매콜리는 손쉬운 승리를 거두었다.

---

17 찰스 트리벨리언(Charles Trevelyan, 1807~1886): 영국의 행정관료, 인도 행
    정관, 내무부 관리 등을 오랫동안 역임했다. 교육에 관한 저술은 다음을 가리킨
    다. (*The Application of the Roman Alphabet to all the Oriental Language*, 1834).
18 비다(Vida): 8~14세기 남프랑스에서 주로 사용된 초기 프로방스어로 작성된 시
    모음집이다.
19 야코포 산나차로(Jacopo Sannazaro, 1458~1530): 이탈리아 르네상스 초기 시
    인이다.

왜냐하면 그는 영어에서 적어도 시가들이 그만큼 좋고 철학, 역사, 과학은 훨씬 더 낫다는 점을 보여주기만 하면 됐기 때문이다. 그러나 왜 사어들 외에 다른 선택은 없어야 한단 말인가? 매콜리는 정말 2억 5천만 명의 아시아인에게 영어를 가르치는 것이 가능하리라고 생각했단 말인가? 아마도 아닐 것이다. 아마 그는 단지 작은 단위의 공부반을 만들 생각만 했을 것이다.

나는 또한 그 자신의 고전학습이 교육에는 사어가 필요하다는 고정관념을 마음속에 품게 했으리라고 생각한다. 그러나 만일 인도가 정말로 계몽되려면, 분명히 산스크리트어나 영어가 아닌, 힌두스탄어, 힌디어, 벵골어 등을 통해 이뤄져야 한다. 이것들은 너무 조잡해서 과학이나 철학을 전하는 매체가 될 수 없다는 애매모호한 인상 때문에 매콜리는 이 점을 고려하려 하지 않는다. 그렇지만 이에 반대하고 영어를 선호하는 그의 주장은 영향력이 없었을 것이다.

그러나 이 엄청난 관리가 이뤄졌음에도 — 그것은 그 이후로 언급되어 왔고, 1854년 찰스 우드[20]의 교육훈령 이후, 어느 정도 개선되었다 — 매콜리의 의사발언이 이끌어낸 결정은 우리 제국 역사에서 위대한 이정표로 남아 있으며, 문명의 제도화(institute)로까지 간주된다. 그것은 로마가 유럽에서 수행한 것과 비슷하게 우리가 아시아에서도 작동하는 어떤 기능 — 즉, 어떤 정부에 대해서도 물러나도록

---

20 찰스 우드(Charles Wood, 1800~1885) : 자유당 정치인으로 1826년부터 1866년까지 오랫동안 하원의원을 지냈다. 1846~1852년 재무장관, 1852~1855년 인도 정부 감독위원회 의장을 역임했다.

요구할 수 있는 가장 중요한 기능 — 을 발전시켰다는 것을 의도적으로 인식한 바로 그 순간을 나타낸다.

제6강 　　인도 정복의 단계들

이 지점에서 여러분을 앞에 두고 내가 도움을 줄 수 있는 것은 이렇다. 인도에서는 그 결과가 일반적으로 추정되는 것보다 덜 놀라운 원인들에 의해 나타났다는 점이다. 그 결과는 규모 면에서 더 놀라울 수 있고 아마도 생각보다 훨씬 더 놀랍고 거대한 것이 흘러나올 수도 있다. 그러나 그러한 결과가 기적 없이 어떻게 나올 수 있는지를 보여주면서 나는 이 제국의 또 다른 특질, 즉 영국과 연결되는 기제의 미미한 속성을 강조했다. 이런 점에서 이제 영국이 지배하는 인도제국은 〔자치령〕 식민지와 닮았다고 말하고자 한다.

　물론 커다란 차이가 있다. 영국의 주요 〔자치령〕 식민지는 대부분의 문제에 관해 식민지 의회에서의 합헌적 과정을 거쳐 성립된 정부를 통해 그들 자신의 정책을 결정한다. 인도는 그런 독자적 권한을 가지고 있지 않다. 부왕 자신은 영국에 있는 인도담당 장관의 지배를 받기 쉽다. 하지만 그와 동시에 서로 크게 닮은 점이 있다. 〔자치령〕 식민지와 마찬가지로 인도는 영국과 서먹할 만큼 멀리 떨어져 있었다. 인도 정부는 영국 정부에 근접해 뒤섞이거나 성격이 변화되거나 또는 그 독립적 발전을 방해받는 일을 겪지 않았다. 인도는 헌정상으로 그리고 재정적으로도 독립된 제국이다. 거대한 무굴제국은 현재까지도 그 원래의 활력을 견지해 왔다. 분명 해외문제에서 영국사는 실제와 상당히 다를 것이다. 프랑스와 전쟁 가운데 몇몇은 다른 방향으로 전개됐다. 특히 나폴레옹 보나파르트의 이집트 원정이 주된 작전이었던 전쟁이 그러했다. 우리는 또한 크림 전쟁이 일어나지 않았을 수 있고, 최근의 러시아-투르크 전쟁(Russo-Turkish-war)에서 우리 이득을 취하지 말았어야 했다고 생각할 수도 있다.

그러나 영국이라는 나라의 헌정은 정확히 실제 그대로였을 것이고, 국내 역사는 정확하게 똑같은 길을 거쳤을 것이다. 내 생각에, 인도가 의회 토론의 장에 들어와 정계의 관심을 끌었던 적은 1783년에 오직 한 차례 있었다. 심지어 1857년 세포이 반란 당시 우리의 감정이 깊이 격앙되었을 때에도 국내 정치 과정은 인도 문제의 영향을 받지 않았던 것이다.

따라서 인도제국을 잃는다면, 그 변화의 즉각적이고 순전히 정치적 영향은 크지 않을 것이다. 인도담당 장관 자리가 사라질 것이고, 의회의 일거리가 가벼워질 것이다. 영국의 외교정책은 엄청난 불안감을 덜어줄 것이다. 그 외에는 곧바로 변하는 일은 거의 없을 것이다. 이런 점에서 나는 인도제국이 〔자치령〕 식민지들을 닮았다고 생각한다. 그리고 여기에서 이 강의의 주제인 '영국의 확장'의 보편적 특성을 인식하게 된다. 나는 이전에 이 확장이 유기적 성장의 본질처럼 보이지는 않는다고 말했다. 소년이 성인으로 '확장'되면, 그 소년은 사라진다. 그는 본래의 소년과 눈에 띄게 다른 모습으로 자라지 않고, 껍질이 쉽게 벗겨지듯이 자랐기 때문에 소년의 모습에 여전히 집착하는 것이다. 그러나 이는 마치 영국이 확장되는 것처럼 보이는 방법이다. 원래 영국은 영제국의 심장부에 뚜렷하게 남아있으며, 이 나라는 여전히 그 자체와 완전히 구별되는 유기체를 만들고 있다. 그들은 인도제국과 그 자신을 함께 아울러 생각하는 관행조차 이루지 못했다.

튀르고는 식민지를 익을 때까지 오직 나무에만 매달려 있는 과일에 비유한다. 실제로 일군의 영어권 사회를 개인보다는 가족으로 상상하는 것은 자연스러운 듯하다. 엘리자베스 여왕시대의 그 영국이 이제는 먼 바다에 흩어져 있는 대가족을 갖게 되었다고 말할 수도 있다. 이 가족은 대부분 번영하는 [자치령] 식민지로 이뤄져 있지만, 또한 그 교역과정에서 광대한 나라의 지배자가 되는 행운을 얻은 한 회사[동인도회사]도 포함하고 있다. 이미지로만 간주되고 사소한 일 때문에 논란이 일지만 않는다면, 그런 이미지에 대한 반대는 없다.

하지만 우리는 적어도 현재의 사회상태에서 가족이 항상 실질적으로 해체를 향해 나아간다는 것을 알고 있다. 아이들이 아직 어린 경우에 그것은 밀접한 결합체다. 그 가족은 이내 연방이 되겠지만, 드디어 아이들이 성장함에 따라 느슨한 연방이 된다. 현재의 사회상태에서 성장한 아들들이 생계를 찾아 사방으로 흩어지고 이주하고 딸들이 시집감에 따라, 그 가족은 종종 영구적 연맹 같은 연방의 성격을 더 이상 갖지 않게 된다. 지금은 우리의 제국을 가족이라고 부를 수도 있다. 그러나 더 이상의 조사 없이 그 제국이 일반적으로 글자 그대로의 가족에 해당한다고 말할 수 없어도 우리가 살고 있는 아주 특별한 형태의 사회에서는 가족으로 참여할 수도 있는 그런 운명을 지녔다고 생각해서는 안 된다.

가족의 해체에 영향을 미치는 요인들이 국가에 대해서도 똑같은 수준으로 작용하지는 않는다. 특히 관찰되는 것은 그 요인들이 과거에 작용했던 것과 비슷한 정도로 영향을 주지는 않는다는 점이다. 뒤르고가 활동하던 시기와 미국 혁명기에는 멀리 떨어진 속령과 집을 떠나 사실상 가족과 헤어진 아들을 비교하려는 경향이 강했다. 그러나 오늘날 발명이 전 지구를 가깝게 만들고, 러시아와 미국에서 알려진 것보다 더 큰 규모의 새로운 형태의 국가가 출현한 현시점에서 오히려 그런 경향은 약화됐다.

이렇게 생각하다보면, 영국과 자치령 식민지 및 인도제국 간의 연관성이 아주 보잘 것 없었다는 중요한 사실에서 명백한 결론을 도출하는 것을 망설이게 된다. 이미 지적했듯이, 식민지는 처음에는 모국과 관계가 느슨했다. 그러므로 미국 식민지 분리는 그 당시에 나타난 요인들의 자연스러운 결과였다. 그러나 모국과 식민지의 연계성은 더욱더 느슨해지는 것이 아니라 그 반대로 이제 더 강화되고 더 가까워지고 있다. 식민지들은 사실상 우리에게 훨씬 더 가까이 다가왔는데, 구 식민체제에서 불쾌한 것은 모두 폐지됐고, 식민지들은 이제 다시 한 번 잉여인구의 자연스러운 배출구가 됐다.

그 반면, 아직 과잉인구가 없었던 옛 시대에 식민지는 주로 불만 가득한 이주민들로 가득 찼다. 이주민들은 그들이 떠난 모국에 대해

적대감을 가지고 있었다. 비슷한 법칙이 영국과 인도 관계에도 관철된다. 그 관계를 유지하는 기제는 미약한 것이다. 영국은 인도와 맺어진 관계 때문에 방해받는 경우를 전혀 허용하지 않았다. 인도라는 영토(dominion)는 무척 광활하지만, 그럼에도 영국에는 그 영토를 획득하기 이전의 속성이 그대로 남아 있다. 그리하여 이미 언급했듯이 그 연결고리는 비록 그것이 우리 국내 제도의 폭력적 일탈이나 혼란도 없이 백 년 동안 지속되었더라도, 어느 날 갑자기 깨질 수 있다. 그러나 여기서 추론해 보면 그렇게 경미한 관련성은 조만간 끊어내야 하는 것이다.

그런 추론을 인정하기 전에 우리는 또 다른 질문을 고려해야 한다. 경향은 어느 쪽인가? 이 미미한 연결은 점차로 더 느슨해지는가, 아니면 다른 한편으로 시간이 지날수록 더 조여지는가? 그리고 여기서도 식민지의 경우처럼, 우리는 멀리 떨어져 있는 속령들을 함께 묶고 더 커다란 정치적 연합을 선호하는 우리 시대의 일반적 경향이 영국과 인도의 결합을 약화시킨다기보다는 오히려 강화시키도록 작용한다는 것을 알게 될 것이다.

존 맥컬럭(John R. Macculloch)은 1828년 판 《국부론》 편자 서문의 '인도에 관한 논평' 부분[1]에서 1811년경, 즉 독점이 지배하던 시대 영국-인도 무역이야말로 전혀 중요치 않고, 영국과 저지(Jersey) 섬이나 맨(Man) 섬 간의 무역보다 별로 더 중요성이 없다고 말한다. 이제

---

[1] 아마 다음 글로 추측된다. Macculloch, J. R. (1828), Introduction to A. Smith, *An Inquiry into the Nature and Causes of the Wealth of Nations*.

영국-인도 관계가 여러 지역사회를 하나로 묶는 주요 접착제 가운데 하나라면, 우리는 영국과 인도 사이에 통합을 향하거나 분리를 향하건 간에, 두 나라 교역의 이전 상태와 현재를 비교함으로써 그런 경향 및 그 경향의 강도에 대한 어떤 기준을 마련하게 될 것이다. 이전에 힌두교도들은 습관을 바꾸지 않아서 결코 유럽산 제품의 소비자가 될 수 없을 것이라고 여겼다. 그러나 지금 대(對) 인도 무역을 저지섬이나 맨섬 대신에 미국이나 프랑스 같은 세계 최대의 상업대국들과 무역에 비교한다. 인도로부터 수입은 미국-프랑스로부터의 수입액(1881년 프랑스로부터 3,200만 파운드, 미국으로부터 1억 300만 파운드)에 훨씬 미치지 못하지만, 그럼에도 인도는 이들 국가 다음으로 영국에 수출을 많이 하는 나라다. 다른 한편, 영국 제품의 수입국으로서 인도는 프랑스를 앞섰고 미국을 제외한 다른 모든 나라를 추월했다. 인도는 같은 해에 2,900만 파운드어치의 영국산 제품을 수입했다. 그 다음으로 오스트레일리아와 독일이 각기 2,100만 파운드와 1,700만 파운드를 기록하고 있다.

자, 여기 19세기에 이뤄진 엄청난 발전이 있다. 그리고 영국과 인도, 두 나라의 점진적 분리가 아니라 점진적 상호접근을 여러분은 목격하게 된다. 그러므로 두 나라 사이의 단절이 미칠 직접적 영향은 정치적으로 크지 않겠지만, 경제적으로 대단할 것이다. 우리는 두 나라의 정치적 결합 때문에 이러한 상업 교류를 허용해 왔다. 인도가 독립하거나 러시아와 같은 다른 유럽 강대국의 수중에 들어간다면, 그 교류는 아마 중단될 것이다. 금세기 초에 우리는 실제로 별다른 걱정도 하지 않고, 인도와 관계를 끊었을지도 모른다. 근심걱정 없이 인도로부터 우리 스스로를 고립시켰을지 모른다. 그리고 마드라스, 봄베이, 캘커타에 자리 잡은 상관(商館, *commercial factory*) 2의 상품 창고 (*factory*) 들을 둘러싼 프랑스와 투쟁은 그런 지점들에서 이루어진 무역이 미미했기 때문에 충분한 동기가 없었던 것으로 여겨질지도 모르겠다. 그러나 이제는 더 이상 그렇지 않다. 인도에서 영국이 가진 상업상의 지분은 매우 크다.

즉, 영국은 옛날보다 현재 인도와 더 가까이 연결돼 있다. 영국이 같은 시기에 인도를 향해 벌인 도의적 접근(*moral approach*) 을 다시 한 번 바라보라. 원래 영국은 상관을 설치한 힌두교 사회의 문제들에 관심이 없었다. 무굴제국이나 그 제국의 해체는 관심대상이 아니었다. 힌두교도들이 나쁜 정부 아래 있거나, 또는 정부가 전혀 없거나 무장한 약탈자들의 희생양이 되건 간에 우리 관심사가 아니었다. 심지어 영국이 그들을 정복하기 시작했을 때에도, 그것은 그들 때문이 아니라 부분적으로 프랑스군에 저항하기 위해, 그리고 부분적으로는 갑작스런 공격으로부터 우리의 상관을 지키기 위한 것이었다.

동인도회사가 사실상 주권국가가 된 지 한참 지난 후에도, 원주민의 복지에 대한 무관심은 지속됐다. 1780년대 말 또는 워런 헤이스팅스 통치 말기에 글을 쓴 아담 스미스는 인도인의 복지에 그렇게 완전히 무관심한 정부는 결코 없었다고 말한다. 이는 무역 회사가 갑자기 정부로 바뀐 잘못된 지위의 자연스러운 결과였다. 변칙과 그에 따른

---

2   17~18세기 영어 'factory'는 화물창고 또는 회사 지부의 뜻으로 사용됐다. 동인도 회사는 아시아 각 지역의 지부〔상관(商館)〕를 'factory' 로 불렀다.

영향은 회사만큼이나 오래 지속될 수밖에 없었다. 1858년 이래 이런 관행은 비로소 사라졌다. 사익만 추구하는 이기적 면모는 이제 없어졌다. 현 인도 정부는 다른 정부 못지않게 아주 온정주의적이다. 이미 설명했듯이, 그 정부는 힌두교도들이 원하지 않는다는 이유로 우리 스스로 지니고 있다고 생각하는 우월한 계몽정신을 전해 주지 않겠다는 위선적 태도(affectation)를 버렸다.

그와 동시에, 처음에는 육로, 그리고 수에즈 운하에 의해 전신 도입과 인도 항로 단축이 이뤄졌는데, 이것은 인도에 훨씬 더 많은 논란을 불러일으켰다. 이 변화의 영향은 나쁘고 영국 총리〔정부〕와 공공 여론의 부단한 간섭이 불행을 가져다주고 있다는 주장이 훨씬 더 많이 제기됐다. 논의를 위해 이 점을 인정하기로 하자. 인도가 영국과 더 밀접하게 통합돼야 하는 것이 바람직한가, 아니면 그렇지 않은가는 이제 문제가 되지 않는다. 현재 우리가 우려하는 것은 선(善)을 위해서건 또는 악을 위해서건, 영국과 인도의 관계가 느슨해지지 않고 더 밀접해지고 있다는 사실이다.

다시 한 번, 인도와 교류가 증가하는 속도에 대해 말해 보자. 최근에 출간한 책 《영국령 인도와 그 지배자들》(British India and its Rulers)에서 헨리 커닝엄(Henry S. Cunningham)은 1820~1880년 인도의 해외 무역 증가를 같은 기간 영국의 무역 증가와 비교한다. 최종 연간의 증가는 놀라움을 불러일으킨다. 영국의 대외무역은 8천만 파운드에서 6억 5천만 파운드로 증가한 것이다. 커닝엄은 같은 기간에 인도의 무역 증가가 훨씬 더 컸으며, 물론 인도의 해외 무역은 주로 영국과 이뤄졌다고 지적한다. 이에 따라 두 나라의 상업적 결합 경향은 놀라

우리만큼 강화됐다. 50년 후에 어떤 파국도 일어나지 않는다면, 두 나라의 결합은 지금보다 훨씬 더 가까워질 것이다.

만일 우리 인도제국의 개념을 형성하기 위해 내가 지금까지 말한 모든 사실들을 로마제국의 개념과 연결한다면 어떨까? 로마제국의 개념에서는 우리는 단순히 지배 종족일 뿐 아니라 교화하고 문명화시키는 종족의 지위를 갖는다. 그리고 다른 집안과 통혼처럼, 근대 유럽 정신과 중세 아시아적 정신을 결합한다. 이 제국은 우리의 외교 정책에 약간 부담을 주는 것 외에는 영국에 아무런 공물도 바치지 않고 아무것도 지불하지 않는다. 그리고 영국 국내의 분주한 정치에 수정을 가하지도 또 감지할 만한 영향력을 행사하지도 않는다. 그럼에도 이 제국은 느슨하지 않고 눈에 띄게 꽉 조이게 움켜쥐듯이 견고했다. 영국과 인도의 연합은 좋지 않고 부자연스럽지만, 그럼에도 이 세계의 근대적 조건의 영향 아래 빠른 속도로 더 밀접하게 가까워지고 있었다. 근대적 조건이야말로 광대한 정치적 연합에 유리하게 작용하고, 이 모두가 영국사의 가장 이상하고 신기하며 아마도 가장 교훈적인 장을 구성하는 것이다. 그것은 아주 공허한 자랑거리의 주제가 돼 왔지만, 더 깊이 들여다본 사람들은 종종 낙담한 심정으로 그 기업 전체를 항구적인 어떤 것도 이룰 수 없는 일종의 낭만적인 모험으로 바라보게 되었다.

그러나 시간이 흐르면서, 우리는 모든 국가보다 더 위대한 신의 섭리 아래 있는 것처럼 보인다. 이렇게 맹목적으로 쌓아올린 이 직물은 문명 체계의 영구적인 일부가 되는 변화를 겪고 있고, 아주 이상한 일이기는 하지만, 영국이 인도에서 거둔 성취는 결국 이 나라의 성취 가운데 가장 대단한 것이라고 판명될지도 모른다.

이 시점에서 다시 우리의 시선을 현재에서 과거로 돌려, 어떻게 그런 과업을 맡을 수 있었는지 묻게 된다. 나는 우리 영국이 어떤 힘을 발휘해 인도 원주민을 우리 정부 아래 종속시켰는지, 이 역사적 질문에 관한 강의에 노력을 쏟고 있다. 그러나 이 질문은 다르다. 앞의 질문은 '어떻게 그런가?' 그리고 뒤의 질문은 '왜 그런가?'이다.

우리는 어떤 초자연적인 힘이나 천재가 없이도 그런 제국을 건설할 수 있었다는 것을 안다. 그러나 우리에게 그 일을 하도록 강제한 동기는 무엇이었는가? 그 가운데 몇 사람은 고귀하고 영웅적이었으며 다수는 노역에 종사했지만, 과연 얼마나 많은 사람들이 이 제국의 건축물을 쌓아올리는 데 시간을 쏟았는가! 왜 그들은 이런 행동을 했을까? 아니, 그들 스스로 그들의 지시사항보다 더 멀리 바라보지 못했다면, 그들에게 지침을 내린 권위의 동력은 무엇이었는가? 만일 동인도회사였다면 그 회사는 왜 인도를 정복하고자 했으며, 그렇게 함으로써 과연 무엇을 얻을 수 있었는가? 만일 영국 정부가 그랬다면 그 목적은 무엇이었을까? 그리고 어떻게 의회에서 그 정복을 정당화할 수 있었을까? 때로는 너무 전쟁 같기도 했지만, 우리가 인도에서 치른 전쟁은 적어도 방어전 모습으로 보였다. 노골적인 정복 그 자체는 영국에게 결코 매력적으로 보이지 않았다.

그렇다면 우리의 목적은 무엇이었는가? 영국 정부는 확실히 이 인도 획득으로 얻은 게 없었다. 왜냐하면 정복 비용으로 인한 재정 예산의 애로가 없었지만 다른 한편으로 토착인으로부터 징수한 공물로 전쟁 비용을 덜지도 못했기 때문이다. 만일 우리가 누가 정복으로 이득을 얻었는가(*Cui bono*)라는 질문을 던져 이 낡은 계획에 책임이 있는 당파를 찾아내고자 한다면, 아마도 영국 상업이 그로부터 이득을 보았다는 대답이 돌아올 것이다. 우리는 여기에 대규모 해외 무역을 하고 있는데, 앞으로도 엄청날 정도로 성장할 것이다. 그리고 이 무역은 우리가 인도 정부 지배자인 한 우리가 주도한다. 이 무역에서 상당한 이득이 있다는 것은 분명하다. 우리가 외국 정부에 대한 보호가 얼마나 지속적이어야 하는지를 경험상으로 알게 된 지금, 이 무역은 우리에게 도움이 되는 것이다. 그렇다면 이 무역이 우리의 유일한 목표였다고 가정할 수 있을까?

이 가설은 그럴듯하다. 영제국이 분명히 상업에서 시작했다고 말할 경우에는 여전히 좀더 그럴 듯하다. 동인도회사의 인도 지부들을 지키는 것 이외에 별다른 목적도 없이 우리는 우선 무기를 들었다. 인도에서 우리의 첫 번째 전쟁은 같은 시기에 일어났기 때문에, 분명 프랑스와 식민지 전쟁과 같은 부류에 속한다. 그 전쟁들은 내가 이미 여러 차례 주장했던 바로 그 중요한 요인, 즉 15세기 발견된 지역들의 부를 차지하기 위한 서구 국가들의 경쟁 때문에 촉발된 것이다. 우리는 아메리카에 무역 근거지를 설치했던 것과 같이 인도에도 무역근거지를 마련했다. 두 대륙에서 우리는 동일한 경쟁국, 프랑스를 만났다. 두 지역에서 영국과 프랑스 무역상인은 경쟁적인 상업 요충지로부터 서로를 향해 주먹을 휘둘렀다.

아메리카의 뉴잉글랜드와 버지니아주는 프랑스 측의 아카디 및 캐나다에 대립했다. 이와 비슷하게 인도에서 영국의 거점 마드라스, 캘커타 및 봄베이는 프랑스가 장악한 찬다나가르(Chandannagar), 푸두체리(Puducherry), 마혜섬(Mahee island)과 적대시했던 것이다. 아메리카와 인도에서 위기는 1740년부터 1760년 사이에 갑자기 닥쳐왔다. 그 당시 두 나라는 아주 공허하고 불완전한 평화가 뒤섞인 두 전쟁에서 패권을 놓고 서로 싸웠으며, 영국은 두 지역에서 모두 승리를 거뒀다. 인도에서 프랑스에 승리함으로써 우리는 곧바로 힌두교도를 지배하는 제국으로 나아갔다. 이 사실은 영국-인도 사이의 대규모 무역이라고 하는 똑같이 놀라운 사실과 뒤섞여, 영국령 인도제국이 처음부터 마지막까지 무역 정신에서 성장했다는 이론에 자연스럽게 이어지는 것이다.

우리는 해안에 정착지를 건설해 토착 제후들과 프랑스군의 질시로부터 이들을 지켜낸 후, 그다음에 상업 활동을 더 내륙으로 확장하려는 야망을 품게 되었으리라고 추측할 수 있다.

아마도 영국인은 마이소르(Mysore) 토후국이나 마라타(Mahratta) 연맹과 마주쳤을 것이다. 이들 나라는 처음에는 우리와 교역을 꺼려했지만, 강렬한 탐욕에 불타서 우리는 무력을 동원했다. 군대를 파병해 그들의 세관을 파괴하고 이번에는 그 지역에 우리 상품이 넘치게끔 만들었다. 이런 방식으로 영국은 점차 인도 무역을 발전시켰는데, 처음에는 보잘 것 없었지만, 상당한 힘을 갖게 되면서 마침내 강력한 토착인 정부를 위협할 뿐만 아니라 실제로 전복시켰다. 이 무렵에 인도에는 더 이상 강력한 정부가 없게 되었다. 더 이상 무굴제국이나 마이소르국의 술탄이나 또는 마라타연맹의 페슈와, 오우드국의 나와브 비지르, 시크교도의 마하라자와 칼사 등3 권력자가 사라져, 모든 억압 권력이 제거되고 영국인의 무역이 무한대로 확장되었던 것이다.

그러나 더 깊이 조사하면 그 사실들이 이 이론에 대한 해답이 되지 않는다는 점을 알게 될 것이다. 우리 제국이 무역에서 시작했고, 최근 무역에서 커다란 발전이 있었던 것은 사실이다. 그러나 역사에서 사건 전개과정이 반드시 일직선으로 흐르는 것은 아니다. 그 과정의 어떤 두 지점이 결정될 때 전 과정이 알려진다. 사실, 영국 무역의 정신이 이처럼 억압당하지 않고 그 경로에 놓인 모든 장애를 극복하는 데 몰두했다면, 주된 장애물이 없었을 테니까 인도에서 전쟁을 촉발하지 않았을 것이다. 영국 무역에 대한 주요 장애물은 토착 군주들의 질시가 아니라 동인도회사 스스로의 질시였다. 따라서 무역의 증가와 정복의 진전 사이에는 시간적으로 일치하는 것이 없었다.

그와 반대로, 영국의 무역은 1813년까지의 모든 정복에도 불구하고 중요하지 않았다. 무역은 1830년 직후부터 매우 빠르게 발전하기 시작했다. 이들 연대는 무역상의 진보의 진정한 원인을 지적해 주고, 또 정복의 진척이 완전히 별개의 것임을 보여준다. 왜냐하면, 이들 연도는 동인도회사의 독점을 박탈한 일련의 의회입법을 제정한 해이기 때문이다. 이와 같이 인도를 정복한 것은 동인도회사였지만, 영국과 인도의 무역이 엄청나게 증가한 것은 동인도회사가 아니라 그 회사의 붕괴 때문인 것으로 보인다. 영국의 인도 정복은 국왕 특허를 받

---

3 술탄(Sultan)은 군주 칭호, 페슈와(Peshwa)는 마라타제국의 최고지도자, 나와브 비지르(Nawab Vizier)는 재상 또는 장관 칭호, 마하라자(Maharaja)는 '위대한 지도자', 칼사(Khalsa)는 '위대한 전사 집단'의 칭호다.

은 배타적 독점회사에 의해 이뤄졌지만, 영국의 인도 무역은 그 회사가 실제로 사라진 후에 크게 번창한 것이다.

이를 명확하게 하려면, 여기에서는 동인도회사 발전과정의 주요 단계를 보여주는 회사 역사의 개요와 그 단계들을 알려 주는 것이 편리할 듯하다. 동인도회사는 1600년, 즉 엘리자베스 여왕의 치세 말이었다. 우리가 지금 영국의 확장을 인정하고 있다는 점에서 이 사건은 너무 이르지도, 또 너무 늦지도 않은 바로 적절한 시기에 일어났기 때문에 주목할 만한 가치가 있다. 우리가 살펴본 잉글랜드는 에스파냐 함대가 활약하던 시기에 바로 해상과 대양이라는 그 근대적 성격을 갖게 되었다. 그 이후 최초의 해군 영웅들이 나타났고, 바로 그때 아메리카를 식민화하려는 최초의 시도가 벌어졌던 것이다. 만일 이 일반적 설명이 사실이라면, 우리는 또한 이 시기에 인도에서도 우리의 첫 정착지를 찾을 수 있을 것이다. 이 시기에 우리는 인도 최초의 정착지들을 발견한다. 동인도회사의 설립은 에스파냐 무적함대를 격파한 지 12년 후에 이뤄졌다.

동인도회사는 무역을 위해 만들어졌고, 148년간 무역에 종사해 왔다. 이 기간 회사의 역사에서 몇 가지 중요한 사건이 발생했지만, 여기서 주목할 만한 중요한 사건은 없었다. 그 회사가 상당한 규모로 정부와 전쟁의 기능을 수행한 것은 1748년의 일이다. 그 후에 이 회사의 두 번째, 그리고 기억할 만한 시기가 시작됐다. 그 시기는 대략 첫 번째 시기만큼 지속됐다.

두 번째 시기는 110년간에 해당하며 1858년 의회법에 의해 동인도회사 폐지로 끝난다. 우리가 현재 관심을 두는 것은 이 두 번째 시기다. 그 전개과정을 이해하기 위해 우리는 그 시기를 세분하려는 노력을 기울여야 한다.

우연히 나타났겠지만, 이 시기의 대부분에 걸쳐 사건의 진행과정에서 어떤 규칙성이 있다. 이런 규칙성은 역사에서 거의 나타나지 않으면서도 우리의 기억에 큰 도움을 준다. 동인도회사의 특허장 갱신은 의회에 달려 있다. 1748년 이래 이상한 방향으로 사건들이 벌어졌기 때문에 의회가 한정된 기간에만 갱신 내용을 허가하도록 하는 것은 당연한 일이었다. 그 기간이 끝날 무렵에는 회사의 상태를 재평가해 그 조직을 변경하도록 했다. 이런 방식으로 동인도회사는 아주 주기적인 변화를 겪었는데, 이 변화는 똑같은 간격으로 되풀이해 나타났다. 이 변화의 간격은 1773년 노스 경의 동인도회사 규제법(Regulation Act)에서부터 시작해서 약 20년 정도였다. 만일 이 연대를 염두에 둔다면, 우리는 규제법 제정 이후 동인도회사 역사의 가장 중요한 네 해를 동시에 알 수 있다. 1793, 1813, 1833, 1853년이다.

우리는 이 다섯 해가 예상했던 것만큼 중요하다는 점을 알게 된다. 이 연도들은 동인도회사 역사를 이해하기 위한 아주 편리한 인식 틀을 이룰 것이다. 첫 번째 해가 가장 중요한 것 가운데 하나다. 1748년이 영국령 인도 성립으로 이어지는 운동의 시작을 뜻한다면, 1773년은 영국령 인도의 성립 자체를 의미한다고 할 수 있다. 오랫동안 인도 총독이 아니라 벵골 총독이라는 직함으로 이어졌지만, 어쨌든 바로 이 해에 총독 직이 시작됐다. 그 다음에 캘커타 대심원이 설립됐다. 이와 동시에 인도를 경영하기 위해 새로운 국가에 참여한 데 따른 엄청난 위험에 직면했고 회사 주주나 이른바 투자자(*proprietors*)가 회사 업무에 행사하는 권력을 없앰으로써 부패의 뿌리를 잘라냈다.

그다음 1793년의 개혁은 그다지 중요하지 않다. 물론 그 후에 일어난 논란은 그 당시 회사 관계자들이 영국령 인도 생활의 국면에서 보여준 면모를 보면 아주 흥미롭기는 하지만 말이다. 그때 그들의 모습은 브라만화 되었고, 인도를 일종의 평화로운 낙원으로 계속 유지하려는 시도를 했다. 이 낙원에는 어떤 유럽인도, 특히 어떤 기독교 선교사도 쉽게 들어와서는 안 될 것이었다. 그러나 1793년은 세계사에 가장 기억에 남을 만한 입법의 하나인 저 유명한 벵골 영구정착지법(Permanent Settlement Act)이 제정됐다는 점에서 다른 해 못지않게 중요하다. 그다음 1813년의 개혁에는 80세에 이른 워런 헤이스팅스가 은퇴 후에 하원 증인으로 출석했다. 이 날은 독점권이 무너지기 시작하고 브라만 중심주의 시대가 막을 내리며 영국이 문명, 기독교, 서구과학을 인도에 도입하려고 하는 결정적인 순간을 나타낸다.

1833년 독점은 사라지고, 동인도회사는 실제로 존재하지 않게 되었다고 말할 수도 있다. 이에 따라 동인도회사는 그 자체가 내세우는 전통과 그동안 유지해 온 경험 때문에 편리한, 단지 편리한 조직에 지나지 않았다. 인도는 바로 이 전통과 경험에 의해 영국의 통치를 받게 된 것이다. 이 시기에 영국이 창설한 인도 정부의 체계적인 입법 노력이 시작된다.

마지막으로 1853년은 경쟁에 의한 직원임용 제도를 도입한 해다. 1783년에 영국을 놀라게 했고 그 후에 정치인들이 회사와 접촉마저 두려워한 그 오랜 질문, 즉 '누가 인도의 후견인을 맡아야 하는가?',

또는 '어떻게 영국 헌정을 흔들지 않고서 통치해 나갈 것인가?'라는 질문은 이런 식으로 해결된 것이다.

하지만 여기서 역사란 아주 오랜 기간 이와 같이 규칙적으로 진행될 수 없다는 것을 떠올린다. 우리 기억에 편리하게도 말이다. 1857년의 격변은 이 주기성의 마지막을 장식하는 것이었고, 규제법 제정 100주년인 1873년은 더 이상 인도의 변화와 관련된 중요한 해가 아닌 것이다.

이와 같이 개괄해 보면, 1813년은 동인도회사의 독점이 처음으로 심각하게 축소된 해이고, 1833년은 완전히 사라진 해로 보인다. 이제 경제학자 존 맥컬럭4은 인도와 구 무역이 아주 중요성이 없다고 말하고 있는데, 그는 1811년까지의 통계를 제시한다. 근대의 무역에서 광범한 증가를 보여주는 통계치는 미미한 것이었고 영국의 인도 무역이 대단하고 드디어 엄청나게 변한 것은 인도가 영국의 직접 통치하에 들어가고 무역 상관성(*trade-consideration*)을 별로 고려하지 않게 된 때부터였다. 이는 역설적으로 보일지 모르나, 우리는 무역 상관성을 고려하지 않으면서 또한 독점도 없앴다는 것을 기억하지 못했다. 그러나 동인도회사의 첫 번째 목적이 무역일 때조차 독점회사가 무기력하게 무역 업무를 수행했다는 사실에서 놀라운 점이 없는 것과 같이, 독점의 족쇄가 풀리자마자 무역이 광범하게 성장한 사실에서도

4　존 맥컬럭(John R. Macculloch, 1789~1864): 스코틀랜드 출신 경제학자로 리카도 학파의 중심인물이다. 1823년 유니버시티 칼리지 런던(University College London)의 정치경제학 교수로 임명되었다. 당시 지식인 저널에 많은 논설을 기고하며 자유무역주의 경제이론의 대변자 역할을 맡았다.

놀라운 점은 없는 것이다.

다른 한편으로, 우리는 무역의 증가가 인도에서 영국령의 확대와 도대체 일치한다는 점을 찾을 수 없다.

영국의 인도 지배에서 4명의 걸출한 인물이 있었다. 그들에게는 게르만식 칭호 '제국의 소수자'(*Mehrer des Reichs*) 또는 '제국의 수호자'(*Increaser of the Empire*)를 수여받을 만한 자격이 있다. 이들은 제국의 창건자인 클라이브 경, 웰즐리 경, 헤이스팅스 경, 댈하우지 경이다. 클라이브는 캘커타에서 마드라스까지 동부 해안을 따라 제국을 설립했다. 웰즐리와 헤이스팅스는 마라타제국을 전복시키고, 인도 아대륙 중앙부와 반도 서안지역을 지배하기에 이르렀다. 그리고 마지막으로 댈하우지는 이들 정복지를 견고하게 지키는 한편, 북서부를 공략해 영국령 인도의 경계를 인더스강까지 확장시켰다. 이들 정복 사이에는 시간상으로 상당한 간격이 있다. 그에 따라 이들은 별개의 지역들이 되었다. 1748년에서 1765년 사이에 정복시기가 있었는데, 우리는 이를 클라이브의 이름으로 나타낸다. 1798년에 시작된 두 번째 정복 시기는 중간에 한동안 휴지기가 있었지만 어쨌든 대략 1820년경까지 지속되었다고 할 수 있다. 이 시기는 웰즐리와 헤이스팅스의 이름이 이어진다. 1839년부터 1850년까지 세 번째 전쟁기인데, 그 전반기에는 별다른 이득을 얻지 못했고 다만 후반부에 정복으로 이어졌다. 댈하우지가 그 정복의 열매를 거두었다.

자, 이러한 영토 확장과 무역의 진전 사이에는 어떤 시간상의 일치도 없었다. 이와 같이 우리는 1811년 당시 인도 무역이 여전히 얼마나 보잘 것 없었는지 언급했지만, 이때는 웰즐리 경이 인도의 광대한 여러 지역을 통합한 직후였다. 다른 한편으로, 인도 무역은 1830년 경에 크게 도약했으며, 이는 인도 지배 역사에서 평화로운 시기 가운 데 하나다. 반군 합병은 거의 중단되었고, 19세기 처음 4반세기에 새 로운 정복은 거의 없었지만, 무역이 가장 빠르게 성장했던 시기이기 도 했다.

그래서 가끔 만들어지고 그 역사에 대한 신속한 조사를 통해 제시 되는 주장, 즉 "제국이야말로 무모하게 무역만 추구한 결과"라는 주 장은 때때로 제기되는 다른 견해, 즉 "제국이란 군사적 공격만 가하 려는 무모한 정신의 결과"라는 견해 못지않게 진실과 거리가 먼 것으 로 밝혀졌다.

우리 제국으로의 첫 걸음은 단지 인도에 산재한 지부들을 지키기 위한 것이라는 견해가 명명백백하게 받아들여졌다. 마드라스 최고 위직(Presidency)은 우선 프랑스군으로부터 성 조지 요새와 성 데이 비드 요새를 지키는 데 절실하게 필요한 노력을 기울인 결과 등장했 다. 벵골 최고위직 또한 포트 윌리엄을 방어하고, 벵골의 무슬림 나 와브 시라지 우드-다울라가 블랙홀 감옥에서 자행한 잔혹행위5에

---

5 시라지 우드-다울라(Siraj ud-Daulah, 1733~1757)는 벵골 무슬림 최고지도자 (nawab) 자리에 임명되었으나 동인도회사에 반감을 지녔다. 이 반감은 회사의 무역독점과 월권, 자신의 권위를 무시하는 데에서 비롯했다. 1756년 6월 동인도 회사는 캘커타의 요새 포트 윌리엄(Fort William) 주둔 병력의 무장을 강화하고 자 했다. 젊은 나와브는 이를 중지할 것을 명령했으나 회사 측은 이를 무시했다. 이에 나와브는 휘하 병력을 동원해 요새를 점령하고 주둔중인 영국계 및 인도계 병사들을 포로로 잡아 요새 안 감옥시설인 블랙홀(Black Hole)에 수용했다. 며칠 사이에 감옥에 수용된 포로들 다수가 사망하는 사건이 일어났다. 이를 기화로 동

대해 그를 응징하려는 명백한 필요성에서 비슷한 방식으로 등장했던 것이다. 그때까지는 원인이 분명했다. 영국령 인도의 소란스럽고 부패한 시기, 그 뒤를 곧바로 이은 시기에 우리가 탐욕 때문에 급히 서둘렀다는 것을 부인할 수 없다. 바라나시, 아와드, 로힐쿤드 등6에서 워런 헤이스팅스가 벌인 일련의 폭력행위들은 본질적으로 화폐 투기였다. 만일 영국령 인도의 후기 역사가 이와 같다면, 우리 제국도 히스파니올라7와 페루에 세워진 에스파냐제국과 비슷하며, 전적으로 끝없는 이윤 추구 때문에 등장했다고 할 수 있을 것이다.

그러나 1785년에 콘월리스 경이 등장하면서 변화가 일어났다. 부분적으로는 그의 고결한 인품으로, 부분적으로는 사려 깊은 개혁을 통해 부패를 근절하기에 충분할 만큼 회사 직원들의 급여를 올려서 그는 동인도회사에 만연한 부도덕을 일소했다. 그때부터 동인도회사는 도덕적으로 존중받을 만했다. 이제 이런 변화의 결과들에서 만일 상업적 이익이 인도 정복의 주된 유인책이었다면, 우리는 동인도회사의 공세가 중단되는 것을 기대할 수 있을 것이다. 이 시기부터 동인도회사의 관계자들이 손해를 볼 뿐만 아니라, 1784년 윌리엄 피트가 도입한 이중체제〔영국 정부의 인도정청과 인도 정부〕아래서는 동인도회사가 정복과 같은 사악한 사업에 전념하는 것은 불가능한 일이었기

___

인도회사는 군대를 동원했고 결국 시라지는 죽임을 당한다.

6 바라나시(Varanasi), 아와드(Awadh), 로힐쿤드(Rohilcund) 등은 모두, 인도 북동부 네팔 접경지역에 위치한 우타르 프라에슈(Uttar Pradesh) 주의 도시 또는 지명이다.

7 히스파니올라(Hispaniola) : 카리브해에 있는 작은 섬 이름이다.

때문에, 결국 동인도회사는 영국 정부를 그 공범자로 만들 수밖에 없었을 것이다. 이제 영국 정부는 그 자신의 야망 때문에 범죄를 저지를 수도 있겠지만, 그럼에도 동인도회사의 추악한 범죄를 묵인할 수는 없었다.

월리엄 피트의 '인도 법안' 이후부터 인도에 대한 궁극적 경영이 동인도회사의 관할을 벗어났던 것은 사실이다. 그에 따라 무역을 목적으로 시작된 사업은 무역에 관심이 없는 사람들의 관리 아래 놓여졌다. 이에 따라 두 명의 영국 정치인, 감독위원회(*Board of Control*) 의장과 인도 총독이 인도의 주요 문제들을 결정하는 과정에서 스스로 분열되었고, 동인도회사가 존속하는 한 그 주도적 지위는 감독위 의장보다는 총독의 몫이 되었다. 이제 이 체제 아래서 인도 대부분 지역에 대한 정복이 이뤄졌고 이 시기에 무역을 우선시하는 분위기는 인도 문제에 큰 영향을 주지 않았던 것은 확실하다.

1798년 웰즐리 경이 총독으로 등장하면서 인도 정책에서 새로운 시대가 열린다. 그는 우선 '중재와 합병의 이론'을 제시했다. 그의 이론은 후에 헤이스팅스 경이 채택했는데, 헤이스팅스는 자신이 총독이 되기 전에는 이 이론을 반대했다. 나중에 다시 그 이론은 동인도회사 인도 지배시기의 마지막 총독이었던 댈하우지 경이 열광적으로 받아들이기도 했다.

이 서술이 인도 정복까지 연결되는 이론이다. 나는 이 강의에서 이를 검토할 여지를 남기지 않았다. 나는 다만 인도 정복이 무역 증대만을 목표로 하지 않으며, 따라서 그 정복은 회사가 선호했다기보다는 오히려 일반적으로 반대했다고 말할 수밖에 없다. 동인도회사는 웰즐리 경에 저항하고 헤이스팅스 경을 비난했다. 그들이 댈하우지 경을 상대하면서 이상하게 고분고분했다면, 이는 그의 재임기에 회사의 임원들이 사실상 무역회사를 대표하지 않았다는 점을 지적해야 한다. 웰즐리의 이론은 가끔 가장 고압적인 방식으로 적용되기도 했다. 특히 댈하우지 경은 역사상 프리드리히 대왕 스타일의 지배자로 두드러진다. 그는 프리드리히의 슐레지엔 점령이나 폴란드 분할 같은 정당화하기 어려운 그런 행위를 자행했다. 그러나 이러한 행위는, 설령 범죄라 하더라도, 결코 이기적인 것이 아니라 야망에서 빚어진 범죄다. 헤이스팅스 이래 그 자신이나 또는 어떤 뛰어난 총독도 추악한 탐욕의 순간이 있었다고 의심받을 수는 없다.

우리가 보기에, 비록 인도제국이 무역으로 시작했고 그 결과 중의 하나로 엄청난 무역을 이룩했더라도, 상인들이 오로지 무역을 목적으로 기획했던 것은 아니었다.

제7강   국제적인 외부 위험들

제국의 안정성을 평가하기 위해서 정치학도들이 시도해야 할 몇 가지 단순한 테스트가 있다. 이들 중 일부는 내부 조직에 적용되고, 일부는 외부 환경에 적용되기도 한다. 마치 보험회사가 생명의 가치를 알아볼 때 의사의 견해를 취하는 것과 같다. 의사는 검사 대상의 맥박을 느끼고 그의 심장에 귀를 들이대는 것이다. 그러나 그들은 또한 검사 대상자의 생명이 어떠한지, 어디에 와 있는지, 그리고 그가 추구하는 것과 습관이 외부로부터 위험에 그를 노출시키는지 여부를 조사할 것이다. 지금 나는 부분적으로 내적 테스트를 적용했다. 한 나라의 활력에 대한 내적 검사는 정부가 견고한 기반 위에 서 있는지 여부를 확인하는 것이다.

모든 국가에서, 누구에게나 분명한 두 가지 사항, 즉 정부와 통치받는 국민 외에 제3의 사항이 있다. 우리들 대부분이 이것을 간과하지만 일반적으로 식별하기가 어렵지 않다. 내가 말하는 것은 정부를

351

지탱하는 정부 밖의 힘이다. 이 힘은 미약하거나 종속적일 수 있으며, 한 정부의 존속 기회는 그 힘의 견고성 또는 정부를 전복하려는 다른 힘들에 대한 그 힘의 강도에 달려 있다. 이제 나는 인도 정부가 의존하는 그 지지력의 강도를 조사하고 있다. 그렇지만 정부가 오랫동안 존속할지 여부보다는 오히려 그 힘이 현재 어떤 상태인지를 설명하려는 의도를 가지고 조사한다. 자, 우리가 도출한 결론을 다른 목적으로 다시 생각해 보자.

우리는 합헌적 절차를 거쳐 정부를 창출하는 영국에서와 달리, 인도 정부가 국민이나 또는 어떤 원주민의 헌정상의 동의에 기반을 두지 않았다는 것을 알게 되었다. 영국이 창설한 인도 정부는 인종, 종교, 관습 등 모든 점에서 인도 주민들에게는 이국적인 것이다. 그 지지를 받아야 정부가 존립할 수 있다고 우리가 적극 확인하는 유일한 집단이 있다. 그것은 군대다. 이 군대의 일부는 영국인이고 온갖 상황에서 정부를 지지하리라고 믿을 수 있다. 영국인 병사는 전체의 3분의 1에 지나지 않는다. 3분의 2에 달하는 나머지는 오직 그들의 봉급과 명예심에 의해 우리의 지휘에 따른다. 명예심이야말로 뛰어난 병사들이 깃발 아래 충성하도록 만드는 것이다. 이것이 영국이 가진 가시적인 지지다. 그 너머에 비록 보이지는 않지만 좀더 근본적인 것이라고 생각되는 어떤 도덕적 지지가 있을까? 여기 여러 견해 차이를 낳을 여지가 있는 질문이 있다.

우리는 한 세기 전에 이 지역을 갈기갈기 찢어놓은 만성적 무정부 상태를 종식시키고 또 무수한 개선책을 도입해 이 나라에 혜택을 가져다주었으며, 모든 계층이 우리 정부를 지지하리라고 자연스럽게 생각하는 경향이 있다. 그러나 이런 가정은 매우 성급한 것이다.

　모든 사적 이해관계에 우선하는 공공선(公共善) 또는 공적인 것 (*commonweal*)에 대한 개념이 인도와 같은 엄청난 수의 인구에 상존하리라고 생각할 만한 근거는 없는 것이다. 이는 실제로 우리가 원하는 것, 즉 인도에서 도덕적 단일체나 도덕적 국민을 정확하게 가정하는 것처럼 보인다. 이러한 집단은 형성되지 않았기 때문에, 통치가 일반적으로 국가에 어떤 이익을 줄지 고려하는 대신, 각 계급이나 세력이 각자 영국의 통치로 어떤 영향을 받는지, 말하자면 무슬림교도는 그들의 종교가, 브라만 교도는 그들의 고대 사회의 우월성이, 지방 토착제후들은 그들의 권위가 어떻게 영향을 받는지 묻고 있다고 우리는 생각해야 한다. 일반 전리품과 용병의 전유물을 하사함으로써 그 나라에 부여한 커다란 혜택비로 가장 수가 많지만, 아직도 영향력이 별로 없고 그들에 관한 기억도 짧은 계급만이 주로 누릴 것이다. 인도에서 그와 같은 특징을 지닌 계급은 지금 실재하는 어려운 문제에 완전히 몰두하고 있는 작은 소생산자들, 자신들의 궁극적 야망을 오직 육체와 정신을 함께 유지하는 데에만 쏟는 그 소생산자들인 것이다. 고질적 전쟁에서 약탈당하고 고문당하고 학살당했던 사람들은 분명히 우리에게 감사해야 한다. 그러나 약탈자와 살인자들은 그렇게 하지 않을 것 같다. 그리고 이들은 아마도 나중에 가장 영향력 있는 계급이 될 것이다.

　사실 옛날 무굴제국의 지배하에서 영향력을 행사하던 모든 사람들, 관직을 독점하던 사람들, 지배 종교를 대표하던 사람들, 우리 의견이 정치적으로 중요하다고 여길 수 있는 모든 사람들은 영국의 지배에 의해 고통을 당해 왔다. 원주민을 향상시키려는 영국의 모든 박애주의적 노력이 그들을 전락시키는 결과를 낳았고 그런 만큼 커다란 불행을 겪으면서 그들의 숫자가 줄어들었다. 이 주제는 인도 무슬림에 관한 헌터 박사의 저술에서 논의되었다.

이런 상황에서 〔영국이 설립한〕 인도 정부의 행정을 보고 여기저기서 쏟아져 나온 감사의 목소리가 권력과 영향력을 잃은 사람들 사이에서 우리를 향해 터져 나오는 불만을 충분히 상쇄할 수 있다고 생각한다면 매우 경솔한 일이 될 것이다.

우리의 권력은 군대에 의존하고, 그중 3분의 2는 단순한 용병으로 우리와 관계를 맺고 있다. 이것은 특히 아주 엄청난 권위를 향한 약간의 지지처럼 보일 수도 있지만, 다른 한편으로 우리는 극복해야 할 반대세력이 무엇인지 생각해야 한다. 그리고 우리는 습관과 오랜 전통에 의해 물든 완전히 수동적인 인구를 보게 되는데, 그 사람들은 외국 군사정권에 의해 억눌렸고 저항이라는 개념을 잃어버렸다. 우리는 또한 어떤 단일성을 갖지 않은 주민집단을 발견한다. 여기서는 민족들이 일련의 여러 층위에 놓여 있고 서로 완전히 다른 언어들이 뒤섞여 혼합된 방언을 낳았다. 달리 말하면, 현재로는 어떤 공동의 행동을 할 수 없는 집단인 것이다.

내가 언급했듯이, 만일 인도 주민이 하나의 민족으로 구별될 수 있는 공통의 생활상을 가졌다면, 우리가 누워서 인도를 장악할 수는 없을 것이다. 그러나 곧바로 그와 같은 공통의 생활이 인도에서 분출할 전망은 없다. 그동안 인도 정부는 평소에는 충분한 지지를 얻는 것 같다. 여러 측면에서 이런 호응이 반란기보다 상당히 더 강한 것으로 보인다. 군대에서 토착인에 대한 영국인 병사의 비율이 이전보다 더 높아졌으며, 반군 스스로 활동에 의해 알게 된 여러 예방조치들이 취해졌다. 폭동이 다시 일어날 수도 있지만, 단순한 폭동인 경우 그것이 우리 지배 권력에 치명적 타격을 줄 이유가 전혀 없다. 원주민 부대들은 원주민의 부대 지휘권을 원한다. 그들이 국민으로부터 효과적 지지를 얻지 못하는 한, 그들이 완전히 애국적이지 않고 이기적이며, 또 다른 원주민 부대에 의해 해체되고 교체될 수 있는 한, 그들 용병들의 위치는 우리에게 충분히 안전하게 보인다. 그러나 동시에, 이런 진술은 특정 위험을 밝혀내기도 한다. 우선, 원주민들의 수동적 습관에 대해 말하는 것은 힌두교인에게만 해당된다. 무슬림인은 대부분이와 다른 습관과 다른 전통을 지닌다. 그들은 여러 세기 동안 예속되었던 것은 별로 되돌아보지 않고 그리 오래되지 않는 과거, 그들이 지배 인종이었던 시기만 돌아본다.

둘째로, 그들이 하나의 단일성은 부족할 수도 있지만 한 가지 종류의 단일성, 즉 종교적 단일체로는 부족하지 않다는 점을 유념해야 한다. 이슬람교에는 강력하고 적극적인 통합이 있다. 브라만교는 덜 적극적이지만 아직도 종교적 단일체를 이룬다. 인도 무슬림 교도에 관한 헌터 박사의 저술에는 '우리 영토 안의 만성적 음모'라는 제목이 붙은 장이 있다. 이 장은 종교적 소요사태를 서술한다. 와하브주의1 설교자들의 영향 아래 인도 정부에 끊임없이 저항하는 종교적 소요를 묘사하고 있다(헌터 박사에 따르면, 다른 이들은 이를 부인한다). 인도

---

1 와하브주의(Wahabite): 이슬람 수니파 내의 개혁주의 종파이다.

인구의 일부지만 가장 자랑스러운 기억들을 가진 이들은 그러므로 그들을 대신한 종족에 반대하는 가장 날카로운 분노감을 가지고 있다. 브라흐미니즘은 완고하지만 종교적 열광이 훨씬 약한 종교다. 아직도 우리 모두는 기름칠한 탄약통을 기억한다. 2

1857년의 반란은 주로 군대가 일으켰지만, 발단은 종교적인 것이었다. 만일 엄청난 힌두교 인구가 자신의 종교가 공격받았다고 믿게 된다면, 우리가 무엇을 예견할 수 있는지를 보여준다. 그리고 우리는 힌두교가 과학이 그 자체로서 주장하는 지역 외부에서는 이슬람교와 같지 않다는 점을 명심해야 한다. 우리는 항상 종교적 관용의 원칙을 신성시한다고 선언했고, 그런 이해를 우리는 준수한다. 그러나 만일 힌두교도들이 유럽 과학의 가르침 그 자체가 그들 종교에 대한 공격이라고 생각하게 된다면 어떨까?

위대한 종교운동은 민족운동보다 더 온건한 것으로 보인다. 반면, 종교세력이 더 활발하다면, 좀더 직접적으로 서로를 중화시킬 것이다. 이슬람과 힌두교는 서로 대립하며, 전자가 신앙심이 강하다면, 후자는 신도 수가 많다. 그럼으로써 일종의 균형을 만들어낸다. 앞으로 언젠가 기독교가 우리 자신과 서로 대립하는 이들 종교 사이에서 화해의 요소를 찾을 수 있을 것이라고 생각할 수 있을까? 우리는 이슬람이 셈족 종교의 가장 완고한 형태인 반면, 브라만교는 아리안 사상

---

2 당시 신형 무기 소제작업을 위해 인도인 병사에게 지급한 기름통에 소기름이 들었다는 풍문이 나돌아 힌두 신앙을 믿는 병사들의 분노를 유발했다. 세포이 반란의 한 원인으로 거론된다.

의 표출이라는 점을 기억해야 한다. 이제 기독교는 이 세계의 종교 중에서 아리안 사상과 셈족 종교사상의 융합의 산물로 나타난다.

종교 측면에서 보면 인도와 유럽은 같은 요소들을 가지고 있다고 말할 수 있지만, 인도에서는 그 요소들이 섞이지 않은 반면, 유럽에서는 기독교로 통합됐다. 유대교와 고전시대 이교(*paganism*)는 현재 인도에 이슬람교와 브라만교가 현존하는 것처럼 우리 시대 초기에 유럽에 있었다. 하지만 인도에서는 이 요소들이 분리된 채로 남아 있고, 시크교와 아크바르교처럼 통합 시도가 때때로 있었을 뿐이다. 유럽에서는 기독교회에 의해 일종의 거대한 혼합이 이뤄졌다. 그 혼합은 근대사 전 시기에 걸쳐서 점점 더 완벽하게 성장한 것이다.

이것이 우리가 스스로 관찰하고 인도 내부에서 활동하는 세력들만 국한해 언급할 때 나타나는 우리 제국의 겉모습이다. 그러나 안정성의 기회에 관해 어떤 평가를 내리기 위해서는 외부에서 무엇이 제국에 영향을 미치는지 고려하는 것 또한 중요하다.

역사상 인도만큼 고립된 나라는 거의 없었다. 알렉산더 휘하의 제독 네르세루스3로부터 바스코 다 가마(Vasco da Gama)에 이르기까지 그 사이는 어떤 유럽인 선장도 인도양을 항해하지 못했다. 그러나 아랍인들은 일찍이 우마르 칼리프4의 시대에 이미 신드(Sind)에 해상기

---

3   네르세루스(Nearchus, BC 360~300) : 알렉산더 대왕의 휘하 장군으로 기원전 326년 함대를 이끌고 인도양을 항해했다고 전해진다.
4   우마르(Omar ibn Al-Khattab, 재위 634~644) : 이슬람제국 칼리프 가운데 가장 강력한 영향력 있는 지배자였다.

지를 만들었던 것으로 보인다. 이를 예외로 하고 또 북쪽으로 향하는 움직임을 제외하면, 인도의 대외 관계에서 추적할 수 있는 유일한 것은 자바와 교류다. 이 지역의 영향은 인도로부터 온 것이다. 왜냐하면 자바의 카위어5 및 그 언어로 쓰인 문헌에서 힌두교 영향력의 강력한 흔적을 찾을 수 있기 때문이다. 대양과 반도의 관계는 히말라야산맥이라는 거대한 장벽과 갠지스강 유역 평원의 관계와 같다. 이런 환경은 실제로는 인도를 반도라기보다 하나의 섬으로 만드는 효과가 있다. 인도 쪽에서도 역시 그 영향이 중앙아시아 쪽으로 퍼졌다. 정복을 통해 확장된 북쪽과 동쪽으로 불교가 퍼져나갔던 것이다. 그러나 인도 쪽에서도 정치적 관계나 전쟁이나 침입은 전혀 없었다. 이런 것들에 대해서는 오직 한 지점을 제외하고는 우리는 알고 있는 바가 없다.

그러므로 우리는 인도의 고립이 수천 년 동안 완전하게 지속되었음을 쉽게 상상할 수 있다. 그리고 실제로 원주민들은 알렉산더 대왕이 그들 사이에 나타났을 때, 그들이 이전에 전혀 침략당한 적이 없노라고 말했다. 그러나 이 고립은 결국 종국을 고했다. 왜냐하면 결국 인도는 섬이 아니었기 때문이다.

인도 아대륙은 한 가지 취약점이 있다. 산맥 장벽을 관통할 수 있는 한 지점이 있다. 페르시아나 중앙아시아로부터 아프가니스탄을 통해 침략할 수 있는 것이다. 이에 따라 바스코 다 가마 시대까지 인도의 대외관계 역사 전체가 아프가니스탄에 집중된다. 우리는 아마

---

5   카위(Kawi)어: 자바, 발리 등지에서 사용된 일종의 문자언어다.

도 이 길로 여덟 차례의 대대적인 침략을 볼 수 있다.

첫째 침입은 가장 기억에 남지만, 그 역사는 남아있지 않다. 아리아인은 이 길로 들어섰을 것이다. 아니면 아마 아리아인이 이곳에서 살았을 것이라고 말할지도 모르겠다. 아프가니스탄인들 자체도 언어상으로 아리아인이며, 페르시아의 아베스타6와 인도의 베다7 사이에 특정한 문제에 관해 일치하는 것을 보고 우리는 산스크리트어를 말하는 아리아인의 원래 발원지가 인도와 페르시아 간 국경 어디쯤으로 추정한다.

그다음은 역사적으로 충분히 유명한 알렉산더 대왕의 침입이었다. 왜냐하면 그 침입이야말로 서구 세계에 처음으로 인도의 문을 열었기 때문이다. 그러나 한동안 인도에 뿌리를 내렸던 그리스계 박트리아 왕국이 기원전 2세기에 몰락했기 때문에 지속적인 결과를 가져오지는 않았다.

세 번째 침입은 첫째 경우와 마찬가지로 역사가 결핍되어 있다. 이는 기원후 1세기 이른바 스키타이족 침입 또는 그들의 일련의 침입이다. 산스크리트 문학을 공부하는 학생들에게는 아주 중요하지만, 우리가 여기에서 머물 필요는 없다.

그 다음은 가즈니의 마흐무드의 침공이다. 이것은 가장 중요한 침입 가운데 하나다. 왜냐하면 그 침입이 곧 인도의 고립과 독립의 종언이자, 또한 다른 세계에 인도가 실제로 알려진 셈이라고 할 수 있기

---

6 아베스타(*Avesta*) : 조로아스터교 종교 문헌집이다.
7 베다(*Veda*) : 산스크리트어로 쓰인 고대 인도의 종교문헌이다.

때문이다. 마흐무드가 인도에 이른 것은 콜럼버스와 코르테스가 신대륙으로 간 것과 같다. 그의 시대 이래 외세의 인도 지배는 결코 중단된 적이 없으며, 많은 모험가들이 카이바르 고개8를 통해 인도로 가는 길을 밟았다. 여러 면에서 마흐무드는 위대한 무굴제국의 선구자인 셈이다. 그는 투르크 출신으로 아프가니스탄 소왕국의 왕이었다. 그는 이슬람 신앙과 우상 숭배를 하는 인근 세력에 밀려 어쩔 수 없이 인도 정복의 길로 들어섰다. 이 모든 점에서 그는 바부르를 닮았다.

다섯 번째는 1398년 티무르의 침입이었다. 그것은 순전히 파괴적이었지만, 그 자체의 중요성이 있다. 그러나 우리는 그것을 다음의 일곱 번째, 여덟 번째 침입과 비교해야 더 잘 이해할 수 있을 것이다.

그 다음에 1524년 바부르(Babur)의 침입과 무굴제국의 건국이 뒤를 잇는다. 마흐무드가 처음 시작했던 일을 그와 그의 후계자들이 더욱더 지속적으로 수행한 것이다. 그들의 제국은 그 이전의 이슬람 제국들과 비슷했지만, 더 견고하고 더 통합됐다.

일곱 번째와 여덟 번째는 티무르의 경우와 같은 침공이었다. 앞의 것은 수피 왕조9 몰락 이후 페르시아 왕위에 오른 전제군주 나디르 샤가 자행했다. 그 침입은 1739년에 일어났다. 그 당시 무굴제국은 이미 완전히 몰락 중이었다. 뒤의 침입은 1760년에 발생했다. 그 주역은 아프가니스탄에 도읍을 정한 두라니제국10의 군주 아마드 샤 두라

---

8   카이바르 고개(Khyber Pass) : 파키스탄과 아프가니스탄 경계에 뻗어 있는 고갯길이다.
9   수피(Sofi) 왕조: 1361~1379년 단기간 페르시아와 아프가니스탄 지역에 존속했던 왕조이며 티무르제국에게 정복당한다.

니11였다.

　지금까지 말한 것이 인도가 침입당한 주요 사건이다. 이 침략의 개요는 비록 인도가 육로(陸路)에서는 오직 한 지점만이 취약했지만, 바로 그 지점이 인도에게는 아주 취약했다는 점이다. 오랫동안 실제로 인도 침입로는 발견되지 않았던 것으로 보인다. 그러나 적어도 가즈니의 마흐무드 시대 이후에 인도는 특히 자주 침입받기 쉬웠고 인도 역사는 완전히 그 침입에 의해 결정됐다. 왜냐하면 인도는 극도로 미미한 저항만을 보여주었기 때문이다. 영국의 정복에 이르기까지 그 안팎에 걸친 인도 역사는 이와 같이 간략하게 요약할 수 있다.

　첫째로, 그 역사는 두 차례에 걸친 대규모 이슬람 정복과 그리고 이슬람 권력에 대한 힌두교도들의 저항으로 구성된다. 힌두교도의 저항은 마라타연맹으로 구체화됐다. 두 차례의 이슬람 정복은 모두 아프가니스탄을 통해서 이뤄졌다. 둘째로, 그 정복은 두 차례 연이어 전개된, 두 무슬림 세력의 붕괴와 그리고 마라타 세력의 결정적 굴복으로 이뤄진다. 마라타의 굴종은 아프가니스탄에서 비롯된 세 차례의 다른 침입을 통해 완료됐다. 어떻게 해서 일이 그리 된 것인지 여러분은 이해할 수 있을 것이다. 나는 여러분에게 먼저 무굴제국, 즉

10　두라니(Durrani) 제국: 18세기 지금의 아프가니스탄과 파키스탄을 지배했던 투르크계 제국이다.

11　아마드 샤 두라니(Ahmed Shah Durrani, 1722~1772): 두라니제국의 창건자이다. 전사로 성장하였고 1747년 수피 왕조의 나디르 샤가 암살된 후 아프가니스탄 군주로 추대되었다. 그는 무굴제국과 마라타제국을 압박해 북인도 일대를 지배하기에 이른다.

두 번째 거대 무슬림 국가의 몰락을 살펴볼 것을 촉구하고 싶다. 몰락을 가져온 궁극적 원인은 아마도 데칸고원까지 영토를 확장시키려는 아우랑제브(Aurangzeb)의 무모한 시도에 있었을 것이다. 이에 따라 아우랑제브의 죽음과 함께 제국의 몰락이 가시적으로 나타나기 시작했다. 그러나 제국에 치명적이며 결정적 타격, 즉 병자를 죽음 직전의 환자로 몰고 간 타격은 나디르 샤의 가공스러운 침략이었다. 샤는 1739년 아프가니스탄을 경유해 남쪽으로 진격했다. 그는 델리를 굴복시키고, 제국 재물창고를 약탈해 무굴제국이 더 이상 다시 부흥할 수 없도록 만들었다. 그러나 마라타 권력도 똑같은 길을 걸었다. 전 인도를 통합하는 시점에 도달한 순간에 그 권력은 아프가니스탄에서 발호한 아마드 샤 압달리(Ahmad Shah Abdali)에 의해, 특히 결정적으로 1761년 파니파트 전투[12]에서 무너졌다. (이 전투에서 20만 명의 병력이 죽었다고 전해진다).

즉, 이 무렵은 영국인들이 이미 벵골의 지배자가 되고 있을 때였다. 이 두 차례의 침입이 무굴제국과 마라타 정권에 치명적이었듯이, 14세기 말 티무르제국의 초기 침입 또한 초기 무슬림 권력을 무너뜨렸던 것이다. 이 무슬림 권력은 무하마드 투글루크[13] 치세 직전에 그 최대 판도에 도달했었다.

그러나 이제 보면, 가즈니의 마흐무드가 북쪽으로부터 인도 침입

---

12 파니파트(Panipat) 전투: 1761년 1월 14일 델리 서쪽 인근에서 벌어진 마라타제국과 아프가니스탄의 전투를 말한다. 이 전투에서 마라타연맹이 패퇴한다.

13 무하마드 투글루크(Muhammad Tughluq): 1325~1351년 델리의 술탄으로 북인도를 지배했다.

의 물꼬를 텄다면, 바스코 다 가마는 유럽으로부터 인도에 대한 해상 침입의 문을 열었던 것이다. 비록 그 당시에는 그렇게 보이지 않았지만, 이는 그 두 사람이 이룩한 대단한 성과였다. 마흐무드는 서아시아와 중앙아시아의 이슬람세계에만 문호를 열었지만, 바스코 다 가마는 알렉산더 대왕 이래 처음으로 인도와 유럽을 연결시켰던 것이다. 이번에 유럽은 기독교화 되고 문명화된 세계였다. 마흐무드가 강력한 정복자로 출현한 반면, 바스코 다 가마는 단지 비천한 항해자였을 뿐이기 때문에 이러한 사실은 당대에는 언급될 수 없었다.

바스코 다 가마의 인도 항로 발견은 아주 오랫동안 어떤 정치적 귀결로도 이어지지 않았다. 식민지 역사에서 에스파냐-포르투갈 시대라고 부르는 세기가 그 뒤를 이었다. 16세기 전 시기를 통해 새롭게 발견된 대서양 세계가 두 나라의 수중에 있었고 아시아의 거의 절반은 포르투갈인이 독점적으로 장악했다. 그러나 16세기 말기 네덜란드가 그 자리를 차지하는 데 성공했다. 17세기가 시작되었을 때 영국인들은 네덜란드의 독점에 대해 인도에 약간 잠식하고 있었지만 여전히 소심한 침입자들에 지나지 않았다.

나는 17세기 말 영국과 프랑스가 식민지 세계에서 그 이전 세기 에스파냐와 포르투갈이 가졌던 지위를 어떻게 차지하기 시작했으며, 18세기 전 시기에 걸쳐 그 지위를 차지하기 위한 두 나라의 투쟁이 어떻게 가득 차게 되었는지 이미 설명했다. 1748년 인도에서 이러한 투쟁은 매우 격렬하게 촉발되었고, 뒤플렉스가 보기에, 그 투쟁은 단순히 상업적인 것이 아니라 정치적이며, 그 대상이 바로 인도제국 자체임이 명백한 것이었다. 바로 이 시점이 인도 대외관계의 역사에서 중요한 전환점이다. 그때까지 인도는 아프가니스탄을 통해서만 외부 세계와 연결되었다. 따라서 이 나라는 이제 대양을 통해서도 외부 세계와 연결될 수 있을 터였다.

일단 성립되면, 이 새로운 연결은 특히 영국 정복자들의 눈앞에서는 한동안 오래된 연결 루트를 가려준다. 내가 전에 언급했듯이, 영국이 인도에서 오랫동안 두려워했던 적은 프랑스였다. 아프가니스탄으로부터 침략은 실제로 중단된 적이 없었다. 나디르 샤의 침략은 1748년보다 9년 전에 일어났는데, 우리는 영제국이 등장하는 연도를 이 무렵으로 본다. 아마드 샤 압달리의 침략은 그로부터 13년 후에 일어났다. 그러나 이러한 사건들은 영국인들의 관심을 끌지 못했다. 그들이 정복을 시작했지만 그 정복으로 그들이 아주 멀리까지 옮겨가려고 꿈꾸지 않았다는 점을 유념하기 때문이다. 그들은 성 조지 요새와 윌리엄 요새 부근에서 영역 지배자로 확고하게 뿌리내렸기 때문에, 당연히 인도 전역에 대해 스스로 책임이 있다고 생각하지 않았다.

또 하나의 전체로 간주되는 그 나라〔인도〕와 외부세계의 관계를 포괄적으로 성찰하지도 않았다. 아프가니스탄이나 펀자브 지방의 사정은 투르크제국의 사정과 마찬가지로 그들의 시야에서 벗어난 것처럼 보였다. 그러나 18세기 말 무렵 영국인들의 시각에서 변화가 일어났다. 지금까지 그들은 마드라스와 데칸을 가장 걱정스럽게 바라보았다. 그들의 주된 두려움은 프랑스군이 마드라스에 내려오는 동안 남부의 토착 제후들 중의 하나와 새로운 동맹을 맺고서 그 제후에게 무기와 장교 또는 선박을 제공해 줄지도 모른다는 것이었다. 이는 미국 혁명기에 프랑스와 전쟁에서 실제로 일어난 일이었으며, 아마 영국이 인도에서 그렇게 심하게 압박을 받은 적은 이전에 없었을 것이다.

하이데르 알리14는 인도 남부의 카나틱(*Canatic*) 부족을 거느리고 마드라스 입구로 진출했다. 바다에서는 프랑스 선원들 중 가장 위대한 사람인 이른바 '쉬프랑의 총독'(Bailli de Suffren)15이 그를 도왔다. 15년 후에 영국과 인도 관계의 전반적인 상황은 나폴레옹의 이집트 원정으로 변했다. 여기서 프랑스의 정책은 새로운 방향으로 바뀌었다. 실제로 프랑스는 데칸과 맺어온 오래된 연결고리에서 떨어지지 않았다. 하이데르의 아들 술탄 티푸 사히브는 그의 부친이 루이 14세에게 그러했던 것처럼 프랑스 총재정부16에 유용할 것으로 기대되었다. 그러나 보나파르트의 이집트 점령 및 시리아 작전과 동시에, 공공연하게 영국을 목표로 정한 군사작전은 그가 북쪽으로부터 인도 주둔 영국군을 공격하려는 계획을 구상했다는 것을 보여주는 듯했다. 그 당시 처음으로 우리는 나디르 샤와 아마드 샤 압달리(Ahmed Shah

---

14 하이데르 알리 칸(Hyder Ali Khan, 1720~1782) : 남인도 마이소르국의 술탄으로 실질적인 지배자였다.

15 피에르 앙드레 드 쉬프랑(Pierre André de Suffren, 1729~1788) : 프랑스의 해군제독이다. 인도양에서 벌어진 영국해군과 일련의 전투에서 우위를 보여 유명해졌다.

16 총재정부(*le Directoire*) : 1795~1799년까지 존속한 프랑스 정부이다. 로베스피에르가 몰락한 뒤 1795년 8월, 부르주아 공화주의에 입각한 제한선거에 따라 의안(議案) 제출권을 갖는 500인회와 의안 선택권을 갖는 원로원의 2원제 의회가 구성되고, 행정부에는 5명의 총재가 취임했는데, 이를 총재정부라 한다.

Abdali)를 기억했다. 그 후 우리가 자주 보아왔던 것처럼, 카이바르 고개, 18세기 말 카불에서 아마드 샤의 자리에 앉은 제만 샤(Zemaun Shah), 그리고 페르시아궁정을 우려의 시선으로 바라보기 시작했던 것이다.

이는 우리 인도제국 외교 정책의 두 번째 중요한 단계다. 그것은 1800년 존 맬컴[17]의 저 유명한 페르시아궁정 파견으로 분명하게 나타난다. 이전에 우리는 결코 이른바 아시아의 균형을 고려하거나 또는 어떤 생각이 페르시아 왕의 마음을 자극하는지(quid Tiridaten terreat) 이런 점들을 고려한 적이 없었다. 그러나 관찰해 보면, 이제 두려운 것은 러시아의 비밀스러운 영향력이 아니라 프랑스의 영향이었다. 나는 그전에 웰링턴 공작(Duke of Wellington)이 워털루 못지않게 아사예(Assaye)에서 프랑스군과 싸우는 중이라 생각했으리라고 말했다. 마찬가지로 페르시아와 협상에서 맬컴이 염두에 둔 것은 러시아의 힘이 아니라 나폴레옹과 프랑스의 군사력이었을 것이다.

그러나 이 두 번째 단계에서 아프가니스탄을 바라보기 시작했지만, 우리 영국은 남부에서 프랑스 영향력의 첫 번째 단계에서 남인도의 프랑스 영향을 바라볼 때처럼 이번에도 두려움을 떨칠 수 없었다. 존 맬컴의 삶은 이를 여실히 보여준다.

그는 마이소르토후국의 술탄 티푸와 벌인 전쟁에서 승리를 거둔 뛰어난 활약 때문에 페르시아 특사로 임명되었다. 자, 이것은 클라이브

---

17 존 맬컴(John Malcolm, 1769~1833): 스코틀랜드 출신 군인 겸 정치가로 동인도회사 행정관을 지냈다.

가 처음 맹활약을 했던 초기 전쟁 못지않게 진짜 프랑스에 대적한 전쟁이다. 마이소르 술탄 티푸 자신은 프랑스 총재정부와 절친한 관계를 맺었다고 여겨졌다. 즉, 쉬프랑 제독이 그의 부친과 절친했던 것과 같이 보나파르트도 그의 동맹자였다. 프랑스군은 그를 '시민 티푸'(*Citoyen Tipou*) 라 불렀다.

그리고 니잠(Nizam) 정부는 무엇을 하고 있는가? 프랑스군은 일찍이 반세기 전에 하이데라바드(Hyderabad) 의 니잠 정부와 밀접한 관계를 맺었다. 그들은 인도를 어떻게 정복해야 하는지 영국보다 더 잘 알고 있었고, 그 비밀은 용병을 훈련시켜 그들을 유럽인의 지휘 아래 두는 것이었다. 1798년 하이데라바드에는 프랑스 장교들이 훈련을 맡고 또 지휘하는 1만 4천여 군대가 있었다. 레이몽(Raymond) 이란 인물이 그들의 총지휘관인데, 케예(Keye) 의 《맬컴의 생애》(*Life of Malcolm*) 에는 이렇게 적혀 있다.

"니잠 정부는 이들 부대에 급여를 주고 영토 방어의 임무를 맡겼다. 유능한 유럽인들의 감독 아래 철물주조 작업장을 세웠다. 총을 만들어 내놓고 머스켓 총을 제작했다. 기막히게 장비를 잘 갖추고 훈련받은 레이몽의 용병들은 그들 머리 위에 프랑스 혁명의 기치를 올리고 단추에 자유의 모자를 새기고서 전쟁터로 나갔다. 명목상으로 니잠 정부가 그러한 군대를 지원하고 티푸가 프랑스와 협력하는 한, 데칸 고원에서 우리 영국의 처지는 인도에서 프랑스와 전쟁을 처음 벌였을 때의 상황에서 크게 바뀌지 않았다. 7년 전쟁 당시 아르코트(Arcot) 에서 클라이브와 조우한 프랑스군에 대해 영국군이 기습 공격했던 것과 마찬가지로, 1798년에는 레이몽의 군대가 영국군에 공격을 감행할 수도 있었다. 이 순간에 젊은 맬컴은 하이데라바드로 파견되었는데, 그는 이 프랑스 군대를 해산시키는 데 성공했다. 그 자신이 말했듯이, '이 민주파들의 보금자리를 박살냈던 것이다'."

이와 같이 우리 영국령 인도의 외교 정책에는 두 국면이 있다. 처음에는 인도 외부에는 단 하나의 적, 즉 프랑스만 있다는 것이다. 첫째 국면에서는 적의 공격이 오직 그 4분의 1, 즉 데칸에만 치중될 것이라고 전망한다. 두 번째 국면에도 적은 동일한 적, 같은 방식으로 전투하는 적이지만, 그 세력은 훨씬 광범한 범위에 걸쳐 있었다. 나폴레옹은 인도 밖에 있는 아시아의 다른 강국들과 관계를 맺거나 또는 맺을 것으로 알려졌다. 이들 강국은 아프가니스탄과 페르시아이고, 1807년 틸지트 조약18 체결 이후, 이들 국가에 또 다른 강대국이 추가되었는데, 그 나라는 유럽 국가이면서도 이미 벌써 아시아로 뻗어가기 시작한 강대국, 영국령 인도의 역사에서 처음으로 이제 그 이름이 등장한 러시아다.

이 두 번째 국면은 나폴레옹의 몰락으로 끝이 났다. 비록 마지막이라고 말하는 것은 성급할지 모르겠지만, 나폴레옹과 함께 인도에 대한 프랑스의 영향력도 완전히 사라졌다. 1810년 모리셔스(Mauritius)를 점령하고 그 섬에 전반적인 평화를 유지함으로써 마침내 프랑스는 배제됐다.

외교 문제가 잠시 중단됐다. 우리 인도제국은 약 20년 동안 중요한

---

18 틸지트(Tilsit) 조약: 1807년 나폴레옹 1세와 프로이센의 프리드리히 빌헬름 3세가 체결한 강화조약이다.

외교 관계를 갖지 않았다. 그런 후에 새로운 국면이 시작되었다. 또 다른 유럽 강대국이 아시아에서 우리의 경쟁국으로서 프랑스를 대신하고 있다. 러시아다.

엘리자베스 치세 말기부터 시작된 '대영국'(Greater Britain)의 역사에서 우리는 아마도 3개의 위대한 시기를 구분할 수 있을 것이다. 첫째 시기는 17세기다. 이 시기에 식민제국들 중 미천한 지위에서 발군의 제국으로 점진적으로 올라선다. 그다음은 아메리카와 아시아에서 프랑스와의 대결이다. 나는 이 시기에 관해 아주 많이 언급했다. 이 시기는 18세기에 걸쳐 있다. 그러나 이 시기는 너무 빨리 지나갔다. 우리는 역사 발전의 방식에 따라 둘째 단계가 끝나기 훨씬 전에 스스로 형성되기 시작한 세 번째 단계에 접어들었다. 이 셋째 시기에 영국의 세계제국(world-empire)은 서양과 동양에 각기 거대한 이웃 국가와 만나고 있다. 서구에는 미국이, 그리고 동양에는 러시아가 그 이웃 국가인 셈이다.

이들은 내가 거대한 정치적 집합체를 지향하는 근대적 경향의 사례로 인용한 두 국가다. 예를 들면 불가능했을 수도 있지만 시간과 공간이 초래한 어려움을 감소시키는 현대 발명들이 없었다면 이런 거대국가는 불가능했을 것이다. 두 나라 모두 육지로만 이어진 국가다. 두 나라 사이에는, 광대하지만 이어지지 않은, 그리고 모든 방향으로 흘러가는 대양과 함께하는 세계의 베네치아처럼 대양을 거리로 삼고 있는 대영국이 놓여 있는 것이다.

이 셋째 시기는 어떤 점에서 아메리카 혁명과 함께 시작되었다고 할 수 있지만, 그것은 단지 현세기를 그 30여 년 전부터 헤아리는 것이라고 간주되기도 한다. 왜냐하면 미국이 담당해야 할 그 거창한 숙명은 독립이 확정된 후에도 오랫동안 드러나지 않았기 때문이다. 미국의 급속한 발전을 가져온 원인인 유럽으로부터의 대량 이민은 1815년 평화 이후에야 비로소 시작되었고, 1820년대에 세계에서 미국의 중요성은 남아메리카 혁명과 에스파냐령 아메리카에서 공화정 정부의 성립으로 다시 증대됐다. 이 사건이 미국을 아메리카 대륙에서 가장 높은 우월한 지위에 자리매김한 것이다.

동양에서 경쟁국 러시아의 등장을 첨예하게 느끼기 시작한 바로 그 순간이 영국령 인도의 역사에도 확연하게 나타나 있다. 러시아가 팽창과정에서 러시아가 시르 다리야(Syr Darya) 강에 손을 댄 것은 1830년이었다. 곧이어 러시아는 페르시아를 실질적인 예속국의 하나로 취급할 수 있는 상태로 몰아갔다. 그리하여 1834년과 1837년에 페르시아의 모하마드 샤[19]가 아프가니스탄에 군대를 파견했을 때, 우리는 30년 전 같은 지역에서 어떤 움직임이 전개되자 나폴레옹의 손길을 보았던 것처럼, 이제 러시아의 손길을 보았다고 믿게 된 것이다. 이런 순간이 같은 지역에서 발생한 것이다. 바로 이 순간에 인도 역사에서 새로운 폭풍우가 몰아치는 시기가 시작된다. 이 시기는 세포이 반란까지 이어진다고 할 수 있다. 즉, 20년이 넘는다.

이 시기는 일련의 전쟁이 전개되었는데, 그 과정에서 우리 영국은 북서부 전 지역을 점령하고 편자브, 신드, 아와드를 병합했으며, 마

---

19 모하마드 샤(Mohammad Shah, 1808~1848) : 페르시아 국왕이다.

침내 반란에서 제기된 것과 같이, 우리 힌두교도 주민들의 마음에 불안감을 불러일으켰다. 이들 소요는 주로 러시아에 의해 초래된 경고음을 추적할 수 있을 것 같다. 아프가니스탄 군대 파견과 같은 재앙으로 이어진 것도 이 경고음이었다. 신드 지방 정복을 이끈 것도 우리의 추락한 명예를 복원하려는 시도에서였다. 또 북서부의 이들 소요사태가 이와 같이 시작되지 않았다면, 시크교도 전쟁은 일어나지 않았을 것이다. 우리는 1838년에 오클랜드 경(Lord Auckland) 20이 스스로 예견한 위험에 제대로 대처하지 않았다고 확신한다. 아마도 그는 위험을 과장했을 것이다. 아마도 40년이 더 지난 지금도, 그리고 그 기간 동안 러시아의 중앙아시아 진출이 아주 예상을 뛰어넘었기에, 우리는 여전히 그 위험을 과장한다.

그러나 내가 이 강의에서 제시한, 인도 외교 관계에 대한 역사적 개관은 경종을 울릴 만한 명백한(prima facie) 사례가 있음을 보여주는데, 이것은 엄청난 영향을 끼칠 수밖에 없다. 이 사례는 인도제국에서 1761년 마라타제국, 1738년 무굴제국, 1398년 구 이슬람제국의 세 지배자들이 갑자기 아프가니스탄을 통해 인도를 침략한 세력으로부터 치명적인 타격을 받았다는 단순한 사실에 근거를 두고 있다. 그리고 이들 아프가니스탄으로부터 침입자들과 아주 다른 두 사례, 즉 가즈니의 마흐무드와 바부르도 인도에 제국을 창건했다.

나는 이것을 경종을 울리게 하는 전형적인(prima facie) 사례라고 부

---

20 조지 이든(George Eden, 1784~1849) : 영국의 휘그파 정치인으로 인도 행정관을 지냈다. 1대 오클랜드 백작이다.

른다. 단지 그것뿐이다. 이런 추론은 시험을 실시하는 경우에만 근거가 있음을 확인해 줄 뿐이다. 그러나 불행히도 역사가 정치에 전혀 의존하지 않게 될 때, 그것은 보통 이런 무작위적 방법으로 행해진다.

우리는 무굴제국과 나디르 샤에서부터 영국과 러시아까지 논의할 수는 없다. 무굴제국은 영제국에 접근하려는 견고한 태도를 갖지 않았고, 우리 영국 또한 나디르 샤가 델리에 왔을 때, 그 제국은 이미 30년 동안 분명히 붕괴돼 있었다는 것을 지적할 수 있을지도 모른다. 그 반면, 러시아에 관해서 그 나라가 인도를 침입했던 몽골제국 등과 아주 다른 강대국이라는 것, 이전 제국들 가운데 가장 강한 국가보다 더 견고한 강대국이었음을 보여주는 것이 쉬울 것이다. 그러나 러시아는 이전 강대국들과 너무 다르기 때문에 우리는 그 나라가 엄청난 거리를 무릅쓰고 똑같이 침입과 정복을 하리라고 추측할 수는 없다. 요컨대, 역사는 아프가니스탄을 통해서만 인도로 가는 길이 있음을 증명한다. 러시아와 같은 강대국이 영국령 인도 같은 강대국에 대해 이 길을 통해 성공적으로 공격을 할 수 있을지 여부는 어떤 역사적 선례도 해명해 줄 수 없는 질문이다. 이는 오로지 두 강대국의 도덕적, 물질적 군사 자원을 분석하고 평가해야만 대답할 수 있다.

그러나 이런 질문을 할 수도 있다.

"원정을 단행하려는 러시아의 힘과 의지를 어떻게 의심할 수 있는가?"

러시아는 북쪽으로 아시아 전역을 정복하지 않았고 중앙아시아에서 사마르칸드(Samarcand)와 코간드(Khokand)에 쳐들어오지 않았다고? 러시아의 성공적 호전성에 필적할 만한 나라가 있단 말인가?

그러나 일찍이 솔론(Solon)은 이렇게 말했다.

"우리는 한 사람의 생의 마지막을 볼 때까지 누구도 행복했다고 말할 수는 없다." 이러한 성향은 러시아가 국내에서 완전히 유럽화 되었을 때 무기한 지속될 수 있는가? 러시아가 정치적 자각이 이뤄지자마자, 외교 정책의 변화가 나타날 수 있지 않을까?

다른 한편으로, 이런 질문이 나올 수 있다.

"누가 러시아와 경쟁할 수 있는 영국의 능력에 의문을 가질 수 있는가?"

하지만 내가 주장했듯이 영국은 영국령 인도에서 매우 멀다. 러시아는 수천 마일 멀리 떨어진 광대한 지역을 정복할 만큼 충분히 부유하지만 영국은 그렇지 않다. 영국령 인도는 주로 스스로 방어해야 한다. 즉, 영국령 인도는 영국군대를 자국에 주둔시킬 수 있다. 그러나 인도는 이를 위해 돈을 지불해야 한다.

그렇다면 우리는 반드시 "영국령 인도가 지닌 고유한 힘은 무엇인가?"라고 물어야 한다. 따라서 아프가니스탄에서 오는 외부 위험과 함께 복잡한 내부 위험을 견딜 수 있을 만큼 충분히 튼튼해야 한다. 우리는 폭동을 진압할 수 있었고, 아마도 러시아 침략군을 물리칠 수 있었을 것이다. 그러나 세포이 반란과 러시아의 침입이 동시에 일어난다면 어떻게 될 것인가? 만일 영국군이 지휘하는 원주민 병력이 어떤 불만을 갖거나 또는 복무 대상을 바꿈으로서 더 많은 이윤을 취할 수 있다는 희망을 가져서 영국군보다 러시아군 복무를 더 선호한다면 무슨 일이 일어날 것인가? 이는 1830년경부터 예견된 위험이다. 정부는 그 자체의 내적, 외적 입장을 취할 수 있다. 그러나 여유를 가질 힘이 거의 없기 때문에 국내와 외부의 적들 사이의 어떤 연맹에 대해서도 경계해야 한다.

러시아 외에도 극단적으로 위험한 또 다른 연합도 상상할 수 있다. 이에 따라 조만간 우리는 인도를 포기해야 한다는 주장도 나온다. 왜냐하면 조만간 유럽에 전쟁이 일어나면 우리는 인도 주둔 영국군을 철수시키지 않을 수 없기 때문이라는 것이다. 인도 파견군 없이 인도를 유지할 수 없는 것은 사실이지만, 영국 침입과 같은 우리 자신에 대한 갑작스런 공격 때문에 우리는 인도를 위해 군대를 보낼 수 없게 될지도 모른다. 그러나 그러한 위험은 현재 예견할 수 없는 것 또한 사실이다. 도대체 프랑스를 제외하고 어떤 적이 우리를 침략할 수 있는가?

우리가 마지막으로 프랑스인들과 싸운 지 이제 68년이 흘렀다. 프랑스에 대한 우리의 오랜 적대감은 이제 고대사의 문제가 됐다. 프랑스의 호전적인 힘은 많이 줄어들었다. 그러나 이 주제는 내가 제시할 수 있는 여지에 비해 너무 방대하기 때문에 나는 불충분한 개괄에 여러분의 양해를 구할 뿐이다.

제 8강 　　**다시 정리하기**

우리는 오랫동안 이 예외적인 영국의 확장을 깊이 생각해 오지 않았다. 이 확장은 국가로서 고려한다면 영국이 유럽을 뒤로 하고 함께 떠나서 세계-국가가 되는 결과를 가져왔다. 그 반면에 순수하게 공통의 언어를 구사하는 하나의 국민〔민족〕을 고려하면서도 영국은 세계국가들을 제공해 주었다. 이들 국가는 서로 경쟁하면서 그들은 활기차고, 영향력을 지니며 빠르게 성장한다. 지금까지 우리는 영국의 확장 과정을 뒤쫓아 그 원인들을 탐구해 왔고 확장의 일부 결과들을 깊이 생각해 보았다. 지금 남은 마지막 강의에서는 우리가 받아들인 인상들을 종합해 일반적 결론을 내리고자 한다.

　영제국과 관련해 우리들 가운데는 두 학파가 있다. 그 하나는 '폭파주의적' 차원, 다른 하나는 '비관주의적' 차원이라 불릴 수도 있겠다. 우선 전자는 제국을 이루는 데 쏟은 에너지와 영웅주의를 부각한다. 그러므로 이 학파는 제국의 지속을 영예나 감성의 시선으로 옹호했다. 다른 하나는 극단적으로 정반대다. 제국을 호전성과 탐욕에 바탕을 둔 것으로, 쓸모없고 책임도 지지 않은 채 영국에 부가하는 일종의 배설물로, 그리고 우리를 전 지구의 전쟁과 분쟁으로 몰아가는 것으로 간주한다. 그러므로 이 학파는 가능한 한 빨리 제국을 포기할 수 있는 정책을 옹호한다. 그렇다면 이제 결론에 이른 우리의 연구가 두 정반대의 견해들을 어떻게 바라보도록 이끌었는지 생각해 보자.

우리는 '폭파주의 학파'(bombastic school)를 만족시키는 것보다 제국을 훨씬 더 냉철하게 바라보도록 안내받아 왔다. 초기에 우리는 제국의 크기에 별로 감명을 받지 못했다. 왜냐하면 우리는 본질적으로 한 국가가 왜 더 큰 국가가 되는 것이 더 좋은지 그 이유를 알지 못했고, 또 역사에서 대부분의 시기에 국가는 대부분 작았기 때문이다. 또다시, 우리는 왜 영속적으로 제국을 지탱하는 것이 우리의 의무인지 그 이유를 알 수 없는 것이다. 우리를 위해 제국을 획득한 사람들의 영웅적 행위를 존중하기 때문이거나 또는 제국의 포기가 그 정신의 추구를 배반하는 것처럼 보이기 때문에 지속해야 하는가. 모든 정치연합은 연합 구성원들의 이익을 위해 존재하며 모든 정치 조합은 회원들의 이익을 위해 존재한다. 그 이익을 멈추지 않을 만한 크기로 머물러야 하며 더 커지면 안 된다. 만일 영국이 식민지나 인도와 맺은 관계가 양측에 방해만 되고 이익보다는 피해를 주는데도 영국이 자신의 피해와 속령의 피해를 무시하고 제국을 유지하기로 결정한다면 정신 나간 것처럼 보일 것이다.

우리는 이 학파의 여러 과장된 언어 이면에 숨겨진 개념들의 혼란을 발견한다. 왜냐하면 그들은 마치 여왕이, "타르시시(Tarshish)와 인근 섬들에서 선물을 보냈고 아라비아와 시바(Sheba)가 헌물을 가져온" 저 고대세계의 이집트왕 세소스트리스(Sesostris) 또는 이스라엘의 솔로몬(Solomon)이나 되는 듯이, 영국의 속령들을 여왕에게 귀속된 많은 자산으로 여기는 것처럼 보이기 때문이다. 반면, 지금의 관계는 실제로 고대세계의 관계가 아니다. 영국은 적어도 직접적으로는 고대세계의 그 나라들보다 더 부유하지 않다. 그리고 더 나아가 우리는 이 제국의 광대함이 우리나라 정부의 강인한 영웅주의나 초자연적 재능을 반드시 보여주는지 의문을 제기하는 것이다.

분명히 식민화에 적절한 민족적 능력과 우리 민족의 지도력을 보여주기 위해 몇 가지 사실들을 제시할 수도 있을 것이다. 인도 원주민들의 마음에 거의 마법과 같은 탁월한 인상을 심어준 무수한 영국인들을 인용할 수도 있다. 그리고 다시 캐나다에서는 영국 정착민들이 프랑스인들과 직접 경쟁한 곳에서는 기업 활동과 활력 면에서 뚜렷한 우세를 보였다.

그러나 '대영국'의 역사에는 찬사를 받을 것도 많지만, 신세계에서 영국의 탁월성은 분명 영국인들의 선천적 우월한 자질에 의해 얻어진 것이 아니다. 저 영웅적인 해양발견의 시대에 영국인은 그리 빛나지 않았다. 우리는 포르투갈인의 천재성을 보여주지 않았고, 콜럼버스나 마젤란을 배출하지도 못했다. 두 세기 후에 영국이 식민지에서 다른 나라를 능가할 수 있었던 원인을 조사했을 때, 나는 영국이 포르투갈과 네덜란드보다 국내에서 더 넓은 기반과 더 안전한 위치에 있었으며, 프랑스나 에스파냐보다 유럽의 기업 활동에 덜 연루돼 있었음을 알게 되었다. 우리가 별다른 어려움을 겪지 않고서도 어떻게 인도라는 광대한 나라를 정복할 수 있었는지, 이 문제를 탐사했을 때, 나는 결국 주로 인도인 부대를 이용해 우리가 그 일을 해냈다는 것을 발견했다. 우리는 인도인 병사들에게 영국뿐 아니라 유럽의 기술을 가르쳤고 프랑스군은 우리에게 인도인 병력을 이용할 수 있는 방법을 보여주었다. 그리고 당시 인도는 정복에 특히 취약한 그런 상태에 있었던 것이다.

이와 같이, 나는 폭파주의 학파에 맞서 비관주의 학파가 주장한 내용 가운데 많은 부분을 받아들였다. 나는 제국을 그 자체의 고유한 장점에 의거해 판단하려고 노력했고, 제국의 실제를 있는 그대로 보려고 했다. 그런 광대한 확장에 뛰어드는 데 따른 애로사항이나 우리에게 노출된 위험을 감추려 하지 않았다. 또 '해가 지지 않는' 제국이나, 이에 필적할 만한 또 다른 상찬의 표현으로 '아침 북소리에 맞춰 태양을 뒤따르고, 시간을 지키며, 끊임없는 전투로 세계를 에워싸는' 제국에는 그 속에 영광스러운 무엇인가 깃들어 있다는 생각에 따라 제국 확장에 대한 어떤 보상을 찾아보려고 하지도 않았다.

그러나 역사상 위대한 제국들 대부분이 영광스러운 것은 거의 없다. 그 제국들은 보통 무력에 의해 세워졌고 낮은 수준의 정치생활을 해 왔기 때문에 우리는 대영국을 그저 일반적 의미의 '제국'으로 바라보지 않았다. 제국 식민지의 일부만 들더라도, 우리는 자연스러운 성장을 보게 된다. 영국인들이 다른 영토로 이주하는 아주 정상적인 확장이다. 대부분의 경우 인구가 희박해서 정착민들은 그 땅을 정복하지 않고 점유한 것이다. 만일 그런 확장에 아주 영예로운 점이 없다면, 그와 동시에 확장에 대한 강제적이거나 부자연스러운 점도 없는 것이다. 확장이 꼭 제국을 창출하지는 않는다. 다만 대국을 만들 뿐이다. 확장 자체에 관한 한, 아무도 그것을 단지 즐거움으로 간주할 수 없다. 한 국가가 과잉인구를 위한 배출구를 갖는 것은 가장 큰 축복 가운데 하나다. 안타깝게도 인구는 그 스스로 공간에 적응하지 못한다. 오히려, 인구가 많아질수록 매년 더 증가한다. 이제 영국은 이미 인구가 들어차서 증가율도 높아지고 있다. 3년마다 백만 명씩이나 늘어난다. 아마 이민은 〔본토 증가율보다〕 더 높은 비율로 이루어져야 하고, 만일 이민이 억제된다면 가장 심각한 악폐가 나타날 것이다.

그러나 민족〔국민〕뿐만 아니라 나라도 확장되어야 하는가? 비관주의자들은 이렇게 말한다.

"그렇지 않다.", "그렇지 않으면, 식민지가 성장해 독립하기 쉽게 될 때까지 한정한다."

하나의 비유가 논쟁으로 여겨지기 시작하면, 그때부터는 얼마나 거부할 수 없는 주장으로 변질되는가! 나는 현대 세계에서 거리가 그 〔부정적〕 효력을 상실했고, 국가는 지금까지 그랬던 것보다 더욱더 강력해지는 시대의 징후가 있음을 언급했다. 고대 그리스에서 시칠리아로 이주한 사람들은 즉시 독립을 쟁취했으며, 그 지역에는 도시 수만큼 많은 국가들이 있었다. 18세기에 에드먼드 버크는 대서양을 가로질러 연결하는 연방이 아주 불가능하다고 생각했다.

그런 시기에 성장한 아들 세대의 비유가 설득력 있는 주장으로 굳어질 수도 있다. 그러나 버크가 살던 시대 이후에 대서양은 그리스와 시칠리아 사이의 바다보다 거의 더 넓게 보이지 않을 만큼 사실상 줄어들었다. 그렇다면 왜 우리는 비유를 버리지 않는가? 나는 우리가 조사했을 때 적용할 수 없는 것으로 판명된 유사한 역사 사례에 무의식적으로 영향을 받는다는 점을 주장해 왔다. 정치인들이 역사를 공부해야 하는 가장 시급한 이유는 역사를 공부하지 않은 사람들을 계속 잘못 인도하는 그릇된 유사 사례로부터 자신을 지켜낼 수 있기 때문이 아니던가!

이러한 견해는 미국 혁명에 토대를 두고 있는데, 그 혁명은 오래전에 지나가버린 세계의 상황과 상태로부터 비롯됐다. 영국은 그 당시 결코 인구가 조밀하지 않은 농업국이었다. 아메리카는 이미 영국에서는 유행이 지난 종교적 이념으로 고무된 종교적 난민들로 가득했다. 두 나라 사이에 인구의 유동과 환류가 거의 없었고, 대양은 영국인과 프랑스인을 분리시킨 그런 만(灣)으로 대서양 양안 사람들을 갈라놓았다. 심지어 그 당시에도 그 분리는 커다란 아픔으로 상처를 주었던 것이다. 두 나라가 그 이후 번영한 것은 사실이지만 그럼에도 불구하고 두 번째 전쟁을 치렀고 세 번째 전쟁을 치렀을 수도 있다.

그리고 그들의 번영이 그들의 분리에 의해 야기되거나 촉진됐다고 생각하는 것은 전적으로 착각이다. 어쨌든 지금은 세계의 모든 상황이 바뀌었다. 분열, 대양, 종교 장애 같은 커다란 원인들은 이제 영향을 끼치지 않는다. 광범위 통합력이 일과 무역, 이민에 작용하기 시작했다. 한편, 영국인을 하나로 묶는 자연적 유대관계가 그에 대응하는 압력이 제거되면서 다시 영향을 주기 시작했다. 내가 말하는 유대란 민족, 언어, 종교다. 모국은 일단 계모처럼 간섭하고 부당한 주장을 하며 성가신 규제를 가하는 일을 그만두었다. 이제 영국은 식민지가 자국의 인구와 무역의 배출구가 되기를 원하고, 또 다른 한편, 식민지 쪽에서는 독립이 지적 향상은 말할 것도 없고 위험이 있다고 느끼고 있다. 마지막으로 교류가 매번 증가하고 이를 가로막는 분리주의 세력이 움직이지 않으며 구 식민체제가 야기한 불협화음도 점차 잊히고 있다. 그렇기 때문에, 이제 우리 식민제국은 이른바 '대영국'이라고 더욱더 불릴 만한 자격이 있고 그 결합도 더욱더 강해지는 것처럼 보인다. 우리를 갈라놓은 대양은 잊힐 수 있으며, 우리가 항상 스스로 하나의 단일한 섬에 속해 있다고 생각하게 만드는 고대적인 선입견이 마음에서 사라질 수도 있다.

이런 식으로 식민지에 대한 우리의 사고와 감정에 더 분별력 있게 다가가서, 그리고 우리 스스로 이민자들을 식민지에 정착하면서 일단 영국에서는 사라진 존재라고 생각하지 않는 데 익숙해진다면, 그 결과는 우선 대량 이민이 우리 빈곤문제의 해결책이 될 수 있다. 다음으로 전쟁기에 제국의 전체 인구를 동원할 수 있는 어떤 조직이 점진적으로 대두할 수도 있다.

이러한 견해를 취하면서 나는 미국의 사례를 생각했다. 우리들 사이에 비관론자들이 일반적으로 미국 예찬론자가 된 것은 흥미로운 일이다. 그렇지만 여기에서 우리는 자신감 넘치고 성공적인 제국 확장의 가장 두드러진 사례를 가지고 있는 것이다. 우리로부터 떨어져 나갔을 때 뉴잉글랜드 식민지는 단지 대서양 해안을 따라 퍼져 있었다. 최근에 그들의 정착지를 오하이오의 계곡으로까지 확장하고 있는데, 정말 얼마나 꾸준하게, 얼마나 끈질기게, 그리고 독립 이후 확고한 자립심을 가지고 발전시켜 왔는가! 그들은 이제 먼저 저 웅대한 미시시피강 계곡지대, 다음으로 로키산맥, 그리고 마지막으로 태평양 연안까지 그들의 주나 영토로 편입했다. 그들은 이 영토를 모두 획득하는 데 아무런 어려움도 겪지 않았다. 그 확장이 그들의 정치체제를 뒤흔들지 않았다. 그러나 그들은 우리 사이에 심지어 비관론자가 아닌 사람들조차 식민지에 대해 말하는 것처럼, 그들이 분리하기를 원한다면 당연히 그렇게 할 수 있다는 말을 한 적이 없는 것이다. 오히려 그들은 이런 권리를 단호하게 부인했고, 광대한 국가의 통합을 유지하기 위해 엄청난 양의 피를 흘리고 재물을 쏟아 부었다. 그들은 이 연합이 깨어지는 것을 허용치 않았고 큰 나라가 더 좋은 것이 아니라는 주장에 귀를 기울이지 않았다.

아마도 우리는 현대의 메커니즘으로부터 정치에 흐르고 있는 방대한 결과들에 거의 민감하지 않은 것 같다. 인류사의 대부분에 걸쳐 국가건설 과정은 엄격한 공간적 조건에 의해 지배돼왔다. 아주 작은 나라들을 제외하고는 오랫동안 어떤 고도의 정치조직도 가능하지 않았다. 고대에 좋은 국가들은 대개 도시였고, 제국이 되면서 로마는 더질 낮은 조직을 채택할 수밖에 없었다. 중세 유럽에서는 고대보다 더큰 규모의 국가들이 나타났다. 그러나 오랫동안 이 나라들 또한 하급 정치 조직체였고, 정치적 위대성의 고향에 대해 경외의 눈으로 아테네와 로마를 우러러 보았다.

그러나 대의제도를 창출함으로써 이들 국가는 더 높은 수준으로 올라섰다. 지금 우리는 20만 평방 마일의 영토와 3천만 명의 인구에 활발한 정치의식을 지닌 영국을 본다. 이제 한 단계 더 진보하고 있다.

연방제도가 대의제 정치에 덧붙여진 것이다. 그와 동시에 증기기관과 전기가 도입되었다. 이러한 개선으로 고도로 조직화된 국가들의 가능성이 더욱 커지게 되었다.

따라서 유럽의 러시아는 이미 200만 평방마일 이상의 영토에 8천만 명에 이르는 인구가 살고 있다. 미국은 금세기 말까지 400만 평방마일의 영토에 걸맞은 인구를 갖게 될 것이다. 사실 우리는 러시아에 대해 고도의 정치조직을 가졌다고 말할 수 없다. 러시아에는 새로운 실험과 변모가 다가올 것이다. 그러나 미국은 그 스스로 무한한 영토 확장과 자유로운 정치제도들을 완벽하게 결합할 수 있다는 것을 보여주었다.

동양의 호전적 언어로 묘사된 제국을 듣는 것이 불쾌하더라도, 우리는 제국 자체가 잘못이라는 결론을 내릴 필요는 없다. 제국이 올바르지 않게 분류되었다고 생각할 수 있기 때문이다. 정복자들에 의해 강제로 통합된 터키나 페르시아제국 같은 전혀 비슷하지 않은 제국과 우리 영제국을 비교하는 대신, 미국과 비교해 보자. 그러면 우리는 즉시, 영제국이 구식이 아니라, 정확히 이 시대의 조건들에서 아주 자연스럽게 나타난 일종의 국가연합임을 알게 될 것이다.

마지막으로, 거대국가 또는 작은 국가가 중 어느 것이 최선인가. 이는 대답해야 하거나 절대적으로 논의해야 할 문제가 아니라는 점을 살펴보자. 우리는 종종 작은 나라의 행복에 대해 추상적 찬사를 듣는다. 그러나 작은 나라들 가운데 하나의 작은 국가와 거대국가들 중의 한 작은 국가는 서로 처지가 다르다는 점을 유념하라. 아테네와 피렌체의 전성기를 다룬 글을 읽는 것보다 더 즐거운 일은 없다. 그렇지만 그 전성시대는 오직 이들 도시국가가 상대해야 했던 나라들의 크기가 비슷한 경우에만 지속되었다. 두 나라 모두, 그 이웃에 통합된 큰 나라가 성장하지마자 즉시 무너졌다. 아테네의 광채는 마케도니아가 떠오르자마자 창백해졌고, 칼 5세는 신속하게 피렌체의 위대한 시기에 마침표를 찍었다. 이제 지금까지 알려진 것보다 더 큰 형태의 국가가 세계에 솟아오르고 있다는 것이 사실이라면, 이런 논의는 단지 옛날 수준의 크기로만 등장하는 국가들을 너무 깊이 고려하는 것이 아닐까?

러시아는 이미 중부 유럽에 대해 다소 심한 압박을 가하고 있다. 정보나 조직 면에서 독일에 필적하게 되고 국내의 모든 철도가 완성되고 국민이 교육받고 정부가 굳건한 토대 위에 선다면, 그때 러시아는 무엇을 할 것인가? 그리고 러시아가 반세기 만에 급속하게 진보할 수 있다면 그때에 이르면 후에는 인구가 8천만이 아니라 1억 6천만에 이른다는 사실을 기억하라. 여기 많은 사람들이 생존해 그 시대를 보게 된다면, 러시아와 미국은 16세기의 대국들이 피렌체를 추월한 것 못지않게 지금 강하다고 불리는 국가들을 국력 면에서 능가하게 될 것이다.

사실 이것은 심각한 고려사항이 아니다. 특히 영국과 같은 국가에 대해서는 그렇지 않다. 영국은 현재 두 가지 국가전략 중에서 선택권을 가지고 있다. 그 가운데 하나는 미래에 이 거대국가들 중에서도 가장 강력한 나라와 비슷한 수준에 자리 잡을 것이다. 그 반면 다른 하나는 순수하게 유럽 열강의 수준으로 움츠러들어, 에스파냐가 지금 그렇듯이 세계국가를 자처하던 위대한 시절의 과거나 돌아볼 것이다.

그러나 지금 내가 말하는 내용은 인도에는 적용되지 않는다. 적절히 말해서, 영국과 그 식민지를 함께 묶어 제국이 아니라 오직 거대국가를 만든다면, 그 거주 인구는 모두 영국인이고 제도도 영국에서 비롯된 것이기 때문이다. 인도에서 주민은 전적으로 이국인이며 제도 또한 전체가 우리의 것과 다르다. 인도는 사실상 하나의 제국, 오리엔트제국인 것이다. 특히 인도와 관련해서 폭파주의 학파의 언어는 우리 눈에 거슬린다. 우리는 고대 세계에서 비롯된 그들에 대한 과장된 이미지 때문에 기만당했다는 잘못된 인식에 충격을 받는 것이다. 그리고 여기에서 이 현상을 좀더 자세히 바라보면, 인도는 그에 덧붙여진 낭만적 위대함을 실제로 간직하고 있는 것은 아니다. 인도가 전혀 다른 우리에게도 확고한 가치와 유용성을 제시한다는 사실을 발견하더라도 그것으로 인도와 우리 영국을 조화시킬 수는 없는 것이다.

점차로 그리고 최근에 인도와 영국 간의 엄청만 교역이 전개되었다. 하지만 이조차도 내가 지적했듯이, 인도제국을 창건하는 데 중요한 역할을 맡았던 사람들이 별로 고려하지 않았던 것이다. 그리고 우리가 인도에서 무역 이외에 어떤 다른 이점을 거두어들였는지 알아내기란 어렵다. 그래서 우리는 무엇 때문에 인도를 얻으려고 그런 어려움을 겪었는지 스스로 질문하는 것이다. 그로부터 어떤 다른 큰 이점을 얻었는지 알기란 어렵다. 그 대답은 역사적으로 보면 다음과 같다. 프랑스와의 대규모 식민지 전쟁에서 우리는 캘커타와 마드라스 이웃 지역의 영토를 차지하는 전쟁에 휩쓸렸고, 그다음에 인도주민

지배를 위한 정부를 조직하고, 정복 초기에 분출된 부패를 성공적으로 일소했으며, 순수하면서도 영국 정부의 직접 통제를 받는 행정을 이룩한 것이다. 그러나 그 후에 총독의 계보가 이어졌는데, 이들은 고도의 정치적 수완을 발휘하여 병합을 찬성하는 편이었다. 지금 채택된 그 정책은 지저분하진 않았지만, 야망이 있고 부도덕한 것이었을 수도 있다. 토렌스 씨가 상상하듯이, 윌리엄 피트와 웰즐리 경이 미국 식민지를 동양의 제국으로 대신하기로 비밀리에 심의한 것은, 이 강의에서 택한 견해에 따르자면, 이 같은 생각은 불건전하고 진부한 정치체제에 해당한다.

그러나 표면적으로는 그 정책이 주로 박애주의 성향의 논쟁에 의해 정당화되었고, 그것은 아주 강렬한 주장이었기에 반대하기가 어려웠다. 인도에서 가장 개탄스러운 무정부 상태가 지배하고 있다는 것은 부인할 수 없었다. 비록 거의 항상 가장 저급한 형태의 군사 정부가 있었지만, 이곳저곳에서 어느 정도 안정을 갖춘 폭정이 나타나기도 했다. 그러나 인도 대부분 지역에서는 정부가 저급한 형태의 정부가 아니라 고도의 강탈지배라고 부르는 것이 적절한 그런 체제가 지배적이었다.

가끔 유럽에서는 스코틀랜드 고지대(Highland)의 일부 씨족이나 카리브 해의 해적단(buccaneers), 또는 폼페이가 억압하라고 위임받은 지중해의 고대 해적들처럼 거의 국가 규모와 조직을 갖춘 강도단도 있었다. 그러나 결코 인도의 강도단 국가(robber-state)의 크기에는 미치지 못했다. 마라타제국은 인도 전역에서 일종의 세금인 슈트(chout)를 징수했는데, 갈취나 마찬가지였다. 후대에는 무슬림 무장

약탈자들(*Pindaris*)이 잔혹성 면에서 마라타 강도단을 능가하기도 했다. 이 무정부 상태는 바로 무굴제국의 권위가 쇠퇴한 데서 직접 비롯됐다. 물론 영국인들이 이 모든 것들에서부터 손을 씻고, 자신의 영토를 지키며, 혼란이 그들의 국경 밖에서나 일도록 구축할 수도 있었다. 그러나 그 시점에서 인도 총독에게 그런 과정은 현 시점에서 단순히 잔인해 보였을 것이다. 제국 확장은 단순한 의무감의 견지에서 나타날 수도 있는데, 우리 제국을 확장함으로써 강도와 살인의 지배를 순식간에 끝내고 법의 지배가 시작되는 것처럼 보였던 것이다.1 이에 따라 웰즐리 경은, 인도에는 항상 최고 권력이 있었고, 그러한 최고 권력은 그 나라에 필요하고, 이제 무굴제국의 권력이 종국을 고했으므로 그 기능을 맡아 인도를 구하는 것이 동인도회사의 의무가 되었다고 주장했다.

  그래서 우리는 인도제국을 세웠다. 일부는 정복이라는 공허한 야망에서 나온 것일 수도 있고, 또 다른 일부는 거대한 악을 끝내려는 박애주의적 열망에서 나온 것일 수도 있다. 그러나 그 동기가 무엇이든 간에, 우리는 엄청난 책임을 떠맡았고, 그 보상은 아무런 이익이

---

1 〔저자 주〕 "이것은 자랑스러운 표현이지만, 우리가 수백만 명에게 축복을 바친 것은 사실이다. … 그 쟁기꾼은 다시 매 분기마다 약탈 기병의 발굽을 제외하고는 여러 계절 동안 결코 휘젓지 않았던 흙을 갈무리한다"(It is a proud phrase to use, but it is a true one, that we have bestowed blessings upon millions. … The ploughman is again in every quarter turning up a soil which had for many seasons never been stirred except by the hoofs of predatory cavalry), 헤이스팅스 경, 1819년 2월.

되지 않았다. 우리는 엄청난 인도 무역을 획득했지만, 이마저도 우리는 러시아에 대한 끊임없는 두려움과 이슬람세계의 모든 움직임과 이집트의 온갖 변화를 감내하는 희생을 치르면서 얻은 것이다.

그러므로 영국령 인도의 역사에 대한 개관은 우리의 다른 식민제국이 산출한 역사와 상당히 다르다는 인상을 남긴다. 식민제국의 역사는 가장 평범한 원인들의 작용을 통해 자연스럽게 성장해 왔고, 인도제국의 역사는 낭만적 모험에서 나타난 것 같다. 그 역사를 이해하거나 또는 그에 관한 의견을 형성하는 것은 매우 중요하다. 우리는 그것이 공공선(公共善)으로 이어지기를 희망할 수도 있지만, 지금까지는 인도제국으로부터 직접 그다지 많은 이익을 얻지 못했다.

그러나 영국령 인도가 '동양의 제국'(Oriental Empire)이라고 불릴지 모르겠지만, 나는 그 표현이 암시하는 것보다 우리에게는 훨씬 덜 위험하다는 것을 여러분에게 보여주었다. 인도는 로마제국이 로마에 딸린 것과 같은 방식으로 영국에 복속된 제국이 아니다. 인도는 우리를 끌어내리지도, 또는 동양적 개념이나 동양적 통치방법으로 국내의 우리를 오염시키지도 못할 것이다. 그것은 우리의 돈을 쓰거나 재정에 압박을 주는 제국도 아니다. 인도는 자급자족하는 나라이며, 우리의 운명이 그 운명과 매우 밀접하게 얽히지 않을 그런 방식으로 어느 정도 거리를 두고 있는 것이다.

다음으로 나는 여러분에게 영국령 인도, 즉 인도제국이 인도 그 자체에 어떤 영향을 미칠지 고려하게끔 했다. 우리는 아마 그런 고려를 통해 많은 것을 얻지는 못했을 것이다. 그렇다면 인도는 얻었는가?

이 문제에 관해 발언하는 것을 나는 상당히 망설였다. 나는 지구상에 이보다 더 커다란 실험이 시도된 적이 없으며, 그 영향은 현재 유럽 국가들에 대한 옛 로마제국의 영향과 비교할 수 있다고 자신 있게 주장했지만, 그렇다고 여기에서 커다란 해악이 절대 발생하지 않는다는 것을 의미하진 않는다. 아니, 만일 여러분이 어느 쪽으로 균형이 기울게 될 것인지, 그리고 인도를 유럽 문명의 완전한 흐름으로 이끌어내는 데 성공할 경우 우리는 분명히 인도에 대해 가능한 한 최대의 봉사를 하게끔 할 수 없는지 여부를 묻는다면, 나는 단지 "그럴 수 있기를 바란다. 나는 그렇게 믿는다"라고 대답해야 할 뿐이다.

이런 방대한 질문에 대한 학문적 연구에서 우리는 신문의 낙관적 상투어를 피하도록 주의해야 한다. 서구 문명은 우리가 상상하고자 하는 영광스러운 것이 결코 아니다. 인도를 가장 공정하게 관찰하는 사람들은 그곳에서 거대한 변화가 일어나고 있음을 알지만, 때때로 그 나라는 그들에게 한심한 인상을 심어준다. 그들은 좋은 것이건 나쁜 것이건 많은 것들이 함께 파괴되는 것을 목격한다. 그들은 때때로 과연 존재하는 많은 것들을 보는지 의심한다. 그러나 그들은 한 가지 대단한 개선을 이룩하고 있는데, 이런 개선 아래서 우리는 온갖 다른 개선점들도 잠재적으로 포함되기를 바랄 수도 있다. 그들은 무정부 상태와 약탈이 끝나는 것을 보게 되며, '로마 평화의 장엄성'(immensa majestas Romanae pacis)과 같은 그 무엇이 2억 5천만 명의 시민 사이에 세워지는 것을 목격한다. 2

---

2 '로마 평화의 거대한 장엄성'은 Gaius Plinius의 Natualis Historia, ⅹⅹⅶ에 나오

거의 모든 관찰자들이 바라보는 또 다른 사실은, 그 실험이 앞으로도 진행되어야 하며, 우리가 원한다고 해서 미완성 상태로 남겨둘 수 없다는 점이다. 여기에서도 그 시대의 거대한 통합의 힘이 작용하고 있기 때문이다. 영국과 인도는 좋든 나쁘든, 매년 더 밀접하게 서로 함께 하고 있다. 그렇게 쉽게 분열하려는 힘이 쉽게 분출하지 않을 수도 있고, 우리의 통치 자체가 쉽게 대두하지 않을 수도 있고, 우리의 지배 자체가 궁극적으로 붕괴 경향이 있는 우리 군대를 부르지 않을 수도 있다. 그리고 제국이 갑작스런 파국의 위험에서 완전히 벗어난 것도 아니다. 그러나 현재로서는 더 밀접한 연합의 필요성과 의무, 양자에 의해 추진되고 있다. 이미 우리 스스로 분열에 따른 큰 고통을 겪어야 한다. 통합이 더 오래 지속될수록 인도는 우리에게 더 중요해질 것이다. 인도 자체로도 영국과 통합이 훨씬 더 심각할 정도로 중요해진 것도 사실이다. 우리가 만들고 있는 이런 변모는 우리에게도 어떤 불행을 초래할 수 있다. 물론 우리가 그런 불행이 시작되지 않기를 바라는 방향으로 주도해 나갈 수도 있겠지만, 어느 것도 그 과정 도중에 깨져야 한다는 사실을 우리에게 확신시켜 주지 않는다.

나는 영국의 확장에 대한 우리의 긴 성찰이 식민지를 포기하거나 또는 인도를 버리는 모든 국가들에 우리들 가운데 자유롭게 퍼져 있는 환상적인 그 무엇인가가 있다는 점을 느끼도록 했기를 바란다. 우리는 정말 우리가 생각했듯이 사건의 진행에 작용한 강력한 힘을 가졌던 것일까? 언뜻 인도를 바라보았을 때, 우리의 상상에 걸맞지 않

는 구절이다.

기 때문에 여러 세기에 걸친 성장을 무효화할 수 있을까? 시간의 경과와 '강력하게 일하지 않을 수 없는' 삶의 추동력은 실제 아는 것 이상으로 우리의 자유를 제약하고 심지어 우리가 그 점을 의식하지 않을 때에도 그렇다. 영국에 살고 있는 우리가 '대영국'이라는 생각에 결코 익숙하지 않은 것은 사실이다. 정치인이며 역사가들은 여전히 '대영국'(Greater Britain)이 아닌 '영국'(Great Britain)이 그들의 나라라고 생각한다. 그들은 아직도 영국이 식민지를 소유했다고 생각한다. 그들은 영국이 호각소리로 그들을 제어라도 할 수 있는 것처럼 식민지인들이 자유로이 말하도록 허용한다. 그런 후에 마치 '큰 호수 속의 백조의 보금자리'나 되는 것처럼 엘리자베스 여왕 시대의 오래된 외로운 섬이라는 인식에서 다시금 그들의 완벽한 위안거리를 찾는 것이다. 그러나 그것은 무의식적으로 나온 몽상(夢想), 실현 불가능한 괴물의 몽상에 지나지 않는다. 그런 괴물은 상상력에 의해서가 아니라 상상력의 결핍에 의해 창조되는 것이 아닌가!

이것이 내가 도달한 결론이기는 하지만, 그렇다고 여러분의 마음속에 깊은 인상으로 남길 바라진 않는다. 여기에서 내가 바라는 것은 현실정치에 대한 바로 그 견해가 아니라 역사연구의 대상과 방법에 관한 견해를 전하려는 것이다. 이 강의에서 나의 주된 목표는 학생들이 최근의 영국 역사를 어떤 시각에서 좀더 숙고해야 할 것인가라는 문제다. 내가 보기에, 우리 역사가들은 대부분 이 현대에 이르러서, 실마리를 찾지 못하고 주제 선택에서 단서를 잃고, 주제 선택에 있어서 당혹감을 감추고, 도덕을 고려함이 없이 그저 이야기를 만들어내고 끝맺는 것 같다. 나는 처음부터 역사학이란 주로 영국인이나 영국에서 이뤄졌음직한 흥미로운 것들이 아니라 국민 또는 국가로서 영국 그 자체에 관한 서술이어야 한다고 주장해 왔다. 이 논점을 더 분명히 하기 위해 나는 어떤 것도 서사적으로 말하지 않았고, 흥미진진한 이야기도 늘어놓지 않았으며, 영웅적인 초상화도 그리지 않았다. 나는 항상 여러분에게 영국 전체만을 제시했다. 영국에 관한 서사에서 극적인 것은 거의 없다. 왜냐하면, 영국은 별로 죽을 고비를 넘긴 적이 없기 때문이다. 적어도 이 시대에 영국은 고통을 겪거나 고통을 당할 위험에 빠지지 않았다. 이 시대에 영국은 도대체 어떤 거대한 변화를 겪었단 말인가? 상당한 정치적 변화가 있었던 것은 분명하지만, 기원후 7세기에 영국이 겪었던 경험 못지않게 기억에 남을 만한 것은 전혀 없다.

그 다음에 영국은 가장 위대한 정치적 발견물 중의 하나를 고안해 냈고, 어떻게 자유(liberty)가 국민국가의 상태에 받아들여질 수 있는지를 전 세계에 가르쳤다. 다른 한편, 선거권 개혁운동이나 자유주의 운동 같은 근대 정치운동은 영국이 아닌 대륙에서 처음 비롯되었고, 우리는 대륙에서 이를 수입했다. 이 시기〔근대〕에 특별히 영국적인 운동이란 내가 주장했듯이, 유례없는 국가 확장이었다.

이 사실을 포착하라, 그러면 여러분은 18세기와 19세기에 모두 관련된 어떤 실마리를 찾게 될 것이다. 루이 14세부터 나폴레옹에 이르기까지 전쟁은 이해할 수 있는 일련의 시리즈가 된다. 미국 혁명과 인도 정복은 단순한 굴욕〔또는 일탈〕으로 여겨지는 것이 아니라 영국사의 주된 흐름에서 적절한 위치를 찾게 된다. 부, 상업, 제조업의 성장, 구 식민체제의 몰락, 새로운 식민지의 점진적 성장은 모두 동일한 공식 아래 쉽게 포함된다. 마지막으로 이 공식은 영국의 과거와 미래를 결합한다. 우리나라 역사를 마칠 때, 너무 많이 전개된 이야기를 읽은 후에 피로에 젖고 당황스러운 것이 아니라, 그 어느 때보다도 계몽되고 깊은 관심을 갖게 된다. 왜냐하면 부분적으로는 다음에 다가올 일에 대한 준비가 돼있기 때문이다.

나처럼 역사를 가르치는 방법을 공부하는 사람들은 가끔 이렇게 말한다.

"오, 모든 것이 그것을 흥미롭게 만들기 전에 반드시 해야 한다."

나는 어떤 점에서는 그들의 의견에 동의하지만, '흥미로운'이라는 말에 다른 의미를 부여한다. 즉, 결국 그것은 독창적이고 적절한 감각이다. 흥미롭게도 그것들은 낭만적이고, 시적이고, 놀라운 것을 의미한다. 이런 점에서 나는 역사를 흥미롭게 만들려고 하지 않았다. 역사를 왜곡하고 허위를 뒤섞지 않고서는 흥미롭게 만들 수 없다는 것을 알았기 때문이다. 그러나 '흥미로운'이라는 말이 꼭 '낭만적'이라는 의미를 갖는 것은 아니다. 그것은 우리의 이익에 영향을 미치고, 우리와 밀접하게 관계가 있고 우리에게 아주 중요하다는 점에서 흥미롭다.

나는 근대 영국의 역사는 18세기 초부터 이런 맥락에서 흥미롭다는 것을 보여주려고 노력해 왔다. 왜냐하면 근대 영국은 우리 자신 및 아이들의 삶과 우리나라의 미래의 위대함에 영향을 미칠 중대한 결과들을 잉태하고 있기 때문이다. 실제로 역사를 재미있게 만들어라! 나는 역사를 왜곡하지 않고 이보다 더 재미있게 쓸 수 없다. 그러므로 역사

에서 흥미를 찾지 못하는 사람을 만나더라도 역사를 바꾸는 일은 내게
는 일어나지 않는다. 나는 그 사람을 바꾸려고 노력한다.

존 실리와 제국 - '대영국'에 관한 담론

들어가며

영국에서 제국과 제국 네트워크에 대한 지식인의 관심이 높아진 것은
19세기 후반의 일이다. 이전에도 정치가들이 외교 또는 애국 차원에
서 제국의 존엄과 제국 유지의 필요성을 강조하는 경우가 있었지만,
체계적 제국 담론이라고 보기 어렵다. 영국의 산업경쟁력과 해양지배
의 우위가 당연하게 여겨지던 시기에는 굳이 제국 지배의 당위성을
언급할 필요도 없었을 것이다. 그러나 19세기 후반 산업화의 국제적
확산과 더불어 새로운 상황이 전개되었다. 독일, 미국, 러시아 등 다
른 나라의 산업경쟁력이 영국을 뒤쫓거나 추월하기 시작한 것이다. 1

---

1   영국 경제의 쇠퇴에 관한 연구사적 정리는, 이영석(1995), 영국 경제의 쇠퇴와
    영국 자본주의의 성격, 〈경제와 사회〉 27권을 볼 것.

표트르 크로폿킨(P. Kropotkin)에 따르면, 공업 분야 최초 진입자의 독점은 사라졌다. 독점을 누리던 과거는 이제 사라진 것이다. 그는 특히 독일 공업의 발전을 경이로운 눈으로 바라본다.

"보불전쟁 이래 독일 산업은 완벽한 재조정을 겪었다. 기계류가 완전히 개량되었고 새로 지은 공장에는 기술진보(technical progress)라는 최신 언어를 잘 대변하는 기계를 공급한다. 독일은 뛰어난 기술 및 과학 교육으로 다수 노동자와 기술자를 보유하게 되었다. 국가부문에서 일자리를 구하지 못한 교육받은 화학자나 물리학자 또는 기술자들이 지식 면에서 민간 산업에 엄청난 이바지를 하고 있다. 독일의 현재 속도를 감안하면, 이 나라의 경쟁력은 현재보다 미래에 훨씬 더 강력해질 것이다."[2]

우선 전 세계에 걸친 제국 속령과 자치령의 방어 문제가 관심사로 떠올랐다. 이와 함께 1880년대 영국의 일부 지식인들은 위기의 시대에 영국의 힘을 증대할 수 있는 방안으로 영국과 해외 자치령의 연방제를 주장했다. 이들은 제국(empire)보다는 '대영국'(Greater Britain)이라는 표현을 즐겨 사용했으며,[3] 이 영향 아래 실제로 영국을 비롯해 해외 자치령에 '제국연방연맹'(Imperial Federation League)이라는 조직이 결성되기도 했다. 역사가 존 실리(John R. Seeley, 1834~1895)의 《잉글랜드의 확장》(The Expansion of England)[4]은 이 운동에 상당

2   Kropotkin, P. (1888), The Breakdown of Our Industrial System, *Nineteenth Century*, 23, pp. 502~503.
3   이 글에서는 1707년 이후 Great Britain을 관행상 '영국'으로, 그리고 실리의 책에 나오는 'Englishness'의 경우 '영국성' 또는 '영국적인 것'으로 표기한다.

한 영향을 미쳤다. 이 책에서 실리는 역사학의 실천적 목적을 전제로, 제국의 과거와 현재, 새로운 지향성 등을 언급했는데, 특히 백인 정착지의 증가를 단순한 자치령의 증가가 아니라 영국 국민과 국가의 확장으로 인식해야 한다는 주장은 많은 사람들의 호응을 얻었다.

존 실리와 영국 근대사 인식

1869년 실리는 윌리엄 글래드스턴(W. Gladstone)의 추천으로 케임브리지대학 근대사 흠정교수(*regius professor*)에 임명되었다. 실리는 런던 출생으로 케임브리지 크라이스츠 칼리지에서 수학했으며 1863~1869년 런던 유니버시티 칼리지(UCL) 고전어 교수를 지낸 후 케임브리지대학으로 옮겨 역사를 가르쳤다. 그 당시 역사학은 아직 학문적 정체성이 분명하게 확립되지 않았다. 비록 런던대학에서 몇 년간 라틴어를 가르쳤지만, 그의 역사연구 이력은 논문 두 편을 발표한 정도에 지나지 않았다.[5] 케임브리지 시절 그는 근대 영국 정치사를 연구하면서, 역사학의 영역에 그동안 역사가들이 외면해 온 외교 및 국제

---

4   Seeley, J. R. (1883), *The Expansion of England* (2nd ed., 1895), London: Macmillan.

5   실리는 《잉글랜드의 확장》 외에 다음과 같은 저술을 남겼다. *Ecce Homo: A Survey of the Life and Work of Jesus Christ* (London: Macmillan, 1866); *Lecture and Essays* (London: Macmillan, 1870); *Life and Times of Stein* (Cambridge: University Press, 1878); *The Growth of British Policy* (Cambridge: University Press, 1895); *Introduction to Political Science: Two Series of Lectures* (London: Macmillan).

관계사를 포함시켰다. 이와 아울러 역사교육을 강화하여 직업학문으로서 역사학을 확립하고 대학교육을 개혁하는 데 각별한 노력을 기울였다. 6 그 가운데서도 실리가 식자층 사이에 널리 알려진 계기는 《잉글랜드의 확장》때문이었다. 7

실리는 영제국을 역사서술의 장으로 끌어들인 역사가로 잘 알려져 있다. 국민국가의 경계를 넘어 전 세계로 진출한 영국인의 활동을 어떤 맥락에서 바라보아야 할 것인가. 《잉글랜드의 확장》에서 실리는 영국식 이름, 영어 및 영국인의 세계적 확산을 새롭게 관찰한다. 인종, 국민, 제국 사이의 연결점이 무엇인가를 탐색한다. 영국인은 전 세기부터 세계의 여러 지역에 영국식 지명을 붙이고 그곳에 정착해 영어를 전파시켰다. 이는 영국의 역사가 이미 브리튼섬에 국한되지

---

6   실리의 생애, 역사관에 관해서는 다음을 참조할 것.
    Shannon, R. (1967), John Robert Seeley and the Idea of a National Church: A Study in Churchmanship, historiography, and Politics, in Robson, R. (ed.), *Ideas and Institutions of Victorian Britain*: *Essays in Honour of George Kitson Clark*, London: Bell, pp. 236~267; Burroughs, P. (1973), John Robert Seeley and British Imperial History, *Journal of Imperial and Commonwealth History*, 1. 2, pp. 191~211; Greenlee, J. G. (1976) A Succession of Seeleys, *Journal of Imperial and Commonwealth History*, 4(2), pp. 266~282; Wormell, D. (1980), *Sir John Seeley and the Uses of History*, Cambridge: Cambridge University Press; Herkless, J. L. (1980), Seeley and Ranke, *The Historians*, 43(1), pp. 1~22.

7   Seeley, J. R. (1883), 앞의 책. 실리의 '대영국'론에 관해서는 다음을 볼 것.
    Deudney, D. (2001), Greater Britain or Greater Synthesis? Seeley, Makinder and Wells on Britain in the Global Industrial Era, *Review of International Studies*, 27(2), pp. 187~298; Bell, D. S . A. (2005), Unity and Difference: John Seeley and the Political Theology of International Relations, *Review of International Studies*, 31(3), pp. 559~579.

않고 아메리카와 아시아를 포함한다는 것을 뜻하지만, 영국인들은 이 확산의 의미를 실제로 깨닫지 못하고 있다는 것이다. 그러나 이 같은 인식은 동시대 지식인들에게서 흔히 나타나고 있다. 19세기 말 영국은 겉보기엔 절정을 구가하고 있었지만, 다른 한편으로 새로운 경쟁국들의 추격을 받아 위기의식이 고조되고 있었다. 이 시기에 일부 지식인들이 국가와 국민 문제를 새롭게 탐색한다. 브리튼섬을 넘어 새로운 정체성을 모색하기 시작한 것이다.

《잉글랜드의 확장》은 1881~1882년 실리가 케임브리지 학생들을 대상으로 강의했던 내용을 편집한 것이다. 처음에 실리는 강의안을 출판하려는 의도가 없었지만, 간행된 후 이 책은 대단한 인기를 끌었다. 간행된 지 2년 만에 8만 부 이상이 팔렸으며, 조지프 체임벌린(Joseph Chamberlain), 세실 로즈(Cecil Rhodes), 로즈버리 경(Lord Rosebury), 윌리엄 스테드(W. T. Stead) 등 저명한 제국주의 옹호자들이 책 내용에 찬사를 보냈다.8 후일 허버트 피셔(H. A. L. Fisher)는 그를 추도하면서 이렇게 말했다.

"어떤 역사서도 이 책만큼 한 국민의 정치적 사고에 커다란 영향을 미치지는 못했다."9

흔히 실리는 제국주의자로 분류된다. 카마 나불시(Karma Nabulsi)에 따르면, 19세기 말 영국 정치사상사에서 빼놓을 수 없는 중요한

---

8 Wormell, D. (1980), *Sir John Seeley and the Uses of History*, Cambridge: Cambridge University Press, pp. 154~155.

9 Fisher, H. A. L. (1896), Sir John Seeley, *Fortnightly Review*, 60, p. 191.

전통이 호전주의(*martialism*)다. 이는 '전쟁과 군사적 복속'과 상무(尙武)정신을 고양하며, 이러한 전통이 당시 군인과 관료들에게 영향을 주었다. 이런 이념은 토머스 칼라일(Thomas Carlyle), 제임스 프루드(J. A. Froude) 등의 글에서 뚜렷하게 나타나며 실리도 같은 부류의 인물이라는 주장이다. 10

물론 이와 달리, 그를 자유주의적 민족주의자로 평가하는 견해도 있다. 실리는 1880년대에 영국의 미래를 비관적으로 바라보았다. 이러한 전망은 선거권 확대 및 경쟁국 대두에 대한 우려에서 비롯한 것이었고 이 비관론에서 벗어나기 위해 그는 이념적으로 영국과 해외 자치령 모두를 연방형태로 엮은 '대영국' 이념을 내세웠다는 것이다. 11

사실 실리의 책이 열띤 호응과 주목을 받은 것은 당시 사회여론의 분위기가 새로운 양상으로 변하는 시기와 맞물렸기 때문이다. 특히 1878년 보수당 집권기 빅토리아 여왕의 인도 여황제 즉위는 자유당의 반발을 불러일으켰다. 당시만 하더라도 왕실을 높이기 위해 새롭게 도입한 의례는 낯선 것이었고, 사람들은 때로는 조롱어린 눈으로 바라보았다. 여황제(*empress*)라는 말 자체도 영국인에게는 오리엔트적이고 전제적인 이미지를 상징하는 낯선 말이었다. 자유당의 제국 반대파는 이 정책을 '제국주의'(*imperialism*)라 불렀다. 12 글래드스턴은

10 Nabulsi, K. (1999), *Traditions of War: Occupation, Resistance and the Law*, Oxford: Oxford University Press, pp. 115~116.

11 Bell, *op. cit.*, pp. 566~567.

12 이 시기 자유당 인사들의 반(反)제국 논설은 다음을 볼 것. Rowe, R. (1878), Imperialism, *Fortnightly Review*, 24, pp. 553~565; Gladstone, W. E. (1878),

1880년 총선유세 때 벤저민 디즈레일리(Benjamin Disraeli)의 제국 정책을 비판하고 국제정치의 도덕성을 강조해 대승을 거둘 수 있었다.

실리가 주장한 '대영국'과 연방은 사실 독창적 내용이 아니다. 이들 표현은 이미 1870년대 지식인들의 논설에 등장한다.13 다만 실리는 좀더 긴 역사적 관점에서 이 논의를 바라보고 있다. 제국 문제를 구체적 실천이나 편의성이라는 측면에서 살피기보다는 그 문제에 학문적 성격을 부여하고 영국사 및 영국의 미래에 관한 자신의 견해를 포함시킨 것이다. 피터 버로스(Peter Burroughs)에 따르면, 실리의 저술 의도는 1870년대 제국주의에 대한 양극단의 접근을 벗어나 제국의 지지가 자유당의 가치와 양립할 수 있음을 보이기 위함이었다. 제국 경영을 단순히 악으로 재단하지 않고, 영국 근대사의 전개과정에서 식민지, 특히 백인 정착지의 중요성을 강조하며 영국적 가치의 확산이 근대 세계의 발전과 관련된다는 인식을 나타낸다는 것이다. '대영국'과 '제국 연방'(imperial federation)은 이런 인식을 나타낸 슬로건이었다.14

실리는 그 시대의 다른 역사가들과 마찬가지로 역사에서 과학적 방법을 중시하면서도, 그 유용성 또한 강조했다. 과거와 현재의 상호작

England's Mission, *Nineteenth Century*, 4, pp. 560~584; Seebohm, F. (1880), Imperialism and Socialism, *Nineteenth Century*, 7, pp. 726~736.

13 Vogel, J. (1877), Greater or Lesser Britain, *Nineteenth Century*, 1, pp. 809~831; *idem.* (1878), The British Empire, *Nineteenth Century*, 3, pp. 617~636; Greg, W. R. (1878), Foreign Policy of Greater Britain-Imperial or Economic?, *Nineteenth Century*, 4; Jenkins, J. E. (1871), Imperial Federalism, *Contemporary Review*, 16, pp. 665~688.

14 Burroughs, P., *op. cit.*, pp. 204~205.

용을 이해하면서 가능하면 미래를 푸는 열쇠를 찾아야 한다는 것이다. 그가 내세운 역사학의 좌우명은 '방법 면에서 과학적이어야 하지만 실천적 목적을 추구하는 것'이다. 여기에서 실천적 목적이란 '과거에 대한 독자의 호기심을 단순히 만족시키는' 것에서 더 나아가 '현재에 대한 관점과 미래에 대한 예견'을 변화시키는 것이다.[15] 그가 말한 과학은 당시 지배적 서술 형태였던 서사적 역사 대신에 '문제제기 식 서술로의 전환'을 뜻한다. 그 때문에 그는 역사학의 대상이 국가라는 점을 분명히 하면서도 정치가, 의회, 위인들의 전기적 사실이나 도덕적 훈계가 지배적인 역사서술을 비판한다.

정치란 단지 정치세력과 정당들의 투쟁에 빠져들도록 만들 뿐이고, 멋진 역사란 시와 산문 사이를 오가는 기분 좋은 저술을 낳는 문학적 표현이라는 속설이 있다. 내가 말하려는 것은, 이런 왜곡이 서로 겹치는 두 분야 간의 부자연스러운 분리에서 비롯됐다는 점이다. 정치는 역사를 통해 자유로워지지 않으면 천박해지고, 역사는 현실 정치와 관련을 맺지 않으면 단순한 문학으로 전락한다.[16]

역사학은 무엇보다도 '국가들의 대두와 발전, 국가들의 상호영향, 국가의 번영과 몰락을 가져온 원인' 등 거시적 주제를 다뤄야 할 것이었다.[17] 그는 기존의 역사서술에서 지배적 경향인 내국사(內國史),

---

15 본문, 13쪽.
16 위, 220~221쪽.

특히 헌정사 중심 연구는 당대의 문제에 어떤 지혜도 주지 않는다고 비판한다. 의회의 발전, 개인의 자유 신장에 초점을 맞춘 휘그사학은 미래에 대해서도 어떠한 해석의 여지도 남기지 않는다. 그가 보기에, 영국 근대사에서 가장 중요한 현상은 18세기 잉글랜드의 확장이다. [18] 이것이야말로 내국사의 다른 어떤 주제보다도 훨씬 더 중요한 영향을 끼친 것이다. 전통적 역사서술은 이 자명한 사실을 외면하고 있다.

역사가들은 18세기를 서술할 때에 진짜 중요한 요점을 놓치게 되는 것이다. 역사가들은 단지 자유를 둘러싼 의회의 언쟁과 소요만 너무 중시한다. 18세기 영국에 중요했던 것은 모두가 17세기 잉글랜드의 희미한 반영일 뿐이라는 것이다. 그들은 18세기 영국사가 영국만이 아니라 아메리카와 아시아까지 걸쳐 있다는 것을 인정하지 않는다. 현재의 국가사 또는 미래의 일을 바라볼 때 우리는 영국 혼자만을 조심스럽게 전면에 내세우고 이른바 영국령은 그림의 배경에 놓아 우리의 시야에서 벗어나도록 만드는 것이다. [19]

영국 근대사를 돌이켜보면, 가장 주목할 만하고 중요한 경향은 제국(帝國)의 발전이다. 17세기 이래 유럽 국가들의 신대륙 점유 및 경쟁과정에 참여해, 영국은 점차 고립된 섬나라에서 주도적인 해상국

---

17 위, 203쪽.
18 위, 195쪽.
19 위, 24쪽.

가, 즉 식민국가로 발전했다. 실리가 보기에, 실은 영국의 번영이 해외 백인 정착지 및 속령과 밀접하게 연결돼 있음에도, '영국이라는 나라와 영국의 새로운 영토'가 확장됐다고 여기지 않았다. 식민지는 '잉글랜드 외부의 존재'였을 뿐이다. 20 왜 이런 분위기가 형성됐을까. 우선, 해외 진출이 뚜렷한 계획 없이 진행됐다는 점을 지적할 수 있다.

"우리는 무심결(absence of mind)에 세계의 절반을 정복해 거주하게 된 것 같다. 18세기에 이런 일을 벌이는 동안 우리는 이러한 확장이 우리의 상상력에 영향을 주거나 또는 어느 정도 우리의 사고방식에 변화를 주도록 허용하지 않았던 것이다."21

다음으로, 미국 독립전쟁은 이러한 태도를 더욱더 고착시켰다. 미국의 독립은 '영국인의 정신적 태도에 의심과 우려감'을 불러일으켰다. 그것이 '잉글랜드의 미래에 대한 사람들의 전반적 예견'에 영향을 주었다. 22 결국 미국의 경험은 후대의 영국인에게 제국이란 식민지가 성숙하면 분열될 수밖에 없다는 확신을 심어 주었다는 것이다.

실리의 책이 사람들의 관심을 끌었던 것은, 백인 정착지가 잉글랜드의 일부라는 주장 때문이었다. 애국주의와 국민적 단합의 경계는 이들 정착지까지 확대되어야 한다는 것이다. 물론 이러한 주장은 이전에도 있었다. 23 실리는 영국인들이 백인 정착지를 잉글랜드와 다

---

20 위, 94쪽.

21 위, 23~24쪽.

22 위, 30쪽.

23 Froude, J. A. (1870), England and Her Colonies, *Fraser's Magazine*, 1, pp. 1 ~17; *idem.* (1870), The Colonies Once More, *Fraser's Magazine*, 2, pp. 269

른 사회로 보는 분위기를 우려한다. 더욱이 당대에 정치인과 식자층 사이에 식민지 방어의 책임이 영국에 있는가 아니면 자치정부에 있는 가라는 문제를 둘러싸고 논란이 일었다.

해외 이민에 관해서도 마찬가지다. 영국에서 태어나 자랐음에도 해외 정착지로 이민을 떠난 사람들을 더 이상 영국사회의 일부로 생각하지 않는 분위기는 식민지를 소유물로 생각하는 과거의 관행에서 비롯한다고 본다.[24] 여기에서 실리는 발상의 전환을 요구한다. 캐나 다, 오스트레일리아, 뉴질랜드, 남아프리카 등의 정착지와 자치령의 확장을 미국의 사례와 견주어보라고 권하는 것이다.

이는 분명 대규모 이민을 비판하는 주장에서 나온 것이다. 그 주장은 이 렇다. 즉, 이민이 이민을 떠나는 사람에게는 좋은 일이겠지만 영국에게 는 파멸적이며, 영국 인구의 최상층과 빈곤한 최하층 모두를 박탈시킬 것이다. 이민자들이 계속 영국인으로 남아 있거나 또는 영연방(*English Commonwealth*)에 여전히 봉사하리라고 생각할 수 없기 때문이다. 이민 에 대한 이러한 견해와 미국의 견해를 비교해 보라. 그 나라에서는 서쪽 으로 향하는 끊임없는 인구 이동과 새로운 영토에서 지속적인 정착이 국 가가 들어섰을 때부터 나타났는데, 이는 쇠퇴의 징후 또는 요인으로도, 활력의 고갈로도 간주되지 않았다. 오히려 그와 반대로, 활력의 대단한 증거이자 그 활력을 증대하는 최상의 수단으로 여겨졌던 것이다.[25]

~287.

24 본문, 98쪽.

영국에서 '대영국'으로

'대영국'(Greater Britain)이라는 말은 1860년대 이래 일부 지식인들이 거론하고 있다.26 실리는 특히 백인 정착지를 영국이 아니라 단순한 속령으로 보는 견해를 비판한다. 대중에게 영국(Great Britain)은 브리튼 군도로 각인돼 있다. 백인 정착지를 '영국의 확장'으로 바라보려는 시도는 없었다. 실리에 따르면, 이런 태도는 편협한 섬나라근성(insularity)일 뿐이며, 이 편협성은 해외 이민으로 영국의 가치가 훼손되고 있기 때문에 이를 제한해야 한다는 논란에서도 나타난다.27

그러나 달리 생각하면, 지난 수세기 동안 계속된 영국의 진보가 영국인의 끊임없는 대외진출에 의해 이루어졌다는 사실을 알게 된다. 실리는 '영국식 이름이 지구상의 다른 나라에까지 확산되는 이 단순하고 명백한 사실'이야말로 '대영국'의 기초라고 생각한다.28

'대영국'의 개념은 영국인의 세계적 확산이라는 '단순하고 명백한' 사실을 바탕으로 하면서도, 19세기 후반 대륙을 기반으로 팽창한 강대국들의 등장에 자극받아 나타난 것이었다. 제국(empire)이라는 표현을 피한 것은, 그 말이 함축한 전제적이고 군국적인 의미가 영국인의 자유에 걸맞지 않다고 생각했기 때문이다. 실리 이전에 프루드가

---

25 위, 94쪽.

26 Dilke, C. (1868), *Greater Britain*; Froude, J. A. (1886), *Oceana, or England and Her Colonies*.

27 본문, 94쪽.

28 위, 23쪽.

이미 새로운 강국들에 맞서 영국과 백인 자치령을 연결하는 '군살이 없고 좀더 효율적이며 응집력이 강한' '대영국'의 이상을 설파했다.

"다른 나라의 인구 증가, 제국적 에너지, 막강한 정치발전을 고려할 때, 그리고 러시아, 미국 또는 독일에 속하는 광대한 영토와 우리 브리튼섬의 보잘 것 없는 면적을 비교할 때, 우리가 식민지를 우리 자신과 동일하게 생각해서 영국인을 그곳까지 확산시키고 영토를 배가하지 않는다면 경쟁국들 속에서 한 국가로서 우리 위치가 사라질 것이라는 점은 어떤 선입견으로도 감출 수 없다."[29]

러시아와 미국은 대륙국가다. 이들의 국력이 비약적으로 발전할 수 있었던 것은 대륙을 연결하는 철도 때문이었다. 실리는 이들 대륙국가의 대두를 경고한다.

거대한 정치연합체를 가능하게 만든 동일한 발명들이 이제는 옛날 대국을 요동치게 하고 하찮게 하며 이류 국가로 떨어뜨리는 경향이 있다. 미국과 러시아가 앞으로 반세기 동안 통합을 유지한다면, 이들 나라는 그 50년 후에는 프랑스와 독일 같은 유럽의 옛 국가들을 완전히 위축시키고 이류 국가로 끌어내릴 것이다. 두 나라는 영국에 대해서도 똑같은 영향을 줄 것이다.[30]

---

29 Froude, J. A. (1894), England's War, in *idem.*, *Short Studies on Great Subjects*, *1867~1884*, 2, London: Longman Green, p. 500. 프루드(1818~1894)는 빅토리아시대에 활동한 작가이자 역사가다. 오랫동안 〈프레이저 매거진〉(*Fraser's Magazine*) 편집장을 지냈다.

30 본문, 111쪽.

새로운 경쟁국에 맞서 영국이 지속적으로 번영을 누릴 수 있는가. 실리는 대륙국가 미국의 발전을 주목한다.

"여러 대양으로 분리된 영국 인종이 현대 과학적 발명을 충분히 활용하면서, 완벽한 자유와 공고한 국가연합이 무한정한 영토 확장과 조화를 이룰 수 있는, 미국의 사례와 같은 그런 조직체를 만들어갈 것인가?"[31]

사실 서구 정치사상사에서 공화국은 자유와, 그리고 제국은 전제(專制)와 동일시되었다. 플라톤, 아리스토텔레스, 마키아벨리, 몽테스키외 등은 넓은 영토를 가진 제국에서 시민의 자유를 보장하는 정치체가 나타나기 어렵다는 견해를 가지고 있었다. 예를 들어, 몽테스키외는 전제에 대비되는, 개인 자유와 결합된 대의정부는 오직 크지 않은 영토, 고대 그리스 도시국가나 르네상스기 이탈리아에서 개화했다고 주장한다.

공화국은 그 본질상 작은 영토만 갖게 마련이다. 그렇지 않으면 존속할 수 없다. … 거대한 국가에서는 공공의 복지가 무수한 개인의 이익을 고려해 희생된다. 그것은 여러 예외를 갖게 되고 우연한 일에 의존한다. 그와 대조적으로, 작은 공화국에서는 공공의 복지가 좀더 잘 체감되고 더 잘 알려져서 시민들 바로 곁에 있다. [32]

---

31 위, 222쪽.

32 몽테스키외, 이명성 역(1988), 《법의 정신》, 홍신문화사, 129~130쪽.

그러나 미국이야말로 새로운 교통수단과 통신의 발전에 힘입어 합중국의 형태로 시민적 자유를 보장하는 정치체제를 확립했다. 미국은 연방주의를 통해 광대한 대륙을 통합할 수 있었다. 미국의 성공은 2차 산업혁명 이후의 기술발전에 크게 힘입은 것이다. 미국의 성공은 경쟁국의 등장으로 위기에 직면한 영국의 미래에 새로운 시사점을 던진다. 실리가 보기에, 당대 영국의 선택은 두 가지로 제한돼 있다. 하나는 이들 대륙국가와 마찬가지로 대영국의 길로 나가는 것, 다른 하나는 순전히 유럽 열강의 수준으로 위축되는 것이다.33 유럽의 다른 국가와 달리 영국은 인구, 영토, 자원 면에서 대륙국가 못지않은 잠재력을 갖추고 있다. 그러나 지금까지는 이 요소들을 통합하고 결합할 의지도, 정책도 없었다. 영국인 스스로 '단지 유럽 대륙 북서해안에 떨어져 있는 섬에서 살아가는 국민'으로 자처했을 뿐이다.34 브리튼과 백인 자치령을 통합하려는 기획, 일관성, 응집성이 없었다.

실리는 브리튼섬과 백인 자치령을 결속할 수 있는 물적 기반이 다가왔다고 단언한다. 지금까지 영국의 해외 자치령과 속령(屬領)은 전 세계에 흩어져 있는 비효율적인 영토였다. 19세기 철도의 시대에 접어들면서 해운활동에 근거한 영국의 이점은 위축되는 대신 준(準)대륙국가인 미국과 러시아가 등장했다. 그러나 증기선, 전신, 전기 등 새로운 기술혁신으로 인해 이제 영국을 중심으로 하는 해상 네트워크가 이전보다 훨씬 더 강화될 수 있는 기술적 조건이 무르익었다.

---

33 본문, 384~385쪽.
34 위, 24쪽.

이는 영국과 해외 자치령이 정치적으로 밀접하게 통합할 수 있는 기회를 제공했다.

제국은 광대한 영국인 국가이다. 지구상에 넓게 퍼져 있어서 증기와 전기의 시대 이전에는 인종과 종교의 강력한 결합이 실제로는 거리 때문에 풀어져버린 국가인 것이다. 거리가 과학에 의해 사라지고, 미국과 러시아의 사례에서 나타나듯이 광대한 지역을 통합한 정치체가 가능해지자마자 이제 대영국이 현실로, 그것도 분명한 현실이 돼 출범하는 것이다. 그 나라는 더 강력한 정치적 결합체의 대열에 들 것이다. 35

근대 과학이 여기저기 흩어진 영토의 결합을 공고하게 만든다. 원거리는 증기와 전기로 상쇄된다. '거리의 소멸'(abolition of distance) 이 가시화된 것이다. 36 이 추세를 실리는 이와 같이 단언할 수 있었다.
"지난 세기에 글자 그대로 대영국은 존재할 수 없었다. 모국과 식민지 또는 식민지들이 멀리 떨어졌기 때문이다. 이제 이런 장애는 더 이상 존재하지 않는다. 과학이 정치조직에 증기기관이라는 새로운

---

35 위, 112쪽.
36 근대 과학기술의 충격을 나타내는 '공간의 붕괴'(collapse of space) 나 '거리의 소멸' 같은 표현은 1870년대 미국의 에머슨(Ralph Waldo Emerson)이 썼다고 알려져 있다. 그는 유럽과 아메리카 대륙을 철도편으로 여행한 후 "철도는 거리를 없앴다" 고 말했다. Deudney, D. (2001), Greater Britain or Greater Synthesis?, *Review of International Studies*, 27(2), p. 191 참조. 19세기 말 공간관념의 변화는 다음을 볼 것. Kern, S. (1983), *The Culture of Time and Space, 1880~1918*, Cambridge, MA: Harvard University Press.

연결망과 전기라는 새로운 신경체계를 가져다주었기 때문이다. 이 새로운 조건으로 식민문제 전반을 다시 생각할 필요가 생겼다. 이 조건들은 우선 대영국이라는 옛 유토피아를 실제로 실현할 수 있게 했으며, 그와 동시에 이를 필요하도록 만들었다."[37]

실제로 실리가 활동하던 시대에 영국은 해외 자치령과 속령을 신속하게 연결하는 해상 네트워크는 물론 해저전신망을 갖췄다.[38] 실리는 해상 교통망과 통신망으로 밀접하게 연결된 새로운 '대영국'의 이미지를 '세계의 베네치아'(world-Venice)라는 말로 표현한다.

내가 거대한 정치적 집합체를 지향하는 근대적 경향의 사례로 인용한 두 국가[미국과 러시아]다. 예를 들면 불가능했을 수도 있지만 시간과 공간이 초래한 어려움을 감소시키는 현대 발명들이 없었다면 이런 거대 국가는 불가능했을 것이다. 두 나라 모두 육지로만 이어진 국가다. 두 나라 사이에는, 광대하지만 이어지지 않은, 그리고 모든 방향으로 흘러가는 대양과 함께하는 세계의 베네치아처럼 대양을 거리로 삼고 있는 대영국이 놓여 있는 것이다.[39]

---

37 본문, 110쪽.
38 실제로 19세기 후반 해저(海底) 전신망 구축은 영국이 주도했다. 해저전신망 개통연대기는 다음과 같다. 1851년 영국-프랑스, 1866년 영국-아일랜드-뉴펀들랜드, 1868년 영국-캐나다, 1870년 영국-호주, 영국-싱가포르-자바, 1879년 영국-케이프타운, 1890년 호주 동부-서부해안 등이다.
39 위, 369쪽.

인도 문제에 관하여

실리는 17세기 이래 영국사는 '확장'이라는 맥락에서 재해석해야 한다고 역설한다. 더욱이 19세기 후반 국제정세 아래서 유럽의 신흥 강국 독일, 러시아와 미국이라는 대륙국가와의 경쟁에서 기존의 우위를 지켜내기 위해서는 해외 자치령과 영국이 공통의 자격으로 참여하는 합중국 또는 연방제라는 정치체로 재구성돼야 한다는 것이다. 물론 이 구상에서 인도는 제외된다. 40 대영국에 포함될 자치령은 앵글로-색슨인, 영어, 영국 문화, 영국적 관습이라는 공통분모를 지니고 있기 때문에 서로간의 연합이 가능하다. 그러나 인도는 인종적, 언어적, 문화적 공통점이 전혀 없는 이질적인 사회다.

(자치) 식민지 외에 인도가 있다. 여기에는 하다못해 우리와 동질적인 인종 또는 종교 공동체도 없다. 이민과 식민화에 의해 형성된 탄탄한 토대가 아주 부족한 것이다. 여기 자치령 못지않게 심각하고 어려우며 훨씬 더 희망적이지 않은 또 다른 문제가 있다. 어느 문제든 그 자체만으로도 이전에 우리가 수중에 넣었던 속령 못지않다. 두 민족이 동시에 같은 나라에 속해야 한다는 것은 사실 너무 지나쳐 보인다. 41

---

40 그는 이렇게 단언한다. "인도를 제국이라는 고려사항에서 제외한다면, 인위적 결합체라는 말은 적절하지 않다."(위, 112쪽)
41 위, 233쪽.

백인 정착지가 아닌 식민지 가운데 가장 중요한 것은 인도였다. 《잉글랜드의 확장》 제 2부는 인도에 관한 서술이다. 그는 인도에 대한 지배력을 확대한 계기가 프랑스와의 전쟁이라는 점을 명시한 뒤에, 신대륙 발견 이후 '그 지역의 부(富)에 대한 서유럽 국가들의 경쟁'이라는 맥락에서 서술한다.42 여기에서 그는 인도 지배를 영국의 계획된 의도보다는 우연하고도 정치적인 일련의 사건과 계기들에 의해 이뤄진 과정으로 이해한다. 영국의 확장을 정당화하고 변명하며, 인도인에 대한 고려는 전혀 보이지 않는다. 그가 보기에, 당시 인도는 '누군가에게 먹히기를 기다리는' 상태와 같았다.43 따라서 인도는 외부 정복이 아니라 내부 문제로 식민지가 된 것이다.44

그가 표방한 '대영국'은 영국인의 세계적 확산이라는 근대사 전개에 부응한 것이다. 인도는 영국의 정복으로 획득한 것이지 정착의 결과가 아니다. 그는 당시 영국의 제국 정책에 모순이 있음을 인정한다.

"같은 나라가 어떻게 혼란 없이 근본적으로 다른 두 가지 정책을 추구할 수 있는가? 아시아에서 독재적이고 오스트레일리아에서는 민주적인 나라가 될 수 있는가? 일단 동양에서 세계의 가장 강력한 무슬림 국가, 수천 여 신전 재산의 수호자이자, 동시에 서구에서 자유사상과 영적 종교의 최고 영도자로 자리매김한다."45

그는 궁극적으로 '대영국'에서 인도를 배제하는 편이 낫다고 생각했

42 위, 339쪽.
43 위, 280쪽.
44 위, 272쪽.
45 위, 234쪽.

는데 이는 문화적 공유점이 없기 때문이다.

인도 통치가 온갖 장점을 보여주고 있음에도, 우리는 인도 주민이 과연 행복하게 여길까 의심한다. 우리는 심지어 영국의 인도 지배가 그들을 더 행복한 상태로 나가도록 준비하고 있는지, 그들이 더 비참한 불행으로 빠져들지는 않는지 의심할지도 모른다. 우리는 힌두 인구 자체에서 진정한 아시아인의 정부, 좀더 민족적인 정부가 출현하면, 그것이 장기적으로는 그들에게 더 이롭시 않을까하고 생각하는 것이다. 비록 덜 문명화되었다고 할지라도, 토착인 정부가 영국인이 세운 친밀감 없는 외국 정부보다 더 지지를 받을 테니 말이다. 46

실리가 보기에, 백인 자치령과 인도는 양 극단에 있다. 자치령의 적절한 정치제도를 인도에 적용할 수 없다. 자치령은 가장 선진적인 앵글로-색슨인이 사회를 발전시켜 나가는 도정에 있다. 그곳은 과거보다는 오히려 무한한 미래가 펼쳐져 있다. 정부와 모든 제도는 영어에 바탕을 두고 있다. '자유, 산업, 발명, 혁신, 그리고 정숙함'만 있을 뿐이다. 영국과 이들을 모두 포함해 '대영국'이라는 연방을 구성한다면 동질적이고 모두가 하나인 정치체가 될 것이다. 실리는 인도에 대해서는 미래가 아니라 오직 과거만이 현존한다고 말한다. 47

그렇다면, 왜 영국은 인구 2억에 가까운 인도 아대륙을 장악하려고

---

46 위, 306~307쪽.
47 위, 233~234쪽.

했는가? 앞서 언급했듯이 실리는 이 또한 초기 영국 식민지와 마찬가지로 의도하지 않은 상태에서 거의 자연발생적으로 이뤄졌다고 생각한다. 인도는 무굴제국이 쇠퇴기에 접어들면서 사실상 무정부 상태에 빠져 있었다. 무굴제국 자체가 전제적이었고 지방의 토후국과 곳곳의 군벌들은 민중에 대한 약탈이 자신의 주된 업무라고 여길 정도였다. 한때 무굴제국을 대신해 인도 대부분 지역을 지배한 마라타연맹도 약탈조직의 연합에 지나지 않았다. 한마디로, 그 당시 인도는 '안정된 정부 아래서 발전할 가능성이 가장 낮은 나라들 가운데 하나'였다.[48]

18세기 중엽 이래 영국은 국가적 차원에서 인도를 수중에 넣으려는 원대한 계획을 세우지 않았다. 그렇기에 인도에 관한 모든 문제는 19세기 초에도 여전히 동양과의 무역을 목적으로 설립된 한 회사가 맡았던 것이다. 그렇다면, 일개 상인회사가 어떻게 인도 아대륙을 수중에 넣을 수 있었는가? 실리는 이 의문점은 인도의 역사와 전통이라는 맥락에서 이해하지 않으면 안 된다고 주장한다. 인도라는 명칭은 오랫동안 인도 아대륙을 가리키는 지리적 맥락 이상의 의미를 갖지 않았다. 오랫동안 '인도'라는 정치체는 그곳에 존재하지 않았다. 그는 동인도회사가 프랑스와의 경쟁에서 승리를 거두고 인도를 장악한 과정을 나폴레옹의 대륙 지배에 비교한다.

정치적 맥락에서 인도에 그 같은 체제는 없었다고 보는 것이 맞다. 인도

---

48 위, 256쪽.

라는 말은 지리적 표현일 뿐이다. 그렇기 때문에 인도는 쉽게 정복당했다. 마치 이탈리아와 독일이 나폴레옹의 손쉬운 먹잇감이 되었듯이 말이다. 19세기 초 전체로서 이탈리아와 독일은 없었기 때문이다. 심지어 이탈리아나 독일이라고 하는 강력한 국민감정도 없었다. '독일'이 존재하지 않았기 때문에 나폴레옹은 독일의 특정한 영방국가(領邦國家)가 다른 영방국가에 맞서게끔 할 수 있었고 그럼으로써 오스트리아나 프로이센과 전쟁을 벌일 때 그는 바이에른과 뷔르템베르크를 동맹국으로 끌어들일 수 있었던 것이다. 49

아이러니하게도 나폴레옹이 유럽에서 구사한 이런 전술을 인도에 적용하고 또 동인도회사 관계자들에게 알려준 세력도 프랑스군이었다. 나폴레옹이 중부 유럽에서 이 정복 수단을 활용할 수 있다는 것을 알았듯이, 프랑스인 뒤플렉스는 일찍이 한 인도 토후국이 다른 나라와 만성적인 전쟁을 벌이고 있는 것을 보았고, 그들의 싸움을 방해함으로써 외국인들이 그들 사이의 균형을 잡아갈 수 있음을 알게 되었다. 50 동인도회사는 처음에 자국의 상관(商館)을 보호하고 무역상의 불이익을 당하지 않기 위해 토후국들의 싸움에 개입하게 되었다. 동인도회사가 동원한 군대의 절대 다수는 영국인이 아니었다. 영국인이 훈련시킨 인도인 용병이었다. 말하자면, 이미 나폴레옹이 구사했듯이 동인도회사는 소수의 군 병력으로 인도인을 훈련시켜 병사로 충

---

49 위, 265쪽.
50 위, 265~266쪽.

원했던 것이다. 그럼에도 1858년 세포이 반란을 제외하고 어떤 소란이나 위협이 나타나지 않았다.

실리는 그 이유를 다음과 같이 말한다.

> 그 당시 근본적인 사실은 인도가 외국인에 대해 별다른 질투심을 갖지 않았다는 점이다. 왜냐하면 인도는 어떤 형태로든지 국민통합이라는 인식을 갖지 않았기 때문이다. 인도 아대륙에 '인도'는 아예 없었다. 그러므로 적절히 말해서 '외국인'도 없었던 것이다.[51]

그러나 유럽 대륙에 버금가는 영토와 그보다 많은 인구가 있는 지역을 일개 무역회사가 주관하도록 함으로써 여러 부작용이 나타났다. 동인도회사는 상업적 목적만을 염두에 두고 인도를 지배했다. 인도 주민의 삶에 관심이 없었고 회사 사무관들은 대부분 인도의 관습에 익숙해져 부패에 빠졌다. 동인도회사의 특권을 없애고 인도에 글자 그대로 '정부'를 세워 그 정부를 영국 정부가 감독하기로 결정한 것은 이런 이유 때문이다. 그 인도 정부는 영국 정부가 지휘감독하고 있다는 점 외에는 영국과 접합점이 없다. 인종, 언어, 문화, 관습은 물론 인도인에게서 거두는 세금 또한 영국을 위해서가 아니라 그 인도 정부의 운영과 방위를 위해 사용하는 것이다. 실리는 이제 영국이 인도의 문명화라는 지대한 짐만 떠안게 되었다고 본다. 문제는 이것이 너무나 어려운 작업이며 영국의 가장 큰 부담으로 작용한다는 것이

---

51 위, 266쪽.

다. 실리가 '대영국'에서 인도를 배제하고 독립을 권유하는 것은 바로 이런 인식에 바탕을 두고 있다.

실리의 역사해석이 말해 주는 것

실리의 역사 해석에서 '의도하지 않은' 제국이나, '방심한 상태'에서 획득한 제국이라는 의미는 상당히 자기 변호적 수사(修辭)에 가깝다. 이 표현의 이면에는 '영제국'의 성격에 대한 일반적 선입견을 불식하려는 의도가 깃들어 있다. '영제국'은 정부의 의도적 기획에 따라 형성되었다기보다는 어떻게 전개되다 보니 어느 틈에 제국이 되었다는 의미다. 이는 제국의 선도자들이 영국 정부와 공식적 군대가 아니라 다른 세계로 진출하려는 사적 개인과 집단이었다는 점과 연결된다. 이들이 국왕의 특허장을 얻어 경쟁적으로 해외에 진출했다는 것이다. 이는 또한 17~18세기 영국의 인구 증가, 자유 중시 분위기, 해양 진출, 입헌군주제가 상호작용해 낳은 기현상이기도 했다. 그러나 이런 점을 강조하다 보면, 오히려 제국주의 정책과 의도를 은폐하고 더 나아가 영제국과 다른 제국들 간의 차이를 강조할 위험이 뒤따른다. 처음에 무계획적으로 진행되더라도 후에 영국 정부는 제국의 확장과 유지에 큰 관심을 기울였다.

19세기 중엽 영국 외무성은 유럽 대륙국가와 외교사건을 주로 맡으면서 다른 한편으로 비공식적 제국에 해당하는 지역들, 이를테면 이집트, 수단, 중국, 서아프리카, 지중해 지역, 열대 아프리카 지역에 관한 업무를 관장했다. '식민성'은 왕실령, 속령, 보호령, 백인 자치령 관련 업무를 담당하는 부서였다. 인도정청(India Office)의 관할 지역은 인도를 비롯해 버마, 페르시아만 일대, 아덴, 기타 동남아시아 지역 등이었다. 이밖에 각지에 흩어져 있던 군사적·전략적 요충지는 해군성이나 혹은 육군성이 맡았다. 여러 부서들이 식민지 경영에 참여했기 때문에 지배방식에서 어떤 일관성을 찾기도 어려웠다.

이런 방만한 경영은 무계획성을 나타내는 것으로 보이기도 한다. 그러나 다른 시각에서 바라볼 수도 있다. 식민지 경영에 영국 정부 부처가 복잡하게 뒤얽혀 있는 것은 오히려 정부의 적극적 대응을 반영한다고도 할 수 있다. 인도에 대한 서술도 유럽중심주의 또는 영국중심주의 시각이 깊이 뿌리내려 있다는 점을 확인할 수 있다.

실리의 저술에서 오히려 눈길을 끄는 것은, 그가 18세기 영국의 확장을 다루면서 단순히 식민지 확대라는 현상뿐만 아니라, 이런 현상과 18세기 유럽의 국제관계를 연결지어 해석하고 있다는 점이다. 18세기는 영국, 프랑스, 오스트리아, 프로이센, 에스파냐 등이 서로 뒤얽혀 여러 차례 국제적인 전쟁을 치렀다. 흔히 이런 국제관계는 흔히 유럽적 맥락에서 해석하려는 경향이 강했다. 그러나 실리는 18세기의 혼돈 자체가 신대륙에서 헤게모니를 차지하려는 에스파냐, 프랑스, 영국, 네덜란드의 경쟁이 유럽에서 또 다른 형태로 표출되었다고 본다. 이런 시각에서 보면, 글자 그대로 유럽의 '근대'는 아메리카라는 신대륙으로의 확장과 표리관계를 이루는 것이다. 실리의 역사해석이 보수적이고 자국 중심주의적임에도 바로 이런 시각은 오늘날의 관점에서도 다시 음미할 가치가 있다고 본다.

찾아보기(용어)

ㄱ~ㄴ

갈레온 선 154
강도단국가 386
공공선 353
공공정신 233
공납 240
공물 240
공업국가 124
공화국 97
공화정 로마 319
과잉인구 332
구자라티어 287
국가연합 78
국민 72
국민감정 266
국민국가 201
국체 213
귀족 152
그리스 309
근대국가 72
기독교세계 284
나와브 271
나폴레옹 전쟁 49
낭트 칙령 170

내해형 126
노바스코샤 181
노예무역 184
노예무역협정 181
뉴잉글랜드 54
뉴질랜드 26
뉴펀들랜드 181

ㄷ~ㅁ

대공위시대 167
대네덜란드 85
대륙봉쇄 64
대서양 128
대양형 126
대에스파냐 85
대영국 23, 84
대의제도 382
대포르투갈 85
대프랑스 85
데칸고원 256
독립파 107
동인도회사 263
동인도회사 규제법 343
라자 271

러시아 111
로마제국 245, 318
루이지애나 147
마드라스 46, 248
마라타 63
마라타 대전투 262
마라타국 294
마라티어 287
마이소르국 273
매사추세츠 103
메이플라워호 170
명예혁명 39
무굴제국 271
무적함대 115
문명 17
문명론 18
미국 76, 369
미국 독립전쟁 45
민주주의 22

ㅂ~ㅅ

버지니아 54
베네치아 97
베다 문학 312
벵골 248
벵골어 287
봄베이 248
부르봉 왕조 272
부왕 222
불교 293

브라만 계급 294
브라만교 293
브라운교파 107
비관주의 학파 378
사략선 118
산스크리트어 268
상관 335
새러토가 전투 199
서인도제도 26
석탄 122
세계제국 369
세포이 반란 330
속령 24, 58
수공업 123
술탄 274
시크교 293
식민 67
식민도시 89
식민제국 27
신대륙 127
신비주의 316
신정 체제 312
스튜어트 왕조 16

ㅇ

아리아인 268
아미앵 화약 61
아우랑제브 273
아카디 46
아테네 126

아프가니스탄 63, 252
암스테르담 125
언어공동체 287
에스파냐 133
에스파냐 계승 전쟁 49
엑소더스 29
엑스라샤펠 조약 51
영국-마라타 전쟁 246
영국사 14
영방국가 265
영연방 94
오리엔트 309
오스만제국 114
오스트레일리아 26
오스트리아 265
오스트리아 왕위계승 전쟁 43
와하브주의 355
왕정복고 167
요크타운 전투 199
용병 264
용병반란 300
워털루 전투 199
위트레흐트 조약 49
유럽 문명 126
의회 166
이민 143
이슬람 정복 254
2차 백년 전쟁 47
이탈리아 126
인도 26
인지법 193

ㅈ ~ ㅊ

자유 22
자유무역 109
자치령 79, 244
재커바이트 반란 40
전유 153
전제군주 298
절대국가 319
정복 153
정착지 58
정치학 230
제국 27
제노바 126
제조업 123
종교개혁 114
준 문명 312
지중해 127
진보 17
청교도파 107
청교주의 156
친족 96
7년 전쟁 186, 261

ㅋ ~ ㅎ

캐나다 26
케이프 식민지 26
퀘벡주 79
크롬웰 공화정 41
크림 전쟁 330

토후국 271

투르코만 309

튜더 왕조 16

트라팔가르 해전 199

특허장 25

특허회사 277

파리 평화 조약 45

펀자브 248

폭파주의 학파 376

폴리스 72

프랑스 133

프로이센 265

프로테스탄트 79

플랑드르 123

하노버 왕조 167

하천형 125

한자동맹 126

항해법 172

헌정 145

헬레니즘 309

힌두스탄 289

힌두어 287

찾아보기(인물)

그로티우스, 휴고   131

다 가마, 바스코   76

데카르트, 르네   130

뒤플렉스, 조제프 프랑수아   52

드레이크, 프랜시스   114

루이 14세   37

마흐무드(가즈니의)   256

말버러 공작   42, 180

매콜리, 토머스   42, 46

맥컬럭, 존   333, 345

맬컴, 존   366

밀턴, 존   164

새커리, 윌리엄   226

섀프츠베리 경   115

아리스토텔레스   71

아크바르   291

앤 여왕   180

엘리자베스 여왕   48

오란예 공   160

울프, 제임스   44

워즈워스, 윌리엄   14

월폴, 로버트   35

웰즐리, 리처드   56

웰즐리, 아서   63

윌리엄 3세   151

제임스 1세   54

제임스 2세   49

조지 1세   35

조지 2세   35

조지 3세   38

찰스 1세   48

찰스 2세   48

칼 5세   134

커닝엄, 헨리   336

코르테스, 에르난   69

콜럼버스, 크리스토퍼   69

크롬웰, 올리버   58

클라이브, 로버트   52

투키디데스   20

티무르   255

펜, 윌리엄   54

펠리페 2세   129

폭스, 찰스   164

피사로, 프란시스코   69

피트, 윌리엄   135

할리, 로버트   21

헤이스팅스, 워런   56

헨리 8세   120

호킨스, 존   119

지은이 소개

존 실리 (John Robert Seeley, 1834~1895)

런던에서 태어나 케임브리지대 크라이스츠 칼리지에서 고전학을 전공했다. 1863년 런던 유니버시티 칼리지(UCL) 교수로 재직하다 1869년 케임브리지대 근대사 흠정교수(Regius Professor)로 부임했다. 케임브리지대 행정개혁을 주도하고 사학과 초석을 놓은 인물로 알려져 있다. 오늘날 사학과 도서관은 그의 이름을 따서 실리도서관으로 불린다. 《잉글랜드의 확장》(The Expansion of England) 외에 Ecce Homo: A Survey of the Life and Work of Jesus Christ(1866), Lecture and Essays(1870), Life and Times of Stein(1878), The Growth of British Policy(1895), Introduction to Political Science: Two Series of Lectures(1896) 등의 저술을 남겼다.

옮긴이 소개

이영석

서양사학자로 광주대 명예교수이다. 성균관대 사학과를 졸업하고 동 대학원에서 문학 박사학위를 받았다. 케임브리지대 클레어홀과 울프슨칼리지 초빙교수를 지냈으며, 한국서양사학회와 도시사학회 회장을 역임했다. 2012년 한국연구재단 인문사회 우수학자로 선정됐다. 그동안 영국 사회사, 노동사, 생활사, 사학사 분야의 많은 논문을 썼다. 저서로는 《산업혁명과 노동정책》(1994), 《다시 돌아본 자본의 시대》(1999), 《역사가가 그린 근대의 풍경》(2003), 《사회사의 유혹》 전2권(2006), 《영국 제국의 초상》(2009), 《공장의 역사: 근대 영국사회와 생산, 언어, 정치》(2012), 《지식인과 사회: 스코틀랜드 계몽운동의 역사》(2014), 《역사가를 사로잡은 역사가들》(2015), 《영국사 깊이 읽기》(2009) 《삶으로서의 역사》(2017), 《제국의 기억, 제국의 유산》(2019), 《유럽의 산업화와 노동계급》(공저, 1997) 등이 있다. 번역서는 《영국민중사》(1988), 《역사학을 위한 변론》(1999), 《옥스퍼드 유럽 현대사》(공역, 2003), 《자연과학을 모르는 역사가는 왜 근대를 말할 수 없는가》(2004), 《잉글랜드 풍경의 형성》(2007) 등이 있다.